이론 및 실습

건강 약선조리

박성혜 · 최미애 · 김미림 · 박성진
전정원 · 김나영 · 강명수 · 김성옥
고대희 · 최성웅 · 김태순

지구문화사
JIGU PUBLISHING Co.

머리말

현대인들의 건강지향적인 삶의 욕구에 따라 약선(藥膳)이라는 음식에 대한 관심이 높아졌습니다. 따라서 약선을 정확하게 이해하고 활용한다면 우리들이 원하는 건강 증진은 물론 올바른 식생활 방법을 찾는 데 많은 도움이 될 것입니다.

그러나 약선이 무엇인지, 어떻게 만들고 활용해야 하는지에 대한 이해는 매우 부족하여 맛있는 음식으로 만드는 조리 과정에만 집중을 하고 레시피의 구성이나 섭취하는 목적 등이 등한시되어 약선이 일상적인 건강음식으로만 이해되는 경우가 많은 것이 실정입니다.

이에 필자들은 약선의 기본을 공부하여 올바른 약선 레시피를 구성하고 활용하는데 적절한 교재가 필요함을 느끼고 이 책을 만들었습니다. 이 책은 약선의 개념과 기초이론, 약선재료의 효능 및 약선 레시피의 해설을 통해 독자들이 스스로 올바른 약선을 개발하고 활용할 수 있는 능력을 배양하도록 구성하였습니다.

약선을 만들기 위해서는 동양의학의 기초이론과 기본적인 한문을 이해하려는 꾸준한 공부가 필요합니다. 초보자들이 이해할 수 있을 정도로 약선 용어를 간단히 설명하여 놓았으나 부족한 부분은 관련 사전을 참고하여 이해하시기 바랍니다. 많이 부족하지만 여러분들이 약선을 시작하는 데 작은 도움이 되기를 바랍니다.

이 책을 통해 열심히 생각하고 활용하여 우리나라의 환경에 맞는 고유 약선을 개발하고, 또한 영양사, 조리사 및 건강관리한 위해 음식에 관심있는 모든 분들이 우리 문화를 기본으로 하는 음식에 관심을 가지는 기회가 되기를 바랍니다. 약선식료학이라는 분야가 여러분들의 노력과 애정으로 영양과 건강, 식품 분야에 새로운 블루오션으로 제대로 자리잡기를 바라는 마음입니다.

병신년 새 봄에

저자 일동

차 례

건建강康

Part I 약선식료 – 이론편

머리말 / 5

Chapter 1 인간생활과 먹을거리

제 1 절 인간에게 식품 · 음식의 의미 • 12
제 2 절 식품영양과 건강기능식품의 역할과 맹점 • 14

Chapter 2 약선의 개념과 특징

제 1 절 약선식료와 약선의 정의 • 16
제 2 절 약선의 특징 • 18
제 3 절 약선과 건강기능식품의 차이 • 20
제 4 절 왜 약선이 필요한가? • 22
제 5 절 우리나라 약선의 현실 • 24

Chapter 3 약선활용을 위한 기초이론

제 1 절 약선식료학 운영의 엔진 – 음양오행학설 • 25

1. 음양학설(陰陽學說, yin–yang theory) • 25
2. 오행학설(五行學說, five phase theory) • 34

제 2 절 우리 몸의 구성과 활동의 기초 – 정, 기, 혈, 진액 • 43

1. 정(精, essence) • 43
2. 기(氣, qi) • 45
3. 혈(血, blood) • 51
4. 진액(津液, fluid & humor) • 52

제 3 절 오장육부 • 53

오장(五臟, five viscera) • 54

1. 간(肝, liver) • 54
2. 심(心, heart) • 57
3. 비(脾, spleen) • 61
4. 폐(肺, lung) • 65
5. 신(腎, kidney) • 69

육부(六腑, six bowels) • 72

1. 담(膽, gallbladder) • 72
2. 소장(小腸, small intestine) • 73
3. 위(胃, stomach) • 73
4. 대장(大腸, large intestine) • 74
5. 방광(膀胱, bladder) • 74
6. 삼초(三焦, triple energizers) • 74

제 4 절 **약선식료학 영역에서의 건강과 질병** • 75

제 5 절 **육기**(六氣) **와 육음**(六淫) • 77

1. 풍사 (風邪, wind) • 77
2. 한사 (寒邪, cold) • 77
3. 서사 (暑邪, heat) • 78
4. 습사 (濕邪, moisture) • 78
5. 조사 (燥邪, dryness) • 78
6. 화사 (火熱 또는 熱邪, fire) • 79

Chapter 4 약선의 효능 이해

제 1 절 **약선 재료의 효능** • 80

1. 기미론에 의한 사성오미(四性五味) • 80
2. 귀경(歸經)의 개념과 의미 • 88
3. 승강부침(升降浮沈)의 개념 및 작용 • 89
4. 독의 유·무 • 90

제 2 절 **재료의 배합원칙** • 90

1. 재료배합의 기본 원칙 • 90
2. 재료 간의 상호관계 • 94
3. 배합의 금기 및 궁합 • 95

Chapter 5 약선조리의 기초

제 1 절 **약선 조리의 특징** • 98

제 2 절 **약선조리를 위한 요구 조건** • 99

제 3 절 **약선 재료의 준비** • 101

1. 전처리 목적 • 101
2. 전처리의 종류와 방법 • 102

차 례

건建강康

Chapter 6 건강 약선의 이해

제 1 절 **건강 약선의 범위 및 종류** · 103
제 2 절 **계절약선** · 104
제 3 절 **오장약선** · 111
제 4 절 **보양약선** · 115

Part II 약선조리 – 실습 편

조리실습 들어가기 · 124

Chapter 1 계절 약선

01 구기자 진피 쇠고기튀김 · 128
02 시금치 하수오 달걀말이 · 132
03 돼지고기 부추 백출조림 · 136
04 두부 모과 양배추말이찜 · 140
05 오이 황정 연근샐러드 · 146
06 갈근 패주무침 · 150
07 돼지고기 백작약 편육 · 154
08 백합 황정 닭다리튀김 · 158
09 맥문동 대합구이 · 162
10 새우 밤 편두찜 · 166
11 두충 굴튀김 · 170
12 새우 자소엽튀김 · 174

Chapter 2 오장 약선

13 구기자 은이알탕 • 186
14 하수오 산약 간무침 • 190
15 황기 더덕소스와 가리비구이 • 194
16 용안육 국화 닭찜 • 198
17 용안육샐러드 • 202
18 홍합 포공영 곽향구이 • 206
19 산약 밤스프 • 210
20 산약 두부볶음 • 214
21 산약구이와 백출 삼겹살찜 • 218
22 삼겹살 더덕말이구이 • 222
23 옥죽 백합오이무침 • 226
24 호두 버섯샐러드 • 230
25 새우 상기생 해삼선 • 234
26 우슬 호두 꿀 대추튀김 • 238
27 새우 진피 황기찜 • 242

Chapter 3 보양 약선

28 당귀 홍화 오징어지짐이 • 254
29 돼지족발 땅콩조림 • 258
30 천궁 애엽 달걀조림 • 262
31 보혈밥 • 266
32 보기삼계탕 • 270
33 닭고기 감초 산사말이 • 274

차 례

34 인삼 황기 해삼찜 • 278
35 밤 연자 닭날개볶음 • 282
36 돼지갈비 호두볶음 • 286
37 오리 금은화 레몬즙볶음 • 290
38 오징어 황정 부추전 • 294
39 숙지황 닭다리찜 • 298

Chapter 3 약선빵

01 복령 율무 유자앙금파이 • 310
02 두부 완두머핀 • 312
03 산약 고구마타르트 • 314

Chapter 4 사계절 약선차

봄철에 마시면 좋은 약선차 • 320
여름철에 마시면 좋은 약선차 • 321
가을철에 마시면 좋은 약선차 • 322
겨울철에 마시면 좋은 약선차 • 333
약선차 재료 • 324

참고 문헌 / 329

Part I 약선식료 藥膳食療

— 이론 편

Chapter 1 인간생활과 먹을거리

2 약선의 개념과 특징

3 약선활용을 위한 기초이론

4 약선의 효능이해

5 약선조리의 기초

6 건강약선의 이해

Chapter 1

인간생활과 먹을거리

제 1 절 인간에게 식품 · 음식의 의미

우리나라 식품위생법에 의하면 식품이란 "먹을 수 있는 모든 것. 단, 의약의 목적으로 섭취하는 것은 제외된다." 라고 규정되어 있다. 관습적으로 식품과 음식은 거의 같은 의미로 사용되고 있으나 식품(food material)은 음식의 재료로, 음식(food)은 식품을 이용하여 조리한 완성품으로, 가공식품은 저장 · 유통 등을 위해 여러 가지 공법을 활용하여 가공한 식품 및 음식으로 이해하는 것이 바람직할 것 같다.

식품이나 음식은 인간의 삶을 유지하는 데 필수불가결한 연료이므로 인간에게 있어서 절대적인 출발점이다. 21세기에 접어들어 식품산업이 지구상에서 가장 중요한 산업으로 부각되고 있는 것이 이를 반영하고 있는 현상이라 볼 수 있을 것이다.

그림 1-1 인간생활에서 식품과 음식의 의미

과거 먹을거리가 부족했던 경우에는 식품이나 음식이 단지 생존을 위한 것(food for survival)이었다면 식품이나 음식에 사회 · 문화적 의미가 부가되면서 현재는 삶을 위한 것(food for life)으로 그 개념이 변화되고 있다.

1980년대 일어난 slow food 운동에 이어 1990년대에는 개인중심의 well-being 개념, 2000년대에는 사회성 및 공익성이 강조되면서 육체적 · 정신적 건강의 조화를 통해 행복하고 아름다운 삶을 추구하고자 하는 개념의 lohas 문화가 우리들의 식생활 영역에도 그 뿌리를 내리고 있다.

초고속 디지털(digital)을 지향하고 서양의학과 양약을 중요하게 생각하며 성장 중심의 현대사회를 살고 있는 우리들의 사고 안에서 아날로그(analog)와 느림의 미덕을 생각해 보고 대체의학 및 동양의학에 관심을 가지며 건강과 안정을 추구하려는 사고들이 팽배해지면서 현대사회 안에서 웰빙 시대라는 하부문화개념이 만들어졌고, 또한 이에 걸맞는 여러 종류의 먹을거리에 관심이 집중되고 있다.

현대사회	웰빙시대
초고속 지향	느림 지향
디지털	아날로그
패스트푸드	슬로푸드
서양의학	대체의학, 한의학
양약	건강기능식품, 한약
기계음악, 서양음악	자연음악, 국악
서양적, 기독교적	동양적, 불교적
일, 성장	건강, 안정

그림 1-2 현대사회에서 웰빙 문화의 특징

그러나 바르지 못한 지식과 정보로 인해 우리의 건강을 위해하는 요인 중 많은 비율을 차지하는 것도 우리들이 건강하고자 섭취하는 식품이나 음식임을 간과해서는 안될 것이다.

따라서 우리들은 주변에 너무도 많은 식품과 음식 중에 무엇을 먹느냐 보다는 어떻게 먹느냐가 더욱 중요함을 인식하고 식품이나 음식의 올바른 선택과 섭취를 위한 정보와 지식을 얻기 위해 공부가 필요하리라 보여진다.

그림 1-3 건강 위해요인

제 2 절 식품영양과 건강기능식품의 역할과 맹점

21세기에 접어들면서 약품의 오 · 남용으로 인한 부작용 발생, 의료 재정의 어려움 증가 및 건강증진을 위한 활력소재 개발이 활발히 이루어지면서 질병을 치료하는 시대에서 질병을 예방하는 시대로 변화하고자 하는 움직임이 일어나고 있다. 이에 따라 일상생활에서 균형잡힌 영양소의 섭취를 통해 영양과 건강을 유지하고 또한 현대인의 바쁜 생활이나 적절하지 못한 음식 섭취로 인한 불균형은 건강기능식품 섭취로 조절하도록 권고하고 있다.

과학기술 예측조사 보고에 의하면 21세기 건강기능식품 시장은 자동차 산업과 대등할 정도로 성장할 것으로 기대하고 있다. 그러나 건강기능식품이나 기능성 식품[주1)]의 요구 및 소비가 증가하고 있는 만큼 그에 따른 맹점이 대두되고 있는 것도 사실이다.

무분별한 기능성 식품의 남발과 부적절한 사용으로 국민의 건강에 오히려 악영향을 미치기도 하여 정부나 관련 학계에서는 건강지향시대의 바람직한 식생활 가이드라인을 제시하고 있다. 그러나 이는 5대 영양소와 기능성 성분의 효능을 중심으로 그 성분을 지닌 식품을 권장하고 누구에게나 그 성분의 효능과 장점만을 강조하여 건강관리에 문제를 유발할 수 있는 가능성이 크다고 여겨진다.

예를 들면, 양파에는 quercetin이라는 성분이 함유되어 있어 체내의 지질농도를 저하시킬 수 있다는 연구보고를 토대로 양파의 효능을 강조하고 섭취를 권장하고 있다. 그러나 이는 양파의 전체적인 성질을 간과한 제시이므로 주의해야 한다.

주1) 법적 허가와 상관없이 일반적으로 기능성을 표방하는 식품을 기능성 식품으로, 우리나라에서 법적으로 허가된 기능성 식품은 건강기능식품으로 표현하였다.

양파는 동양의 영양학 측면에서 볼 때 성질이 따뜻하고 맛이 맵기 때문에 몸이 따뜻한 체질이나 몸에 열이 발생한 상황에서는 섭취가 적당하지 않으며, 이런 상태에서 계속적으로 섭취하게 되면 체내의 기운을 발산시켜서 기운이 빠지는 경우가 발생한다.

여름철 삼복에 먹는 삼계탕은 여름철에 찬 음식을 많이 먹는 우리들의 오장육부를 따뜻하게 해주는 좋은 계절음식이지만 특정 질병으로 몸에 열이 있는 경우에는 섭취하지 않는 것이 좋고, 오장육부에 다소 열이 있는 쪽으로 치우쳐 있는 양(陽)체질인 사람은 삼계탕에 들어가는 대추, 인삼, 찹쌀 등이 체질에 그리 합당하지 않으므로 너무 즐겨 먹지 않도록 하고 이들 재료를 다른 재료로 대치하여 조리하는 것이 좋다. 즉, 식품이 가진 성분 외에도 식품 전체의 기운을 중시하고 섭취하는 사람과의 맞춤 정도도 고려하는 것이 필요하다.

식품이나 음식의 작용이나 효능을 함유된 각 성분의 종류와 함량으로만 판단하지 말고 상대적인 맞춤 개념으로 적응시키는 방법론이 필요할 것이다. 따라서 현재 영양 및 건강관리 시스템에 대한 검토와 함께 제 3의 영양관리를 위한 식품이나 음식의 효능 접근에 대한 연구와 토론이 필요하며 조리 영역에서도 이를 기본으로 하는 레시피 구성과 조리법의 개발이 요구된다.

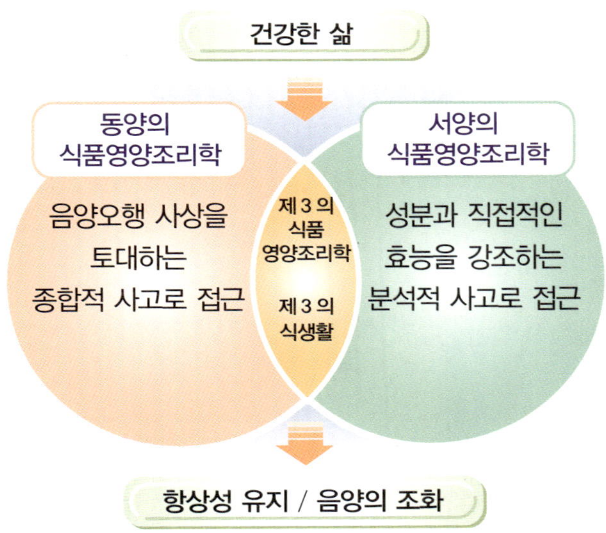

그림 1-4 향후 식품 · 영양 · 조리 분야의 발전적 접근 모델

Chapter 2

약선의 개념과 특징

제 1 절 약선식료와 약선의 정의

인류는 건강과 아름다움 및 장수를 위해 활용해 온 음식, 의료, 운동 및 여러가지 양생(養生)방법 중에서 음식을 가장 중요시 여겼고 따라서 건강을 증진하기 위한 식양(食養), 질병을 치료하는 데 도움을 주는 식치(食治)나 식료(食療) 등의 개념을 생활 속에 활용하며 지내왔고 또한 인간 주변의 모든 먹을거리들이 식품이기도 하지만 동시에 약이 될 수 있다는 식약동원(食藥同源)사상을 매우 중요시 해 왔다.

히포크라테스 역시 건강에 있어 올바른 음식섭취의 중요성을 언급한 기록으로 보아 동서양에서 모두 올바른 음식의 섭취가 건강과 불가분의 관계임을 명확히 알고 있었음을 인지할 수 있다.

그림 2-1 식품에 대한 동서양의 역사적 개념

'약선식료(藥膳食療)' 란 동양철학의 기초이론을 바탕으로 음식 재료의 특성을 이해하고 배합하여 건강증진, 질병예방, 질병치료 보조 및 치료를 위해 운영하는 식사요법이고, 이 식사요법에 사용하는 음식을 약선(藥膳)이라 한다.

즉, 약선은 건강증진, 질병예방 및 질병치료 보조 또는 질병치료 등의 작용이 있는 특수 음식이다. 동양철학 사상을 기초로 하여 식물(食物)과 식물(食物), 식물(食物)과 약물(藥物)[주2)]을 배합하여 조리 · 가공하여 만든 약선은 생리기능을 조절하고 향상시켜 주며 또한 색, 향, 맛, 모양을 가지고 있어 포만감과 먹는 즐거움을 동시에 주는 음식이다.

주2) 식품공전상의 식품원재료 분류에서 '식물성 재료', '동물성 재료'로 분류되어 있는 것은「식재(食材), 식물(食物), 식물재료(食物材料)」라는 단어를 사용하였고 기타 식품제조, 가공 중에 주원료 또는 부원료로 사용할 수 있는 그 밖에 재료는「약재(藥材), 약물(藥物), 약물재료(藥物材料)」의 단어로 구분하여 사용하였다.

즉, 식물재료는 원재료로 편안하게 제한없이 사용이 가능한 것이고 약물재료는 사용허가 여부나 부위 및 양을 꼭 확인해야 하는 재료들이므로 사용에 있어 세심하게 관심을 가져야 한다.(식품의약품안전청 홈페이지 참조)

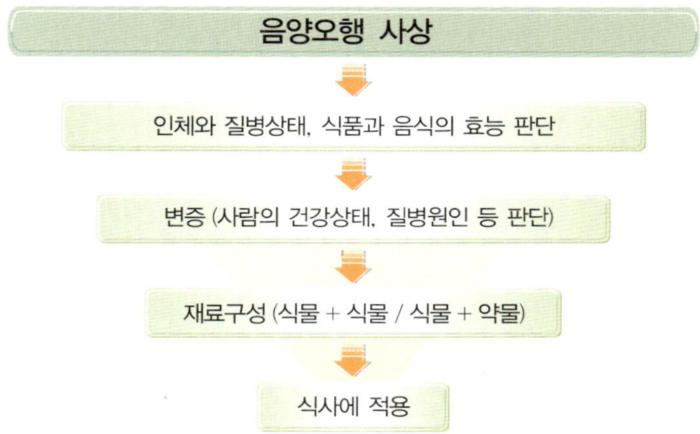

그림 2-2 약선개념

약선은 식품을 섭취하는 사람의 건강상태 및 체질에 맞도록 배합하고 조리하여 체내에서 특정의 효능이 발휘될 수 있도록 만든 음식으로 '맛이나 모양' 보다는 섭취효능이나 목적이 우선되어야 하는 음식이다.

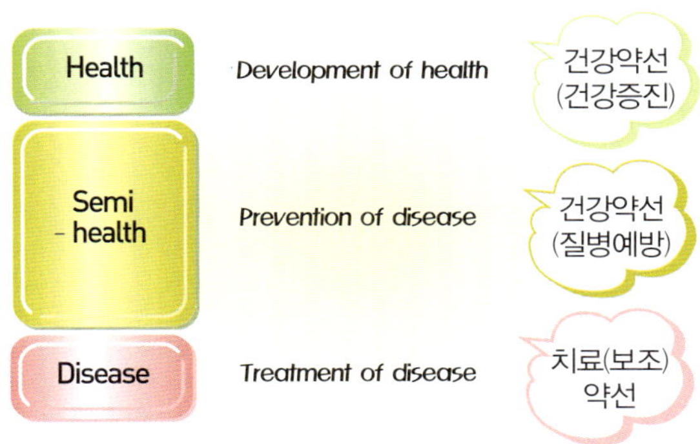

그림 2-3 약선의 활용범위

약선은 '식약동원(食藥同源)' 의 개념에 부합되며 이러한 이유로 중국에서는 몇 천년의 역사속에서 중시되어왔고 우리나라의 문헌에서도 약식(藥食), 식양(食養)이라는 단어로 사용되어 왔음을 찾아 볼 수 있다.

대부분의 사람들이 동양철학이나 이를 바탕으로 한 동양의학의 원리를 기본으로 하고 한약재를 사용하는 경우가 있어 중의학이나 한의학 영역이라 생각하고 공부하기에 부담을 가지는 경우가 많은 것 같다. 또한 맛있는 음식과는 관계가 없는, 노인들이나 환자들이 섭취하는 음식이라 생각하며 몸에 좋은 음식이지만 맛은 없고 비싼 음식으로만 약선을 생각하는 경우가 많다. 그러나 이러한 생각은 아직 이 분야에 대해 체계적인 이해와 공부가 이루어지지 않았기 때문이다.

약선식료학은 동양의학의 이론을 기초로 할 뿐 식품을 조리 · 가공하고 어떻게 섭취하는가를 연구하는 분야로 현재 새로운 영역으로 자리매김하고 있으므로 식품영양 및 조리 전공자들에게 blue ocean이 될 수 있는 분야이니 다소 생소하더라도 끈기를 가지고 공부하면 이 분야의 선두주자가 될 수 있을 것이다.

최근에 약선 용어에 대한 다소의 논란이 있고 우리의 것을 먼저 알자는 의미에서 약선보다는 약식(藥食)을 사용하자는 의견과 이를 융합하여 약식선(藥食膳)이라는 단어를 사용하자는 의견도 있어 향후 전문적인 토론이 필요하다고 보여지나 본 책에서는 나라의 어원을 구별하지 않고 그 개념만을 인지하여 현재 가장 널리 사용되고 있는 약선이라는 용어로 사용하고자 한다.

제 2 절 약선의 특징

식물과 식물 또는 식물과 약물이 일정한 이론과 원칙에 따라 유기적으로 배합되어 완성된 약선은 식양(食養) 또는 식치(食治)의 작용을 한다. 따라서 독특하고 특색 있는 재료의 사용 및 이용 원칙 자체가 바로 약선의 특징이며 오랜기간 동안 약선이 관심의 대상이 되어 널리 이용되어 질 수 있었던 힘의 원천인 것이다.

- 광범위한 활용 및 유구한 역사를 지니고 있다.

약선은 인체 각 기관의 기능을 조절하도록 다양한 음식의 형태로 만들어서 건강증진, 질병예방, 치료 보조 및 치료를 가장 큰 목적으로 하는 특수한 음식이다. 보통의 식품이나 음식들은 치료효과에 도달하기 어렵고 일반적인 치료성 약물은 음식의 형태를 갖추지 않으나 약선은 이 두가지를 모두 갖추고 있다.

이런 이유로 연령과 성별, 질병의 상태, 생활습관에 따라 적절히 적용할 수 있으므로 그 사용범위가 매우 넓어 오래전부터 널리 사용되어져 왔다.

어떠한 문화든 검증된 유일한 척도는 역사이다. 역사의 긴 강에서 사라지지 않거나 도태되지 않은 것이 문화의 과학성이다. 중국에서는 문자로 기재된 최초의 의관(醫官)인 식의(食醫)가 이미 주대(周代)에 존재했었고 현존하는 의약 문헌과 약선의 전문 문헌 중에서 볼 수 있는 약선 재료는 그 종류가 매우 많으며 임상적 용도 점점 확대되었고 이에 따라 약선이론도 정립되었으며, 약선의 치료효과도 과학적으로 검증되어 가고 있다.

오늘날 급속히 과학이 발전하고 있지만 오랜 역사를 지닌 약선은 여전히 인류의 건강에 도움을 주고 있는 매우 독특한 분야라고 말하지 않을 수 없다. 대장금이라는 드라마를 통해서도 알 수 있듯이 우리나라에서도 역시 식의(食醫)라는 직책이 있었고, 고조리서 등을 통해 판단할 때 약선이라는 의미의 식생활 문화가 있었음은 분명하다.

일본 또한 'YAKUZEN'이라는 이름으로 일본 고유의 약선을 정립해 나가고 있고 대만, 캐나다, 인도 등에서도 동양의학사상을 토대로 한 식이요법 및 음식에 많은 관심을 가지고 나름대로 많은 연구와 활용을 하고 있다 .

• 음식의 기본 요건 외에 약성(藥性)이 숨겨져 있다.

식물(食物)은 인체가 필요로 하는 영양소의 주요 원천으로 인체의 성장이나 발육 및 생명활동을 유지시켜 주는 반면 약물(藥物)은 종류에 따라 각각 그 효능이 크게 다르고 생명체의 각종 생리기능을 조절하며 병을 치료하여 건강을 증진시켜준다. 그러나 약선은 약물의 치료 및 인체의 건강증진 작용을 일상 음식에 적용한 것으로 식물의 영양과 약물의 치료 효능을 모두 가지고 있다.

우리 조상들 뿐 아니라 전세계적으로 선인들은 일찍이 '식약동원(食藥同源)' · '약식동원(藥食同源)' · '식양(食養)' · '식치(食治)' 등의 이론을 깨달아 음식과 약치(藥治)를 같이 결합하여 독특한 약선을 만들어 낸 것이다.

약선의 특징은 색이나 향, 맛, 모양새를 갖추고 있는 음식에 약물의 치료특성을 깃들게 하여 음식으로써의 기본기능을 제공함은 물론이고 동시에 병의 치료와 건강증진 및 체질개선 등의 중요한 작용을 한다는 것이다. 즉, 약선은 영양적 요구를 채워 주고 음식에 숨겨져 있는 약치(藥治)의 효능으로 병의 예방 · 치료를 위해 활용할 수 있는 독특한 수단이 되는 음식이다.

• 재료의 혼합 및 사용 원칙이 매우 중요하다.

동양의학 사상을 토대로 하는 약선은 인체 내·외 환경의 정체성이나 통일성을 강조하고 인체 음양기혈(陰陽氣血)의 기능과 상태의 개선을 건강관리와 질병예방 및 치료의 원칙으로 삼고 있으며, 이러한 원칙은 21세기 인류에게 점진적으로 건강과 질병치료의 신개념으로 접근하고 있다.

이러한 목적을 달성하기 위해서는 기미론(氣味論)[주3)]을 토대로 재료의 효능을 이해하여 재료를 배합·구성하여 섭취하는 사람의 섭취 목적에 합당하도록 조리하여야 한다. 그래야만이 몸의 음양기혈과 장부(臟腑)의 기능이 조절되고 체내균형이 유지되어 약선 섭취의 최종 목적이 달성되는 것이다.

주3) chapter 4 참조

약선은 필수영양소를 제공할 뿐만 아니라 치료의 수단으로 사용되어 단독으로 치료하거나 보조적으로 사용되어 치료작용을 한다는 것이 현대 식품영양학에서 언급하는 음식과의 차이이다. 또한 약물치료와 차이가 있어 음식으로 치료효과를 주어 약물치료에 대한 심리적 긴장을 없애주어 치료효과를 높여줄 수 있다.

• 건강증진, 질병예방 및 병후 건강관리에 중점을 두고 있다.

약물치료는 질병의 증상에 사용하거나 어떠한 확실한 질병상태에서 사용하여 치료효과를 높여준다. 질병의 치료가 주가 되어 일단 병의 원인이 제거되면 다시 약물을 사용하지 않는 것이 약물의 사용원칙이다.

반면에 약선은 어떠한 질병에 대해 치료 및 치료보조 작용이 있으며 몸을 천천히 조리하게 함으로 특히 약물치료 후의 건강회복과 만성병증의 점진적인 치료와 쇠약한 몸 상태, 허약한 체질 또는 음양기혈의 부조화에 매우 효과적이므로 평상시 건강증진 목적으로 널리 사용할 수 있다.

이는 급하지 않고 완만하게 그 효능을 나타내므로 합당하게 섭취하면 건강회복과 증진에 도움이 된다. 약선은 화상이나 외상 등과 급성 질병에는 단독으로 빠른 효능을 볼 수 없지만 체내 면역력을 증진시켜 질병이 발생하지 않도록 예방하는데 도움이 되며 병후 건강회복에도 많은 도움이 되는 음식이다.

제 3 절 약선과 건강기능식품의 차이

약선과 건강기능식품은 모두 특정의 섭취효과가 나타나는 것이므로 일반 식품이나 음식에 비해 효능의 기능성이 크다고 볼 수 있다. 그러나 약선과 건강기능식품의 기능성 접근에는 차이가 있다.

자연환경에 따라 우리 몸의 상태는 변화한다. 변화된 상태에 따라 맞춰 먹는 음식이 바로 약선으로 '누구나', '언제나' 먹을 수 있는 건강기능식품과는 차이가 있다. 즉, 약선이 퍼즐을 맞추듯이 전체적인 균형을 유지하는 것에 초점을 둔 것이라면 단지 함유성분의 기능만을 가지고 앞으로만 달려가고자 하는 것이 건강기능식품으로 이해한다면 그 차이를 쉽게 이해할 수 있을 것이다.

그림 2-4 건강기능식품과 약선의 기본개념

예를 들면 알로에는 알레르기, 변비, 화상 및 위염에 좋다고 알려져서 많은 소비자들이 사용하고 있다. 그러나 약선식료학적으로 살펴보면, 알로에는 노회(蘆薈)라 하여 맛은 쓰고 찬 성질을 가지고 있어 대장의 실열[實熱 : 몸에 침범한 나쁜 기운(사기, 邪氣)이 성할 때 나타나는 열]에 의한 변비와 위(胃)에 열이 있거나 염증에는 효과가 있으나 모든 사람과 모든 변비 등의 증상에 다 맞는 것은 아니다.

또한 건강에 매우 좋은 약재로 알려져 한동안 붐을 이루었던 오가피는 맛이 맵고 성질이 따뜻하여 풍습(風濕)을 제거하는 효능이 있어 체내에 수분이 과도한 경우에는 적합하지만 그렇지 않을 때는 사용하면 안되는 것이다.

기능성 성분의 효능을 강조하며 누구에게나 적용된다고 보는 건강기능식품과 달리 섭취하는 사람의 건강상태와 질병의 원인이나 정도 및 자연과의 조화 등 음양평형을 통해 자연의 이치를 이해해야만이 올바르게 활용될 수 있는 것이 바로 약선이다.

약선은 우리 주변에서 쉽게 접할 수 있는 기능성 식품과는 차이가 있다. 무차별적인 대입법으로 만병통치를 주장하여 자칫 일반인들에게 오용과 남용을 유발시키는 현실에서 동양의학 이론을 토대로 사람의 체질, 계절적 특성, 지역적 특성에 따라 또는 질병이 발생하였을 경우 질병의 원인과 질병의 전개 단계에 따른 올바른 음식섭취가 요구된다. 따라서 우리들이 무엇을 어떻게 섭취해야 하는가에 대한 교육이 무엇보다 필요하다.

우리나라에서도 건강기능식품의 형태에 대한 법적 제한이 풀린 상황에서 잘 개발된 제품이라면 우리들이 사용하기가 훨씬 자유로워질 것이다. 이런 상황에서 약선 원리를 토대로 한 건강기능식품의 개발도 충분히 가능하리라 보여지나 법적으로 요구되는 임상효능 평가에 있어 효능지표(biofactor)에 대한 부분을 어떻게 정리하고 적용시켜 나가느냐가 큰 숙제라 보여지며 관련 종사자들의 많은 토론과 연구가 하루빨리 이루어지기를 기대한다.

제 4 절 왜 약선이 필요한가?

몸이나 질병에 대해 인식하는 인체관과 질병관이 동양의학과 서양의학에는 차이가 있다. 서양의학에서는 인체구조를 작은 단위로 나누어 형태와 구조를 가진 개체로 몸을 인식한다. 또한 질병은 형태와 구조의 변화나 세균 등의 또다른 개체의 침입으로 인해 나타나기 때문에 형태와 구조의 변화를 제거함으로써 질병이 치료된다고 보는 구조와 형태를 중시하는 접근이다.

반면에 동양의학에서는 인체를 인식할 때 생명체 전체를 하나로 보며, 언제부터 어떻게 되어서 병이 왔는가를 찾는 변증(辨證)이라는 과정을 거쳐 깨어진 부조화를 조화롭게 하여 형태나 구조보다는 기능을 중요하게 보고 인체 내의 조화, 자연과 인체의 조화를 중시하는 접근이다.

우리들이 아픈 부위에 따라 전문의원을 찾지만 한의원을 찾을 경우에는 어디가 아프든지 그냥 구분하지 않고 내원하게 되는 것이 그 반증이다. 따라서 의학을 바탕으로 인체를 이해하여 먹을거리를 다루는 영양학 또한 동서양에는 차이가 있으며 또한 식품학이나 조리학에서도 차이가 있기 마련이므로 동 · 서 영양학, 식품학 및 조리학의 바람직한 융합이 필요하다.

약선의 연구대상은 영양작용의 '食', 치료작용의 '藥' 및 藥과 食이 결합하여 형성된 특수 음식인 '약선(藥膳)'이 모두 포함된다. 따라서 약선을 위해 사용되는 약선 재료는 食物과 허용되는 藥物, 두 범위의 물질을 모두 포함하며 약선은 食의 특성을 가지고 있으며 동시에 藥의 특징도 가지고 있음을 알아야 한다.

그림 2-5 동 · 서양 의학의 건강 접근

침(鍼)이나 약이 인체의 상황에 따라 각각 다른 것처럼 약선의 성질과 효능은 반드시 섭취하는 사람의 건강상태나 상황에 따라 달라져야 약선의 효능을 기대할 수 있으며 약선 재료의 사용원칙, 혼합이론 및 상황에 따라 그 효과가 달라진다는 것을 인식해야 한다.

이 세상에 모든 식품이나 음식은 나쁜 것이 없다. 나의 건강상태와 체질에 맞으면 그 음식이 바로 좋은 음식이고 그것이 약선인 것이다. 개인의 차이를 이해하여 개개의 맞춤영양 및 건강관리를 위해서도 약선식료와 약선의 적용은 필요하다고 보여진다.

'식약동원'을 기본으로 해 온 우리 전통의 식문화와 식생활 양상을 이해하여 서구 문화에 숨어버린 우리의 문화를 정립함이 시급하며, 한식 세계화 역시 우리 고유 식생활 문화를 중시하면서 이루어져야만 가능하리라 사료된다.

제 5 절 우리나라 약선의 현실

시대 변화와 함께 웰빙 음식이 각광을 받으면서 소위 약선이라는 음식이 여러 사람들에게 관심의 대상이 되었다. 그러나 대부분의 사람들은 약선에 대해, '한약재가 들어간 음식', '우리나라 전통음식', '사찰음식', '산야초 발효액이 들어간 음식', '중국에서 유래된 음식' 등으로 잘못 인식되어 있어 올바른 이해를 위한 교육이 필요하다. 쉽게 말할 때 '약이 되는 음식이 약선' 이라 한다.

틀린 말은 아니나 좀더 정확하게 쓸 필요가 있다. 왜냐하면 서양의학 체제에서도 5대 영양소가 적절히 배합된 음식도 약이 될 수 있다고 보기 때문이다. 우리가 본 책에서 언급하고자 하는 약선이란, 동양철학사상을 기본으로 하여 식품의 특징을 구분하고 배합하여 섭취하는 사람의 건강상태에 맞게 조리해 낸 음식임을 잊지 말았으면 한다.

최근에 전국 곳곳 몇 군데의 약선식당이 영업을 하고 있다. 불특정다수를 대상으로 하는 외식업체에서 약선을 제공하고자 할 때는 대다수의 사람들에게 합당한 약선을 제공하기가 어려워 일반적으로 약성(藥性)이 강하지 않은 보양(補養)재료를 사용하여 그 효능을 강조한 음식을 판매하거나, 조미료를 사용하지 않는다거나, 특유의 비법을 사용하여 만들어 낸 음식을 약선으로 판매하고 있는 실정이다. 향후 외식업체에서도 좀 더 약선다운 하드웨어(hardware)의 도입과 함께 진정한 약선의 판매가 이루어져야 할 것이다.

소위 약선이라고 해서 만들어진 음식이 진정하게 목적하는 효능을 충족시킬 수 있느냐에 대한 연구 또한 필요한 시점이다. 중국의 약선 현실도 일반 조리사들이 이끌어 가는 맛을 중심으로 한 약선과 연구자들이 관심을 가지는 효능을 우선으로 하는 약선, 이 두 방면으로 이분화되어 가고 있다.

우리나라 현실 또한 이와 비슷한 양상으로 흘러가고 있다. 이러한 문제를 해결해 가야 하는 것이 약선에 관심을 가지는 우리들이 할 일이다. 현대 식품영양학의 맹점을 인지하고 약선식료의 개념을 올바르게 파악하여 두 분야를 잘 접목시켜 새로운 식생활 paradigm이 구축되고 이를 바탕으로 한 꾸준한 교육이 이루어질 때 약선이 제자리를 잡을 수 있을 것이다. 여러분도 이런 현실을 잘 이해해서 조리 기술과 맛, 모양만을 강조한 조리에만 집중하지 말고 진정한 약선이 되도록

Chapter 3

약선 활용을 위한 기초이론

제 1 절 약선식료학 운영의 엔진 — **음양오행학설**

이론 부분을 잘 습득해 나가기를 바란다.

음양오행학설이란 음양학설과 오행학설을 합해서 일컫는 말로 이는 동양의 옛 조상들이 자연을 해석하고 인식하는 세계관과 방법론이다. 음양학설은 세상의 흐름, 현상 및 물체 등은 두가지 기(氣) 즉, 음(陰)과 양(陽)의 상호작용 아래 스스로 생장하고 발전하며 변화하는 것으로 인식하는 개념이다.

오행학설은 목(木), 화(火), 토(土), 금(金), 수(水)의 다섯가지 물질이 세상을 구성하는 가장 기본적인 것이고 이들이 서로 돕거나 또는 억제하는 다양한 운동변화가 물질세계를 구성한다고 보는 개념이다. 음양오행학설은 인체의 조직구조, 생리 및 병리변화, 질병의 진단과 치료 및 약선식료학 분야에서 뿌리가 되는 기초로 약선을 조리하기 위해서 꼭 이해가 요구되는 이론이다.

1. 음양학설 (陰陽學說, yin-yang theory)

(1) 기본 개념

음양학설이란, 자연은 음(陰)과 양(陽)의 조합으로 이루어졌고, 음양이 서로 돕거나 또는 서로 억제하는 조절과정을 통해 천지만물이 변화한다는 동양사상의 기본이 되는 자연철학이다. 음양의 최초의 의미는 태양을 등지고 서있을때 태양을 바라보고 있느냐 아니냐에서 시작되어서 태양을 향해 햇빛이 충만한 곳을 양, 태양을 등지고 있어 햇빛이 적은 곳을 음이라 하였다. 후에 그 의미가 넓어져서 밝고 따뜻하고 동적, 외향적인 속성을 가진 물체나 현상을 양에, 어둡고 차고, 정적, 내재적인 것 등의 속성을 가진 물체나 현상은 음으로 배속시켜 자연현상을 파악하는 기본원칙이 되었다.

자연철학의 원리와 원칙에 따르는 약선식료학 분야는 우리 선조들의 지혜에 의해 계승되고 발전된 것으로 인체기관의 모든 활동과 작용을 자연의 섭리인 음양의 조화로 인식한다.

우리들의 인체도 우주와 같은 유기체로 보아 건강을 판단하고 질병을 진단하고, 치료하는 것이며, 인간의 먹을거리 역시 자연과의 조화에 맞춰서 먹어야 한다고 보는 것이다. 음양의 기본철학을 바탕으로 신체의 건강상태를 파악하고 그에 맞는 음식을 제공하려는 것이 바로 약선식료이다.

우주에 있는 모든 사물은 하나이면서도 모두 상대되는 두 개의 면이 포함되어 있다. 즉, 동전은 하나이지만 앞면과 뒷면이 각각 상대되는 두 면인 것과 같이, 이 두 면을 각각 음과 양으로 분류하는 것이다. 예를 들면 하늘과 땅, 해와 달, 바다와 육지, 낮과 밤, 추위와 더위, 남자와 여자, 육체와 정신, 삶과 죽음, 위와 아래, 내부와 외부, 움직임과 고정, 물과 불, 내쉬는 숨과 들여 마시는 숨, 밝음과 어둠, 허와 실 등이다. 표 3-1, 3-2에는 음양을 비교, 정리하였다.

표 3-1 사성오미(四性五味), 우리 몸의 음양 비교

	陰陽	
	陽	陰
의미	따뜻함, 밝음, 동적, 건조	차가움, 어둠, 정적, 습함
사성(四性)	열(熱), 온(溫)	한(寒), 량(凉)
오미(五味)	매운맛(辛), 단맛(甘)	신맛(酸), 쓴맛(苦), 짠맛(鹹)
기혈(氣血)	기(氣)	혈(血)
실허(實虛)	실(實)	허(虛)
기능과 물질	기능	물질
합성과 분해	분해	합성
장부(臟府)	육부(膽, 小腸, 胃, 大腸, 膀胱, 三焦)	오장(肝, 心, 脾, 肺, 腎)
표리(表裏)	체표	체내
앞뒤(前後)	전(前)	후(後)
상하(上下)	상체(上體)	하체(下體)
몸통과 사지	몸통	사지
복배(腹背)	배부(背部)	복부(腹部)
오장(五臟)	심(心), 폐(肺)	간(肝), 비(脾), 신(腎)

표 3-2 사물, 현상 등의 음양 비교

	陰陽	
	陽	陰
의미	따뜻함, 밝음, 동적, 건조	차가움, 어둠, 정적, 습함
계절	춘(春), 하(夏)	추(秋), 동(冬)
시간	낮, 오전	밤, 오후
방위	동(東), 남(南)	서(西), 북(北)
방향	바깥쪽(外) / 상(上), 좌(左)	안쪽(內) / 하(下), 우(右)
시공	시간	공간
명암	명(明)	암(暗)
기후	더위, 맑음	추위, 흐림
	건조(燥)	습기(濕)
숫자	홀수	짝수
무게	경(輕)	중(重)
높이	고(高)	저(低)
동식물	동물	식물
향미(香味)	향(香)	미(味)
승강(昇降)	승(昇)	강(降)
청탁(淸濁)	청(淸)	탁(濁)
천지(天地)	천(天)	지(地)
남녀(男女)	남(男)	녀(女)
노소(老少)	소(少)	노(老)
생사(生死)	생(生)	사(死)
일월(日月)	일(日)	월(月)
동정(動靜)	동(動)	정(靜)
정사기(正邪氣)	정기(正氣)	사기(邪氣)

어떠한 사물이라도 음양의 속성에 따라 나뉘어질 수 있다. 그러나 음양속성으로 사물을 개괄하고 구분하는 경우, 반드시 그 사물들은 서로 관련이 있는 한쌍이거나 하나의 사물 내에 존재하는 두 개의 방면이어야 비로소 실제적인 의의를 가질 수 있다.

만약 양자가 서로 무관하거나 하나의 통일체의 대립된 쌍방이 아닌 경우 음양으로 그들의 상대적인 속성과 연관성을 나눌 수 없다.

앞면이라는 것이 있어야만 뒷면이라는 것이 있듯이 이러한 음과 양은 절대적인 것이 아니라 항상 상대적인 개념으로서, 음과 양이 항상 대립, 통일, 소장(消長 : 줄어들고 늘어남), 전화(轉化 : 다른 상태로 바뀜)되면서 사물이 발전되고 변화된다는 것이다. 이러한 까닭으로 어떤 사물도 절대적으로 존재하는 음이나 양은 없으며, 서로가 상대의 존재에 의하여 음 또는 양으로 존재한다.

이처럼 서로가 상대의 존재에 의존하기 때문에 항상 상호제약과 협조 작용이 일어나게 되며, 이렇게 서로 움직이면서 음양의 평형이 유지되는 것을 동적평형이라 한다. 그림 3-1은 동적평형상태를 표현하는 음양태극도이다.

절대적인 것이 아닌 상대적인 음양을 구체적으로 이해하기 위해 예를 들어보자.

예 1) 체내의 생리적인 면에서 생각하면, 음으로 대표되는 물질의 생성은 양으로 대표되는 기(氣) 또는 에너지에 의존하는 것이고, 양으로 대표되는 기는 음으로 대표되는 물질의 기초에 의존하는 것이다.
즉, 음식을 먹으면 대사과정을 거쳐야만이 기가 만들어지고 음식은 기가 있어야만이 대사과정이 이루어지는 것이다. 여기서 물질과 기는 궁극적으로 같은 것이지만 어느 한쪽만을 부각시키면 물질과 에너지는 각각 별개의 음과 양으로 취급되는 것이다.

예 2) 병리상태에서 예를 들어보면 인체 내에 음이 넘치게 되면 음에 해당되는 몸속이 차가워지고, 음이 부족하면 체내에 미열이 발생한다. 반대로 양이 넘치면 양에 해당되는 몸의 겉으로 열이 나고, 양이 부족하면 체외가 차가워진다. 이러한 논리에 의하면 다른 사람에 비해 손발이 항상 차가운 사람은 극도로 양이 부족한 까닭이다. 그러므로 각자의 건강상태에 따라 식품 중에서 양 또는 음을 복돋우는 식품을 섭취하여 음양의 균형을 맞추고자 하는 것이 약선식료의 기본개념이다.

음과 양은 사물내에서 무한하게 다시 음과 양으로 나뉠 수 있다. 예를 들어 밤과 낮의 경우 낮은 양, 밤은 음에 속하나, 오전과 오후는 다시 양중지양(陽中之陽)과 양중지음(陽中之陰)으로 나뉠 수 있고, 밤은 자정을 기준으로 자정 전은 음중지음(陰中之陰), 자정 후는 음중지양(陰中之陽)으로 다시 나뉠 수 있다.

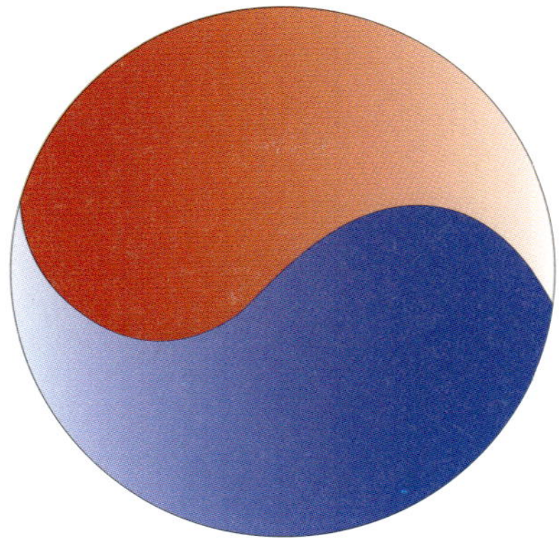

그림 3-1 음양태극도

(2) 기본적 특징

① 음양의 대립제약(對立制約)

음양학설은 자연계의 모든 사물과 현상은 상호 대립적인 음양의 양면을 가졌다고 본다. 상하(上下), 좌우(左右), 천지(天地), 동정(動靜), 출입(出入), 승강(乘降), 주야(晝夜), 명암(明暗), 한열(寒熱), 수화(水火) 등이 그것이다. 음양은 대립적이면서 동시에 통일적이다. 통일은 대립의 결과로써 대립이 없다면 통일도 있을 수 없다. 음양의 대립제약은 어느 한쪽이 지나치지 않게 다른 한쪽이 제약하면서 동적 평형상태를 이루는 것을 의미한다.

예) 음양인 밤과 낮이 서로 대립제약하면서 하루가 구성되는 것이다.
각각 음양인 여자와 남자가 이 세상을 구성하며 조화를 이루는 것이다.

② 음양의 호근호용(互根互用)

음과 양은 대립 · 통일적인 것으로 양자는 서로 대립하면서 동시에 서로에게 의존한다. 어떤 한 방면은 다른 한 방면을 떠나 단독으로 존재할 수 없다. 상하의 경우, 上은 양이요, 下는 음이되, 상이 없다면 하는 하라고 칭할 수 없고, 하가 없다면 상도 그 의미가 없다. 이렇듯 음은 양에 기대고, 양은 음에 기대어 존재하므로 한 방면은 다른 한 방면의 존재의 전제조건이 되는 것이다. 이러한 음양간의 상호의존적 관계를 호근호용이라 한다.

예) 남자가 있어야 여자가 있고 여자가 있어야 남자가 있다.
陰인 추위가 있어야 陽인 더위가 있는 것이다.
알코올 램프에서 陰인 알코올이 있어야 陽인 불꽃이 타오를 수 있는 것이다.

③ 음양의 소장평형(消長平衡)

음과 양의 사이의 대립제약, 호근호용은 절대 정지상태로 불변하는 것이 아니다. 끊임없이 운동·변화하는데 그 과정을 '소장평형(消長平衡 : 한쪽은 줄어들고 또 다른 한쪽은 늘어나면서 평형이 이루어지는 상태)' 이라 한다. 소장평형이라는 것은 음과 양 사이의 정지된 절대적 평형이 아니라, 일정한 한도와 일정시간 내에서 '음소양장(陰消陽長 : 음이 줄어들고 양이 늘어나는 상태)' '양소음장(陽消陰長 : 양이 줄어들고 음이 늘어나는 상태)' 이라는 상대적 평형을 유지하는 것을 말한다.

사계절의 기후를 볼 때, 겨울에서 봄, 여름으로 가는 과정은 차가운 기운이 점차 따뜻하게 변하는 '음소양장' 의 과정이고 다시 여름에서 가을, 겨울로 가는 과정은 반대로 뜨거운 기운이 점차 서늘하게 변해 가는 '양소음장' 의 과정인 것이다. 일년, 사계절은 음양의 소장(消長 : 한쪽이 줄어들고 다른 한쪽이 늘어나는 상태)으로 동적평형 상태에 의한 것이다.

예) 태극기의 태극모양의 변화
어두운 밤이 깊어야 밝은 새벽이 온다.

④ 음양의 상호전화(相互轉化)

음양의 대립되는 쌍방은 일정 조건하에서 각자 그 상반되는 방향으로 변화할 수 있다. 즉, 양은 음으로, 음은 양으로 변화할 수 있는데 이를 상호전화(相互轉化 : 서로 다른 쪽으로 변화하는 것)라 한다. 음양의 상호전화는 일반적으로 사물의 변화가 극에 이르렀을 때 나타난다.

음양의 소장을 양적 변화의 과정이라고 한다면, 음양의 상호전화는 양적 변화의 기초 위에 일어나는 질적 변화라고 볼 수 있다.

예) 겨울철 찬바람으로 인한 풍한감기 초기에는 체표가 으슬으슬 추운 한증(寒證 : 寒邪에 의한 병 또는 양기부족으로 음기가 지나치게 왕성해서 나타나는 증상)이 나타나나 시간이 지나도 감기가 회복되지 않으면 몸에서 열이 나고 갈증, 가래 등의 열증(熱證 : 熱邪에 의한 병 또는 양기가 너무 왕성하여 나타나는 증상) 으로 변화되는 것도 음양의 상호전화의 결과이다.

東醫寶鑑

올바른 陰陽 이해의 예

우리들이 음양을 이해하지 못하면 동의보감을 이해할 수 없다. 동의보감에서 '눈' 에 대한 부분을 살펴보자.

'눈병에는 채소, 과일이 좋다' , '채소의 성질은 아주 차다. 채소나 오이는 氣를 다스리지만 눈을 어둡게 하기도 한다.'

이처럼 동의보감에는 채소와 과일이 눈에 좋다는 내용과 나쁘다는 내용이 함께 있다. 이것을 음양이론으로 이해하지 않으면 동의보감을 비과학적인 책이라 매도할 수 있다. 그러나 음양을 알고 나면 참으로 이치에 합당하다는 것을 깨닫게 될 것이다.

찬 것은 음이고 더운 것은 양이다. 채소와 과일은 성질이 차서 체내의 열을 식히는 작용을 한다. 따라서 몸에 열이 많은 양체질이 즐겨 먹으면 좋으며 아울러 열로 인한 양증(陽證)의 병에 활용하면 효과적이다. 대부분의 눈병은 열로 인한 것이므로 눈병에는 채소와 과일이 효과적으로 좋은 것이다.

반면, 눈은 혈액과 정(精)같은 연료를 태워 불꽃처럼 양기(陽氣)를 발산시키는 곳이다. 따라서 찬 것을 지나치게 먹으면 따뜻한 양기가 손상을 받아 시력이 약해진다. 음기(陰氣)가 강한 음체질은 채소, 과일을 너무 많이 즐겨 먹으면 눈의 건강에 나쁜 영향을 받을 수 있다.

이런 식으로 체질의 음양, 질병의 음양, 음식의 음양같이 음양이론으로 보지 않으면 동의보감을 이해하기 힘들 뿐 아니라 올바른 약선도 만들 수 없다.

'채소와 과일에는 비타민과 무기질이 많아 눈에 좋다.' 라는 식의 영양이론은 약선식료학에서는 적용되지 않는다.

(3) 음양 평형과 약선

우리 몸은 음양이 50 : 50으로 이루어져 있는 경우는 없다. 그림 3-2와 같이 대개 음과 양이 조금씩 음 또는 양으로 치우쳐 있다. 음, 양체질은 선천적으로 타고난 것이므로 일생동안 거의 변화가 없다. 그러나 살아가면서 선천적인 음, 양 체질이 음식이나 환경 등에 의해 조화를 잃게 되어 더 편차가 커지면서 질병이 나타나게 되는 것이다.

그림 3-2 음양의 조화

음이든 양이든 한쪽이 편성하면 다른 한쪽은 편쇠하게 되는 것이다. 우리들은 이런 불균형을 식생활을 통해 조절해서 음양평형을 유지하도록 해야 하는 것이다. 음양으로 구성된 우리 몸은 음양의 균형을 맞추기 위한 식생활이 필요하다. 더 깊은 이해가 필요하지만 현재에는 아래의 두줄을 꼭 이해하여 약선에 적용하도록 하자.

양성(陽盛)은 사열(瀉熱)하고 음성(陰盛)은 거한(祛寒)한다.
양허(陽虛)는 보양(補陽)하고 음허(陰虛)는 보음(補陰)한다. 주4)

주4)
- 열(熱)은 양(陽)에 속하고 한(寒)은 음(陰)에 속하므로 이와같이 표현한 것이다.
- 사열(瀉熱): 열기를 제거하는 치법
- 거한(祛寒): 한기를 제거하는 치법
- 보양(補陽): 양을 보하는 치법
- 보음(補陰): 음을 보하는 치법

(4) 체질과 약선

병원에 가면 환자들 사이에서 "무슨 병에는 무엇이 좋다" 라는 식의 이야기가 수도 없이 많다. 병에 걸리면 다급한 나머지 마음에 지푸라기라도 잡고 싶은 심정이겠지만 그야말로 위험한 일이다. 객관적이고 보편적인 기준을 중시하는 서양의학이 가진 큰 문제점 중의 하나는 환자 개개인의 구체적이고 특수한 조건을 간과한다는 점이다. 정해진 수치나 모양을 기준으로 건강상태를 판단하여 어떤 증상이든 특정한 처방이 일률적으로 정해져 있다.

그러나 증상이 같다고 해서 반드시 그 원인이 같은 것도 아니고, 원인이 같다고해서 약의 종류나 양이 반드시 같아야 하는 것도 아니다. 세상에는 똑같은 사람이 존재하지 않는 것처럼 누구나 오장육부(五臟六腑)를 가지고 있지만 그 상태가 각기 달라 사람마다 독특한 생리기능을 발휘한다.

약선식료 분야에서는 이를 체질이라 하며 이러한 체질의 특성에 따라 음식의 기호, 체격, 잘 걸리는 병까지도 다르다. 체질을 이해하는 것은 건강유지와 질병 예방의 첫 걸음이며 따라서 병을 치료하는 방법은 물론 식생활의 운영까지도 체계적으로 알 수 있다. 체질에 맞지 않은 음식을 오랜 세월 모르고 먹은 결과 오장육부의 불균형이 병적으로 초래되어 식이성 질병이 나타난 것이다.

인간은 선천적으로 약간씩 음 또는 양으로 치우쳐 있으며 음, 양 체질은 장부(臟腑)의 작용 정도에 따라 태양인(肺大肝小 : 폐가 크고 간이 작다), 소양인(脾大腎小 : 비가 크고 신이 작다), 태음인(肝大肺小 : 간이 크고 폐가 작다), 소음인(腎大脾小 : 신이 크고 비가 작다)로 나뉘고 더 세분하여 팔상체질, 십육상체질 등으로 나누어 언급하기도 한다. 그림 3-3에는 체질을 판단할 수 있는 도표이다. 측정하여 본인이 음인, 또는 양인인지 판단하여 식생활에 적용하도록 하자.

우리들이 건강한 상태라면 자신의 체질판단에 따라 필요한 음식으로 음양 및 장부를 조절하면서 선천적인 상태를 유지하여 지나치게 한쪽으로 치우치지 않도록 하면 된다. 그러나 우리들에게 음양균형이 깨지면서 질병이 발생하였다면 음양균형을 맞추기 위한 편식이 필요하다.

양이 많아서 병이 왔다면 과도한 양을 제거해야 하고 음이 무성해서 질병이 왔다면 과도한 음을 제거하는 식생활이 요구된다. 그러나 우리들이 칼로 무 자르듯이 구분하여 식품이나 음식을 섭취하기는 현실적으로 어렵다. 그러나 항상 식품이나 음식의 음, 양 정도를 이해하고 먹기 전에 한번씩 생각해 보고 섭취하는 노력을 한다면 여러분들은 앞으로 더욱 건강해질 것이다.

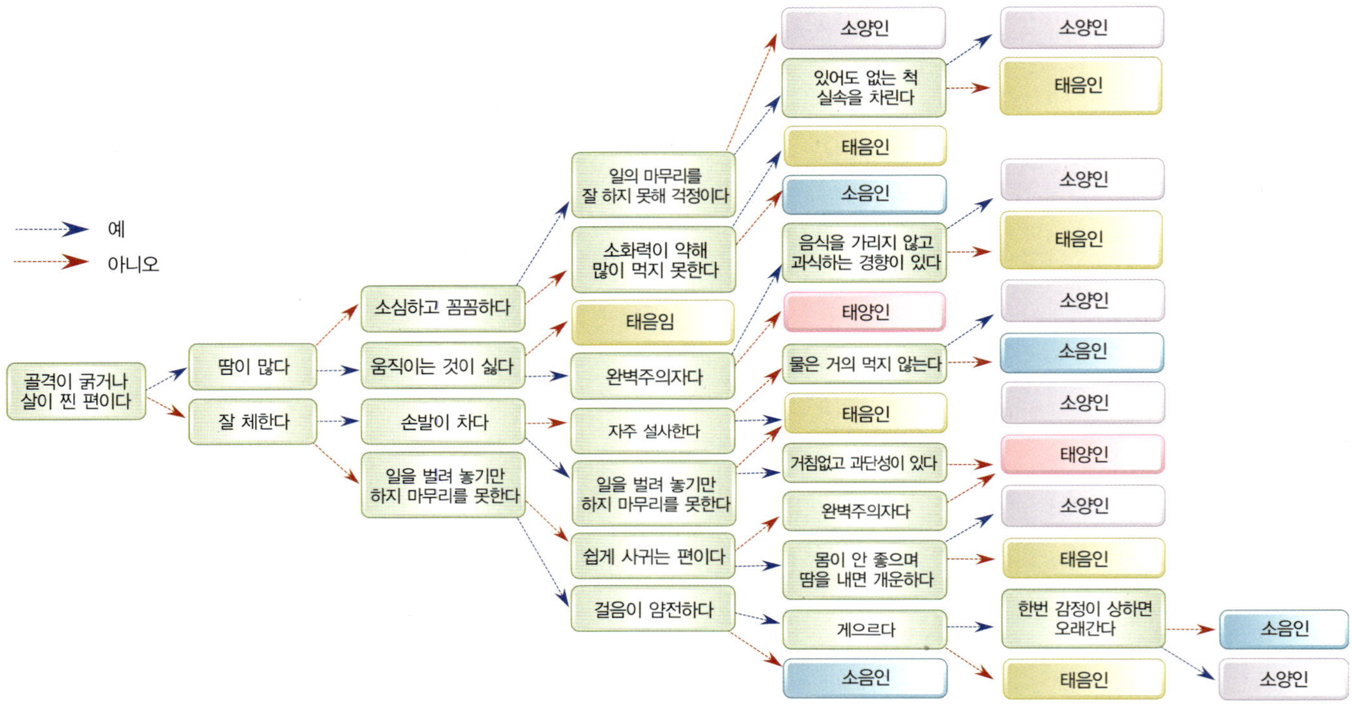

그림 3-3 체질판단을 위한 모형도

2. 오행학설 (五行學說, five phase theory)

(1) 오행의 기본개념

오행(五行)이란 우주가 목(木), 화(火), 토(土), 금(金), 수(水)라는 다섯가지 기본 물질로 구성되어 있고, 다섯가지 물질들은 서로 생(生), 극(克) 관계에 의해 세상의 모든 사물은 상호 연관관계를 가지고 있어 어떤 사물이건 고립되어 정지되어 있는 것이 아니라 끊임없이 상생(相生), 상극(相克)하는 과정에 의해 평형을 유지하게 된다는 개념이다. 즉, 오행은 목화토금수(木火土金水) 다섯가지 재료의 상호관계 및 운동변화인 것이다.

우주를 구성하는 다섯가지 기본물질의 특성은 다음과 같다.

木의 특징 : 목왈곡직(木曰曲直)

곡직(曲直)이란 나무가 성장하는 형태를 말하는 것으로 나뭇가지가 밖으로, 위를 향해 뻗어 나가는 모양이다. 즉, 일직선으로 쭉 뻗어 올라가는 것이 아니고 회전하면서 위로 올라가는 특징이 곡직이다. 땅속에서 새싹이 나올 때, 출산 시 아이가 회전하면서 자궁 밖으로 나오는 것, 인체의 탄생 유전정보를 가지고 있는 DNA의 구조가 이중나선 구조인 것도 바로 곡직인 것이다. 따라서 나무의 특성인 곡직과 같은 발생(發生), 생장(生長), 승발(昇發) 등의 작용이나 성질을 가진 사물, 현상, 재료 등을 木으로 배속시켜서 그 특징을 이해한다.

火의 특징 : 화왈염상(火曰炎上)

염상(炎上)은 불이 가지고 있는 뜨겁고 솟구쳐 오르고 활활타고 퍼지면서 위로 올라가는 특징을 가리킨다. 불의 특징인 염상과 같은 온후(溫煦), 성장, 무성, 추진 등의 작용이나 성질을 가진 사물, 현상, 재료 등을 火에 배속시켜서 그 특징을 이해한다.

土의 특징 : 토왈가색(土曰稼穡)

가색(稼穡)이란 땅이 가지고 있는 농작물을 파종하고 수확하는 특징을 말하는 것으로 받아들이고 변화하는 특징이 있다. 흙의 특징인 가색과 같은 생화(生化), 수납(受納)의 작용이나 성질을 가진 사물, 현상, 재료 등을 土에 배속시켜서 그 특징을 이해한다.

金의 특징 : 금왈종혁(金曰從革)

종혁(從革)이란 지금 가지고 있는 것을 다 버리고 내가 필요한 것만을 취해서 가진다는 뜻으로 내가 필요한 것만을 수렴하고 나머지는 다 버린다는 변혁의 의미를 가지고 있다. 때문에 쇠의 특징인 종혁과 같은 차가움, 변혁, 수렴(收斂) 등의 작용이나 성질을 가진 사물, 현상, 재료 등을 金에 배속시켜서 그 특징을 이해한다.

水의 특징 : 수왈윤하(水曰潤下)

윤하(潤下)란 물이 가지고 있는 자윤(滋潤)과 하향(下向)하는 특성을 말하는 것으로 물의 특징인 윤하와 같은 한량(寒凉), 자윤(滋潤), 하향(下向)하는 성질이나 작용을 가진 사물, 현상, 재료 등을 水에 배속시켜서 그 특징을 이해한다.

(2) 사물, 현상, 재료 등의 속성에 따른 오행배속

오행학설은 오행의 특성으로 모든 사물의 특성과 작용을 이해하고 결정하는 이론이다. 때문에 사물의 속성과 특성은 목화토금수 자체를 말하는 것이 아니라 그들이 가지고 있는 성질과 작용을 의미하는 것이고, 목화토금수의 특성과 유사한 것들을 목화토금수(木火土金水)에 각각 배속시킨 것이 오행귀류(또는 오행배속, categorization according to five phase)이다.

표 3-3 오행배속표

五行 (오행)	木 (목)	火 (화)	土 (토)	金 (금)	水 (수)
속성	曲直(곡직)	炎上(염상)	稼穡(가색)	從革(종혁)	潤下(윤하)
五化 (오화)	生 (생)	長 (장)	化 (화)	收 (수)	藏 (장)
五氣 (오기)	風 (풍)	暑 (서)	濕 (습)	燥 (조)	寒 (한)
五方 (오방)	東 (동)	南 (남)	中央 (중앙)	西 (서)	北 (북)
五色 (오색)	靑 (청)	赤 (적)	黃 (황)	白 (백)	黑 (흑)
五季 (오계)	春 (춘)	夏 (하)	長夏 (장하)	秋 (추)	冬 (동)
五味 (오미)	酸 (산)	苦 (고)	甘 (감)	辛 (신)	鹹 (함)
五臟 (오장)	肝 (간)	心 (심)	脾 (비)	肺 (폐)	腎 (신)
六腑 (육부)	膽 (담)	小腸 (소장)	胃 (위)	大腸 (대장)	膀胱 (방광)
五官 (오관)	目 (목)	舌 (설)	口 (구)	鼻 (비)	耳 (이)
五感 (오감)	視 (시)	味 (미)	觸 (촉)	嗅 (후)	聽 (청)
五形體 (오형체)	筋 (근)	脈 (맥)	肉 (육)	皮 (피)	骨 (골)
五情志 (오정지)	怒 (노)	喜 (희)	思 (사)	悲 (비)	恐 (공)
五華 (오화)	爪 (조)	面 (면)	脣 (순)	毛 (모)	髮 (발)
五液 (오액)	淚 (루)	汗 (한)	涎 (연)	涕 (체)	唾 (타)
五藏 (오장)	魂 (혼)	神 (신)	意 (의)	魄 (백)	志 (지)
相 生(상생)	木生火 – 火生土 – 土生金 – 金生水 – 水生木				
相 剋(상극)	木克土 – 土克水 – 水克火 – 火克金 – 金克木				

예를 들면 방위(方位)로 볼 때 태양이 떠오르는 동쪽은 木의 승발(昇發)하는 특성과 유사하므로 木에 배속되고, 더운 남쪽은 火에, 해가 지는 서쪽은 숙강(肅降)하는 특성을 가진 金에, 한량(寒凉)한 북쪽은 水에 배속된다.

오장(五臟)의 경우 간은 승발(昇發)을 주관하므로 木에, 심은 온후(溫煦)를 주관하므로 火에, 비는 운화(運化)를 주관하므로 土에, 숙강(肅降)을 주관하는 폐는 金에, 자윤(滋潤)을 주관하는 신은 水에 배속한다.

사물의 오행속성은 위에서 언급한 성상(性狀)에 의한 분류 외에 간접적으로 추론하는 방법도 있다. 예를 들면 간(肝)이 木에 배속되는 관계로 간이 주관하는 근(筋)과 눈은 모두 木에 배속된다. 같은 방식으로 심(心)과 연계된 맥(脈)과 설(舌)은 火에, 비(脾)와 연계된 육(肉)과 구(口)는 土에, 폐(肺)와 연계된 피(皮)와 비(鼻)는 金에, 신(腎)과 연계된 골(骨)과 이(耳), 이음(二陰 : 前陰인 외생식기와 後陰인 항문을 합쳐 일컫는 말)은 水에 배속된다. 이외 동일한 속성을 가진 사물, 현상, 재료 등도 모두 그 특성에 따라 각각 오행에 귀류되어 있다.

많은 분들이 오행표를 접하였고 외우고 있으리라 생각하나 이해 없이 단순하게 외워서는 올바른 활용이 어려우니 오행귀속표의 의미를 이해하는 것이 중요하다.

(3) 오행의 상생상극

상생(相生)은 한 사물이 다른 한 사물에 대하여 촉진(促進), 조장(助長)하는 작용을 가진 것을 말한다.

상극(相克)은 한 사물이 다른 한 사물에 대하여 억제와 제약의 작용을 가진 것을 말한다. 상생과 상극은 자연계의 정상적인 현상으로 인체에 있어서도 정상적인 생리현상이다. 사물 간에는 이러한 상생과 상극관계가 존재해야 자연계의 생태평형을 유지하고, 인체의 생리평형을 유지할 수 있다. 오행의 상생상극의 순서는 끝없이 순환하여 인체의 건강을 유지해 준다.

① 오행의 상생관계

그림 3-4에서는 오행의 상생과정을 그림으로 표현하였다. 생(生)이란 일방적으로 상승시킨다는 뜻이 아니라 정상적인 범위 내에서 독려하고 조절하는 것을 의미한다.

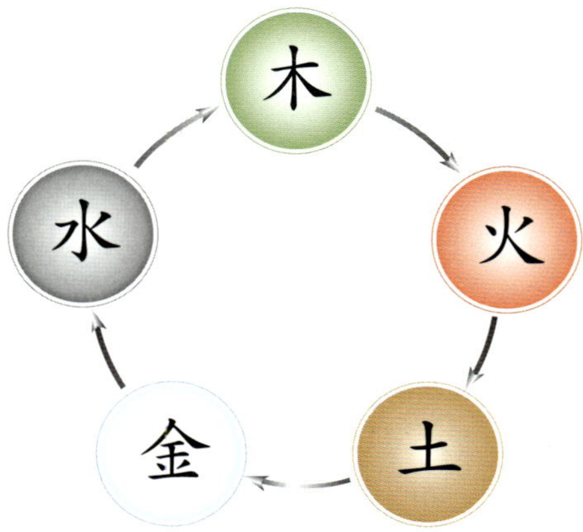

그림 3-4 오행의 상생관계

· 木은 火가 잘 타도록 도와준다. (木生火)

나무가 있어야 불이 활활 타오를 수 있듯이 불은 나무가 없으면 발전할 수 없다. 木의 속성은 火의 속성이 잘 작용할 수 있도록 도와준다. 따라서 간은 심의 작용이 잘 되게 도와준다.

· 火는 土가 활성화 되도록 도와준다. (火生土)

농사를 짓기 전에 겨울동안 단단해진 땅을 활성화 시키기 위해서 땅에 불을 지피면 불은 땅의 활성을 증진시키듯이, 또한 불로 흙을 구워 토기를 만들때 흙은 불이 없으면 형체를 변경할 수 없듯이 흙은 불이 존재해야 역량이 커진다. 火의 속성은 土의 속성작용이 잘 되도록 도와주는 것이다. 따라서 심은 비의 작용이 잘 되도록 도와준다.

· 土는 金을 잘 보듬어준다. (土生金)

금을 캐려면 광산으로 나선다. 이는 바로 금은 흙속에 있다는 뜻이다. 다시 말하면 흙은 금을 잘 보듬어 준다는 것이다. 따라서 土의 속성은 金의 속성이 잘 작용할 수 있도록 도와주는 것이다. 따라서 비는 폐의 작용이 잘 되도록 도와준다.

· 金은 水의 생성과 발전을 도와준다. (金生水)

광물질이 많은 암반수에서 좋은 생수가 나온다. 즉, 금속은 물을 생성할 수 있으므로 결국 金의 속성은 水의 속성이 잘 작용할 수 있도록 해주는 것이다. 따라서 폐는 신의 작용이 잘 되도록 도와준다.

· 水는 木이 잘 자라도록 도와준다. (水生木)

나무가 잘 자라려면 물이 필요하다. 따라서 물은 나무를 키우는 어머니의 역할을 하는 것이다. 따라서 水의 속성은 木의 속성이 잘 작용할 수 있도록 도와주는 것이다. 따라서 신은 간의 작용이 잘 되도록 도와주는 것이다.

② 오행의 상극관계

그림 3-5에서는 오행의 상극과정을 그림으로 표현하였다. 극(克)이란 무조건 억제한다는 뜻이 아니라 정상적인 범위 내에서의 억제 · 조절하는 것을 의미한다.

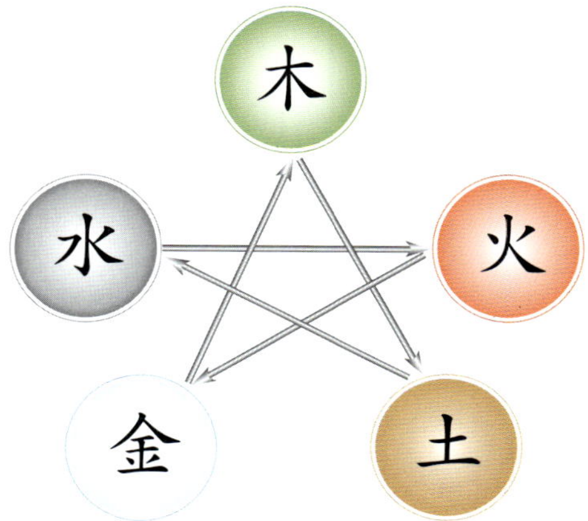

그림 3-5 오행의 상극관계

· 木은 土의 힘을 빼내서 土가 과도하게 힘이 센 것을 억제하여 조절한다. (木克土)

나무는 흙 속의 영양분을 빼앗아 가므로 나무는 흙을 극한다는 것이다. 따라서 木의 속성은 土의 속성이 과도하게 작용할 때 그 수준을 조절하기 위해 극을 한다. 따라서 간은 비를 극하는 작용을 한다.

· 土는 水의 흐름을 막아서 너무 과도한 水의 힘을 억제하여 조절한다. (土克水)

맑은 물은 흙더미에 의해서 더러워지고 물을 흐르지 못하게 막아버려 물을 통제한다. 따라서 土의 속성은 水의 속성이 과도하게 작용할 때에 그 수준을 조절하기 위해 극을 한다. 따라서 비는 신을 극하는 작용을 한다.

· 水는 火를 끌 수 있는 능력으로 火의 힘을 조절한다. (水克火)

불이 나면 물로 불을 끄는 원리이다. 따라서 水의 속성은 火의 속성이 과도하게 작용할 때 그 수준을 조절하기 위해 극을 한다. 따라서 신은 심을 극하는 작용을 한다.

· 火는 金을 녹여 형태를 없애는 작용으로 金의 힘을 억제조절한다. (火克金)

불은 금을 녹여 형체를 바꾸어 버린다. 따라서 火의 속성은 金의 속성이 과도하게 작용할 때 그 수준을 조절하기 위해 극을 한다. 따라서 심은 폐를 극하는 작용을 한다.

· 金은 木을 잘라내서 木의 힘을 억제하여 조절한다. (金克木)

나무는 쇠로 된 도끼에 의해 잘려지게 된다는 원리이다. 따라서 金의 속성은 木의 속성이 과도하게 작용할 때 그 수준을 조절하기 위해 극을 한다다. 따라서 폐는 간을 극하는 작용을 한다.

(4) 상승상모(相昇相侮, 昇侮)

승모(昇侮)는 오행 간의 정상적인 상극이 파괴되어 나타나는 비정상적인 상극(相克)현상이다. 상승(相昇)은 오행중의 어떤 일행이 다른 일행에 대한 극(克)이 너무 지나쳐서 일어나는 일련의 비정상적인 상극(相克)반응을 말한다. 즉, 오행 중 어느 한 행이 쇠약할 때, 그 행을 극해서 더욱 쇠하게 만드는 반응이다.

예를 들면 원래 木은 土를 극하도록 되어 있는데(木克土) 土 자체가 쇠할 경우 木이 土의 허한 틈을 타서 극함으로써 土가 더욱 허약해지도록 하는 반응을 토허목승(土虛木昇)이라 한다. 우리들이 너무 힘든 상황에서 더 힘든 일이 다가오면 우리들은 더더욱 힘들어지게 되는 것이다. 즉, "설상가상으로...." 라는 표현이 적당하다.

상모(相侮)는 오행(五行)중의 어떤 일행이 자신의 강함을 믿고 약한것을 깔보며 거짓으로 모욕한다는 의미로 즉, 억제를 당해야 할 것이 억제를 한다는 의미이다. 금극목(金克木)이 정상적인 제약관계이지만 金이 부족하거나 木이 너무 항성되어 있으면 오히려 木이 金을 모(侮)하게 되어 "木侮金(목모극)" 이라 한다. 예를 들면 간모폐(肝侮肺)란 폐가 간을 억제하지 못하고 오히려 간에게 극을 당해 폐에 문제가 생기게 되는 것이다.

(5) 오행표의 이해를 위한 예

봄이 되면 여자들은 왜 예쁜 옷을 입고 나가고 싶은 충동이 있는걸까?

여자들은 음의 특징을 가지고 있지만 봄은 양에 속하는 계절이고 봄에 많은 바람 역시 양에 해당된다. 또한 인체에서도 양기가 많아지기 시작하는 시기이다. 따라서 음인 여성은 자기와 다른 성질의 양이 다가오게 되면 그것에 적응하기 위해 나름대로 노력하는 것이다.

음의 계절인 가을에 남자들이 가을을 타는 것 또한 같은 이치이다. 따라서 봄은 여자의 계절, 가을은 남자의 계절이라 하는 것이다.

현명한 남자라면 꽃피는 봄에 여자친구나 부인 및 딸들이 옷을 사달라고 조른다거나 바람을 쐬러 나간다거나 할 때는 나무라지 말고 자연의 현상임을 인지하고 도와주는 것이 자연을 따르는 삶이 되는 것이다. 반면, 우리 어머니들도 가을철에 아버님들이 왠지 쓸쓸해하고 술을 자주 드시고 늦은 귀가를 하실때는 바가지를 긁지 마시고 자연의 현상으로 이해하고 따뜻한 말 한마디를 건네는 지혜가 있다면 우리들의 생활은 다소 밝아지지 않을까?

모든 오장은 서로 관계가 있다는 한 가지 예를 보자. 水는 木을 도와주는 관계이다(水生木). 따라서 간은 다른 장에 비해 신의 도움을 많이 받는다. 우리들이 흔히 "신간이 편하다" 라는 말을 사용하는데 바로 신과 간을 말하는 것이다. 신의 기능이 저하되면 당연히 간의 기능도 저하된다.

옛날에 할머니들이 며느리를 선택할 때는 엉덩이를 보는 것이 아니라 귀를 많이 보았다. 생식을 담당하는 정(精)이 신장에 저장되어 있는데 신장을 직접 볼 수 없으니 신장의 기능을 반영하는 귀를 통해 판단하려고 했기 때문이다.

여성이 폐경이 되면 골다공증이 많이 나타나고 노인이 되면 왜 보청기가 필요할까?

쉽게 노화되어 나타나는 증상이라고 하지만 그 속 뜻을 이해하도록 하자. 폐경이라는 뜻은 신장의 정이 거의 고갈되어 간다는 뜻으로 여성으로서의 능력이 소실되었다는 뜻이다. 따라서 신장의 기능도 많이 저하되어 가는 것이고 또한 신장의 기능과 연관되는 뼈 또한 약해지는 것이다. 그러니 뼈가 약해지고 골다공증이 나타나는 것이다.

한편, 노화란 신장의 정의 고갈이므로 신장의 기능을 반영하는 귀가 약해질 수밖에 없는 것이다. 따라서 신정(腎精)이 약해지면 귀가 약해져 보청기가 필요하다거나 머리카락이 빠진다거나 의지가 약해지는 것 등의 증상이 나타난다.

흔히 비타민이 부족하면 구순구각염, 구내염 등 입 주변에 문제가 나타난다고 하는데 비타민 B_1이나 C의 부족으로 나타날 수 있다. 또한 입술 주변의 여러 염증 등은 비의 기능이 저하되어 나타나는 증상이므로 비타민의 보충보다도 비의 기능에 문제가 있음을 이해해야 한다.

영양판정에 의하면 손톱이 갈라지고 잘 찢어지면 빈혈이라고 한다. 단지 철분의 부족뿐 아니라 혈액을 저장하는 간의 기능이 저하된 것이므로 철분의 보충도 필요하지만 간의 흩어지려는 기운이 잘 일어나도록 간기(肝氣)를 북돋아주고 스트레스도 잘 풀어야 한다.

2차 세계대전 당시, 독일 장교들이 한데 모여 회의를 할 때, 언성이 높아지면 한 장교의 부인이 사탕과 초콜릿 등의 단맛이 나는 과자류를 내놓았다고 한다. 매우 현명한 여인이다. 단맛을 먹게 되면 토의 특성상 사람들의 비위(脾胃)를 편하게 하고 주변과 잘 아우르려는 특성이 있어 심각한 대립 등을 완화할 수 있기 때문이다. 의견이 대립되는 첨예한 회의에서 단맛의 과자류를 다과로 준비한다면 현명한 행동인 것이다.

입에서 냄새가 나는 경우, 우리들은 이를 잘 닦거나 가글을 하게 된다. 그러나 이는 냄새를 제거하기 위한 한 방편이지 원인 제거는 되지 않는다. 물론 입속의 세균이나 염증으로 냄새가 났다면 칫솔질이나 가글로도 다소 도움이 되지만 입냄새는 거의 비위의 문제에서 발생한다. 따라서 비위의 건강을 돌봐야 원인이 제거된다.

눈이 뻑뻑하고 시력이 저하되는 경우나 눈이 빨갛게 충혈되는 경우 대개 안과를 찾는다. 물론 도움이 되지만 그와 함께 간의 건강을 돌봐야한다. 눈이 뻑뻑하다는 것은 간혈(肝血)이 부족한 것이고 눈이 충혈된 것은 간열(肝熱) 때문이다. 이럴 때 식염수를 넣는 것만으로는 치료되지 않는다. 열을 일으키는 음식은 절제해야 한다. 따라서 의사들이 술을 먹지말라고 하는 것이다. 눈이 불편해지면 마음을 편안히 하고 혈을 보충하여 간기능을 원활히 해주어야 한다.

가을이 되면 폐질환이 많은 이유는 건조한 것을 싫어하는 폐가 건조한 계절인 가을에 힘들어하는 표시이다. 따라서 폐의 건강을 반영하는 코, 목 및 피부에 질병이 나타나는 것이다. 따라서 이비인후과에 가서 그 부위에 해당되는 약을 먹기도 하지만 무엇보다도 건조한 폐를 촉촉하게 해서 편안히 해줘야만 코 · 목 · 피부질환이 사라지게 되는 것이다. 그래서 건조한 가을철에 우리들이 물수건이나 가습기를 이용해서 주변을 건조하지 않게 하는 것이다.

재미있는 이야기가 있다. 옛날에 어떤 여인이 장사하러 떠난 남편이 한참이 지나도 돌아오지 않자 많은 생각을 하면서 기다리다 보니 음식을 먹지 못하고 죽을 지경이 되었다. 이 소식을 듣고 지나가던 사람이 기력을 회복시켜 병을 고쳐 줄 것이니 많은 돈을 달라하여 그 여인은 돈을 주었다. 그러나 그 남자는 돈을 받은 후 나타나지 않고 술만 먹는다는 소식뿐이었다.

그 여자는 화가 나기 시작했다. 시간이 지날수록 화가 치밀어 올라 배가 고프기 시작했고 밥을 먹으니 힘이 나서 병이 회복되었다. 이때 그 남자가 나타나서 돈을 돌려주었다. 이것이 바로 목극토(木克土)이다. 즉, 생각이 너무 많아 병이 온것은 토에 배속된 '생각' 이라는 감정이 너무 강해진 것이다. 따라서 너무 강해진 토를 억제하기 위해서는 화내는 감정을 가진 목을 통해 억제하는 것이다.

제 2 절 우리 몸의 구성과 활동의 기초-**정, 기, 혈, 진액**

정, 기, 혈, 진액은 인체를 구성하고 생명활동을 유지하는 가장 기본이 되는 물질이다. 인체의 모든 조직과 기관은 모두 정, 기, 혈, 진액 등의 물질로 구성되어 있고 이들의 적절한 상태가 유지되어야 정상적인 생리활동을 유지하게 된다.

정, 기, 혈, 진액은 장부(臟腑)의 활동과정에서 끊임없이 소모되고 음식에서 생성되고 보충된다. 이런 과정 중에서 신(神)이 생성되고 신이 이러한 활동의 전 과정을 주도한다. 또한 정, 기, 혈, 진액 등은 체내에서 서로 유기적인 관계를 가지고 있어 이들이 모두 정상적인 상태이어야 건강을 유지할 수 있다.

기는 동적이고 추동, 온후 작용 등이 있어 양에 속하고 혈, 진액은 정적이고 자윤, 유양작용을 하므로 음에 속하며 정은 양기가 고도로 응축된 액이므로 형태적으로는 음이나 기능적으로는 양에 속한다고 본다.

1. 정 (精, essence)

(1) 기본개념

인체를 구성하고 인체의 생명활동을 유지하는 기본이 되는 물질이다. 넓은 의미로는 기, 혈, 진액과 음식 중에서 섭취한 물질 등을 모두 포괄한 일체의 정미한 물질을 말하며 좁은 의미로는 신장(腎臟)의 정을 의미하여 인체의 생장, 발육, 생식기능을 촉진시키는 기본물질을 의미한다.

(2) 생성

우리들이 일생 살아가면서 사용하는 정(精)은 태어날 때부터 가지고 나온 선천의 정과 후천적으로 섭취한 음식에서 만들어지는 후천의 정이 모두 합쳐져서 우리 몸에 존재하게 된다. 선천적으로 가지고 나온 정은 살아가면서 점점 없어진다. 우리 주변에, 나이에 비해 더 늙어 보인다든지, 같은 나이인데 도시에서 큰 노동활동없이 사는 사람과 농촌에서 많은 노동을 하면서 사는 분을 서로 비교할 때 많은 노동을 한 쪽이 좀 더 나이가 들고 늙어 보이는 현상을 종종 보게 된다.

이는 그 사람들이 가지고 있는 정과 관계가 있다. 따라서 우리들은 선천의 정을 소모함에 있어 급진적인 소모를 지양하고 소모된 정은 적절한 음식 섭취로 잘 보강하면서 살아 나가야 한다. 우리들이 음식을 섭취할 때 음식이 단지 맛에 중심을 둘 것이 아니고 건강을 생각해야 하는 이유가 여기에 있는 것이다.

(3) 분류와 분포

정은 주로 신장에 저장되어 있으며 오장육부 등 조직과 기관에도 분포하며 생성된 기원에 따라 선천의 정과 후천의 정으로 나누며, 작용에 따라서는 생식의 정과 장부의 정으로 나눈다.

① 선천의 정 : 선천의 정이란 부모에게서 선천적으로 받은 것으로 부모의 생식능력에서 기원하며 태어나면서 우리 몸에 가지고 나온다. 임신 중의 음식 섭취와 건강에 의해 영향을 받는다.

② 후천의 정 : 수곡(水穀 : 음식)의 정이라고도 하며 출생 후 우리들이 먹은 음식이 비위(脾胃)에서 소화 · 흡수되어 만들어지는 정이다. 선천의 정과 함께 생명활동을 유지하는 중요한 물질이다.

③ 생식의 정 : 신장(腎臟)에 저장되어 있는 선천의 정이 후천의 정의 도움을 받아 만들어져서 생식에 관여하는 정을 말한다.

④ 장부의 정 : 오장육부 중에 분포되어 있는 것으로 오장육부의 기능 활동을 돕는 것을 말하며 선천의 정과 후천의 정이 모두 도와주어야 한다. 때문에 장부의 정은 선천의 정과 후천의 정이 모두 포함되어 있다.

(4) 생리기능

체내의 정은 다음과 같은 기능을 가지므로 생리기능을 유지해준다.

① 생식 : 생식의 정은 생식을 통해 후대를 번성시키는 작용을 한다. 이렇게 생식능력이 가능하게 될 때 '천계(天癸)'가 열린다고 한다. 천계는 신장에 저장되어 있는 신정(腎精)이 일정 정도 충만하게 되는 상태이다. 때문에 신정이 충족하면 생식능력이 강하고, 신정이 부족하면 생식능력이 저하된다. 여자는 7세에, 남자는 8세에 천계가 열리는 나이로 이로 인해 '남녀 7세 부동석' 이라는 말을 하는 것이다.

② 성장발육 : 정은 인체 성장발육의 기초물질이다. 배태의 형성과 태아의 성장 발육은 선천의 정이 하는 역할이나 출생 후에는 선천의 정에 후천의 정

이 보충되어서 성장발육 할 수 있도록 해준다. 따라서 성장기 어린이들의 음식섭취가 매우 중요한 것이다.

③ **수(髓)와 혈(血)을 생성** : 신장은 정을 저장하고 정은 수를 생성한다. 수에는 뇌수, 척수, 골수의 구분이 있으나 모두 신장에 저장되어 있는 정이 그 물질기초가 된다. 정은 혈액을 생성하는 주요 물질의 하나로 음식에서 만들어진 후천의 정이 혈액으로 변하고, 또 하나는 신장에 저장되어 있는 정이 혈액을 생성한다. 때문에 정이 충만하면 수(髓)와 혈(血)이 충만하게 된다.

④ **유양(濡養)작용** : 정(精)은 인체의 조직기관을 촉촉하게 자양하는 기능을 한다. 선천 및 후천의 정이 충만하게 되면 장부의 정이 충족되고 신장의 정 또한 충만하게 되어 전신의 장부 조직기관이 모두 자양받으니 생리기능이 정상적으로 진행된다. 그렇지 않을 경우 조직기관의 기능저하 상태가 나타나게 된다.

2. 기 (氣, qi)

(1) 기본개념

우리가 이해하기 쉽게 기(氣)와 가장 근사한 의미를 지닌 말은 에너지이다. 기나 에너지 자체는 객관적으로 측정하거나 가시적으로 제시할 수 없지만, 기나 에너지에 의해서 생기는 현상을 간접적으로 관찰할 수 있다. 이는 마치 시간이라는 것이 존재하지만 이 시간을 직접 측정하거나 오감으로 감지할 수 있도록 제시할 수 없으며 단지 일정하게 움직이는 물체나 현상을 관찰함으로써 간접적으로 시간의 존재를 인식하는 것과 흡사한 것이다.

특정한 성질과 현상을 가지고 구체적으로 표출되는 기의 현상을 과학적으로 하나씩 발견하고 이를 명명하며 또 이를 실생활에 응용하고 있다. 전기(電氣)와 자기(磁氣) 등은 그 좋은 예라고 할 수 있다. 특히 우리나라 말 속엔 기(氣)의 개념이 많이 섞여 있는데, 공기, 물기, 습기, 화기, 핏기, 의기, 기력 등이 그 예이며 또 기나 에너지는 힘으로 표현되기도 하기 때문에 중력이라던가 압력이라고도 표현한다.

이러한 기본 에너지가 생체 속에서 작용할 때 이를 생기(生氣)라고 부른다. 생명이 생명으로 존재하게끔 유지시키는 이치를 생리라고 말한다. 생리를 따라 생기가 움직이는 것이 생물이요, 그렇지 못한 것이 무생물이다.

동양의학에서 기라고 하는 것은 생기를 의미하는 것이며, 기가 빠졌다는 말은 기의 작용이 거의 안 된다는 의미이므로 시급히 기의 보강이 필요하다. 또한 기가 통하지 않으면 항상 통증이 나타나는데 이때는 기의 소통이 필요하다.

(2) 생성

부모에게서 받은 선천의 정과 음식물에서 얻는 수곡의 정, 그리고 자연계에 존재하는 청기(淸氣)의 결합에 의해 생성된다. 선천의 정은 신(腎)에 저장된 선천의 정에 의해, 수곡의 정은 비(脾)의 운화 작용에서, 청기는 폐(肺)의 호흡작용에 의해 만들어지므로 기(氣)는 신(腎), 폐(肺), 비(脾)의 종합적인 작용에 의해 완성된다. 폐, 비, 신의 생리기능이 정상적으로 잘 이루어지면 기의 생성도 충만해지나 반대로 폐, 비, 신 어느 한 곳이라도 문제가 생기면 기의 생성에 영향을 끼쳐 기허(氣虛) 등의 병리변화를 일으키게 된다.

그 중에서도 비의 운화작용은 특히 더 중시된다. 우리들이 건강하게 태어나서 좋은 공기 속에서 살고 좋은 음식을 먹는다면 기의 생성과 이용에는 문제 없이 건강할 수 있겠으나 현재 우리들의 생활환경은 어떠한지 생각해보면 왜 우리들이 빈곤하던 옛사람들보다 건강하지 못하고 많은 질병에 시달리는지 알 수 있고 건강하려면 어떻게 해야 할지 답이 떠오를 것이다.

(3) 분류 및 분포

기(氣)는 주요 조성과 분포, 기능의 특성에 따라 원기(元氣), 종기(宗氣), 위기(衛氣), 영기(營氣) 등으로 분류한다.

① 원기 : 인체의 가장 기본이 되는 가장 중요한 기로 생명활동의 원동력이 된다. 원기는 맥관(피가 돌아가는 통로, 다시 말해서 혈관) 안에 분포하며 신장에 저장되어 있는 정이 변화되어 생성된 것으로 부모로부터 받은 선천의 정을 기초로 후천의 정에 의해 더 강해진다. 때문에 선천적으로 타고난 정(精)도 중요하지만 비의 운화 기능과도 밀접하게 연관된다.

전신을 순행하면서 인체의 생장과 발육의 중추역할을 하고, 각각의 장부, 경락 등 조직기관의 생리활동에 대해 여러 작용을 한다. 때문에 원기를 생명활동의 원동력이라고 한다. 원기가 충만하면 각 장부, 경락 등 조직기관의 활력 또한 왕성하여 강건하게 되고 병이 적으나, 선천의 정이 부족하거나 후천의 정이 부족하면 원기가 허약하면 여러 병증이 나타나게 된다.

② 종기 : 자연계에서 폐를 통해 흡입한 청기와 비에서 운화되어 만들어진 수곡의 정이 결합되어 만들어진다. 때문에 폐의 호흡기능과 비의 운화기능은 종기의 성쇠와 직접적인 관계가 있다. 종기는 흉중에 분포하며 호흡기를 순행하며 호흡을 관장하는데 언어와 음성 및 호흡의 강약은 모두 종기와 연관 있다. 또 심장과 혈관을 관통하여 기혈(氣血)을 순행시키는 것으로 기혈의 운행과 몸의 한온(寒溫)과 활동력, 시각과 청각능력, 심장박동의 강약과 리듬 등은 모두 종기의 성쇠와 연관이 있다.

③ 영기 : 혈(血)과 함께 맥관 안에서 운행하는 영기는 혈과 뗄 수 없는 매우 밀접한 관계에 있기 때문에 종종 영혈이라고 지칭된다. 주로 비에서 운화된 수곡의 정에서 만들어진다. 영기는 영양과 혈액의 생성 이 두가지 기능을 가지고 있다.

④ 위기 : 맥관 밖을 운행하는 기로 주로 비에서 운화된 수곡의 정에서 이루어지며 활동력이 매우 강하고 유동이 매우 신속한 특징을 가지고 있다. 때문에 위기는 맥관의 속박을 받지 않고 피부나 몸의 사지를 운행하며 흉복부에 산재해 있다. 체표를 호위하여 외부로부터 나쁜 사기(邪氣)의 침입을 방어하고, 장부, 기육, 피모 등을 따뜻하게 하는 기능을 하며 주리(땀구멍)의 열리고 닫힘을 조절하여 땀의 배설을 주관한다. 이로 인해 체온의 항상성이 유지되는 것이다.

(4) 생리기능

기(氣)는 인체 생명활동의 가장 기본이 되는 물질로 인체에서 매우 중요한 생리기능을 수행하고 있으며 주요 기능은 다섯 가지로 나누어 볼 수 있다.

① 추동작용 : 기는 매우 활력이 강한 물질로 인체의 생장, 발육과 각종 장부, 경락 등 조직기관의 생리활동, 혈(血)의 생성과 운행, 진액(津液)의 생성과 수포, 배설 등에 대해 모두 추동작용(推動, 밀어주는 작용)을 한다. 때문에 기가 허약하게 되면 성장발육에 영향을 끼치게 되거나 조기 노화를 가져오고, 장부 경락 등의 조직기관의 생리 활동이 쇠약해지거나, 혈과 진액의 생성부족과 운행지연 등을 일으켜 혈허(血虛), 혈어(血瘀), 수액 정체 등의 병리변화를 일으키게 된다.

예) 기의 추동작용으로 혈액이나 진액이 흘러가는데 기의 추동작용이 저하되면 혈액순환 쪽으로 문제가 발생하여 혈어, 어혈이 나타나고 진액의 순환에 문제가 생기면 담이 발생한다.

② **온후작용** : 기는 인체 열의 근원이다. 인체의 체온은 기의 온후작용(溫煦, 따뜻하게 하는 작용)에 의해 유지된다. 각 장부와 경락 등 조직기관 또한 기의 온후작용에 의해 정상적인 생리활동을 유지할 수 있게 된다. 혈과 진액 등 액상물질들도 기의 온후작용에 의해 정상적인 순행을 하게 된다.

예) 기의 온후작용에 문제가 생기면 추위를 느끼고 사지가 차며 체온저하, 혈과 진액의 운행 지연 등의 증상들이 나타나게 된다.

③ **방어작용** : 기의 방어작용은 매우 복잡한 것으로 기, 혈, 진액과 장부, 경락 등이 모두 작용하여 나타난다. 하지만 기가 그중 상당히 중요한 비중을 차지하고 있다. 기의 방어작용은 주로 전신의 체표를 호위하여 사기의 침입을 막아주는 역할을 한다. 기의 방어작용이 약해지게 되면 사기가 쉽게 체내에 침입해 질병을 일으키게 된다.

예) 면역기능이 개인마다 다른 것은 기의 방어작용의 차이이다.

④ **고섭작용** : 기의 고섭(固攝, 잡아주는 작용)작용은 주로 혈, 진액 등 액상물질이 이유없이 유실되는 것을 막아 주는 역할이다. 혈액이 맥관 안에서 순조롭게 운행하도록 하여 맥외로 유출되는 것을 막고, 땀 · 소변 · 타액 · 위액 · 장액 · 정액 등을 고섭하여 그들의 분비 배설량을 조절함으로써 불필요한 유실을 방지한다. 기의 고섭작용이 약해지게 되면 체내 액상 물질들의 대량 유실이라는 위험한 상태를 초래하게 된다.

기의 고섭작용과 추동작용의 서로 상반된 양측면으로 이 두 작용의 협조평형이 체내 액상 물질들의 정상적인 운행, 분비, 배설의 조절과 제어를 수행하게 된다. 이 외에도 고섭작용은 내장 장기가 고정된 위치를 유지하도록 하는 작용을 한다.

예) 혈의 고섭이 약해지면 출혈이, 진액에 대한 고섭작용이 약해지면 자한(自汗, 가만히 있어도 나오는 땀), 다뇨, 소변실금, 설사, 유정, 활정 등의 증상이 나타나게 된다. 기허(氣虛)로 고섭작용이 약해지면 위하수, 자궁하수, 탈항 등의 증상이 나타나게 된다.

⑤ **기화작용** : 기화(氣化)란 기의 운동을 통해 일어나는 각종 변화로 체내 물질대사과정이다. 구체적으로 말하면 정, 기, 혈, 진액 각자의 신진대사와 그 상호전화를 일컫는 것이다. 음식물이 전화되어 수곡의 정이 되고 난 후 이것이 다시 기, 혈, 진액을 생성하게 되는 것, 진액이 대사과정을 거쳐 땀이나 소변으로 변화하는 것, 음식물이 소화흡수를 거치고 난 후의 잔여물들이 변의 형태로 전화되는 것 등은 모두 기화작용의 구체적 표현들이다.

예) 기화작용이 잘 안되면 기, 혈, 진액의 신진대사에 영향을 끼치게 되고 음식물의 소화흡수에 영향을 미치며 땀과 소변, 대변 등의 배설에 영향을 미쳐서 각종 대사 이상의 병변을 형성하게 된다.

(5) 기의 운동형식

기의 운동을 기기(氣機)라고 한다. 기의 운동형식은 승(昇), 강(降), 출(出), 입(入)의 네가지 기본적인 형식을 띄고 있다. 이러한 운동형식은 인체의 장부, 경락 등의 조직기관에서 모두 일어나고 있다. 폐의 호흡작용에서는 호기(呼氣, 공기를 내뿜는 호흡)는 출(出), 흡기(吸氣, 공기를 들여 마시는 호흡)는 입(入), 선발(宣發, 기, 혈, 진액을 전신 구석까지 보내는 활동)은 승(昇), 숙강(肅降, 호흡기능을 조절하고 진액을 아래로 수송하는 활동)은 강(降)의 형식이다.

기의 승과 강, 출과 입은 대립 통일된 모순 운동으로 몸 전체의 생리 활동에서는 승, 강, 출, 입이 반드시 협조평형을 이루어야 정상적인 생리활동을 유지할 수 있다. 단, 모든 생리활동이 반드시 승강출입 형태로 모두 나타나는 것이 아니고 각각 특정한 운동형식에 치중되는 경우도 있다.

비위(脾胃)의 소화 작용에서도 비는 주로 승청(昇淸, 맑은 것을 위로 올리는 활동)하고 위는 강탁(降濁, 탁한 것을 아래로 보내는 활동)이 나타난다. 간과 비는 주로 승하는 성향을, 폐와 위는 주로 강하는 성향을 가지고 있다. 기의 승강 출입 운동간에 협조평형이 평형이 깨지면 '기기실조(氣機失調)' 라고 한다.

또한 칠정 [희(喜), 노(怒), 우(憂), 사(思), 비(悲), 공(恐), 경(驚)] 등 일곱 가지 정서는 인체가 객관적인 현상에 의해 자극하는 반응으로 누구나 이런 감정의 변화를 겪으면 살아간다. 그러나 이런 감정변화가 극렬해지면 기의 움직임에 문제를 발생시켜 건강에 문제가 생기게 된다.

기의 움직임의 부적절한 상태 및 증상을 표 3-4에, 감정과 기의 움직임의 관계를 표 3-5에 정리하였다.

표 3-4 기(氣)의 부적절한 움직임과 그 증상

종류	상 태	증 상
기역 (氣逆)	氣의 상승작용이 너무 심하고 하강이 충분하지 않아 지나치게 치솟는 상태	구토, 트림, 딸국질, 기침, 재채기, 각혈, 토혈 등의 증상
기함 (氣陷)	氣의 상승작용이 미치지 못하고 하강이 너무 지나쳐서 내려앉는 상태	위하수, 자궁하수, 탈장 등의 증상
기탈 (氣脫)	많은 氣가 외부로 빠져나가 허탈한 상태	탈수, 출혈로 인해 기가 빠져 나가는 증상
기울 (氣鬱)	기체(氣滯)라고도 하며 기가 체표로 도달되지 않고 안에만 뭉쳐 있는 상태. 이것이 심하면 기의 출입이 막혀서 내부에 쌓여 흐르지 못하는 기폐(氣閉)가 된다.	특히 간에 기의 울결(鬱結)이 많이 나타난다. 가슴이 답답하고 머리가 아프고 옆구리가 아픈 증상

표 3-5 감정에 따른 기(氣)의 운동

감정과 氣의 움직임	일상의 예
너무 화를 내면 氣가 치솟는다.	화가 심하면 간기(肝氣)가 치솟아서 눈이 충혈되고 얼굴이 붉어진다.
너무 기뻐하면 氣가 늘어진다.	너무 기쁘면 기가 늘어지고 심기(心氣)가 늘어지면 사망한다.
너무 슬퍼하면 氣가 소모된다.	너무 슬퍼하면 폐기(肺氣)가 손상되어 무기력 해진다.
너무 생각이 과도하면 氣가 뭉친다.	생각이 너무 많으면 비(脾)의 기가 울결되어 소화가 안되고 변이 묽다.
너무 두려우면 氣가 가라앉는다.	두려움이 크면 신기(腎氣)가 약해 아래로 빠져나가 정(精)이 손상된다.
너무 놀라면 氣가 불안하다.	갑자기 놀라면 심기(心氣)와 신(神)이 의지할 곳이 없어 정신이 불안해진다.

3. 혈 (血, blood)

(1) 기본개념

붉은 색의 액상물질로 인체를 구성하고 생명활동을 유지하는 기본이 되며 영양과 자윤 작용을 가지는 물질을 말한다. 혈은 반드시 맥관 안에서 운행되어야만 비로서 그 생리작용을 수행할 수 있다. 만약 어떤 원인으로 인해 맥관 밖으로 유출되면 곧 출혈이 된다.

(2) 생성

주로 영기와 진액의 결합에 의해 만들어진다. 영기와 진액 모두 음식물이 비(脾)의 소화흡수 작용을 거친 음식에서 생성된다. 때문에 비를 기혈생화지원(氣血生化之源)이라고도 하는 것이다. 섭취하는 음식물의 영양가치와 비의 운화기능의 강약은 혈액의 생성에 직접적으로 영향을 미친다. 음식의 섭취가 장기적으로 부족하거나 비의 운화기능이 장기간 문제가 되면 혈의 생성이 부족해 각종 혈허 증상들이 나타나게 된다.

이외 정(精)과 혈사이에는 상호 자생과 전화의 관계가 있다. 정은 신(腎)에 저장되고 혈은 간(肝)에 저장된다. 신에 저장되어 있는 정이 충만하면 간 또한 충분한 유양을 받아 혈이 충만하게 되고, 간에 저장된 혈이 충만하게 되면 신정 또한 그 지원을 받게 된다. 때문에 '간신동원(肝腎同源) · 정혈동원(精血同源)' 이라고도 한다.

(3) 혈의 운행

혈은 음에 속하는 물질로 정적이다. 때문에 혈의 운행은 주로 기의 추동작용에 의해 이루어진다. 그러나 혈액이 맥관 밖으로 나가는 것을 방지하는 것은 기의 고섭작용으로 기의 추동과 고섭의 상대적인 협조평형은 정상적인 혈액의 운행을 유지하게 한다.

그 밖에 심, 폐, 간, 비의 기능 또한 혈액의 운행에 중요한 요인이 된다. 또한 혈액이 운행하는 맥관의 통리여부는 정상적인 혈액운행의 전제 조건이 되고, 혈이 차가운지 뜨거운지 등도 혈액의 운행속도에 직접적으로 영향을 미친다.

(4) 생리기능

① 전신을 영양하고 자윤 : 혈은 맥관 안에서 순행하면서 안으로는 장부, 밖으로는 피부, 근골까지 끊임없이 운행을 하면서 전신의 모든 장부조직기관에 충분한 영양과 자윤 기능을 수행함으로써 정상적인 생리활동을 유지하게 한다. 안색을 밝고 윤기있게 하고, 기육(근육)을 풍만하고 건실하게 하며, 피부와 모발에 윤기와 생기를 주며, 감각과 운동기능을 영민하고 원활하게 한다.

만약 혈액의 생성이 부족하거나 지속적으로 과도하게 소모하거나 또는 어떤 원인에 의해서 혈의 영양과 자윤기능이 저하되면 머리가 어지럽고 눈앞이 어른거리며 안색이 생기가 없고 누렇게 되거나 피부와 모발이 건조하고 푸석해지며, 팔다리나 지체 말단이 저리고 감각이 둔해지는 등의 증상이 나타나게 된다.

② 정신활동의 물질적 기초 : 인간의 정신이 맑고 활력 있으면서 영민한 것은 모두 혈이 충만하고 혈맥이 조화로우며 매끄럽기 때문이다. 어떤 원인이든 혈허나 혈열, 운행실조 등이 일어나면 정신이 활기차지 못하고, 건망증과 다몽, 불면, 번조 등의 증상이 나타나며 심하면 정신을 차리지 못하고 경계, 불안과 섬광, 혼미 등의 정신 이상이 나타나게 된다.

4. 진액 (津液, fluid & humor)

(1) 기본 개념

체내에 있는 일체의 정상적인 수액의 총칭이다. 각 장부조직기관에 내재하고 있는 체액 및 위액, 장액, 콧물, 눈물 등 정상적인 분비물을 포괄하는 개념이다. 진액은 기와 혈과 마찬가지로 인체를 구성하고 생명활동을 유지하는 가장 기본이 되는 물질이다. 진과 액은 모두 수액에 속하는 것으로 음식이 비의 운화과정을 거치면서 생성된다.

진과 액은 그 성상이나 기능, 분포 부위에 따라 구분되는 점이 있다. 일반적으로 성상이 맑고 묽으며, 유동성이 큰 것은 진으로 피부, 기육, 공규 등에 분포하고 있고 자윤 작용을 한다. 성상이 끈끈하고 유동성이 적으며 골절, 장부, 뇌, 수 등의 조직에 분포되어 유양작용을 하는 것을 액이라 한다. 진과 액은 상호 전화하기 때문에 진액이라고 함께 불리운다.

(2) 생성 및 배설

진액의 생성은 수곡을 기원으로 비, 위, 소장, 대장 등의 소화흡수기능을 거쳐 생성된다. 비는 운화를 주관하는 장으로 음식과 수액을 소화, 흡수해서 진액을 생성한다. 소장은 액을 주관하는 기관으로 청탁을 분별하여 정미(精微 : 흡수되도록 소화된 형태의 미세한 물질)와 수액을 흡수한다. 대장은 진액을 주관하는 기관으로 전도과정 중 잔여물 속의 수액을 흡수한다.

소장과 대장이 흡수한 정미 물질과 수액은 모두 비로 돌아가게 된다. 이처럼 진액의 생성은 비, 위, 소장, 대장의 생리기능을 거쳐 완성된다. 진액의 배설은 폐(肺), 신(腎), 방광(膀胱), 대장(大腸), 삼초(三焦) 등 장부의 공통작용으로 호흡기도와 땀, 뇨, 대변으로 배설된다.

(3) 생리기능

① **자윤과 유양** : 진액은 액체상태의 물질로 다량의 수분과 영양물질을 함유하고 있다. 때문에 자윤, 유양작용을 한다. 체표에 분포되어 있는 진액은 피부와 기육을 자윤해 주어 피모를 윤기있고 기육을 풍만하고 윤택하게 해준다. 체내에 있는 진액은 장부 기관을 유양해 장부의 정상적인 생리기능을 유지하게 하고 공규로 유입된 진액은 눈, 코, 입 등을 촉촉하게 해준다. 관절의 진액은 관절의 활동을 윤활하게 하고 골수의 진액은 골수와 척수, 뇌수를 채운다.

② **혈액으로 전화** : 진액은 맥관 안으로 들어가서 혈액으로 변화하여 전신을 순행하면서 자윤과 유양작용을 수행한다. 또 혈의 농도와 용량을 조절하는 역할도 수행한다.

제 3 절 오장육부

장부(臟腑)란 내장기관의 총칭으로서 생리적 특성에 따라 장(臟), 부(腑), 기항지부(奇恒之腑)로 나눈다. 흔히 오장육부(五臟六腑)라는 말을 많이 사용하는데, 여기서 말하는 오장이란 간(肝), 심(心), 비(脾), 폐(肺), 신(腎)을 말하며, 육부란 담(膽), 소장(小腸), 위(胃), 대장(大腸), 방광(膀胱), 삼초(三焦)를 말한다.

또한 기항지부란 뇌(腦), 수(髓), 골(骨), 맥(脈), 자궁(子宮)을 지칭하는 것이다. 간혹 심포락(心包洛)이라 하여 하나의 장을 추가함으로써 오장과 육부의 수를 일치시키는 경우가 있는데 이는 대개 심(心)의 기능과 유사하다고 보면 무리가 없어 대개 오장육부로 칭한다.

각각의 장과 부는 서로 밀접한 관계가 있으며, 서로 안과 밖의 관계를 이루며 상호간에 영향을 주고받는다. 즉, 장과 부는 서로 부부관계로 외워두면 쉬울 듯 하다. 장은 집안에서 열심히 살림하는 아내, 부는 밖에서 열심히 가족의 삶을 위해 경제활동을 하는 남편으로 말이다.

동양의학에서 말하는 장부는 서양의학에서 언급하는 해부학적인 개념과는 다소 차이가 있다. 따라서 해부학적인 개념에 장부의 개념을 정확하게 일치시키기에는 다소 무리가 있다. 따라서 "肝臟" 이라는 단어보다는 형태 및 구조와 그 기능도 포함하여 "肝" 으로 표현한다.

오장(五臟, five viscera)

1. 간(肝, liver)

(1) 간의 위치

간은 횡격막 아래의 복강 내에 위치하고 있으며, 약간 우측으로 치우쳐 있다.

(2) 생리기능

간(肝)의 생리적 주요 특징
· 肝藏血(간장혈) : 간은 혈액을 저장한다. · 肝主疏泄(간주소설) : 간은 소설기능을 주관한다. · 肝主筋(간주근) : 간은 근육을 주관한다. · 肝開竅於目(간개규어목) : 간의 건강상태는 눈에 나타난다. · 肝華在爪甲(간화재조갑) : 간의 건강상태는 손톱과 발톱에 나타난다. · 肝志爲怒(간지위노) : 간이 주관하는 감정은 화냄이다.

· 肝藏血(간장혈) : 혈액을 저장하고 혈류량을 조절하며 출혈을 방지하는 기능

간의 기능 가운데 혈액을 저장하고, 혈류량을 조절하며, 출혈을 방지하는 기능을 나타낸 말이다. 간이 혈액을 저장한다는 뜻은 간의 조직 내에 일정량의 혈액을 저장하였다가 혈액이 필요하게 되면 각 조직과 근육에 신속하게 혈액을 공급할 수 있다는 의미이다.

肝은 인체 내의 각 부분에서 필요로 하는 혈류의 양을 분배하는 작용을 한다. 인체 각 장부의 조직이나 근육은 모두 동일한 양의 혈액을 필요로 하지 않으며, 서로 각기 다른 양의 혈액공급이 필요하다. 또한 특정한 상황이 발생하면, 예를 들어 격렬한 운동, 정서의 변화, 외부기후의 변화 등에 따라 인체의 각 부위에서 사용되어지는 혈액의 양이 변화하게 되는데 이 때에 간에 저장되어 있던 혈액이 조절작용을 하게 되는 것이다.

다만 이러한 조절능력은 간에 혈액이 충분히 저장되어 있을 때에만 일어날 수 있으며, 이는 심(心)이 혈맥을 주관하여 혈액을 순행시키는 작용에 의존하여 비로소 혈액의 양을 조절할 수 있게 된다. 또 간의 혈액에 대한 작용으로 간이 혈액을 혈관 밖으로 새어나가지 못하게 하는 작용이 있다는 의미로, 간이 출혈을 방지하는 작용을 갖는다는 것을 뜻한다. 임상에서 간이 혈액을 저장하는 기능이 손상되면 각종 출혈이 쉽게 발생하는 것을 보면 알 수 있다.

· 肝主疏泄(간주소설) : 소통, 발산시켜 기, 혈, 진액의 작용이 잘되게 하는 기능

소통(疏通)과 발설(發泄)을 소설이라 하는데 이는 소통시켜 밖으로 배출시킨다는 뜻으로, 간이 소설기능을 주관한다는 말은 몸 전체의 기를 소통시키고 흩어서 기가 울체하지 않게 한다는 것이다. 이는 정서적인 면과 대단히 관계가 깊으며, 인체가 받는 stress는 인체생리 균형의 실조에 직접적인 원인이 되는 것이다. 또한 소설작용은 기의 운행과 추동작용에 의한 혈과 진액의 순환에 있어서 중요한 요소가 된다. 소설 작용의 실조는 기의 운행, 비의 운화기능, 정서상태, 담의 기능, 남자의 정액 배출과 여자의 월경에 대해 영향을 미친다. 이 기능이 안되면 생리전증후군, 생리불순 등이 나타난다.

· 肝主筋(간주근) : 근육의 움직임과 활동을 도와주는 기능

간이 사지의 근육과 관절의 운동을 주관한다는 말로, 운동신경에 있어서 간의 영향력을 말하는 것이다. 이는 간이 자율신경계통을 통하여 인체 근육의 운동에 영향을 주는 것을 말한다. 이 또한 간이 기의 소통에 영향을 주는 것에서 기인하며, 특히 간에 진액이나 혈 등이 부족해졌을 경우 이러한 근육의 통증이나 마비가 야기될 수 있다.

· 肝開竅於目(간개규어목) : 눈에는 간의 건강상태가 반영된다.

간의 생리나 병리적인 상태는 눈에 나타난다는 말로서, 간에 열이 생기면 눈이 쉽게 충혈되거나 눈에 피로가 쉽게 오며, 간에 습열(濕熱)이 쌓이면 눈의 공막

(눈의 흰 부분)이 황색으로 변한다. 반대로 간이 음양의 조화를 이루고 건강하면 눈에 생기가 있고 눈동자에 총기가 있게 된다.

눈이 빨갛게 충혈되는 것은 간열(肝熱) 때문이므로 이때는 열이 많은 술을 절대 금하고 간의 열을 식히는 결명자가 도움이 된다. 이러한 이유로 눈에 결명자가 좋다고 하는 것이다.

• 肝華在爪甲(간화재조갑) : 간의 상태는 손, 발톱에 나타난다.

간의 영양상태나 유양작용은 인체의 손톱과 발톱에 나타난다. 만일 간담(肝膽)의 습열(濕熱) 등으로 인하여 간과 혈의 영양상태가 좋지 못하면 손발톱이 쉽게 부러지거나 얇아지는 현상을 볼 수 있다. 대개 손톱이 얇고 잘 부서질 때 빈혈이 원인이라고들 하는데 그 가장 주된 원인은 바로 간에 저장된 혈이 부족하다는 말이고 역시 간기능이 저하되어 나타난 증상이므로 빈혈약을 먹는 것보다 간을 보호하는 음식의 섭취가 더욱 시급하다.

• 肝志爲怒(간지위노) : 화나는 감정을 조절해 주는 기능

간과 관계되는 감정은 화냄이다. 화냄이라는 것은 인체의 정상적인 정서변화 중 격동하는 변화로서 일종의 좋지 못한 자극에 대응하는 반응이라고 할 수 있다. 이러한 화냄은 기를 상행시키고, 과도하면 기를 체하게 하며, 기를 역행시키기도 한다. 따라서 화냄이 과도하면 그 기운이 간을 상하게 하여 기역(氣逆), 기체(氣滯), 간기울결(鬱結) 등의 증상을 발생시키는 것이다. 바꾸어 말해 이와 같은 증상이 있는 환자의 경우 쉽게 화를 내는 것을 볼 수도 있다. 다만 화냄은 인체 정서의 정상적인 표현으로서 그것이 과도하지 않고 정상적으로 작용하였을 때에는 건강한 신체상태를 유지하는 중요한 요소가 된다.

간에 문제가 생기면 특히, 간기가 울결되면 갑자기 화를 많이 내게 되므로 주변에서 화를 안내던 사람이 갑자기 화를 많이 내면 민감하게 반응하지 말고 넓게 이해해주고 간기가 잘 흩어질 수 있도록 매운맛의 음식을 자주 먹고 스트레스를 풀도록 해야 한다. 이것이 세상의 순리이다.

(3) 간기, 간혈, 간양, 간음

① 간기(肝氣)

간기란 간의 기를 말한다. 간기는 흩어뜨리려는 기운이다. 이는 간이 가지는

생리활동을 촉진하는 원동력이 되는것으로, 간기가 충실하면 간의 각종 생리기능이 활발하게 일어나게 되어 기의 소통이나 혈액의 조절, 출혈의 방지 등의 작용을 하게 한다. 만약 간기가 허해지면 가장 먼저 간의 소설작용에 이상이 발생하고 소통과 발산되지 못해 기체(氣滯)의 증상을 보이게 된다.

② 간혈(肝血)

간혈이란 간에 저장되어 있는 혈과 간을 자양하는 혈을 의미한다. 간혈은 간, 눈, 근육, 손, 발톱 등에 영양물질을 공급하는 작용을 한다. 만약 이 간혈이 부족해지면 간혈에 의해 영양을 공급받는 부위에 이상이 발생하게 되는 것이다. 즉, 눈이 침침해지거나 근육이 저리고, 손톱이나 발톱이 약해지거나 갈라지는 증상이 나타나게 된다.

③ 간양, 간음(肝陽, 肝陰)

간양과 간음은 간이 정상적인 신진대사 작용을 하도록 조절하는 작용을 하며, 간의 소설작용에 의하여 전신의 기를 잘 소통시켜 주는 데 그 의미가 있다. 다만 간양은 항진되려는 특성을 지니고 있으므로 항상 간음에 의해 조절되며 억제되어야 한다. 일반적으로는 간음은 간양에 의해서 소모되기 쉬우므로 항상 간음이 부족해지는 것을 주의하여야 한다. 이처럼 간양이 과도하게 항진되는 것을 간양의 승동(乘動)이라고 하며, 이와 같은 병리적상태를 '간양상항(肝陽上亢)' 이라 한다. 따라서 '간양은 항상 유여하고, 간음은 항상 부족하다' 라는 표현을 자주 사용한다.

이와 같은 이유로 간음이 계속 고갈되면 풍과 동일한 증상이 발생하게 되는데 이를 가리켜 '내풍' 이라고 한다. 이처럼 간의 주된 기능은 승(乘)과 동(動)이고 오행 가운데 목(木)의 기운에 배속되어 있으므로 승발의 작용을 하게 된다. 따라서 일반적인 간의 병변은 양기의 과도한 항진에 의하여 발생하나, 간혹 간의 양기가 부족해져 나타나는 증상은 비교적 위급한 양기의 전체적인 소실로 보아야 하며 이때는 신속한 양기의 보충이 필요하다.

2. 심 (心, heart)

(1) 위치

심(心)은 흉곽 내에 있으며, 양쪽 폐 사이에 위치한다. 횡경막의 위에 자리하고 있으며, 심포에 쌓여 보호되고 있다.

(2) 생리적 기능

심(心)의 생리적 주요 특징
• 心藏神(심장신) : 심에는 정신이 깃들어 있다. • 心主血脈(심주혈맥) : 심은 혈맥을 주관한다. • 心開竅於舌(심개규어설) : 심의 건강상태는 혀에 나타난다. • 心華在面(심화재면) : 심의 건강상태는 얼굴에 나타난다. • 心主汗(심주한) : 심은 땀을 주관한다. • 心志爲喜(심지위희) : 심은 기쁜 감정을 주관한다.

• 心藏神(심장신) : 정신활동을 주관하는 기능

약선식료학 분야에서는 심에 신(神)이 깃들어 있으며, 심은 오장육부와 인체의 모든 기관 및 생리활동, 정신사유 활동의 전반을 주관한다고 본다. 다시 말해 심은 모든 장부의 생리기능을 관장하며, 더 나아가 정신은 심의 조절을 받는다는 것을 의미하는 것이다. 그 외에도 심은 오장육부의 생리활동을 주재하여 정상적인 인체의 생리상태를 유지하게 해주는 작용을 한다. 따라서 이 또한 심에 깃들어 있는 신의 작용이라 할 수 있는 것이다.

잠이 안오고 꿈을 많이 꾸는 경우는 수면제를 먹을 것이 아니라 심을 보해서 편안하게 해주는 것이 효과적이다. 이는 바로 정신을 주관하는 곳이 심이기 때문이다. 긴장이나 초조가 심하면 '가슴이 탄다' 라고 하는 것은 정신과 심과의 관계를 보여주는 좋은 예이다.

• 心主血脈(심주혈맥) : 혈관을 조절하여 혈액이 그 작용을 잘하도록 해주는 기능

심의 기는 혈액을 추동하여 혈관을 따라 흐르게 함으로써 몸 전체에 영양물질을 공급하고 자윤작용을 발휘하도록 한다. 그러므로 심은 혈관을 주관한다고 말하는 것이다. 이는 심이 혈액을 순환시키는 작용을 주관한다는 것을 말하는 것이며, 심과 혈과 맥이 하나의 순환계통으로써 연결되어 있고, 심이 이 계통을 주도하는 작용을 하는 것을 의미한다.

심을 통하여 혈액이 정상적으로 순행하기 위해서는 다음의 세 가지 조건을 만족해야 한다. 반드시 혈관이 원활하게 소통되고 있어야 하고 혈액이 충분해야 하며 심의 기운이 충실해야 한다. 세 가지 중 하나라도 만족하지 못할 경우 심주혈맥(心主血脈)의 기능은 제대로 발휘 될 수 없다. 심주혈맥과 심장신의 두 가지 기능은 서로 영향을 주면서 인체의 정상적 상태를 유지한다.

즉 심주혈맥의 기능은 신의 주재를 받아 정상 상태를 유지하며, 심신(心神) 또한 반드시 혈의 유양작용을 통해서만 정상적인 기능을 발휘할 수 있는 것이다.

· 心開竅於舌 (심개규어설) : 심의 건강상태는 혀에 나타난다.

심의 상태는 혀에 나타난다는 말로서 옛 서적에도 '舌爲心之苗(설위심지묘)'라 하여 심의 병리적 상태나 이상이 혀에 나타난다고 하였다. 다만 혀에는 심 이외에도 다른 각 장부의 경락이 연결되어 있으므로 각 장부의 상태가 모두 반영된다. 심은 군화(君火 : 가장 중심이 되는 화)로서 인체 양기(陽氣)의 중심이 되는데 간혹 심의 화가 과도하게 항진되는 일이 자주 발생한다.

이 때에 심의 상태가 혀에 반영되는데 혀의 끝부분에 붉은 점과 같은 돌기가 자주 나타나게 된다. 병원이나 한의원에 가면 혀를 내보라고 하는데 바로 오장(五臟)의 상태를 반영하고 있는 혀를 통해 상태를 파악하고자 하는 목적으로 혀를 통해 진단하는 것을 설진(舌診)이다.

· 心華在面(심화재면) : 심의 건강상태는 얼굴의 화색에 나타난다.

심의 생리활동의 정상 여부는 얼굴에 나타난다는 말로써, 심의 상태가 안면부의 색택의 변화로 나타난다는 것을 의미한다. 두면부에는 신경과 혈관이 다른 부위에 비하여 더 많이 분포한다. 심은 혈맥을 주관하여 혈액의 소통과 조직세포에 대한 영양공급을 담당하므로 심장의 생리기능이 저하되거나 비정상적인 상태인 경우에는 혈액의 소통에 즉시 이상이 발생하게 된다.

이러한 이유로 혈관의 분포가 가장 많은 두면부에 혈액공급의 이상이 가장 먼저 나타나게 되는 것이고, 따라서 심의 화가 얼굴에 있다고 말하는 것이다. 그러므로 심의 생리기능이 정상인 경우에는 얼굴에 윤기가 있고 안색이 홍조를 띄게 되며, 심의 기능에 이상이 발생하면 안색이 창백하거나 청자색을 띄게 되는 것이다.

· 心主汗(심주한) : 땀의 대사를 주관하는 기능

심은 땀의 배설과 밀접한 관계를 갖는다. 일반적으로 땀이 나오는 경우는 두가지가 있다. 첫째는 몸의 열을 식히기 위한 땀이고, 둘째는 정신적 자극에서 발생하는 땀이다. 몸을 식히기 위한 땀은 날씨가 과도하게 덥거나 운동을 많이 하여 체내에 발생하는 열을 밖으로 배출하여 정상적인 체온을 유지하기 위한 자구적인 생리반응이다. 이는 심의 기능과는 직접적인 연관이 없다.

두 번째의 정신적 자극에 의한 땀이 심과 직접적인 연관이 있다.

이는 정신적인 자극을 받았을 때 나오는 땀으로 주로 긴장성에 의한 것이 많다. 심은 오장육부를 모두 주관하며, 인체의 정신활동도 주관하므로 정신적인 자극이나 긴장으로 인한 땀의 발생은 대개 심과 직접적인 연관이 있다. 긴장하면 손이나 등에 땀이 나는 것이 그런 이유이다.

· 心志爲喜(심지위희) : 기쁨의 감정을 조절해주는 기능

심이 주관하는 감정은 기쁨이다. 이는 심의 생리적 기능과 기쁨의 감정은 관계가 있다는 의미이며, 특히 심이 혈맥을 주관하는 기능에 많은 영향을 미친다. 단 기쁨이 너무 과도해지면 심신이 과도하게 발산되어 주의력이 산만해지게 된다. 따라서 과도한 기쁨은 심을 상하게 하는 것이다. 월드컵 축구를 보면, 우리나라가 승리했을 때 너무 기뻐하다가 심장마비로 숨을 거둔 경우가 바로 그 예이다.

(3) 심기, 심양, 심혈, 심음 및 심포락

① 심기(心氣)

심의 기를 뜻하는 말로서 심기의 특징은 부드럽고 연하게 하려는 기운이다. 따라서 이 심기가 원활해야 심장의 박동에 의한 순환기능이 잘 될 수 있는 것이다. 이는 기의 추동작용에 의한 것이며, 인체 각부, 특히 뇌에 산소를 공급함으로써 생명을 유지하는 데 필수적인 작용을 한다.

② 심양(心陽)

주로 기의 온후작용을 말하는 것으로, 심은 인체의 모든 양기(陽氣)를 주관하는 것을 의미한다. 심은 온몸에 혈액을 순환시켜 체온을 유지하는 작용을 하는데 만약 심의 이러한 기능이 상실되거나 약화되면 전체적인 양기의 허약을 보이게 되는 것이다. 따라서 심양에 이상이 발생하려면 먼저 심기가 손상되는 것이 일반적이고 이어서 심양의 기능실조가 발생하게 된다.

③ 심혈, 심음(心血, 心陰)

심혈은 주로 심장 근육에 대한 유양작용을 말하며, 심음은 진액을 통한 자윤작용을 뜻한다. 심음과 심혈은 심장의 양기가 과도하게 항진되지 않도록 평형을 이루고 있다.

④ 심포락(心包絡)

심포락은 '심포' 라고도 하며, 심장의 외부를 둘러싸고 있는 막을 말한다. 심포는 심을 보호하는 작용을 하며, 외부에서 들어온 사기(邪氣)가 직접 심에 영향을 주는 것을 방지하는 역할을 한다. 심은 인체에 있어서 가장 중요한 신(神)이 깃들어 있는 장기이므로 심포가 이를 보호하는 것으로서 심장에 사기(邪氣)가 들어오려 하면 심포가 먼저 외부의 사기(邪氣)를 맞아 심장을 대신하여 병이 들어 심장을 보호한다.

3. 비 (脾, spleen)

(1) 위치

비는 복부의 가운데 위치하며, 횡경막의 아래에 자리하고 있다. 또한 비는 위(胃)와 표리의 관계에 있으면서 인체가 필요로 하는 영양물질을 소화하고 운화하는 기능을 갖는다. 따라서 비는 후천의 근본이라 하며, 인체에 필요한 영양 물질과 기, 혈, 진액을 생성하는 근본이 되는 것이다. 서양의학에서는 spleen을 비장으로 칭하나 이 분야에서는 췌장 및 그 기능을 의미한다.

(2) 생리기능

비(脾)의 생리적 주요 특징
• 脾主運化(비주운화) : 비는 운화작용을 주관한다. • 脾主昇淸(비주승청) : 비는 승청작용을 주관한다. • 脾主統血(비주통혈) : 비는 혈액을 통제한다. • 脾主四肢(비주사지) : 비는 사지를 주관한다. • 脾主肌肉(비주기육) : 비는 기육을 주관한다. • 脾開竅於口(비개규어구) : 비의 건강상태는 입에 나타난다. • 脾華在脣(비화재순) : 비의 건강상태는 입술에 나타난다. • 脾志爲思(비지위사) : 비가 주관하는 감정은 생각이다.

• 脾主運化(비주운화) : 섭취한 음식과 수액을 소화, 흡수, 운송하는 기능

운화란 소화흡수 및 운송의 의미이다. 비가 음식을 소화하여 정미물질을 생성하고 이를 흡수하여 전신에 전달함으로써 인체의 생명활동을 유지하는 것을 말한다. 비의 운화작용은 크게 수곡(음식)의 운화와 수액의 운화로 나눌 수 있다.

첫째, 수곡의 운화란 음식물에 대한 소화와 소화된 정미물질의 흡수, 수포의 작용이다. 인체는 이러한 운화작용을 통해서만 인체의 생명유지에 필요한 영양물질을 공급 받을 수 있고, 기혈진액의 생성원을 공급받을 수 있게 된다. 이러한 비의 작용때문에 비는 후천의 근본이라고 말하는 것이다.

다시 말해 비는 운화작용을 통하여 인체에 필요한 영양물질을 생성하고 이를 전신에 전달함으로써 각 장부와 경락, 사지기육, 근육, 피모 등에 이르기까지 정상적인 생리상태를 유지하게 하고, 인체의 구성물질인 정, 기, 혈, 진액 등을 생성하게 하는 중요한 역할을 하는 것이다.

둘째, 수액의 운화란 비가 수액의 흡수와 수포를 주관하며, 아울러 수액이 체내에 정체되어 이상수액을 만드는 것을 방지하는 기능을 갖는 것을 말한다. 따라서 이러한 기능을 수습의 운화라고 말하기도 한다. 비는 인체에 필요한 진액을 생성하여 각 장부와 조직에 공급하는 동시에 각 장부와 조직에서 부산물로 발생하는 수액들을 적시에 폐(肺)와 신(腎)으로 보내어 체외로 배출할 수 있도록 한다.

따라서 비의 기능이 건실하면 인체 각 기관으로 영양물질의 공급이 원활해지고 아울러 장부 생리활동을 통하여 발생하는 부산물인 수액들이 체내에 적체되어 이상수액을 생성하는 것을 방지할 수 있는 것이다.

비의 수곡운화와 수액운화는 서로 영향을 주고받으며 인체의 정상 상태를 유지하는데 기여하고, 만약 한쪽에 이상이 생기면 다른 한쪽에 어떠한 형태로든 영향을 미치게 되므로 상호간의 조화와 협력이 중요하다.

· 脾主昇淸(비주승청) : 운화과정을 거친 맑은 물질을 심, 폐로 보내는 기능

승청이라는 말은 맑은 것을 올린다는 뜻으로서 비의 운화를 거쳐 나온 수곡정미를 위쪽에 있는 심과 폐로 보낸다는 의미이다. 이는 위가 가지는 강탁(降濁 : 탁한것을 아래로 보내는 활동)과 상대되는 의미이며 비가 가지는 생리적 특징이기도 하다. 이와 같이 승청에 의하여 심과 폐로 운송되어진 수곡정미는 기와 혈을 생성하는 근원이 된다.

비주승청의 기능은 항상 위주강탁(胃主降濁)과 연관되어 있으며, 두 장부의 기능이 정상적으로 작용할때 비로소 승청과 강탁의 기능이 정상적으로 발휘되어 인체의 정상적인 소화와 흡수에 의한 생명활동의 연속을 기대하게 되는 것이다. 이처럼 비와 위는 인체의 중간부에 위치하면서 서로 평형을 이루어야 건강한 신체상태를 유지하게 된다.

또한 비의 기운은 상승하려고 하는 특성이 있기 때문에 이 기능이 실조되면 중기하함, 탈항, 내장하수 등의 증상이 발생하는 것이며, 이때에는 반드시 비의 승청기능을 회복시켜주는 방법이 필요하다.

· 脾主統血(비주통혈) : 혈액을 통제하는 기능

비가 혈액을 통제한다는 말로서 이는 비가 혈액을 혈관 밖으로 유출되지 못하게 하고 혈관내를 운행하도록 한다는 의미를 가진다. 이러한 비의 통혈작용은 기의 고섭작용과 관계가 깊으며, 이러한 고섭작용은 비의 운화에 의하여 기혈이 생성됨으로써 비로소 그 기능을 다할 수 있는 것이다. 또한 실제로 비의 기능이 실조되어 출혈이 발생하는 경우가 많이 있으며, 주로 변혈, 요혈, 붕루 등 인체 하부에 출혈이 발생하게 된다.

· 脾主四肢(비주사지) : 인체 사지말단의 건강을 주관하는 기능

사지란 인체의 몸통을 제외한 나머지 부분으로서 인체의 말단을 의미한다. 비가 사지를 주관한다는 의미는 수곡정미를 인체의 사지말단에 수포시킴으로 사지말단의 정상적 생리상태가 유지될 수 있도록 해준다는 의미이다. 바꾸어 말하면 비의 기능이 충실한 경우 인체사지의 영양상태가 좋고 발달이 충실하다고 말할 수 있다.

· 脾主肌肉(비주기육) : 우리 몸의 근육을 건강히 해주는 기능

비의 운화작용을 통하여 기육을 영양하는 작용을 말하는 것이다. 비에서 생성된 영양물질은 기육을 생성하고 유양하는 기초가 되며, 경우에 따라서는 기육의 형태로 영양물질을 저장하기도 하는 것이다. 또한 기육의 질병이 장기간 회복되지 않으면 그 질병이 비로 전입되는 것을 자주 볼 수 있는데, 이 또한 비가 기육을 주관하는 이유 때문이다.

· 脾開竅於口(비개규어구), 脾華在脣(비화재순) : 입 · 입술에 비의 상태가 나타난다.

비의 생리상태는 입에 나타나고 그 영화로움은 입술에 있다는 말로서 비가 운화를 주관하여 그 기능이 왕성하면 체내에 기혈이 충족하게 되고 따라서 입과 입술에 윤기가 생기며, 또한 진액이 왕성하게 생성되므로 외부와 접해 있는 입과 입술이 건조하지 않게 되는 것이다. 또한 비에 병변이 있는 경우에는 입과 입술에 그 증후가 나타나게 되는데, 흔히 비위(脾胃)에 열이 성한 경우에 구창이 잘 생기는 것을 알 수 있다.

· 脾志爲思(비지위사) : 비가 주관하는 감정은 생각이다.

사(思)는 사고 또는 생각을 말하는 것이다. 이는 일종의 정신사유(精神思惟) 활동으로서 정상적인 사고나 사려는 인체의 정상적인 생리활동을 촉진하는 요소가 된다. 그러나 생각이 과도하거나 축적되는 상황이 발생하면 이는 즉시 기의 소통에 영향을 미치게 되고 이는 다시 비의 기능에 영향을 주어 정상적인 기능을 저해하는 것이다.

비의 기가 순행하지 못하므로 당연히 비의 운화와 승청의 기능이 정상적으로 되지 못하고 식욕부진, 완복창통, 현운 등의 증상을 보이게 된다. 또한 고민이나 생각해야할 문제가 있을 때 식욕이 저하되는 현상을 누구나 한번쯤은 경험해 보았을 것이다. 또한 식탁에서 너무 깊은 사고를 요하는 대화는 비에 부담을 주어 식욕을 억제하고 소화에 나쁜 영향을 준다. 이는 과도한 사려는 반드시 비를 손상시킨다는 것이다.

(3) 비오습

비는 생리적 특성상 위와 상대적인 작용을 많이 가지고 있다. 그 중 하나가 비는 습을 싫어하는 것이다(脾惡濕). 위가 습을 좋아하는 것과도 역시 상대적이라고 할 수 있다. 비가 습을 싫어하는 것은 비의 생리기능과 관계가 깊은데, 비가 음식을 운화하여 승청하는 기능을 하는데 있어서 습은 항상 비의 기능을 저해하는 요소로서 작용하기 때문이다.

따라서 비는 항상 습기(濕氣)를 건조시키려고 하는데, 습이 비의 조습(燥濕)기능을 초과하여 존재하게 되면 습에 의하여 비의 기능이 저해되는데 이러한 현상을 흔히 '비위습곤(脾胃濕困)' 이라고 말한다. 단 비와 표리의 관계에 있는 위는 습을 좋아하는 성질이 있어서 항상 비에 무리를 주게 되는데 이 때문에 비와 위 사이의 동적평형이 무너져서 한쪽이 실하거나 허한 상황이 자주 발생하게 된다. 현대인들의 과도한 당분과 육류의 섭취는 체내에서 습을 생성시켜 비에 나쁜 영향을 준다.

(4) 비기, 비양, 중기

비기와 비양은 비의 기능적인 면을 말하는 것으로서 비의 운화, 승청, 통혈 등의 기능과 직접적인 연관을 갖는다. 특히 비양은 비기의 온후작용을 말하는 것이며, 그 원천은 신양(腎陽)으로부터 온것이다.

또한 기의 작용 가운데 하나인 방어작용이 비의 기능과 연관이 깊으며, 실제로 면역능력의 조절이 비의 기능 가운데 하나임이 알려져 있다. 또한 비의 전반적인 생리기능을 중기(中氣)라고 하는데 이 중기는 소화흡수와 연관된 표현이므로 대단히 중요하다.

4. 폐 (肺, lung)

(1) 위치

폐의 흉강 내 양측에 위치하고 인체 장기 중 가장 높은 곳에 위치하고 있다. 따라서 황제내경 영추편에 "肺者, 五臟六腑之蓋也(폐는 오장육부의 덮개이다)."라고 표현하고 있는 것이다.

(2) 생리기능

폐(肺)의 생리적 주요 특징
• 肺主氣(폐주기) : 폐는 기를 주관한다. • 肺主宣發肅降(폐주선발숙강) : 폐는 선발과 숙강작용을 주관한다. • 肺主呼吸(폐주호흡) : 폐는 호흡을 주관한다. • 肺主通調水道(폐주통조수도) : 폐는 수액의 대사와 배설을 조절한다. • 肺主宣發衛氣(폐주선발위기) : 폐는 위기를 선산한다. • 肺朝百脈(폐조백맥) : 인체의 모든 맥이 폐에서 모이고 나아간다. • 肺主治節(폐주치절) : 폐가 인체에 대한 모든 조절작용을 주관한다. • 肺開竅於鼻(폐개규어비) : 폐의 건강상태는 코에 나타난다. • 肺華在皮毛(폐화재피모) : 폐의 건강상태는 피모에 나타난다. • 肺志爲悲(폐지위비) : 폐가 주관하는 감정은 슬픔이다.

• 肺主氣(폐주기) : 기를 주관하는 기능

인체의 오장육부 가운데 폐는 기와 가장 밀접한 관련이 있으며, 이는 기를 생성하는 구성 중의 하나인 청기(淸氣)를 폐를 통하여 받아들이는 것과도 연관이 있다. 이러한 청기의 정상적인 공급은 폐의 호흡을 통해서 일어나며, 호흡의 정상 유무에 따라 기의 생성에 직접적으로 영향을 미치게 되는 것이다.

만약 폐에서 호흡작용이 제대로 일어나지 않게 되면 청기를 받아들이지 못하고 탁기를 배출하지 못하게 되며, 기의 근원을 공급하지 못하게 되므로 더 이상 기가 생성되지 못하여 생명을 유지할 수 없게 되는 것이다.

폐가 기를 주관한다는 것은 폐가 몸 전체의 기를 조절하는 작용을 갖기 때문이다. 기의 승강출입이 폐에서 실질적으로 일어나는데, 이러한 폐기의 승강출입은 몸 전체 기의 승강출입을 조절하는 중요한 작용을 갖는다. 그러므로 폐는 기와 직접적인 연관성이 많으며, 인체의 기가 가장 많이 분포한다고 말하는 것이다.

· 肺主宣發肅降(폐주선발숙강) : 기, 혈, 진액을 온몸으로 분산시키는 기능

선발이란 인체의 기, 혈, 진액 등을 온몸으로 산포하는 작용을 말하며, 특히 폐의 작용 가운데 하나로서 인체의 진액을 땀이나 수액으로서 체외로 발산시키는 작용을 포함한다. 이는 인체의 체액을 조절하여 동적평형을 이루게 하는 중요한 작용이다. 한편, 숙강은 전체적인 호흡을 순조롭게 하기 위하여 기도를 청결하게 유지하는 작용과 수액을 인체의 아래쪽으로 수송하여 신장의 작용을 통한 소변의 생성 등을 유도하는 기능을 말한다. 이러한 선발과 숙강의 기능은 폐가 수도를 통조하고 위기를 선발하며 호흡작용을 원활하게 하는 원동력이 되는 기본적인 기능이다.

· 肺主呼吸(폐주호흡) : 호흡을 주관하는 기능

인체는 정상적인 상태에서 인체의 신진대사를 유지하기 위하여 쉬지 않고 자연계의 청기를 흡입하고 체내에서 사용하고 남은 탁한 기를 배출한다. 이는 생명을 유지하기 위한 기본적인 작용으로서 체내의 기를 생성하기 위한 생리작용이라 할 수 있다. 이러한 인체와 자연계 사이의 가스교환을 가리켜 호흡이라고 하며 폐의 호흡작용은 주로 선산과 숙강 작용에 의해서 일어난다. 따라서 선발과 숙강의 작용이 정상적인 경우에 호흡도 정상상태를 유지할 수 있는 것이다. 폐가 기와 호흡을 주관하는 것은 서로 밀접한 관련이 있으며, 이러한 일련의 작용은 폐의 선발숙강 작용에 의해서 일어난다. 선발과 숙강이 정상이면 폐는 쉬지 않고 자연계의 청기를 흡입하고, 이를 통하여 인체의 기를 생성하는 한편 몸 전체의 기를 조절할 수 있는 조건을 구비하게 되는 것이다.

· 肺主通調水道(폐주통조수도) : 수액대사를 조절하는 기능

통조란 소통과 조절을 말하는 것이다. 이 말은 폐가 수액이 운행되는 통로로서 선발과 숙강작용에 의한 진액의 수포와 배설 등의 조절과 소통작용을 수행하는 것을 의미한다. 인체의 진액은 주로 비위에 의해서 생성된다. 그러나 이러한 진액의 수포와 소통 그리고 배설 등은 모두 폐의 조절을 받아서 일어나며 평형을 유지하고 있다.

폐의 선발에 의해 수액의 상승, 외부로의 수포, 전신으로의 수포, 땀으로의 배설 등이 일어나며, 숙강에 의해 수액의 하강, 내부로의 수송, 신장의 기화를 통한 소변의 생성, 대사생성물의 소변으로의 전화와 방광으로의 수송 등이 일어나게 된다. 이와 같이 폐의 선발과 숙강은 수액의 소통 및 운행과 인체 수액대사의 평형을 유지하는 데 중요한 역할을 하고 있다. 따라서 "폐는 인체의 水道(수도)를 통조(通調)한다" 라는 말이 있게 된 것이다.

· 肺主宣發衛氣(폐주선발위기) : 위기를 운행시켜 방어작용을 원활히 해주는 기능

폐가 선발작용을 통하여 인체를 외사로부터 보호하는 위기를 온몸으로 선발하는 작용을 말한다. 위기는 비위에서 생성된 수곡정미로부터 생성되며 폐가 기를 주관하고 그 기를 온몸으로 분포시키는 작용에 의하여 비로소 위기의 작용을 발휘하게 된다. 이와 같이 폐의 선발작용은 위기를 운행시키는 원동력이 되며, 만약 폐기가 건강하지 못하면 위기가 제대로 그 작용을 발휘할 수 없게 된다.

· 肺朝百脈(폐조백맥) : 모든 맥을 조절하는 기능

폐조백맥이란 폐가 모든 맥의 시작이란 말로 전신의 혈액이 모든 맥을 통하여 폐로 모이고 폐를 통하여 청기와 탁기를 교환한 뒤 다시 모든 맥을 통하여 온몸으로 퍼져 나가는 작용을 말하는 것이다. 폐의 선발과 숙강작용은 전신의 혈액으로 하여금 혈관을 따라 폐로 모이게 하고 다시 온몸으로 순환하게 하는 원동력이기도 하다. 또한 이것은 폐기의 작용이 혈관을 따라 운행하는 혈에 직접적으로 관여하는 것을 보여주는 것이다. 다시 말해 인체의 모든 혈과 맥은 심장의 주재하에 온몸을 순행하나 여기에 폐기의 작용이 더해져야만 완전한 계통을 형성하는 것을 의미한다.

· 肺主治節(폐주치절) : 오장육부를 다스리고 조절하는 기능

치절이란 다스리고 조절하는 것을 말한다. 이는 심장이 군주의 장기로서 온몸의 오장육부를 다스리는 데 반드시 폐의 도움을 얻어야만 가능하다는 의미이다. 이것은 폐가 기를 주관하여 인체의 혈과 진액을 전신에 수포하는 작용을 하는 것과 밀접한 관계가 있다. 인체의 모든 장기는 기, 혈, 진액에 의해서 정상적인 생리상태를 유지한다. 따라서 폐가 오장육부에 대하여 조절작용을 하고 심장을 도와서 인체의 오장육부를 주재할 수 있는 것은 바로 "폐가 기를 주관한다." 라는 것이다.

· 肺開竅於鼻(폐개규어비), 肺華在皮毛(폐화재피모) : 코, 피부, 털에 폐의 상태가 반영된다.

폐의 생리상태는 코에 나타나고 그 영화로움은 피모에 있다는 말로써 코는 폐와 직접 연결되어 있으면서 청기와 탁기가 지나는 통로가 되며, 또한 후각을 발현하는 중요한 기관이다. 이러한 모든 코의 기능은 폐기에 의해서 발현되며 폐의 질병 또한 폐기가 약화된 틈을 타서 코로 침입하는 경우가 많다.

한편, 폐의 영화는 피부에 나타나는데 이것은 폐기의 선산작용과 관계가 깊다. 폐기는 인체의 혈과 진액 등의 영양물질을 인체의 각 부위에 보내는 작용을 하는데, 폐기가 충실하면 인체의 가장 바깥인 피부와 털까지 영양물질의 공급이 원활하게 된다. 또 폐가 가지는 체액의 조절작용에 의해서 인체의 수액이 동적 평형을 유지하게 되고 이로써 피부와 피모가 적절한 유윤상태를 유지할 수 있게 된다.

· 肺志爲悲(폐지위비) : 폐가 주관하는 감정은 슬픔이다.

폐가 주관하는 감정은 슬픔이고 폐는 또 다른 하나의 감정을 함께 주관한다. 그것은 憂(우)이다. 비(悲)와 우(憂)는 그 성질이 조금 다르나 그로 인하여 인체에 미치는 영향은 거의 유사하다. 우와 비는 모두 인체가 외부의 좋지 못한 자극에 대하여 반응하는 현상이다.

비와 우가 인체에 구체적으로 미치는 영향은 폐의 기를 손상시키고 선발과 숙강의 작용을 방해하고 기의 순행을 저해하여 폐기의 손상을 초래하는 것이다. 다만 비와 우는 정상상태에서는 모두 폐의 기능을 정상적으로 유지하는 데 도움이 되며, 이것이 너무 과도하게 인체를 자극하였을 경우에만 폐의 기능에 영향을 주는 것이다. 반면 폐기가 다른 원인에 의하여 허약해진 경우에도 비와 우의 정서적인 변화가 초래될 수 있다. 너무나도 슬프면 기가 통하지 못해 갑자기 사망하는 경우도 감정이 폐기에 미치는 영향의 한 예이다.

(3) 폐기, 폐음

① 폐기(肺氣)

폐가 기를 주관한다는 것은 앞서 설명하였다. 여기에서 말하는 폐기란 발산하려는 특징이고 폐의 전체적인 생리기능을 정상적으로 유지시키는 기운을 말하는 것으로 특히 위기의 개념과 관련이 깊다고 보면 무리가 없을 것이다.

② 폐음(肺陰)

폐음은 폐의 기능을 유지하기 위하여 폐의 각 세포를 자윤하고 영양을 공급하는 음액을 말하는 것으로 특히 폐의 주요기능인 청기를 체내로 받아들이는 것과 관련이 깊다.

5. 신 (腎, kidney)

(1) 위치

신은 허리부위의 척추 양쪽에 위치하고 있으며, 그 형상이 마치 콩이나 팥과 같아 콩팥이라고 부른다. 또 방광과 표리의 관계를 이루며 생리적인 면에서 상호협조하는 관계에 있다.

(2) 생리기능

신(腎)의 생리적 주요 특징
• 腎藏精(신장정) : 신은 정을 저장한다. • 腎主水(신주수) : 신은 인체의 수액대사를 주관한다. • 腎主納氣(신주납기) : 신은 납기 즉, 숨을 들이마시는 것을 주관한다. • 腎主骨髓(신주골수) : 신은 뼈와 골수를 주관한다. • 腎開竅於耳與二陰(신개규어이여이음) : 신의 상태는 귀와 이음에 나타난다. • 腎華在髮(신화재발) : 신의 건강은 머리카락에 나타난다. • 腎志爲恐(신지위공) : 신이 주관하는 감정은 두려움이다.

• 腎藏精(신장정) : 신을 저장하여 결국 정의 원활한 기능을 도와주는 기능

신은 정을 갈무리하고 있는 장기로서 다른 여타의 장기보다도 훨씬 중요하다. 신의 생리적 기능은 정을 저장하여 체외로 함부로 손실되는 것을 막고 항상 수곡정미와 청기로부터 생성되는 후천의 정을 통하여 신정이 보충됨으로써 인체의 생명활동에 필수적인 정을 보존하는 작용을 하는 것이다.

따라서 신장의 정은 선천의 정과 후천의 정, 두가지로 이루어져 있다. 신장의 정은 흩어지면 기로 변화하므로 정과 기는 서로 다른 개체가 아닌 하나의 물질이다.

따라서 정과 기는 서로 전화를 통하여 쉬지 않고 변화된다. 다른 한편으로 신장의 정은 인체의 생장과 발육을 촉진하고 생식과 인체의 대사작용을 조절하는 작용을 한다.

생장발육과 생식에 관련된 신장의 정은 태어날 당시에는 그 작용이 완벽하지 못하며, 성장해 감에 따라 그 기능이 완성되어 치아를 나게 하거나 머리카락이 자라게 하고 결국에는 생식을 할 수 있는 단계에까지 이르도록 하는 것이다. 이러한 신정의 기능은 나이가 들수록 쇠퇴하며 어느 정도까지 이르면 결국 생식의 기능을 상실하게 된다.

· 腎主水(신주수) : 수액대사를 주관하여 노폐물을 배설시키는 기능

신이 인체 전반의 수액대사를 관장하고 조절하는 것을 말하는 것으로 인체의 오장육부에서 사용하고 남은 수액의 찌꺼기들을 걸러서 체외로 배출하는 작용을 말한다. 이러한 수액대사의 과정은 먼저 비, 위, 대장, 소장을 통하여 정미물질을 흡수함으로써 진액을 생성하고 비, 폐, 신, 삼초 등을 통하여 전신에 수포되어 유양작용을 하게 된다. 이렇게 전신을 유양한 진액은 소변이나 땀으로써 체외로 배출된다.

· 腎主納氣(신주납기) : 들이마시는 호흡을 원활히 하는 기능

납기란 흡기 즉, 숨을 들이마시는 것을 말하는 것으로, 신이 납기를 주관하는 것은 폐의 호흡작용을 도와 숨을 깊이 들이쉬도록 도와주고 호흡이 얕아지는 것을 방지하는 작용을 하는 것을 의미한다.

호흡은 인체의 오장육부 가운데 가장 높은 곳에 위치하는 폐에서 일어난다. 폐는 선발작용을 통하여 호기를 주관하고, 숙강작용을 통하여 흡기를 주관하게 된다. 그러나 폐의 흡기작용은 반드시 신의 도움을 받아야만 정상적인 상태를 유지할 수 있다는 것을 의미한다. 이러한 신의 작용은 역시 신정에 의한 작용이라고 말할 수 있으며, 신정이 부족하면 호흡 역시 원활하지 못하게 되는 것을 의미하는 것이다.

· 腎主骨髓(신주골수) : 골수를 주관하여 뼈건강 및 성장발육을 원활히 해주는 기능

뼈와 골수는 신장의 정기로부터 생성된 것으로, 골격의 생장과 발육 등이 신정의 자양작용에 의해서 주관되는 것을 말한다. 그러므로 신정이 충실하면 골수가 가득 차고 뼈가 튼튼해지는 것이다. 또한 신정은 척수를 따라 뇌까지 전달되어

뇌를 자양하는 중요한 요소가 된다. 따라서 신정의 충실은 뇌의 발달에도 영향을 미치며 특히 성장기에 있어서 신정의 충실 여부는 뇌와 척수의 발달에 있어서 무엇보다도 중요하다.

- 開竅於耳與二陰(개규어이여이음), 腎華在髮(신화재발) : 머리카락과 이음에 신의 상태가 나타난다.

신의 상태는 귀와 이음(二陰, 전음과 후음)에 나타나고 그 영화는 머리카락에 나타난다는 말로 이는 모두 신장의 정기와 관계가 있다. 신정이 충실하면 인체의 모든 장부의 정이 충실해지므로 인체의 모든 감각기관도 각각 그 기능을 충실히 하게 된다. 그중에서도 이는 신의 정상기능이 직접적으로 영향을 미치므로 신정의 충실에 따라 청각의 상태가 달라지거나 이명현상이 생기게 된다.

외생식기와 항문 역시 신의 개규로서 생식과 배뇨, 배변 등도 신장의 조절과 신정의 상태에 따라 그 기능이 완성되는 것을 말한다. 신의 영화로움은 머리카락에 있는 것으로 나이가 들어감에 따라 신정이 점차로 쇠하면 모발이 백색으로 되거나 탈락하는 것으로 알 수 있다. 나이 들어가면서 흰머리가 나는 것은 당연한 일이며 젊은이들이 많은 스트레스로 단순탈모나 원혈탈모증상이 나타나는 것은 신장의 정이 급격히 소모되고 있다는 증거이므로 정을 보충해야 한다.

- 腎志爲恐(신지위공) : 신이 주관하는 감정은 두려움이다.

공(恐)이란 두려움과 무서움의 정지활동으로서 신장과 밀접한 관계가 있다. 신장의 정은 기로 변화하여 몸 전체에 퍼져나가 정상적인 생리활동을 촉진한다. 그러나 공의 정서가 과도하면 신기가 상승하는 것을 막아 정상적으로 인체의 각 부위에 전달되지 못하게 한다. 따라서 과도한 놀랍고 공포스러운 감정은 반드시 신에 영향을 미치며 신정과 신기의 정상적인 기능을 저해하여 신의 기능을 방해하는 것이다.

(3) 신기, 신음, 신양

① 신기(腎氣)

신장의 기운은 단단하게 하려는 기운으로 이 기운이 있어야 신장의 기능이 원활해지며 신의 정상기능이 이루어진다.

② 신음(腎陰)

신음의 주요 작용은 인체를 자윤하고 양기의 과도한 항진을 제약하는 기능이며, 삼초를 통해 전신에 도달하여 진액의 분비를 촉진하고 혈액의 생성에 관여함으로써 진액과 혈을 통한 전신의 자윤과 유양을 주관한다고 볼 수 있다. 따라서 신음이 충실하면 인체의 진액과 혈이 충만해지고 신음이 손상되면 진액이 마르고 혈이 부족해지는 것이다. 또한 신음은 모든 장부와 경락뿐만 아니라 인체 각 부위의 음을 주관하는 것으로 신음의 휴손은 인체 전체의 음이 쇠약해지는 것을 의미한다.

③ 신양(腎陽)

신양은 인체의 온후, 운동, 흥분, 기화 등을 촉진하는 작용을 한다. 특히 신양의 작용 가운데 중요한 것은 기의 생성을 촉진하는 작용으로서 폐의 호흡기능과 비위의 소화기능을 촉진함으로써 기의 원천을 충실히 공급하게 하는 동시에 신정의 기화를 통하여 신기를 생성하는 것을 말한다. 기의 추동작용은 인체의 혈과 진액을 원활하게 운행함으로써 인체의 각종 생리활동을 촉진한다. 이로써 인체에는 열이 발생하고 온후작용이 증강되는 것이다. 동시에 신양은 심양(心陽)과 비양(脾陽)의 주된 근원으로 생각되며, 그 밖의 오장육부에 도달하여 각종 생리기능을 촉진하는 근원으로 작용한다.

육부 (六腑, six bowels)

1. 담 (膽, gallbladder)

쓸개를 말하는 것으로 간과 표리의 관계에 속하며, 기항지부의 하나이기도 하다. 생리적으로 담은 간으로부터 생성된 쓸개즙을 저장하였다가 소장으로 분비되어 음식물을 소화시킴으로써 비위의 운화기능을 정상적으로 유지시키는 중요한 요소로서 작용한다. 위에서 부숙된 음식물이 소장으로 이동하는 과정에서 분비되어 주로 지방의 소화를 돕는 효소를 분비하게 된다.

담은 '膽者, 中正之官, 決斷出焉(담자, 중정지관, 결단출언)' 이라 하여 결단과 밀접한 관련이 있는 것으로 생각된다. 담이 다른 육부와는 별개로 기항지부에 속하는 이유는 음식물을 전화하는 작용에 직접적으로 관여하지 않으면서도 담즙을 저장하여 소화와 음식물의 전화에 영향을 미치기 때문이다.

2. 소장(小腸, small intestine)

소장은 인체의 장부 가운데 그 길이가 가장 길며 복강 내에 존재하고 있다. 소장의 상부는 위의 유문과 접해 있고, 아래쪽은 대장과 연결되어 있으며 그 상접구를 난문이라고 한다. 소장은 심과 표리의 관계에 있으며 주로 음식물의 소화와 흡수 및 정미물질을 수포하는 기능을 하며, 정미물질을 흡수하고 남은 찌꺼기인 조박을 대장으로 전달하는 중요한 장부이다.

소장의 주요기능 가운데 하나는 소화를 통하여 정미물질을 생성하고 이를 흡수하여 인체 각부에 수포하는 것으로 이를 위해서는 소장 내에 음식물이 일정시간 이상 머무르면서 정미물질과 조박으로 나뉘어 정미물질을 생성하는 과정을 거쳐야 한다. 실제로 이러한 소장의 기능은 비위의 운화기능에 포함되는 것으로 승청과 강탁의 기능이 실제로 발현되는 것이라 생각하면 될 것이다.

3. 위(胃, stomach)

위는 위완이라고도 하며 상, 중, 하의 세 부분으로 나눈다. 위는 음식물에 대한 소화와 흡수를 진행하는 중요한 장기이다. 또한 비와 표리의 관계에 있으며, 수납과 부숙 그리고 강탁을 주관한다.

수납이라 함은 음식물을 섭취하여 가장 먼저 받아들이는 곳이 바로 위가 되므로 나온 말이며, 부숙이란 음식물이 위에서 초보적인 소화를 거치게 되는 것을 의미하는 말이다. 위의 이러한 작용은 근본적으로 인체에 필요한 정미물질을 생성함으로써 기와 혈을 생성하는데 중요한 작용을 하며, 이는 반드시 비의 운화작용이 함께 할 때에만 비로소 그 작용이 완성될 수 있다.

또한 위는 비의 기능인 승청에 반하여 강탁의 기능을 갖게 되는데 이러한 승청과 강탁은 소화기능의 전반을 의미하는 말이 되기도 한다.

강탁이란 위에서 일부 소화된 음식물을 소장으로 내려 보내고 아울러 그 중 일부의 영양물질을 흡수하여 기혈을 생성하며 전신으로 수포하는 과정을 포괄하는 것이라고 보면 된다. 그리고 한편으로는 한번 수납된 음식물이 다시 역행하여 위쪽으로 올라가지 못하게 하는 작용을 말하기도 하는데, 위의 이러한 강탁작용이 실조되면 딸국질이나 트림 등이 발생하기도 한다.

4. 대장 (大腸, large intestine)

대장은 그 위쪽이 소장과 연결되어 있으며 아래쪽은 항문으로 이어짐으로써 인체에서 정미물질을 분리하고 남은 찌꺼기를 배설하는 역할을 한다. 대장은 폐와 표리의 관계에 있으며, 영양물질을 분리하고 남은 찌꺼기인 조박으로부터 수분을 분리해 내는 작용을 갖는다. 따라서 대장의 중요한 생리기능은 조박의 전화라 할 수 있다.

대장은 조박을 분변으로 전화하는 작용을 하는데 이러한 대장의 전화작용에 이상이 발생하면 변당(묽은 변)이나 설사 또는 단단한 대변 등의 증상이 발생하게 된다. 이러한 대장의 기능은 위의 강탁작용의 연장이라고 볼 수 있으며, 동시에 폐의 숙강작용과도 연관이 있다. 또한 대장의 전화작용은 신의 기화작용에 의해서도 영향을 받으며, 만일 신음(腎陰)이 부족하여 대장을 자양하지 못하면 장액이 말라 변비가 올 수 있고, 신양(腎陽)이 부족하면 기가 부족해져 대장이 수분을 적시에 분리해 내지 못하여 설사의 증상 등을 보이게 되는 것이다.

5. 방광 (膀胱, bladder)

방광은 아랫배의 중앙에 위치하고 있으며, 신과 표리를 이루고 있다. 방광의 생리적 주요기능은 요액을 저장하였다가 체외로 배출하는 작용을 하는 것이다. 요액은 신의 기화작용을 통하여 생성되고 신은 이렇게 생성된 요액을 수뇨관을 통하여 방광으로 내려 보내게 되는 것이다. 방광의 이러한 저장의 기능은 신기(腎氣)의 고섭작용에 의하여 조절된다. 따라서 신기가 부족하거나 신장의 기능에 이상이 생겨 유뇨나 소변의 실금 등이 나타나게 된다. 나이가 들어 요실금이 생기는 것은 신정(腎精)이 많이 고갈되어서 나타나는 노화의 증상이다,

6. 삼초 (三焦, triple energizers)

삼초란 상초, 중초, 하초를 일컫는 말로 장부 사이와 臟腑內部(장부내부) 상호간의 통로이며, 또한 인체를 상 · 중 · 하의 세부분으로 나누는 기준이 되기도 한다. 인체의 원기와 진액은 삼초를 통하여 소통되고 수포된다.

원기는 신장의 정기로서 삼초를 통하여 전신에 전달되며, 인체의 수액인 진액의 수포 또한 삼초를 통하여 일어난다. 특히 수액의 전도에 있어서는 인체의 수액대사 전반이 폐와 비 및 신의 작용에 의해서 정상상태를 유지하게 되나 반드시 삼초가 그 통로로서 존재할 때에만 완전한 수액의 대사가 완성된다.

이러한 삼초의 원활한 수액의 소통을 통하여 인체 수액대사의 평형을 유지하는 것을 '삼초기화' 라고 한다.

삼초는 진액과 원기의 통로 이외에도 단순한 분획의 의미를 갖는데, 상초는 횡경막의 윗부분으로서 폐와 심이 여기에 해당하고, 중초는 횡경막 아래에서 배꼽의 위까지로 비, 위, 간, 담 등을 포함하며, 하초는 배꼽 아래로서 신과 방광, 소장, 대장 등을 포함하게 된다. 다만 간은 위치상으로 중초에 속하나 그 기능은 하초에 해당하여 하초의 개념으로 생각하는 경우가 많다.

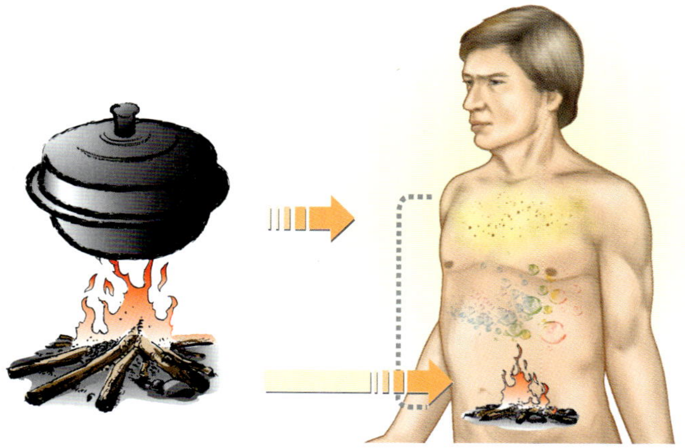

그림 3-6 삼초의 형상

제 4 절 약선식료학 영역에서의 건강과 질병

서양에서는 근대 이후 세균의 발견으로 질병이 병원균(세균)에 의해 발생한다는 병인학설이 형성되었다. 따라서 서양의 질병관은 인체 자체의 내적 요소보다는 외적인자에 의한 환경적 조건을 중시하게 되어 멸균, 살균, 항균 등 균에 대한 방어나 박멸에 치중하는 외적 요인 중심의 질병관이 나타났다. 또한 형태 및 구조적으로 아무런 문제가 없으면 건강하다고 판단을 한다.

이에 반해 동양의 질병관은 인체를 하나의 유기적 연관을 가진 생명체로 보고 아무리 외부로부터 병을 일으키는 요인인 사기(邪氣)가 침입한다 해도 내적으로 정기(正氣)가 견실하면 이를 막아내어 질병이 발생하지 않는다고 보는 내적 요소가 병의 중요 요인이라 보는 질병관이 주를 이루어 왔다.

따라서 체내 음양기혈(陰陽氣血)의 균형이 잘 이루어지면 기능에 문제가 없으므로 건강하다고 판단하였다.

동양의학에서 말하는 질병이란 형태와 구조의 이상이 아니라 내 · 외 환경의 불균형과 부조화를 말한다. 형태와 구조에 이상이 나타나지 않아도 우리 몸의 기능이 그 평형을 잃으면 이미 건강하지 못한 것이고 깨어진 평형상태에 따라 질병의 정도가 나타나는 것이다. 이런 탓에 질병의 치료란 깨어진 평형상태를 정상적으로 돌려 놓는 것을 의미한다. 따라서 약선을 식생활에 활용하고자 하는 사람들에게는 인식의 전환이 필요하다.

우리 몸의 음양기혈은 항상 고정되어 유지되는 것이 아니고 일정한 범위 내에서 움직이는 폭이 있음을 이해해야 한다. 인간에게는 건강을 유지하는 데 있어 스스로의 조절 능력이 있는데 우리들이 이미 알고 있는 항상성(homeostasis)이 그것이며, 동양에서도 항해승제론(亢害承制論) 개념이 바로 그 것인데 이는 오행의 상생과 상극원리에 의해 이루어지는 것이다.

일정한 범위를 벗어나면 질병이 오지만 어느 정도 범위 내에서는 우리 몸 스스로 조절을 할 수 있으므로 약을 복용하여 우리 몸 자체의 면역능력을 없애서는 안되고 올바른 음식 섭취로 그 능력을 증진시켜 나가야 하며 그 음식이 바로 약선이다.

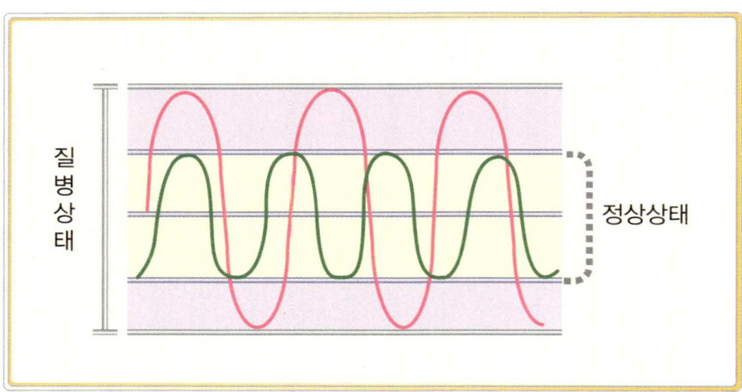

그림 3-7 항해승제론에 의한 인체조절

제 5 절 육기와 육음

인체의 건강한 삶에 기후변화나 생활환경이 미치는 영향은 매우 중요하다. 특히 풍(風), 한(寒), 서(暑), 습(濕), 조(燥), 화(火) 등 여섯가지 기운을 육기(六氣, six qi)라 하여 우리에게 미치는 영향이 가장 큰 환경으로 보고 있다.

정상적인 조건 하에서 인체는 외계의 기후 변화에 적응하는 조절 능력이 있으므로 정상적인 육기는 병을 일으키지 않는다. 그러나 기후변화가 비정상적이어서 때가 아닌데도 다른 기후가 이르거나(봄철에 따뜻해야 하는데 오히려 춥고, 겨울철에는 당연히 추워야 하는데 도리어 더운 것 등) 혹은 기후가 지나치게 급변하거나 인체의 정기(正氣)가 부족하여 저항력이 떨어질 때 육기는 비로소 병의 요인이 된다.

육기는 인간 생활에 꼭 필요한 자연환경이지만 이 기운이 질병의 원인이 될 때는 이를 육음(六淫, six excesses) 또는 여섯가지 사기(邪氣)라고도 한다.

1. 풍사 (風邪, wind)

바람은 봄철을 주관하는 기운이지만 일년 사계절 어느 때나 발생한다. 육음 중 가장 주요한 발병원인으로 대개 피부를 통해 침입한다. 한(寒), 습(濕), 조 (燥), 화(火) 등의 사기와 함께 병을 일으키는 선두주자이므로 바람을 만병의 근원이라 한다. 풍사에 의한 질병은 주로 자율신경계와 말초신경계의 장애를 유발하여 질병을 일으킨다.

예) 여러 가지 질병들은 바람에 의해 많은 영향을 받는다. 따라서 우리들은 마스크나 머플러 등을 이용해서 바람이 몸속으로 들어오지 못하게 하여 계절병을 예방하거나 병이 발전되는 것을 막는 노력을 한다.

2. 한사 (寒邪, cold)

겨울을 주관하는 기운으로써 날씨가 추울 때 방한을 제대로 하지 않으면 쉽게 한사(寒邪)의 침입을 받는다. 더운 여름이나 찌는 더위에 깊은 밤 서늘한 곳에서 노숙을 해도 한사가 몸속으로 침입한다. 땀이 난 후에 바람을 맞거나 비에 젖거나 물에 들어 갔을 때 또한 한사가 침입하여 질병을 유발한다.

예) 겨울철 목욕탕에서 나올 때 음찔 추우면 한사가 내 몸속으로 들어 온 것이다. 빨리 몸을 따뜻하게 하고 따뜻한 성질의 생강차를 마셔서 한사를 내쫓아야 감기를 예방할 수 있다.

3. 서사 (暑邪, heat)

여름을 주관하는 기운이며 서사는 화열(火熱)로부터 변화된 것이다. 서사(暑邪)가 병을 발생시킬 때는 명확하게 계절성을 가지는데 주로 하지 이후 입추 이전에 많이 발생한다.

예) 여름철에 나타나는 일사병과 열병들이 모두 서사에 의한 질병들이다.

4. 습사 (濕邪, moisture)

습은 장하(長夏, 장마철)를 주관하는 기운이다. 장하는 늦여름에서 초가을로 넘어가는 시기로 여름철의 무더운 기운이 떨어지기 시작하나 지면의 습기가 공기 중에 증발되어 일년 중 습기가 가장 많은 계절이다. 외부의 습사가 인체를 직접 손상시키기도 하고 물을 건너거나 비를 맞거나 습이 많은 지역에 거주하여 습병이 발생하기도 한다.

예) 장마철에 몸이 무겁게 느껴지는 것은 습도가 많은 환경과 내 몸이 평형을 이루고자 몸이 습기를 흡수해서 나타난 현상이다. 습기가 많은 지역이나 수상 가옥에 사는 사람들은 바로 체내의 습기를 제거하기 위해 습을 제거하는 효능을 가진 음식을 즐겨 먹는 것이다.

5. 조사 (燥邪, dryness)

가을을 주관하는 기운으로 가을에는 천지의 기를 끊임없이 수렴하여 공기중의 수분을 부족하게 하므로 서늘하고 건조한 기후가 나타난다.

예) 건조하면 폐가 가장 힘들어 한다. 따라서 건조한 가을철에는 폐의 건강에 문제가 생겨 감기, 기침 등의 폐질환이 많이 발생하는 것이다.

6. 화사 (火熱 또는 熱邪, fire)

화와 열은 모두 양(陽)이 무성하여 생긴 기운이다. 열은 온(溫)이 점차적으로 발전된 것이며 화는 열이 극도로 커져서 생긴 것이다. 열은 일반적으로 외사에 속하는데 풍열(風熱), 서열(暑熱), 습열(濕熱) 등이 이러한 것이다. 화는 외부에서 들어오는 사기에 의해 발생하기도 하지만 일반적으로 장부의 기능저하나 감정의 급격한 변화로 인하여 내부에서 생긴 내화로 생기므로 감정조절이 잘 안되어서 화가 생기는 경우가 많다.

예) 서늘한 가을로 접어드는 계절에 갑자기 늦더위가 올 때는 열감기가 발생하는데 이것이 열사에 의한 감기이다.
심한 스트레스와 여러 감정적 요인들에 의해 홧병이라는 것이 생기는데, 이것 역시 감정에 의한 인체 내부에서 생긴 화에 의한 것이다.

Chapter 4 약선의 효능 이해

제 1절 약선 재료의 효능

약선을 만들기 위해서는 약선 재료인 식물재료와 약물재료의 효능을 이해하는 것이 가장 중요하다. 현대 식품영양학 분야에서는 식품이나 음식의 효능을 그 식품이 지닌 영양성분이나 기능성 성분의 함량을 토대로 언급한다. 즉, 우유를 단백질과 칼슘의 급원식품으로, 쌀을 포함한 곡류 등은 당질의 급원식품으로 이해한다. 그리고 녹차는 카테킨이라는 플라보노이드 성분을 가지고 있어 체지방의 흡수를 억제하는 기능성을 가진 식품으로 언급하는 것이다.

그러나 약선은 그 재료가 가지고 있는 기미(氣味), 귀경(歸經), 승강부침(乘降浮沈) 및 독의 유·무 등을 총괄적으로 이해하여 그 재료의 효능 및 작용을 인지하여야만이 섭취 목적이 달성되는 것이다.

1. 기미론에 의한 사성오미(四性五味)

(1) 기미론(氣味論)

기(氣,또는 性)는 하늘에서 주어진 기운, 미(味)는 땅에서 만들어진 기운이다. 세상의 모든 생명체는 하늘과 땅의 기운이 융합되어 생성되고 태어난 것이다. 우리 몸에서 영혼은 하늘에서 부여한 성(性)으로 구성되어 있고, 육체는 땅에서 준 미(味)에 의해서 만들어진 것이다.

황제내경에 의하면, 태초에 우리들이 알 수 없는 여러 물질들이 계속 교류하고 순환 · 변화하면서 하늘과 땅이 만들어졌으며 모든 물체는 하늘과 땅의 기운을 가지고 탄생한다고 한다. 하늘과 땅, 즉 이 두 가지 기운이 생명체 내에는 모두 존재하고 이 기운이 그 생명체의 특성이 되는 것이다.

약선재료를 본다면 바로 그 기운이 그 재료의 효능이 되는 것이다. 하늘은 생명체에게 보이지 않는 성(性)을 부여해 주고 땅은 하늘이 부여해준 성을 담아둘 수 있는 형태를 만들어 내기 위해 미(味)라는 특성을 생명체에게 부여해주는 것이다.

따라서 하늘의 기운인 성(性)은 네 가지로, 땅의 기운인 미(味)는 5가지로 분류하여 그 효능을 판단한다. 예를 들면 수박은 하늘의 기운인 성은 매우 차고(寒), 땅의 기운인 미는 달다(甘). 따라서 체내의 열과 더위를 제거해주고 번갈을 없애주고 소변을 잘 나오도록 해주는 효능을 가진다. 또한 부추의 성은 따뜻하고(溫), 미는 맵다(辛). 따라서 몸을 따뜻하게 해서 기의 순환을 돕고 어혈을 풀어주는 효능이 있다.

이같이 약선 재료들의 효능은 성미(性味)가 매우 중요하고 그 성미가 어떤 효능을 가지는지 꼭 암기해야 한다. 약선 효능을 언급함에 영양소를 말하는 것은 약선을 바르게 이해하지 못함이다.

(2) 사성의 개념

사기(四氣)라고도 하며 식재(食材)나 약재(藥材)가 가지고 있는 성질과 기능의 총체적 개괄한 것으로 한(寒), 량(凉), 온(溫), 열(熱)의 네 가지로 나눈다. 열은 부드럽게 하는 특징(軟), 온은 흩어지게 하는 특징(散)이 있다. 한은 단단하게 하는 특징(堅), 량은 거두어 들이는 특징(收)을 가지고 있다. 한과 량, 온과 열은 정도의 차이가 있는 같은 효능 범위로 이해하면 된다.

사성(四性)은 음양(陰陽)이론에 근거하여 작용 특성으로 나눌 때 한량의 기운은 음(陰)에, 온열의 기운은 양(陽)으로 분류한다. 네 가지 성질 외에도 특성상 한량과 온열의 두 종류에 뚜렷하게 치우쳐 있지 않은 특성을 가진 재료들은 성질이 평(平)하다라고 한다.

그러나 실제로는 아주 약간씩 한량과 온열로 치우쳐 있어 사성이라 한다. 이런 평성(平性) 재료로 구성된 음식은 성질이 온화하여 치료약선보다는 건강증진이나 보양(補養)의 목적으로 많이 쓰인다. 따라서 건강약선에 폭넓게 사용한다. 어떤 재료든지 하나의 성(性)을 가지고 있으며 이것이 그 재료의 효능을 나타내는 기준 중의 하나인 것이다.

(3) 사성의 작용

'熱者寒之, 溫者淸之(열은 한하게 하고 온은 청하게 한다)' 는 말의 의미는 한량한 재료는 온열성(溫熱性) 병증 또는 체질에 사용해야 한다는 것이다.

또한 '寒者熱之, 凉者溫之(한은 열하게 하고 량은 온하게 한다)' 는 한량성(寒凉性)의 병증이나 체질에 온열성(溫熱性) 재료를 이용하여 평형을 유지한다는 뜻이다. 자세한 재료의 효능은 계속 공부하면서 암기해야 하나 간단히 정리하면 표 4-1과 같다.

표 4-1 사성(四性)의 효능

<table>
<tr><th colspan="2">四氣</th><th>작 용</th><th colspan="2">대표식품</th></tr>
<tr><td rowspan="2">陰</td><td rowspan="2">寒凉</td><td rowspan="2">청열(淸熱), 사화(瀉火),
양혈(凉血), 해독(解毒)
자음(滋陰), 강화(降火),
지혈(止血)</td><td>寒</td><td>죽순, 연근, 바나나, 감,
다래, 오디, 참외, 수박,
치자, 상엽</td></tr>
<tr><td>凉</td><td>보리, 메밀, 율무, 녹두,
미나리, 상추, 오이, 귤,
배, 박하, 국화</td></tr>
<tr><td colspan="2">平</td><td>보익(補益), 보양(補養)
오래동안 먹어도 부작용이
없다</td><td>平</td><td>멥쌀, 옥수수, 팥, 검정콩,
고구마, 감자, 포도,
돼지고기, 쇠고기, 우유,
붕어, 감초, 당귀, 황정,
복령</td></tr>
<tr><td rowspan="2">陽</td><td rowspan="2">溫熱</td><td rowspan="2">거풍산한(祛風散寒),
제습(除濕)
온중거한(溫中祛寒),
활혈화어(活血化瘀),
온통기혈(溫通氣血),
조양익화(助陽益火)</td><td>溫</td><td>찹쌀, 수수, 양파, 부추,
마늘, 생강, 대추, 잣,
닭고기, 양고기, 개고기,
해삼, 술, 인삼, 백출,
오미자, 자소엽, 홍화</td></tr>
<tr><td>熱</td><td>고추, 후추, 건강, 양고기</td></tr>
</table>

재료가 가진 성(性)은 가열조리를 했다고 해서 한량 한 것이 온열하게, 냉장·냉동했다고 온열한 것이 한량한 것으로 바뀌지 않는다. 특별한 전처리 방법으로 그 성이 바뀌어서 효능이 바뀌는 경우(차가운 성질의 생지황을 술에 담갔다가 여러번 쪄서 말리는 과정으로 따뜻한 성질의 숙지황으로 변하는 경우)도 있지만 우리 인간이 성형수술에 의해 외모는 바뀔지 몰라도 기본 천성이 변하지 않음과 같이 다양한 조리조작으로도 그 성은 변하지 않는다고 이해하는 것이 좋겠다.

(4) 오미의 개념

식재(食材)나 약재(藥材)는 모두 오미(五味)의 특성을 가지고 있는데 산(酸), 고(苦), 감(甘), 신(辛), 함(鹹) 다섯 가지 맛을 말하며 미각으로 느껴지는 맛뿐 아니라 임상에서 반영되어지는 효능에 근거해서 결정된 것이다. 따라서 미각에서 느껴지는 감각과 비슷하지만 어떤 재료는 미각으로 느낄 수 없거나 미각과는 다른 미를 갖는 경우도 있다. 담미(淡味)나 삽미(澀味)를 더하기도 하는데 효능의 특성상 담미(淡味)는 감미(甘味)에, 삽미(澀味)는 산미(酸味)로 분류한다.

오미의 작용 특성상 신(辛), 감(甘)은 양(陽)에 속하고, 산(酸), 고(苦), 함(鹹)은 음(陰)에 속한다. 각 재료의 성은 꼭 하나지만 미는 하나 이상이 되기도 한다. 표 4-2에는 오미의 음양과 작용을 정리하였다.

표 4-2 맛의 음양과 작용

陰陽	味	전체적인 효능 표현	先入五臟
陽	辛(매운맛)	발산 (發散 : 표피에 있는 사기를 밖으로 내보 낸다) 산결 (散結 : 맺힌 것을 흩뜨린다) 윤조 (潤燥 : 건조한 것을 촉촉하게 한다)	肺
	甘(단맛)	완급 (緩急 : 긴장을 풀어 느슨하게 한다)	脾
陰	酸(신맛)	수산 (收散 : 흩어진 것을 수렴시킨다) 속완 (束緩 : 풀어진 것을 묶어준다)	肝
	苦(쓴맛)	조습 (燥濕 : 습한 것을 말린다) 설강 (泄降 : 아래로 쏟아 내린다) 견취 (堅脆 : 취약한 것을 단단하게 한다)	心
	鹹(짠맛)	연견이사하 (軟堅而瀉下 : 단단한 것을 연하게 하여 아래로 내린다)	腎

(5) 오미의 작용

① 신맛(酸味산미, sourness)

신맛은 섭취하면 가장 먼저 간으로 들어가서 간의 작용을 조절해 주는 작용이 있는 맛이다. 간은 흩어지려는 성질을 가지는데 신맛의 수산(收散)·속완(束緩) 작용이 간의 흩어지려는 기능이 너무 항진되는 것을 조절하여 간의 기능이 균형을 잃지 않도록 해주는 것이다. 만약 신맛으로 조절하지 않으면 간기가 모두 흩어져서 소진되므로 신맛이 가장 먼저 간에 가서 그 조절기능을 수행하는 것이다.

• 작용 : 수렴·수축작용이 있어 염한(斂汗), 염기(斂氣), 지사(止瀉), 섭정(攝精), 지혈(止血), 축뇨(縮尿) 등의 효능을 가지므로 기, 혈, 진액 등 체내의 물질들이 과도하게 유실되는 것을 억제하는 데 활용한다. 또한 생진(生津), 개위(開胃), 소식(消食) 작용이 있어 위음부족(胃陰不足)으로 인한 구갈(口渴), 식소(食小), 진액(津液) 손상으로 인한 근무력증, 굴신불리(屈伸不利)등의 증상에 사용한다. 우리들이 과일을 보면 침이 고이는 이유가 바로 과일의 신맛 특성 때문이다. 또 조리 시 pH가 낮은 신맛이 나는 재료를 단백질에 섞으면 단백질이 침전·응고되는데 이것 또한 신맛이 가진 수렴특성 때문인다.(예 : 딸기+우유)

• 주의 : 수렴작용으로 인해 염사(斂邪)하기 쉬우므로 실사(實邪)가 있는 경우에는 주의한다. 감기 초기에 신맛의 음식을 먹게 되면 감기의 원인인 사기(邪氣)가 체외로 나가지 못해 감기 회복에 도움이 되지 않고 오히려 해가 된다. 대개 감기가 들면 귤, 사과 등 비타민 C가 많은 과일을 많이 먹어 면역력을 증진해야 함을 강조하나 거의 모든 과일은 신맛을 가지고 있다. 따라서 오히려 초기 감기에는 과일을 섭취하지 않는 것이 좋다. 면역기능의 증진을 위해서는 감기가 회복된 후 과일을 섭취해야 하는 것이다.

• 신맛을 가진 재료 : 매실, 복숭아, 귤, 산사, 다래, 포도, 산수유, 오미자 등

잠깐만!!

우리들은 봄철이 되면 매실효소액을 만들기에 바쁘다. 배가 아프면 섭취하고 설탕대신 양념으로 사용하고자 담그는 것이다. 그러나 우리가 꼭 이해해야 하는 것이 있다. 신맛을 가진 재료는 위에서 언급한 수렴의 작용이 있어서 배가 어떻게 아픈가를 꼭 알고 매실액을 섭취해야 한다.

설사나 구토가 나면서 비위가 불편할 때는 매실액을 섭취하면 속을 편안하게 할 수 있다. 그러나 체기가 있어 속이 답답할 때 매실액의 섭취는 오히려 독이 될 수 있다. 한편, 여름철에 땀이 나는 것을 예방하기 위해서 오미자 음료를 마시는데 오미자가 신맛을 가지고 있어 땀이 심하게 나서 기가 빠져나가는 것을 수렴하여 주기 때문에 여름철에 적당한 음료다.

② 쓴맛(苦味 고미, bitterness)

쓴맛은 섭취하면 가장 먼저 심으로 들어가서 심의 작용을 조절해준다. 쓴맛을 먹으면 뱉거나 삼켜버리는 등 몸밖으로 내보내려는 경향이 있어 설강(泄降)의 효능이 있는데 쓴맛은 위로 뻗어 오르려는 심의 특성을 조절해주므로 심기능을 원활히 해준다.

• 작용 : 설강(泄降)하는 작용으로 통설(通泄), 강설(降泄), 청설(清泄)하고, 조습(燥濕) 작용으로 건위(健胃)하고, 견음(堅陰)작용으로 음(陰)을 보존할 수 있다. 따라서 통설작용으로 열결변비(熱結便秘)를, 강설작용으로 기역천해(氣逆喘咳)를, 청설작용으로 심번(心煩)에 사용할 수 있다. 또한 조습(燥濕)작용이 있어 다양한 습증(濕證)에 사용한다.

• 주의 : 일반적으로 음진부족(陰津不足)에는 주의한다.

• 쓴맛을 가진 재료 : 여주, 씀바귀, 상엽, 치자, 길경, 하수오 등

잠깐만!!

약선에서는 많이 쓰지 않지만 쓴맛은 열을 내리므로 여름철에 먹는 나물 중에 쓴맛을 가진 재료들이 있다. 고들빼기, 씀바귀 등이 그것이다. 매운 것을 먹고 위경련이 있으면 쓴맛을 지닌 재료나 커피를 먹으면 효과가 있다.

③ 단맛(甘味 감미, sweetness)

단맛은 우리가 섭취하면 비로 들어가서 비의 작용이 원활히 되도록 비의 상태를 유지시켜 주는 맛이다. 비는 주변을 아우르고 어느 한쪽으로 치우치지 않으므로 특별히 비의 특성을 억제할 미가 필요없다.

• 작용 : 보익(補益), 화중(和中), 완급지통(緩急止痛), 윤조(潤燥)의 효능을 가진다. 단맛을 느낄 때는 구강의 근육이 이완되고 허기와 피로를 신속히 회복하게 해준다.

때문에 보(補)하는 재료는 대개 단맛을 가지고 있다. 따라서 허증(虛證), 완복(脘腹)이나 사지(四肢)의 통증, 조화제약(調和諸藥), 독성완화를 위해 사용한다. 또한 단맛은 자윤윤조(滋潤潤燥)작용이 있어 윤폐(潤肺), 윤장(潤腸)에도 활용된다.

• 주의 : 감미(甘味)는 조습(助濕)하기 쉬우므로 비허습체(脾虛濕滯)의 경우에는 섭취에 주의한다.

• 단맛을 가진 재료 : 쌀, 찹쌀, 메밀, 고구마, 아스파라거스, 가지, 자두, 포도, 잣, 돼지고기, 우유, 붕어 등

잠깐만!!

우리들이 어렸을 때, 배탈이 나면 할머님이 설탕물을 따뜻하게 타서 먹이고, 따뜻한 곳에 눕히고 "할머니 손은 약손이다" 라고 하면서 배를 문질러 주시면 배가 편안해진다. 현재는 모든 통증을 약으로 해결하지만 약이 많지 않던 시절에는 이런 방법들로 도움을 받았다.

단맛을 가진 설탕이 보익, 완급지통의 효능이 있었고 배를 문질러서 기, 혈이 순환되어서 가능한 것이다. 또한 신경이 예민해져서 날카로울 때 단맛의 음식을 먹으면 편안해지는 것 역시 단맛의 효능인 것이다. 조리에서도 고기를 잴 때 연육작용과 조미를 위해 사용하는 설탕도 역시 이런 작용이 있어 나타나는 현상이다.

④ 매운맛(辛味 신미, pungency)

신맛은 우리가 섭취하면 폐로 가장 먼저 들어가서 폐의 작용이 너무 과하지 않도록 조절해서 폐가 그 기능을 잘 유지할 수 있도록 해주는 맛이다. 즉, 매운맛은 발산(發散)의 작용이 있어 거두어 들여서 아래로 내려보내려는 특성을 가진 폐의 기능이 너무 소진되지 않도록 조절해준다.

• 작용 : 발산(發散)작용으로 사기(邪氣)를 내보내는 효능이 있어 외감표증(外感表證)에 사용할 수 있고, 행기(行氣), 활혈(活血)하므로 기체혈어(氣滯血瘀)에 사용하고 동맥의 확장이나 관상동맥 혈류를 증가시키는 효과를 가진다. 신윤(辛潤), 발한(發汗)하므로 진액의 운행을 원활하게 하기 위해서 사용한다.

• 주의 : 신산조열(辛散燥熱)한 특성으로 인해 기음(氣陰)의 손상을 일으키기 쉬우므로 기허(氣虛), 표허다한(表虛多汗) 등에는 사용하지 않는 것이 좋다.

• 신맛을 가진 재료 : 토란, 미나리, 쑥갓, 양파, 부추, 마늘, 파, 무, 생강, 고추 당귀, 길경 등

잠깐만!!

겨울철 추위로 인한 감기(風寒感冒) 초기 증상이 나타났을 때에는 우리 몸 표피에 있는 풍한사기(風寒邪氣)를 제거하기 위해서 몸에서 발산시켜야하는데 발산효능을 가진 매운맛을 지닌 재료를 섭취하면 효과가 있다. 찬 성질의 사기가 몸안으로 들어왔으므로 따뜻한 성질과 매운맛을 가진 생강을 이용하는 것이다. 우리들이 한 겨울에 생강차를 끓여 먹는 원리이다.

반대로 풍열로 인한 감기(風熱感冒) 초기 증상이 있다면 차가운 성질과 매운맛을 가진 재료인 무를 사용해야 그 효력이 발생하는 것이다. 우리들이 먹는 신라면도 매운맛의 발산 효능을 활용하여 시원하게 느끼도록 만든 것이다. 우리들이 매운 떡볶이나 아구찜 등을 먹고 나면 왠지 개운하게 느껴지는 이유가 바로 매운맛의 발산효과 때문이다. 그러나 매운맛을 과하게 먹으면 기운이 너무 발산되는 부작용이 있을 수 있으므로 주의해야 한다.

⑤ 짠맛(鹹味 함미, saltiness)

짠맛은 신의 건강을 유지시켜 주는 맛으로 섭취하면 가장 먼저 신으로 들어가서 작용한다. 신은 단단하게 하려는 특성을 가지고 있는데 단단한 것을 부드럽게 하는 연견(軟堅)의 작용이 있는 짠맛은 신의 기능을 조절하여 신기능을 유지해준다.

• 작용 : 연견(軟堅)작용이 있어 대변조결(大便燥結), 나력(瘰癧)과 담핵(痰核)에 사용하고, 윤조(潤燥), 양혈(養血), 자음(滋陰)효능이 있어 간신(肝腎)의 정혈부족(精血不足)에 활용한다.

• 짠맛을 가진 재료 : 개고기, 햄, 돼지고기, 오리고기, 간장, 소금, 굴, 오징어 등

잠깐만!!

대장에 열이 심해서 변이 딱딱하여 변비가 심할 때 예전에는 망초나 소금물을 진하게 타서 마시면 변비가 해소되었는데 이는 바로 짠맛의 연견작용 때문인 것이다. 배추를 소금에 절여 놓으면 부드러워지는 것 또한 짠맛의 연견작용 때문이다.

2. 귀경의 개념 및 의미

귀(歸)는 약물이 작용하는 부위, 경(經)은 인체의 장부경락을 의미한다. 귀경(歸經)은 약재(藥材)나 식재(食材)의 장부경락(臟腑經絡)에 대한 선택적 특이적 반응을 계통화하여 총결한 것이다. 약선의 재료가 어느 부위, 어느 장기에 영향을 미치는지 범위를 분명히 하는 개념이다.

천연 동 · 식물을 섭취하면 각재료마다 주로 작용하는 장기가 다르다는 이론이다. 즉, 약재나 식재인 천연 동 · 식물이 사람의 몸에서 선택적인 작용을 대표하는 학설로서 약선을 활용하는 데 중요한 지침이 된다.

각 재료는 하나 혹은 여러 가지의 귀경을 가진다. 약선을 구성할 때는 반드시 귀경하는 장부를 살펴 재료들을 구성하는 것을 원칙으로 해야한다. 예를 들어 오디(상심자, 桑椹子), 멥쌀(갱미, 粳米), 얼음사탕(빙당, 氷糖)으로 만들어진 상인죽(桑仁粥)이 어지럼증, 불면, 건망증에 효과가 있는 이유도 상심자가 간, 신으로 귀경하여 간과 신을 복돋아주고 멥쌀은 비로 귀경하여 비에서 섭취한 음식으로부터 기의 생성이 더욱 활발해지도록 할 수 있기 때문이다.

어떤 재료의 성미(性味)를 알고 귀경이 파악되면 효능을 짐작할 수 있다. 만일 따뜻하면서 소통을 시키는 특성을 가진 것의 귀경이 위(胃)라면 이것은 위가 냉하여 잘 체하는 사람에게 적합한 재료가 될 것이다.

예를 들면 같은 육류이지만 쇠고기는 비위로 귀경하므로 비위를 보호하는 작용이 있고 개고기는 비위뿐 아니라 신으로도 귀경하므로 비위를 보호하기도 하지만 신을 건강히 하는 효능도 가지고 있다. 신(腎)에는 생명유지의 기본물질, 힘의 근원이 되는 정(精)이 저장되어 있는 곳으로 이것이 힘의 원천으로 작용하는 것이다.

이런 부분은 현대 식품영양학에서는 왜 개고기가 병후나 수술 후 몸을 보하는 좋은 고기인지를 설명하지 못하지만 약선학에서는 이렇게 설명되는 것이다.

동양의학에서 신맛은 간에, 쓴맛은 심에, 단맛은 비에, 매운맛은 폐에 그리고 짠맛은 신에 먼저 들어간다고 하였으며, 자연이 인체내에서 저절로 그 작용이 이루어지도록 만들어 놓았다는 이론이다.

이 귀경의 의미를 제대로 파악한다면 "신맛은 간에 좋다. 짠맛은 신에 좋다"라는 식의 단순한 개념으로 약선을 조리하는 실수를 저지르지 않을 것이다.

3. 승강부침의 개념 및 작용

재료의 네 가지 서로 다른 작용으로 기의 운동형식인 승강부침(昇降浮沈)을 표현한 것이다. 승은 위로 오르는 기의 운동방식이고, 밖으로 향하는 기의 운동방식은 부이고, 강은 아래로 내려가는 기의 운동방식이고, 침은 안으로 향하는 기의 운동방식이다.

정상적인 상황에서는 인체는 승강부침이 조화를 이뤄서 음양기혈과 장부기능의 정상적인 운동방식이지만 이 조절이 잘 안될 때에는 병리상태가 나타난다. 승부가 조절이 안되어 지나치면 상역(上逆)하여 구토와 두통, 두훈(頭暈) 등의 증상이 나타나고, 침강이 지나치면 설사, 탈항 등 하함(下陷)증상이 나타난다.

승부의 특성을 가진 재료는 주로 위나 밖으로 향해서 승양(昇陽), 발표(發表), 개규(開竅), 거풍(祛風), 산한(散寒) 등의 작용이 있고 침강의 특성을 가진 재료는 주로 아래나 안으로 향해 잠음(潛陰), 강역(降逆), 수렴(收斂), 지해(止咳), 청열(淸熱), 이수(利水), 통변(通便) 등의 작용이 있다. 표 4-3에는 승강부침에 따른작용을 정리하였다.

한편, 어떤 특성을 가진 재료로 전처리를 했느냐에 따라 승강부침의 특성이 두두러진다. 술을 넣고 볶은 주초(酒炒)를 통한 재료는 乘의 특성으로, 생강즙을 넣고 볶는 강즙초(薑汁炒)를 통한 재료는 散하는 특성을 나타낸다. 또한 식초로 볶은 초초(醋炒)를 하면 수렴(收斂)작용이, 소금물을 넣고 볶은 재료는 하행(下行)하는 특성을 나타낸다.

표 4-3 승강부침에 의한 작용

성 질		작 용	기미(氣味)
승부(昇浮)	향상(向上), 향외(向外)	승양(昇陽), 개규(開竅) 거풍(祛風), 산한(散寒) 발표(發表)	신(辛), 감(甘), 온열(溫熱)
침강(沈降)	향하(向下), 향내(向內)	강역(降逆), 수렴(收斂) 지해(止咳), 청열(淸熱) 이수(利水), 통변(通便)	산(酸), 고(苦), 함(鹹) 한량(寒凉)

4. 독의 유·무

유독한 재료는 대부분 성질이 강렬하고 인체에 대해 독성이나 부작용을 가지고 있다. 소량이라도 상용 치료량을 초과할 경우 가벼운 경우에는 인체를 손상하고 무거운 경우에는 생명을 빼앗는다. 이런 재료는 음식에 사용하지 않는다.

무독한 재료란 성질이 비교적 평(平)해 일반적으로 인체에 대해 독이나 부작용이 없다. 일부는 상용량을 다소 초과하더라도, 일부는 대량을 식용하더라도 인체에 해독을 끼치지 않는 것을 의미한다. 한약재를 사용할 경우에는 주의를 해야 하나 우리들은 식재료를 많이 이용하여 약선을 만들고 식품의약품안전청에서 허가된 한약재만을 사용하므로 따로 걱정하지 않아도 된다. 그러나 혹시라도 민간요법 등을 이용할 때에는 명확하게 검토해야 한다.

제 2 절 재료의 배합원칙

동양의학 기초이론과 약선식료학의 이론을 토대로 몸의 상태에 대해 정확히 인식하여 두 종류 이상의 약선 재료를 일정한 원칙에 따라 배합하여 활용하는 것을 배오(配伍) 또는 배료(配料)라는 용어로 사용하나 일반적으로 레시피를 구성하는 데 있어 올바른 재료의 배합으로 이해하면 될 것이다.

1. 재료배합의 기본 원칙

섭취하는 사람의 건강상태를 판단하는 과정인 변증(辯證)의 결과에 따라 각종 약선 재료를 적당히 배합하여 조리해야 약선의 효능이 발휘되는 것이다. 서로 다른 약선 재료는 각자의 효능을 가지고 있다.

배합이란 서로 다른 재료들을 섞는 것으로 약선으로서의 효능 뿐 아니라 음식으로써의 가치를 잃지 않도록 색, 향, 맛을 고려해서 디자인해야 하므로 각종 재료를 아무렇게나 사용해서는 안된다.

약선의 질을 평가하는 가장 기본이 되는 기준은 약선 효능이며 그 밖에 영양배합이나 맛, 미관 등이 된다. 따라서 배합에는 전체적인 맛의 조화, 모양과 색의 조화는 물론 약선 효능을 위해 반드시 일정한 원칙을 지켜야 하며 약선을 만들기 위한 레시피를 구성할 때 주재료, 부재료 및 보조재료로 나누어 구성하는 것이 좋다.

(1) 주재료

레시피에 반드시 들어가서 단독으로도 목적하는 주된 효능을 내는 재료를 주재료 또는 군(君)의 재료라 한다. 일상조리에서는 가장 많이 사용되는 재료를 흔히 주재료라 하는데 여기서는 그 의미와는 차이가 있으며 양이 많다고 반드시 주재료는 아니다. 이 재료 하나만으로도 목적하는 약선 효능이 발휘될 수 있는 재료를 의미한다.

예를 들면 체내 진액부족 때문에 대변이 단단한 상태의 사람을 위해서 변을 잘 볼 수 있게 윤장통변(潤腸通便)하는 것이 목적으로 윤장통변의 효능이 있는 잣을 사용하여 죽을 만든다면 이때 잣이 주재료인 것이다. 쌀의 양이 더 많지만 쌀이 윤장통변의 효능이 없고 잣은 이 효능이 있기 때문이다.

(2) 부재료

부재료는 주재료의 역량이 부족할 때 작용을 잘 발휘하게 도와 주어 주재료의 효능을 증강시킬 수 있는 재료로 신(臣)의 재료라 한다. 따라서 군(君)과 신(臣)의 재료의 효능이나 속성은 비슷해야 한다. 예를 들면 호두 60g에 부추 150g을 참기름에 볶아서 신의 양기를 북돋우는 '호두부추볶음' 이라는 전통적인 약선이 있다.

이 음식에서 호두는 신양(腎陽)을 보하는 주재료이고 부추는 뱃속의 냉기를 제거하여 몸을 따뜻하게 하여 호두의 작용을 도우므로 부재료이다. 또한 부추는 수분함량이 많아서 그 중량만으로 주재료라고 판단해서는 안 된다.

(3) 보조재료

보조재료는 사용목적에 따라 두가지로 나누어 볼 수 있다.

① 좌(佐)의 재료

주재료 및 부재료의 효능이 너무 과해서 부작용이 일어나는 것을 억제하기 위해 사용하는 재료로서 좌(佐)의 재료라고 한다. 군, 신의 재료와 그 성질이나 효능이 다르거나 반대이지만 결국은 군, 신의 효능이 잘 발휘되도록 도와주는 것이다. 즉, 한병(寒病)을 열재료(熱材料)로 치료할 때 열기가 너무 지나쳐서 해가 나타날 것을 걱정하여 한랭(寒冷)한 재료를 첨가하는 것이다.

예를 들면 생지황 250g, 오골계 1마리, 설탕 150g을 넣고 쪄서 먹는 '생지황계' 는 신(腎)의 음(陰)이 허한 증상에 섭취하는 오래된 약선이다.

음을 자양하는 재료인 생지황이 주재료이고 정과 혈을 보충하는 효능의 오골계는 부재료이다. 설탕은 비위를 보하여 후천의 정이 잘 만들어지도록 해주고 또한 생지황의 매우 차가운 성질을 억제해주는 좌의 재료가 된다. 또한 대부분 약선의 맛을 내기 위해 첨가하는 재료들이 대부분 좌의 재료에 속한다.

② 사(使)의 재료

다음의 두 경우로 사용되는 재료들은 사(使)의 재료라 한다. 약선의 효능을 필요로 하는 장부나 경락(經絡)으로 갈 수 있도록 끌어주는 인경(引經) 작용을 하는 재료로서 고전의 약선처방에 '폐기운이 손상되어서 객혈을 할 때 돼지의 폐를 삶아서 썬 것에 율무가루를 담가서 먹으면 낫는다.' 라는 기록이 있는데 이때 율무는 보폐(補肺)의 목적으로 쓰여 군의 재료이고 돼지의 폐는 인경의 목적으로 쓰인 사의 재료이다.

또 한 경우는 전체 재료들을 조화시키는 작용이다. 예를 들면 감초를 첨가하여 극렬한 성질을 완화시키고 재료들끼리 조화가 되도록 하는 재료들도 사의 재료라 한다. 만일, 성질이 찬재료나 성질이 더운 재료만 사용할 때는 감초를 첨가하여 그 기운을 완화시켜야 한다. 그리고 찬 재료와 더운 재료를 섞어 쓰는 데도 역시 감초를 넣으면 그 재료의 성질이 고르게 된다.

(4) 약선조리에서 재료배합의 의미

약선은 섭취 목적이 뚜렷한 음식이므로 약선 조리를 위해 레시피를 작성할 때는 그 목적에 합당한 재료를 선택해서 주재료와 부재료 및 보조 재료로 나누어 레시피를 작성하는 습관을 가지도록 하자. 그 과정에서 일반 조리의 재료 배합과 차이가 있음을 인지해야 한다.

특히 구성함에 있어 재료량이 가장 많다고 주재료가 되는 것은 아님을 꼭 명심하자. 표 4-4에는 혈액순환을 잘되게 해서 보혈할 수 있는 약선의 배합원리의 예이다.

표 4-4 약선효능과 재료배합의 예

<table>
<tr><td>약선명</td><td colspan="8">천궁애엽 달걀조림</td></tr>
<tr><td>섭취효능</td><td colspan="8">활혈(活血), 행기(行氣)</td></tr>
<tr><td>섭취대상</td><td colspan="8">몸을 따뜻하게 하여 혈액순환이 잘되게 하므로 몸이 차서 혈액순환이 잘 안될 때, 순환이 안되어서 손, 발이 차가울 때 섭취하면 좋고, 생리통이 심한 여학생들이 자주 섭취하면 좋은 보혈약선이다.</td></tr>
<tr><td>재료
및
분량</td><td colspan="8">· 식물재료 : 달걀 8개, 생강 10g
· 약물재료 : 애엽 15g 천궁 6g
· 조림장 : 간장 4TS, 물엿 2ts, 흑설탕 2ts, 물 적당량</td></tr>
<tr><td>조리과정</td><td colspan="8">1. 천궁, 애엽, 생강과 물 500mL를 넣어 약불에서 끓여 약 200mL 정도로 만든다.
2. 조림장을 만든다.
3. 1과 2를 잘 섞는다.
4. 달걀을 삶아 껍질을 벗기고 3을 넣어 조린다. 이때 조림액이 부족하면 1에 물을 넣고 더 끓여서 사용한다.
5. 달걀을 편으로 썰고 조림국물을 얹어 먹는다.</td></tr>
<tr><td rowspan="7">약선
식료학적
특성</td><td rowspan="2">재료명</td><td rowspan="2">본초명</td><td rowspan="2">성(性)</td><td rowspan="2">미(味)</td><td rowspan="2">귀경
(歸經)</td><td rowspan="2">효능</td><td colspan="2">함유량</td></tr>
<tr><td>중량</td><td>%</td></tr>
<tr><td>달걀</td><td>鷄蛋</td><td>平</td><td>甘</td><td>脾, 胃</td><td>滋陰潤燥,
養心安神</td><td>320</td><td>91.2</td></tr>
<tr><td>생강</td><td>生薑</td><td>溫</td><td>辛</td><td>脾, 胃,
肺</td><td>發表散寒,
健脾止嘔</td><td>10</td><td>2.8</td></tr>
<tr><td>천궁</td><td>川芎</td><td>溫</td><td>辛</td><td>肝, 膽,
心</td><td>活血行氣,
祛風止痛</td><td>6</td><td>1.7</td></tr>
<tr><td>애엽</td><td>艾葉</td><td>溫</td><td>辛, 苦</td><td>肝, 脾,
腎</td><td>溫經止血,
散寒止痛</td><td>15</td><td>4.3</td></tr>
<tr><td colspan="2">총 중량</td><td colspan="4"></td><td>351</td><td>100.0</td></tr>
<tr><td>배합원리</td><td colspan="8">· 효능을 내는 주재료 : 천궁[활혈(活血),행기(行氣)의 효능을 가진다]
· 주재료를 도와주는 부재료 : 달걀은 자음(滋陰)하고, 애엽은 몸을 따뜻하게 해주고 생강은 한기를 제거하여 결국 활혈 및 행기를 도울 수 있도록 해준다.
· 보조재료 : 나머지 재료(음식의 맛을 조절한다)</td></tr>
</table>

2. 재료 간의 상호관계

약선은 특수음식으로 재료의 배합 방법이 매우 중요하다. 각 약선 재료들은 각각의 특징을 가지고 있으므로 잘 어울리는 배합이 되도록 해야 한다.

(1) 상수(相須)

서로 비슷한 성미와 효능을 가진 재료들을 배합하여 활용하는 것으로 같이 사용하면 그 효과가 상승된다. 예를 들면 산약(山藥)은 암탉과 같이 사용하면 자보(滋補)작용이 증강되며, 연자와 산약을 배합하면 보비익신(補脾益腎)의 효능을 증강시킬 수 있다. 또한 백합과 배를 함께 사용하면 폐열(肺熱)을 없애고 폐음(肺陰)을 자양하는 효과가 백합이나 배를 단독으로 사용할 때보다 증강된다.

(2) 상사(相使)

주재료와 부재료의 상호 관계이다. 군신 작용이 명확하게 결정되면 여기에 항상 좋은 좌 또는 사의 재료가 배합되는 관계이다. 예를 들면 인삼이나 황기가 군신이면 좌로는 복령이 들어가면 좋다. 석고죽엽죽(石膏竹葉粥)은 중서(中暑)의 치료에 사용하는데 석고는 청열(淸熱)작용을 주로 하고 죽엽은 청심(淸心)작용으로 보조하며 쌀죽은 양음(養陰)의 효능이 있다.

(3) 상외(相畏)와 상살(相殺)

어느 한 재료의 독성이나 부작용이 다른 재료에 의해 감소되거나 제거되도록 배합하는 것이다. 나의 독이나 부작용을 상대가 억제해 줄 때 내가 상대를 '외' 한다고 하고, 내가 상대의 독성이나 부작용을 억제시킬때 내가 상대를 '살' 한다고 표현한다. 예를 들면 한성(寒性)을 가진 방해(螃蟹)를 생강과 같이 사용하면 '방해외', 생강살' 이라 표현된다.

(4) 상오(相惡)

섞었을 때 서로 견제하여 그 작용을 감퇴시키는 것으로 이런 배합은 일반적으로 피하나 일부러 배합하여 그 성능을 억제하는 데 사용하기도 한다. 예를 들면 무(내복)는 인삼의 보기(補氣)작용을 감소시키므로 '인삼오내복' 이라 한다.

따라서 인삼을 먹을 때는 무는 섭취하지 않아야 한다.

(5) 상반(相反)

상오보다 부작용이 더욱 심한 경우로 자칫하면 중독이 된다. 지황(地黃)과 생무, 식초와 조갯살, 파나 부추와 꿀, 돼지피와 파고지(破古紙)의 결합이 대표적인 상반관계이다.

3. 배합의 금기 및 궁합

약선은 건강증진 및 치료효과를 가진 음식으로 대부분 몸의 상태에 따라 사용한다. 약선은 정확한 변증(辯證)에 따라 음식구성 원칙을 세워야 한다. 그렇기 때문에 배합에서 금기사항을 지켜야 한다.

상수, 상사의 관계에 있는 재료는 같이 쓸 수 있으나 상오(相惡)와 상반(相反)되는 배합은 피해야 한다. 그래서 고전에서는 '십팔반 (十八反) ', '십구외(十九畏)' 가 있으나 약선에서 사용하는 재료들이 아니므로 배합 설명은 생략한다. 조리할 때 각 재료의 올바른 선택과 배합이 매우 중요함은 앞에서 언급하였다. 또한 선택한 재료가 아무리 좋더라도 함께 사용되는 재료들 간의 궁합도 살펴야 한다. 음식궁합에는 서로 같이 섭취하여 각 재료의 흡수, 이용과 효능에 도움이 되는 좋은 궁합이 있고 각 재료의 사용 목적이 억제되는 나쁜 궁합이 있다.

한편, 올바른 배합으로 약이 되도록 작용하는 약선 궁합을 많이 암기해 두는 것도 필요한다. 예를 들면 산약과 적소두의 배합에 의해 청열거습(淸熱祛濕)의 효능이 나타나게 배합하여 약선 효능을 만들어내는 것은 좋은 궁합이 되고 반대로 잉어는 산약과 함께 조리하면 흡수를 방해해서 나쁜 궁합이 된다.

약선이나 한약을 먹을 때 같이 먹지 말아야 하는 관계들도 동양의학을 연구하는 학자들과 민가의 오랜 경험에서 비롯되어 전해지는 것들이다. 학술적으로 뚜렷하게 설명이 안되는 경우도 있고 실제로 함께 먹어도 피해가 없는 경우도 있지만 약선을 섭취할 경우에는 세심히 신경을 쓰도록 하자. 건강증진을 위해 섭취한다면 그리 큰 문제가 아니겠지만 허약한 사람들이라면 건강한 사람에게 아무런 문제가 없었더라도 그들에게는 피해가 나타날 수 있기 때문이다.

표 4-5에는 약선 효능이 나타나는 배합, 표 4-6에는 함께 섭취하면 좋지 않은 배합을 정리했으니 참고하도록 하자.

표 4-5 약선 효능이 나타나는 재료의 배합 및 효능

식품류	배합	약선 효능
곡류	갱미(멥쌀) + 파채(시금치)	양혈윤조(養血潤燥)
	의이인(율무) + 산약(마)	건비양위(健脾養胃)
두류	녹두 + 적소두(팥)	청열이수(淸熱利水)
	적소두(팥) + 백합	이수소종(利水消腫), 윤폐지해(潤肺止咳)
	검정콩 + 감초	해독(解毒)
채소류	고구마 + 산약(마)	보비위(補脾胃)
	산약(마) + 백편두	보익비위(補益脾胃)
	양파 + 닭고기	자양간혈(滋養肝血)
	부추 + 새우	통변비(通便秘)
	파 + 해삼	보신자폐(補腎滋肺), 익정고신(益精固腎)
육류	쇠고기 + 두부	보중익기(補中益氣), 자양비위(滋養脾胃)
	쇠고기 + 구기자	양혈보기(養血補氣), 화위익간(和胃益肝)
	개고기 + 흑지마(검정깨)	보익오장(補益五臟), 강신(强腎)
	닭고기 + 밤	조혈(造血)
과일류	배 + 갱미(멥쌀)	거풍열(祛風熱)
	사과 + 인삼	원기회복(元氣回復)
	바나나 + 달걀	보간(補肝)
수산물류	해삼 + 오리	자음윤조(滋陰潤燥)
	오징어 + 마늘	생혈(生血)
	잉어 + 적소두(팥)	이수삼습(利水滲濕)

표 4-6 재료 상호 간의 배합금기 및 함께 먹지 말아야 할 배합

식재와 식재의 배합		약재와 식재의 배합	
개고기	파, 마늘, 오리, 녹두	단삼	검은콩, 식초
게	감, 꿀, 대추	숙지황	무
꿀	부추, 파	하수오	무, 파, 마늘
녹두	잉어	복령	식초
닭고기	겨자, 마늘, 달걀, 새우	오미자	둥굴레, 옥죽, 게
대추	생선, 파	인삼	검은콩, 무
새우	개고기, 닭고기	백출	복숭아, 생선회
쇠고기	밤	감초	배추, 돼지고기
오이	참외, 수박	황정	매실
우유	파인애플	행인	좁쌀
달걀	파, 마늘	맥문동	붕어
돼지 간	메밀	창출	고수, 마늘
잉어	개고기	감초	해조류
미역	파	국화	햄
쇠고기	흑설탕, 부추, 생강	산수유	도라지
상추	꿀	산약	잉어
파	대추, 미역	의이인	설탕
부추	꿀, 술	행인	돼지고기

Chapter 5

약선조리의 기초

제 1 절 약선 조리의 특징

약선은 보통 음식과 차이가 있다. 식품이나 음식의 중요한 가치인 5대 영양소 및 기능성 성분의 함량, 향, 맛, 모양 외에도 체력증진, 노화방지 등 건강증진, 질병예방 및 질병의 치료나 치료보조 등의 효과가 있어 재료의 선택이나 배합 및 조리에는 독특한 특성이 있다.

- 재료의 약선식료학적인 이해가 필수적이다.

일반적인 식품이나 음식의 섭취 목적은 영양소 섭취이고 때로는 기능성 성분을 섭취하여 영양과 건강을 유지하는 데 있으나 약선은 그 밖에 약선효능을 가지고 있는 음식이다. 따라서 약선은 인체의 상태나 병의 증상에 따라서 재료를 선택하고 조리해야 한다.

예를 들면 건조한 계절에 피부가 건조해지고 변비가 생긴 사람에게 5대 영양소의 균형만을 생각하여 식단을 작성하고 조리하여 섭취하도록 하는 것이 일반 영양식단이라면 약선식단은 건조한 가을철에 어떻게 폐와 피부를 윤택하고 촉촉하게 하느냐를 함께 고려해야 하는 것이다. 따라서 기본적으로 재료의 약선식료학적 특징에 관한 지식이 필요하다.

- 조리방법에 대한 연구가 필요하다.

약선은 약선효능을 가지고 있는 재료 즉, 식물(食物)과 식물(食物), 식물(食物)과 약물(藥物)을 배합하여 조리한다. 조리할 때에는 재료의 준비과정뿐만 아니라 조리과정 중에서도 재료의 약선 효능을 유지시키기 위한 조리형식과 방법에 대해 연구해야 한다.

• 조미료 사용에도 특징이 있다.

약선조리 시 적당한 조미로 맛을 내어 섭취하는 사람에게 맛에 대한 만족감을 줄 수 있어야 한다. 그러나 조미료를 잘못 사용하면 약선 효능과 관능적 특징이 떨어질 수 있다. 약선의 재료인 약물과 식물은 본연의 성미(性味), 귀경 등에 따라 그 효능을 가지고 있으므로 약선조리 과정에서 조미료의 활용에도 원칙과 방법이 있음을 알아야 한다.

예를 들면 매운맛을 지닌 조미료는 행기활혈(行氣活血)이나 발산(發散)의 효과가 있다. 만일 풍한감모(風寒感冒)에 사용하는 약선 생강차에서 생강은 맛이 맵고 성질이 따뜻한 특징을 가진 주재료이며 또한 조미료이기도 하다. 따라서 풍한감모에 도움이 되는 약선이 되는 것이다. 또한 활혈(活血)을 위한 약선에 매운맛을 지닌 조미료를 사용하면 약선의 행기활혈(行氣活血)의 효과를 증강시켜 준다.

따라서 약선 조리에서 조미료의 활용은 맛을 바로잡아 주거나 약선 효능을 높여주는 효과가 있어 사용 여부나 양의 정도는 약선 섭취목적과 입맛에 따라 조절해야 한다. 기존 조리에서는 맛을 증진하기위해 조미료를 사용하지만 약선을 조리할 때는 조미료 사용 시에도 재료의 효능과 맞는지를 먼저 생각해야 한다.

제 2 절 약선조리를 위한 요구 조건

약선을 만들기 위해서는 보통 음식조리의 원칙과 순서를 따라야 하며 뛰어난 조리실력 외에도 약선조리의 특수요구를 잘 파악해야 한다. 위생법률의 요구에 부합되어야 하고 재료 선별 시에는 정확하고 세심해야 하며 만드는 사람의 위생은 철저히 관리되어야 하고 조리법을 연구하여 약선효능뿐 아니라 관능적인 만족을 줄 수 있는 조리를 해야 하는 것이 약선조리의 기본이다.

• 조리기술 외에 동양철학에 기초한 약선 지식이 있어야 한다.

약선 재료는 반드시 약선효능을 지니고 있는데 재료의 성능과 효능은 재료의 가공과정과 밀접한 관계를 갖는다. 잘 녹지 않는 재료는 오랫동안 끓여야 약선 효능이 더욱 발휘될 수 있고 휘발성이 강한 재료는 오랫동안 볶지 않아야 한다.

예를 들면 기허(氣虛)를 위한 보기(補氣) 재료는 방향류의 조미품을 넣지 않아야 기의 손상을 막을 수 있고, 음허(陰虛)를 위한 보음(補陰)약선에는 맵고 뜨거운 성질의 조미품을 사용하지 않아야 열이 조장되어 음(陰)이 손상되는 것을 예방할 수 있다.

약선 재료의 성능에 대해 잘 알지 못하거나 동양의학 이론을 이해하지 못하면 맛을 내는 것에만 집중하여 연구하기 때문에 약선 효능이 떨어지고 심지어는 상반작용을 일으켜 약선의 가장 중요한 기능을 상실하게 된다.

- 약선 효능을 위해서는 색향미형(色香味形)을 연구해야 한다.

약선은 보통 음식과 달라 미용이나 노화방지 등 보건증진 및 치료작용이 있어 우선적으로 이 기능을 유지하고 발휘시켜야 한다. 그러나 약선 효능에만 집중하여 기본적인 음식의 특징에 신경쓰지 않으면 식욕에 부정적인 영향을 주어 섭취를 어렵게 하고 결국 약선 효능도 발휘할 수 없다. 그렇기 때문에 약선의 조리방법은 효과와 색채, 맛, 향, 모양에 신중해야 한다

- 재료의 선택과 배합에 신중해야 한다.

모든 식물과 약물은 사성(四性), 오미(五味)를 가지고 있으며 이는 인체의 오장육부의 기능과 상응하여 인체 기능을 촉진하거나 제약하므로 재료의 선택과 배합에 있어서는 원칙에 맞추어 사용해야 한다. 그렇기 때문에 재료 선별 시에는 반드시 약물과 식물, 식물과 식물간의 성미(性味)를 기본으로 한 배합에 주의해야 하고 상호촉진과 협동의 효능이 있는 것들을 사용해야 하며 상호제약적이거나 금기의 배합은 피해야 한다.

- 관능적 특징을 위해 약물(藥物)재료의 사용에 대해 연구해야 한다.

약선은 약물과 식물을 재료로 하며, 음식이므로 인간의 감각에 의해 섭취가 매우 많은 영향을 받는다. 만일 약선을 약물위주로 만들었을 때는 약이라 여길 뿐 음식이라 여기지 않아 식욕에 나쁜 영향을 주어 음식의 기본 기능을 채워주지 못한다. 그래서 약선을 만들 때 상황에 따라 약물을 식물에 숨기기도 한다. 한 가지 약물재료를 사용하거나 비교적 귀한 약물은 모양이나 질과 색이 매우 좋아서 숨길 필요가 없으므로 음식에 사용하면 관능적으로 좋은 결과를 나타낸다.

예를 들면 천마(天麻), 구기(枸杞), 인삼(人蔘), 황기(黃芪), 충초(蟲草), 전칠(田七) 등은 직접 식물과 조리하여 부담없이 섭취할 수 있다. 그러나 그 밖의 약물들은 특유의 모양이나 색, 냄새, 맛을 가지고 있어서 약선에 사용하면 섭취에 부정적인 영향을 주는데 이때는 약물의 모양, 색 등을 보이지 않게 숨겨서 약선을 만들어야 한다. 그러나 반드시 성미(性味)를 생각하고 일정한 혼합원칙에 따라야 한다. 예를 들면 어떤 약물은 달여서 즙을 취하여 식물과 혼합하여 사용하고 어떤 약물은 식물과 같이 조리한 후 약찌꺼기를 제거하거나 같이 먹는다.

또 어떤 약물은 가루로 만들어서 식물과 같이 조리하여 사용하기도 한다.

이러한 방법으로 음식 섭취에 부정적인 영향을 미칠 수 있는 약물 특유의 모양, 색, 냄새 등을 보이지 않게 처리하므로 약선 효능과 감각적인면이 모두 충족되는 약선을 만들어야 한다.

제 3 절 약선 재료의 준비

약선을 만들기 위한 모든 식재료와 약재료의 구매 이후 재료 특성에 따라 이루어지는 여러 가지 조작처리 과정은 좋은 약선을 만들기 위한 기본이다. 특히 한약자원을 사용할 때는 더욱 중요하다. 한의학 분야에서 약재를 전처리하는 과정을 포제라고 하는데 약선분야에서는 '재료의 전처리' 라 이해하는 것이 좋겠고 특히 약재료에 대한 지식은 엄격하게 이해해 두어야 한다.

1. 전처리 목적

약선을 위해 사용되는 재료인 약물과 식물은 사용하기 전에 반드시 정제, 가공 등 전처리를 거쳐야만 건강증진, 병의 예방, 치료 및 치료보조 등 약선의 사용목적에 적합하게 되는데 그 목적을 정리하면 다음과 같다.

- 협잡물과 이물질을 제거하여 깨끗하고 위생적인 재료가 되게 한다.

흙이나 비가식 부위 등 먹을 수 없는 부분을 가지고 있으면 약선으로 만들기 전에 반드시 철저하게 분리하고 깨끗하게 씻어 청결을 유지해야 한다.

- 맛이나 냄새를 바로잡아서 약선의 맛을 증진시킨다.

어떤 재료는 좋지 않은 맛과 냄새를 가지고 있어서 최종적으로 만들어진 음식에 나쁜 영향을 줄 수 있으므로 이를 미리 제거해야 한다. 예를 들면 양고기는 누린내를 가지고 있고, 죽순은 쓰고 떫은맛을 가지고 있어 이것들을 적당한 방법으로 제거해야 약선으로 만들었을 때 미각을 충족시킬 수 있다.

- 효능이 있는 부분을 선별 · 사용하여야 약선 섭취목적을 이룰 수 있게 한다.

많은 재료들은 부위에 따라 그 작용이 다르다. 예를 들면 연자(蓮子)는 보비지사(補脾止瀉)의 효능이 있고 연심(蓮心)은 열사(熱邪)를 없애주고 청심(淸心)하게 하는 효능이 있고 연방(蓮房)은 지혈(止血) 등의 효능이 있다.

약선 효능이 가장 적합한 부분을 골라 사용해야 약선의 최종 목적이 달성될 수 있는 것이다.

- 재료의 효능을 증강시켜 약선의 효과를 높여준다.

어떤 재료, 특히 약재료는 전처리하여 사용하면 약선의 효과가 증진된다. 예를 들면 복령(茯笭)은 우유에 전처리하여 말려 사용하면 자보(滋補)의 효능이 증강하고 설리(雪梨)는 껍질을 제거하고 백반수(白矾水)에 담가두면 색을 유지시켜 주며 거담작용(祛痰作用)을 증강시켜 준다.

- 재료의 독성을 경감시켜서 안전하게 사용할 수 있게 한다.

독성의 영향을 예방하기 위해서는 독이 있는 재료는 반드시 가공하여 독을 없애주거나 경감시켜야 한다.

- 재료의 성능을 바꿔서 성능에 따라 그 작용이 발휘되게 한다.

예를 들면 생지(生地)는 차가운 성질을 가지고 있어 청열량혈(淸熱凉血)이나 양음생진(養陰生津)에 좋지만 이를 술에 담갔다가 찌는 과정을 여러번 반복하여 숙지(熟地)로 만들면 성질이 따뜻해져서 보혈자음(補血滋陰)에 좋다. 생땅콩은 성질이 평(平)하나 볶아서 익히면 성질이 따뜻해진다.

- 재료의 약선 효능을 유지시키면서 형태를 변화시킴으로 조리·가공 시 편리하게 해준다.

과학적 추출 및 분리기술을 이용해 형태를 변화시키면 조리 및 가공 시 편리하게 사용할 수 있다. 동충하초를 즙을 내거나 금은화(金銀花)나 닭고기를 환류냉각으로 추출하여 금은화로(銀花露), 계정(鷄精)을 만드는 것이 그 예들이다.

2. 전처리의 종류와 방법

약물재료들은 각각의 성상적 특성이나 효능의 증진 및 독성의 감소를 위해 각각의 전처리 조작이 다양하나 식품의약품안전청에서 허가된 재료들은 독성을 제거하거나 감소시키는 조작은 필요없다. 그 밖에 효능, 맛 증진을 위한 전처리 과정은 모두 언급하기 어려우므로 본 책에서 사용하는 약물재료들에 대한 사항만 실습부분에서 언급하도록 하겠다.

Chapter 6

건강약선의 이해

제 1 절 건강약선의 범위 및 종류

건강약선이란 자연의 일부인 인간이 계절, 지역, 성별 및 연령 등에 따라서 자연환경과의 평형을 유지하기 위해 섭취하는 음식이다. 완벽하게 건강한 사람들은 건강을 증진하기 위해서, 완벽한 건강상태는 아니고 질병은 없지만 약간의 체내 불균형을 가지고 있는 준건강인들은 불균형을 조절하기 위해서 섭취하는 음식이다.

정상적인 life cycle을 살아가는 건강인 및 준건강인이 질병의 예방 뿐 아니라 노화지연, 건강한 삶을 위해서 섭취하는 음식이 건강약선인 것이다. 반면, 명확한 질병을 가지고 있는 사람들이 질병치료나 치료의 보조를 목적으로 섭취하는 약선을 치료(보조)약선이라 한다.

건강약선은 신체의 기능과 체력을 증진하거나 정신을 편안히 하고 노화를 막아주는 등 일상의 보건 목적으로 사용이 가능하고 사람들의 건강증진, 질병예방과 생활의 질을 증진시킬 수 있다. 또한 각종 원인으로 인한 준건강 상태, 체력감소, 정신피로 등에 좋은 효과를 거둘 수 있으며 오장육부 기능의 저하로 인한 생리 및 심리상태의 부조화에도 사용하여 효과를 볼 수 있는 음식이다.

인체가 건강하려면 장부의 조화가 잘 이루어져야하고 정, 기, 혈, 진액이 충만하고 경락(經絡)이 잘 통하며 음양의 동적평형이 이루어져야 한다. 이러한 균형이 한쪽으로 지나치게 치우치면 건강이 깨지게 된다. 장부기혈(臟腑氣血)의 편향적인 흐름의 부조화가 나타날 때는 조절이 필요하다. 건강약선은 장부와 경락을 조절하고 음양과 정, 기, 혈, 진액의 평형을 이루게 하는 음식이다.

사계절의 자연환경에 맞춰 섭취하는 계절음식, 오장육부의 건강을 증진시키기 위해 섭취하는 음식 및 체내의 기(氣), 혈(血), 양(陽), 음(陰)이 부족할 때 섭취하는 보양(補養)음식 등은 모두 건강약선의 범위에 속한다.

제 2 절 계절약선

1. 계절약선과 인시제의

계절에 따른 음식섭취는 약선식료의 기초이론이 되는 삼인제의(三因制宜)[주5] 중 '인시제의(因時制宜, 음식의 섭취는 시기에 맞도록 섭취해야 한다)' 원칙의 구체적인 실천 방법이다. 인체의 장부, 경락의 기혈이 생성되고 운행하는 것이 자연계의 시간변화나 기후에 따라 큰 영향을 받는다는 것을 표현한 말이다. 따라서 인체는 자연과 조화를 맞추는 생활이 이루어져야 건강할 수 있다.

계절약선은 크게는 사계절, 좀 더 구체적으로는 24절기에 적응 할 수 있도록 섭취하는 음식이다.

주5) 질병 치료나 식생활 등은 그 사람의 성별, 연령, 체질 등에 따라 달아야 한다는 인인제의(因人制宜), 천지자연의 변화나 계절기후에 따라 달라져야 한다는 인시제의(因時制宜), 지역 특성과 환경조건에 따라 달라져야 한다는 인지제의(因地制宜)를 삼인제의라 한다.

봄철약선의 이해

① 봄철 6절기

절기명	순우리말	기간		특 성
		음력	양력	
立春	봄설	정월	2월 4, 5일	이날부터 봄이지만 추위는 아직도 강하다.
雨水	비내림	정월	2월 19, 20일	비와 눈이 엇갈리며 동장군은 남아있다.
驚蟄	잠깸	이월	3월 5, 6일	초목의 싹이 나고 진달래와 개나리가 한창이다.
春分	봄 나눔	이월	3월 20,21일	밤낮의 길이가 같고 봄의 중앙이다.
淸明	맑고밝음	삼월	4월 5, 6일	벚꽃이 피며 식목에 적당한 날이다.
穀雨	단비	삼월	4월 20, 21일	봄의 마지막 절기로 농사철이 시작된다.

② 봄철 자연환경에 따른 인체 생리 적응

- 봄은 목(木)에 속하고, 그 기(氣)는 온(溫)하며, 간(肝)에 통하고, 발설을 주관하며, 풍사가 계절의 사기이다. 만물이 소생하는 계절로 땅에서 양기가 올라오고, 만물이 움직이기 시작하며 생장하는 시기로 따뜻한 기온이 모든 생물을 키워주는 시기이다. 피부의 땀구멍이 열리고 오장육부의 활동이 왕성해진다. 또한 간이 봄에 배속되는 장기이므로 흩어뜨리려는 간기가 왕성해진다. 따라서 약선을 선택할 때도 이런 인체의 생리변화를 이해해야 한다.

- 풍사가 제철을 맞기 때문에 풍사에 손상되기 쉽다. 풍사는 양사(陽邪)라서 승발(昇發), 向上(향상), 向外(향외)하는 특징을 가지므로 숨어 있는 질병을 끌어내서 발병하게 한다. 만성병 환자, 특히 간양편항(肝陽偏亢)한 사람에게 쉽게 발병하고 이때는 안질환, 현훈(眩暈), 두통 등의 질병이 잘 발생하는 시기이다. 인체의 양기도 승발(乘發)의 기운을 얻는데 간장(肝臟)의 소설(疏泄)기능에 의해 기혈이 체표로 향하고 겨울에 축적된 내열(內熱)도 발산되어 나온다. 또한 겨울철에 보양(補陽)을 목적으로 온보(溫補)를 많이 하거나 기름진 음식을 많이 먹은 경우에는 장위(腸胃)에 열이 쌓여 담열(痰熱)이 발생하기 쉽다.

③ 봄철 약선의 구성 원칙

- 봄은 간의 절기이므로 간기가 지나치게 왕성해져서 비를 제압(木克土)하여 비가 극을 당하므로 이를 방지하기 위해서 비를 보하는 단맛을 보충해줘야 한다. 또한 흩어뜨리려는 간기(肝氣)를 억제 · 조절하기 위해 수렴작용이 있는 신맛을 적절하게 섭취해야 한다. 따라서 대개 새콤달콤하게 조리하는 것이 봄철음식 맛의 특징이다.
- 간기운은 소통되는 것을 좋아하고 억울되는 것을 싫어하며 억울되면 급해지는데 이때는 급한 것을 느슨하게 해주는 작용이 있는 단맛의 섭취가 필요하다. 따라서 봄철에는 간기운이 과도하게 항진되지 않도록하고 비를 보하기위해 신맛과 단맛의 균형이 유지되도록 레시피를 구성해야 한다. 봄철이 되면 신맛을 많이 먹도록 정보 프로그램에서 언급을 하는데 그 의미를 잘 이해하지 못하고 신맛을 적극적으로 많이 먹으면 오히려 간에 문제가 생기므로 그 뜻을 잘 이해해야 한다.
- 익기승발(益氣乘發), 익음유간(益陰柔肝), 소설조달(疏泄條達), 청보양간(淸補養肝), 통리장위(通利腸胃) 등을 원칙으로 하며 이에 알맞은 재료를 잘 배합하여 만든다.
- 봄철에는 성(性)이 평(平)하고 미(味)는 감(甘)한 재료를 많이 이용하면 좋고 하수오, 구기자, 복령, 산약, 황기, 자소엽 등의 약재와 연자, 당근, 시금치, 흰목이버섯, 흑목이버섯, 우유, 미나리, 냉이, 샐러리, 배추, 붕어 및 동물의 간 등의 식재료를 자주 이용하면 효과적이다.

④ 봄철 약선의 구성 시 주의사항

- 기름지고 너무 달고 맛이 진한 음식은 장위에 적체되어 담열(痰熱)을 생기게 하므로 되도록 장위를 평안히 할 수 있는 담백한 조리법을 이용하도록 해야 한다.
- 온열한 재료나 이것으로 만들어진 음식, 매운맛을 지닌 조미료는 열을 더하거나 화(火)를 일으켜서 간양상항(肝陽上亢)을 유발하기 쉬우므로 주의해야 한다.

여름철 약선의 이해

① 여름철 6절기

절기명	순우리말	기간		특 성
		음력	양력	
立夏	여름 설	사월	5월 6, 7일	녹음이 짙어지고 못자리판이 끝난다.
小滿	조금 참	사월	5월 21, 22일	모내기가 시작되고 보리 베기 바쁘다.
芒種	씨 여묾	오월	6월 6, 7일	곡식의 종자를 뿌린다.
夏至	여름이름	오월	6월 21, 22일	태양의 고도가 가장 높고 낮이 가장 길다.
小暑	조금더위	육월	7월 7, 8일	습도가 높고 장마철이 시작된다.
大暑	한더위	육월	7월 23, 24일	대개 중복 때이며 더위가 매우 심하다.

② 여름철 자연환경에 따른 인체 생리 적응

- 여름은 화(火)에 속하고, 그 기(氣)는 열(熱)하며, 심(心)에 통하고, 장양(長養)을 주관하며, 기후가 담열(炎熱)하므로 서기(暑氣)가 사람을 힘들게 하고 체내의 열이 지나치게 성하여 땀구멍이 열려서 땀이 과도하게 나므로 기가 소모되고 진액이 손상된다. 또한 심은 여름에 배속되는 장기이므로 부드러워지려는 심기가 강해진다. 따라서 약선을 선택할 때에도 이런 인체의 생리변화를 이해해야 한다.

- 서(暑)는 습(濕)과 열(熱)이 결합된 양사(陽邪)로서 기와 진액이 빠져나가 손상되기 쉽고, 또한 이때에는 자연계가 습이 성해지므로 비(脾)기능이 약해지면서 식욕도 저하되기 쉽다. 음식조절을 하지 않으면서 찬 음료수를 즐기게 되면 쉽게 위가 손상되어 복통, 설사 등의 비위(脾胃)병증이 잘 나타난다.

- 장하(長夏)는 토(土)에 속하고 그 기(氣)는 습(濕)하며 비(脾)에 통하고 습사가 계절의 사기가 된다. 이때는 장마철로 습사가 충만할 때이므로 인체는 습사나 서사(暑邪)에 상하기 쉬워 수인성 전염병에 걸리기 쉽다.

③ 여름철 약선의 구성 원칙

- 여름은 심(心)의 절기이므로 부드러워지려는 심기가 왕성해져서 폐를 제압(火克金)하여 폐가 극을 당하므로 이를 예방하기 위해서 폐를 보하는 매운맛을 보충해줘야 한다. 또한 부드러워지려는 심기를 억제하여 조절하기 위해서는 단단해지는 작용을 가진 쓴맛을 적절히 섭취해야 한다.
- 더위를 식혀주는 청량한 음식은 심화(心火)를 내려주므로 여름철에 효과적인데 이는 화는 수로 제어시켜야 하는 원리(水克火)에 의한 것이며 열이 성하면 찬 성질의 음식으로 치료하는 원리이다.
- 여름철에는 비의 기능이 저하되어 식욕이 떨어지는데 이는 양기가 너무 강하면 음중(陰中)의 가장 기본인 토가 힘을 쓰지 못하기 때문이다. 따라서 여름철의 약선은 맑고 담백하고 감평(甘平)한 성질을 가진 재료를 이용해서 만들며 보조역활로 개위소식(開胃消食)의 재료를 배합해야 한다.
- 청열해서(淸熱解暑), 익기생진(益氣生津)을 원칙으로 하고 장마철에는 청열이습(淸暑利濕)하는 약선을 만들기 위한 재료를 선택하고 구성해야 한다.
- 여름철에 사용하기에 적합한 재료로는 편두, 연자, 의이인, 복령, 자라, 오이, 땅콩, 수박, 녹두, 동과, 수세미, 토마토, 양매, 둥굴레, 황정, 맥문동, 사삼, 구기자 등이 있다. 특히 장마철에는 사인, 하엽, 당삼 등이 좋다.

④ 여름철 약선 구성 시 주의사항

- 여름철에는 열이 많아 갈증을 느끼기 쉬우므로, 수박즙, 금은화차, 녹차 등을 많이 마셔 열을 식혀 더위를 제거하고 진액이 생기게 하고 갈증을 제거하는 음식으로 구성한다. 지나치게 차거나 얼음에 채운 음식을 너무 많이 먹어서 비양(脾陽)을 손상시키지 말아야 한다.
- 땀과 기가 지나치게 빠져나가지 않게 매운맛을 너무 섭취하지 않도록 해야 한다. 기름지고 달고 맛이 진한 음식을 삼가하고 맑고 담백하고 소화가 쉬운 음식으로 비를 보호해야 하며 시고 단맛의 음식으로 개위생진(開胃生津)시켜야 한다.

가을철 약선의 이해

① 가을철 6절기

절기명	순우리말	기간		특 성
		음력	생력	
立秋	가을 설	칠월	8월 8, 9일	아침, 저녁으로 가을소식을 준다.
處暑	더위 머뭄	칠월	8월 23, 24일	채소의 씨앗을 파종하는 시기이다.
白露	이슬 맺힘	팔월	9월 8, 9일	만곡이 익고 코스모스가 한창이다.
秋分	가을 나눔	팔월	9월 23, 24일	밤낮의 길이가 같고 추수기이다.
寒露	찬 이슬	구월	10월 8, 9일	국화꽃이 피고 오곡백과를 수확한다.
霜降	서리 내림	구월	10월 23, 24일	단풍이 짙어가고 밤에 기온이 내려간다.

② 가을철 자연환경에 따른 인체 생리 적응

- 가을은 금(金)에 속하고, 그 기(氣)는 조(燥)하며, 폐(肺)에 통하고, 수렴(收斂)을 주관하며 조사(燥邪)가 계절의 사기가 된다. 이 시기는 하늘이 높고 기운이 상쾌하며 기후가 건조하고 더욱이 여름철의 열기가 아직 물러가지 않고 진액이 회복되지 않은 시기로 인체는 쉽게 조사에 손상되어 진액이 부족해져 폐가 손상받게 된다. 폐의 병을 앓았던 환자는 쉽게 건조한 사기에 감촉되어 폐가 상하여 발병하거나 병의 상태가 심해질 수 있다.
- 가을에는 더위가 사라지고 맑은 바람이 불며 만물이 시들어가며 수확하는 계절이다. 인체의 기능도 이와 같이 점점 가라앉고 안으로 향하며 축적하는 시기이다. 가을에는 영양을 축적하고 기능을 조절하여 겨울에 필요가 증가하는 정기(精氣)를 저장해야 한다. 또한 가을은 뜨고 올라갔던 기운이 가라앉으면서 생리기능은 평정을 찾아가며 기온은 점점 시원해지는 시기이다.

③ 가을철 약선의 구성 원칙

- 가을의 기운은 거둬 들이려는 폐기가 강한 시기로 매운맛을 너무 많이 먹지 말아야 한다. 가을은 폐의 절기이므로 폐기가 간을 제압(金克木)하여 간이 극을

당하므로 이를 방지하기 위해서 간을 보하는 신맛을 보충해야 한다. 따라서 매운맛과 신맛의 적절한 조화가 필요하다. 또한 신맛은 단맛과 합쳐져서 진액을 만드는데 진액은 건조한 것을 윤택하고 하는 작용이 있어 가을에 꼭 필요하다.

- 가을의 건조한 기운은 폐로 작용하는데 폐는 건조한 기운을 싫어하며 건조한 기운은 폐의 음을 상하게 한다. 따라서 가을에는 입이나 인후가 건조하고 마른 기침이 나오고 피부가 건조해지며 변비 등의 증상이 많다. 그러므로 가을의 약선에서는 당연히 폐를 윤택하게 하는 것이 포인트가 된다. 너무 뜨거워도 너무 차도 안되며 따뜻하게 자양하는 감윤온양(甘潤溫養)을 원칙으로 한다.
- 가을에는 기후가 건조하여 진액을 손상시키므로 약선 처방의 원칙은 음을 기르고 폐를 윤택하게 해야 한다. 생진윤조(生津潤燥), 자음윤폐(滋陰潤肺)를 구성약선의 원칙으로 하며 이에 합당한 재료들을 선택하여 구성한다.
- 가을에는 맥문동, 백작약, 숙지황, 당귀, 백합, 사삼, 석곡, 사탕수수, 감, 배, 파인애플, 바나나, 자라, 오리, 닭고기, 양고기, 우유, 꿀 등의 섭취가 효과적이다.

④ 가을철 약선 구성 시 주의사항

- 달고 냉하며 자음(滋陰)한 음식이 되도록 구성하여 생진윤폐(生津潤肺)하도록 해야 하며 맵고 뜨거우며 향이 강하거나 튀기고 찌고 끓인 음식물로 열을 조장하여 진액을 손상시키지 않도록 조리법에 유의한다.

겨울철 약선의 이해

① 겨울철 6절기

절기명	순우리말	기간		특 성
		음력	양력	
立冬	겨울 설	시월	11월 7, 8일	낙엽이 쌓이고 찬바람이 살 속으로 스며든다.
小雪	조금 눈	시월	11월 22, 23일	기온이 5℃ 이하로 내려가 김장이 한창이다.
大雪	한눈	십일월	12월 7, 8일	대개 눈이 많이 쌓이며 새가 울지 않는다.
冬至	겨울이름	십일월	12월 22, 23일	일년 중 낮이 가장 짧고 밤이 가장 길다.
小寒	조금추위	십이월	1월 7, 8일	가장 추운 시기이며 기러기가 북으로 간다.
大寒	많은 추위	십이월	1월 20, 21일	겨울의 매듭을 짓는 시기이다.

② 겨울철 자연환경에 따른 인체생리 적응

- 겨울철은 수(水)에 속하고, 그 기는 한(寒)하며, 신(腎)에 통하고, 수장(收藏)을 주관하며 한사(寒邪)가 계절의 사기가 된다. 이 시기는 바람이 냉하고 매서우며 땅은 얼어붙어 만물을 거두어 저장한다. 한은 음사이므로 쉽게 양기를 손상시키고 그 성질은 수인(收引)하여 응체하므로 통증을 주관한다. 호흡기질환은 쉽게 음사의 손상을 받아 유발·가중된다.
- 인체의 양기도 허하게 되고 추위가 무성하게 되는 시기이므로 피부 모공을 굳게 닫아 음정(陰精)을 속에 저장한다.

③ 겨울철 약선의 구성 원칙

- 겨울은 신의 절기이므로 단단해지려는 신기가 왕성해져서 심을 제압(水克火)해서 심이 극을 당하므로 이를 예방하기 위해서 심을 보하는 쓴맛을 보충해야 한다. 또한 단단해지려는 신기(腎氣)를 억제하여 조절하기 위해 부드럽게 하는 작용이 있는 짠맛을 적절히 섭취해야 한다.

- 겨울은 추워지는 시기로 북풍이 불어오고 눈이 오며 모든 만물이 얼어붙고 어떤 동물은 동면에 들어간다. 「황제내경」에는 '자연계의 만물이 저장상태로 들어가고 물과 땅은 얼어붙고 음한(陰寒)이 성하며 양기는 쇠퇴한다.' 라고 했다. 따라서 양기를 보호하기 가장 좋은 시기로 찬 기운을 제거하는 온보(溫補) 약선을 주로 섭취해야 한다.
- 겨울은 신의 절기이고 기후가 한랭하므로 약선으로 몸을 조리하는 데 아주 좋은 시기이다. 겨울 약선은 온보신양(溫補腎陽)을 위주로 하는데 신장이 정기를 저장하는 작용을 도와주며 기혈진액(氣血津液)으로 화생하여 장부의 생리기능을 원활히 해준다. 또한 겨울약선은 따뜻하면서도 흩어지지 않고 뜨거우면서도 건조하지 않아야 한다.
- 겨울에 사용하기에 적합한 재료로는 육계, 토사자, 용안육, 호두, 녹용, 동충하초, 인삼, 개고기, 쇠고기, 양고기, 새우, 해삼 등이 있다.

④ 겨울철 약선 구성 시 주의사항

- 열성 재료를 사용하여 온보양기(溫補陽氣)시킬 수 있는 구성을 하고 생랭하고 기름진 음식을 피해서 신장이 손상되는 것을 막아야 한다.
- 적당량의 주류를 이용하여 온보양기, 보익신정(補益腎精)의 방안을 모색하도록 한다.

제 3 절 오장약선

오장(五臟)은 간(肝), 심(心), 비(脾), 폐(肺), 신(腎)을 말하며 해부학적인 장기의 건강뿐 아니라 오장의 기능을 원활히 할 수 있도록 섭취하는 약선이다. 또한 오장의 짝이 되는 오부(五腑) 건강도 함께 증진함을 의미한다. 건강한 사람이라면 각각 장부에 좋은 음식을 골고루 먹어야 하나 장부 중 어느 한쪽이라도 문제가 생기면 그 문제의 원인을 찾아서 올바른 편식을 해야 한다.

肝의 건강을 위해 음식을 어떻게 섭취해야 하는가?

- 간은 봄의 기운에 상응하여 발생된 기를 가졌는데 간기(肝氣)는 흩어지려 하는 욕구를 지녔고, 반면 너무 흩어지면 없어질까봐 이를 담아서 아껴두기 위하

여 형성된 해부학적인 간장은 그 흩어지려는 기를 조절하기 위하여 오므라들게 하는 작용을 해야 하므로 수렴하는 작용을 가진 신맛이 가장 먼저 간장으로 들어가도록 되어있다. 이러한 상반된 두 가지 기능이 공존함으로써 많은 혈액을 저장하고 그중의 영양물질을 신체의 여러 곳에서 이용하도록 보내주는 역할을 할 수 있다.

- 흩어지려 하는 욕구를 가진 간이 가장 힘들어하고 고통스러워하는 상태는 팽팽하게 긴장되는 것이다. 이러한 상태는 본능적 욕구나 노여움, 화를 참다보면 올 수 있다.
- 간으로 가장 먼저 들어가는 맛이 신맛이라고 하여 일부러 신맛을 많이 섭취하면 간의 흩어지려는 욕구가 너무 억제되어 간기가 너무 억눌려 허약해져서 흩어지는 기능을 제대로 수행하지 못한다. 이때는 매운맛을 먹어서 잘 흩어지도록 도와야 한다. 따라서 신맛과 매운맛의 조화가 필요하다. 한편, 간은 팽팽하게 긴장되는 상태를 가장 힘들어하기 때문에 이럴 때는 급히 단맛을 섭취하여 느슨하게 풀어주어야 한다.

心의 건강을 위해 음식을 어떻게 섭취해야 하는가?

- 심은 여름의 기운에 상응하여 발생된 기를 가졌으므로 심기(心氣)는 부드러워지려는 욕구를 지녔고, 이 기가 너무 사용되어 없어질까봐 이를 담기 위하여 형성된 해부학적인 심장은 그 부드러워지려하는 기를 조절하기 위하여 반대로 단단해지게 해야 하므로 단단하게 해서 아래로 내보내려는 작용이 있는 쓴맛이 가장 먼저 심장으로 들어가도록 되어있다. 이러한 상반된 두 가지 기능이 공존함으로써 심실이 확장과 수축을 반복할 수 있다.
- 심이 가장 힘들어하고 고통스러워하는 상태는 느슨하게 풀어져 버리는 것이다. 예를 들면 지나친 운동, 주체할 수 없는 기쁨, 폭발적인 심화(心火) 등은 심장이 부드럽게 탄력성을 유지하지 못하고 늘어져 버리게 한다.
- 심에 가장 먼저 가는 맛이 쓴맛이라고 하여 일부러 쓴맛을 많이 섭취하면 심의 부드러워지려는 욕구가 너무 억제하게 되어 균형이 깨질 수 있다. 즉, 심기가 허약해지면 부드러워지는 기능을 제대로 수행하지 못한다. 이때는 부드럽게 하는 짠맛을 먹어서 부드러워지도록 도와야 한다. 따라서 쓴맛과 짠맛의 조화가 필요하다. 한편, 심은 느슨하게 풀어지는 상태를 가장 힘들어하므로 이런 경우 급히 신맛을 섭취하여 과도하게 풀어지는 것을 묶어주어야 한다.

脾의 건강을 위해 음식을 어떻게 섭취해야 하는가?

- 비는 한여름(장하, 長夏)의 기운에 상응한 기를 가졌으므로 느슨한 상태를 유지하려는 욕구를 가지고 있고 그 느슨함을 유발시키는 기가 너무 지나치지 못하도록 항상 적당한 수분을 함유하고 있다. 그러므로 음식물이 소화·흡수되고 다른 장기들과의 조화를 도모하기 위해 단맛이 가장 먼저 비장으로 들어간다.

- 비가 가장 힘들어하고 고통스러워하는 경우는 자신이 지니고 있는 수분이 적당한 상태로 유지되지 못하고 그 흐름이 막힘으로써 생리기능을 저해하는 습(濕)의 상태로 되는 것이다. 인체 내의 물이 제대로 돌아가지 못하고 멈추게 되면 비가 그 기능을 수행하지 못하는 상태가 된다.

- 비로 가장 먼저 가는 맛이 단맛이라고 하여 계속 일부러 많이 섭취하게 되면 오히려 습(濕)이 발생할 수 있다. 반면 비기(脾氣)가 허약해지면 느슨한 상태를 유지하지 못하므로 단맛을 섭취하여 느슨하도록 도와야한다.
  한편, 비가 가장 힘들어하고 고통스러워하는 상태인 수분대사가 안되어 습(濕)이 발생하는 경우 짠맛을 섭취하여 필요 이상으로 고여 있는 물기를 빨아들여 아래로 내려가도록 한다. 짠맛이 단단한 것을 연하게 한다는 것도 물기를 빨아들여 단단히 뭉친 것과 섞임으로써 이루어지는 것이다.

肺의 건강을 위해 음식을 어떻게 섭취해야 하는가?

- 폐는 가을의 기운에 상응하여 발생된 기를 가졌으므로 폐기(肺氣)는 오므라들려는 욕구를 지녔고 너무 이 기운을 사용하여 없어질까봐 이를 담아두기 위해 형성된 해부학적인 폐장은 오므라드는 기를 조절하기 위하여 반대로 발산하려는 작용을 해야 하므로 매운맛이 가장 먼저 폐장에 들어가도록 되어 있다. 이러한 두 가지 상반된 기능이 공존함으로써 산소와 이산화탄소를 배출하는 여러 과정들이 가능해진다.

- 폐가 가장 힘들어하고 고통스러워하는 상태는 폐기가 아래로 내려가지 않고 위로 치밀어 오르는 것이다. 인체 내에서 생성된 모든 기는 일단 폐로 모이게 되며 가을의 기운처럼 폐는 항상 시원하므로 시원한 폐에 모인 따뜻한 기는 흡사 유리창에 물기가 어리듯 진액으로 어렸다가 가을처럼 건조해지려는 본성, 오므라드는 욕구를 조절하기 위하여 흩뜨리는 작용 등에 의하여 온 전신에 흩어지게 된다.

폐는 모든 장기 중에 가장 위쪽에 있으므로 진액과 기는 폐의 아래쪽으로 내려가도록 되어 있으며 이것이 거꾸로 거슬러 올라오는 것은 폐가 제 기능을 못하는 경우의 반작용인데 임상적으로는 기침이나 천식 등으로 나타난다.

- 폐로 가는 맛이 매운맛이라고 하여 일부러 많이 섭취하면 오히려 오므라들려는 폐의 욕구가 너무 억제되어 균형이 깨질 수 있다. 폐기가 허약해지면 오므라드는 기능을 제대로 수행하지 못하므로 이때는 신맛을 섭취하여 오므라들도록 도와야 한다. 따라서 매운맛과 신맛의 조화가 필요하다. 한편, 폐가 가장 힘들어하고 고통스러워하는 상태는 폐가 거슬러 올라오는 것이므로 급히 쓴맛을 섭취하여 밑으로 쏟아내려야 한다.

腎의 건강을 위해 음식을 어떻게 섭취해야 하는가?

- 신은 겨울의 기운에 상응하여 발생된 기를 가졌으므로 신기(腎氣)는 단단해지려는 욕구를 지녔고, 이 기운을 아끼기 위해서 이를 담아두기 위하여 형성된 해부학적인 신장은 그 단단해지려는 욕구를 조절하기 위하여 반대로 부드러워지게 하는 작용을 해야 하므로 짠맛이 가장 먼저 신장으로 들어가도록 되어있는 것이다. 이 두 가지 상반된 기능이 공존함으로써 체액을 일정하게 유지하여 체내의 환경을 조절할 수 있다.

- 신이 가장 힘들어하고 고통스러워하는 상태는 건조해지는 것이다. 신의 가장 중요한 기능은 소변을 생성함으로써 체액을 일정하게 유지하므로 신이 건조해지면 신기능이 마비상태가 되는것이다.

- 신으로 가는 맛이 짠맛이라고 하여 계속 일부러 많이 섭취하게 되면 오히려 단단해지려는 욕구가 너무 억제되어 신기가 허약해지면 단단해지는 기능을 제대로 수행하지 못하므로 이때는 쓴맛을 먹어서 단단해지도록 도와야 한다.
  따라서 짠맛과 쓴맛의 조화가 필요하다. 한편, 신이 가장 힘들어하고 고통스러워하는 상태인 건조해지는 경우에는 급히 매운맛을 섭취하여 촉촉하게 적셔주어야 한다.

제 4 절 보양약선

보양(補養)은 "몸을 보하고 자양한다." 라는 뜻으로 "보하고 더한다." 라는 보익(補益)이라는 단어로도 쓰인다. 따라서 보양약선은 몸을 보하고 자양하고 기능을 증진시키기 위해 섭취하는 약선을 칭한다. 즉, 정, 기, 혈, 진액 등을 보익하여 인체의 전반적인 경미한 허약상태를 개선시키고 체력을 증진할 때 사용하는 음식이다.

보양약선은 그 주요 효능에 따라 다음과 같이 나누어 볼 수 있다.

- **보혈약선** : 혈의 생성이나 혈의 운행에 문제가 생겨서 나타나는 혈허(血虛)증상이 있을 때 보혈(補血)하기 위해 섭취하는 약선이다.
- **보기약선** : 기가 부족하거나 기의 움직임이 원활하지 못한 기허(氣虛)상태에서 보기(補氣)하기 위해 섭취하는 약선이다.
- **보양약선** : 우리몸에서 양기가 부족해서 양허(陽虛)증상이 있을 때 보양(補陽)하기 위해 섭취하는 약선이다.
- **보음약선** : 우리 몸을 구성하는 부분중에서 혈, 진액 등 음에 해당되는 부분이 부족하여 음허(陰虛)증상이 나타날 때 보음(補陰)하기 위해 섭취하는 약선이다.
- **기혈쌍보약선** : 기와 혈의 생성이나 작용에 문제가 발생한 경우, 즉, 기허, 혈허가 동시에 나타나는 경우에 섭취하는 약선이다.

표 6-1에는 허증(虛證)에 따른 증상과 보양원칙을 정리하였다.

표 6-1 보양약선 섭취를 위한 건강상태 분석

증상 및 증후	상태	식사원칙
• 머리가 어리럽고 숨이 차고 가슴이 두근거리며 현기증이 난다. • 눈앞에 꽃같은 것이 아른거리다가 사라지는 증상이 나타난다. • 눈이 쉬 피로 하고 시력이 저하된다. • 잠을 못자고 많은 꿈을 꾼다. • 몸이 딱딱하게 느껴진다. • 얼굴에 핏기가 없어 하얗고 피부가 건조해지고 가렵다. • 흰머리나 탈모 문제가 생기고 손톱이 희고 잘부러진다. • 생리불순, 불임증, 생리통, 조기폐경 등의 증상이 나타난다.	血虛	補血
• 움직임이 약하며 몸에 기운이 없고 권태로우며 말하기 싫다. • 얼굴색이 하얗고 식욕이 저하되는 증상이 나타난다. • 오래 서있지 못하고 자꾸 앉으려 한다. • 목소리가 가늘고 힘이 없다. • 숨이 차고 쉽게 피로하다. • 안색이 창백하고 땀을 잘 흘린다. • 노화, 영양불량, 피로 등의 증상이 가속화된다. • 남성은 발기부전이 나타난다.	氣虛	補氣
• 무릎이 시리고 추위를 잘 탄다. • 소변의 양이 너무 많거나 또는 잦은 소변 등의 증상 등이 나타난다. • 사지가 냉하고 차가운 것이 싫고 따뜻한 것을 좋아해서 찾게 된다.	陽虛	補陽
• 액성분이 모자라서 몸과 목이 건조하다. • 열감을 느끼거나 소변량이 적은 증상 등이 나타난다. • 피부가 까칠하고 자주 달아 오른다. • 굳은 변을 보거나 변비가 있다. • 불면증이 있고 잘 때 식은땀을 흘린다. • 생리주기가 빨라진다.	陰虛	補陰

용어 해설

음양오행

곡직(曲直) : 굽음과 곧음의 의미로 생성되어 위로 올라감을 뜻함
생장(生長) : 생겨나고 커짐의 의미로 나고 자람을 뜻함
승발(昇發) : 위로 올라가고 발산하는 의미를 뜻함
조달(條達) : 가지가 새로이 나온다는 의미 즉, 성장함을 뜻함
서창(舒暢) : 펼친다는 의미로 새로이 자라고 발달함을 뜻함
염상(炎上) : 화열(火熱)의 기운이 위로 타오르는 것을 뜻함
온후(溫煦) : 따뜻하게 한다는 의미를 뜻함
승등(昇騰) : 위로 올라감을 뜻함
가색(稼穡) : 곡식농사(穀食農事). 즉, 수확의 의미.
생화(生化) : 태어나고 자라는 일. 또는 생성하고 변화하는 일
승재(乘載) : 실어 옮긴다는 뜻
수납(受納) : 받아서 넣어 둠
종혁(從革) : 깨끗함을 따라 간다는 의미
청결(淸潔) : 맑고 깨끗함
수렴(收斂) : 아물게 하고 줄어들게 하며 나가는 것을 거두어들이는 것
윤하(潤下) : 장을 촉촉하게 해서 대변을 나가게 하는 치법(治法)
한량(寒凉) : 찬 기운(氣運)과 서늘한 기운(氣運)
자윤(滋潤) : 자음윤조의 준말. 건조한 것을 촉촉하게 한다는 의미
하향(下向) : 위에서 아래로 향함
촉진(促進) : 재촉하여 빨리 나아가게 함
조장(助長) : 도와서 자라나게 한다는 뜻

기혈진액

사기(邪氣) : 풍, 한, 서, 습, 조, 화 등 6가지 기후환경으로 이들이 병의 원인이 될 때 일컫는 말.
혈허(血虛) : 혈(血)의 부족이나 혈의 운행문제로 인해 나타나는 허약한 병리 증상
혈어(血瘀) : 어혈을 달리 부른 이름
어혈(瘀血) : 혈액이 체내의 일정한 곳에 머물러서 생긴 병증
자한(自汗) : 깨어 있을 때 몸에 부담을 줌이 없이 절로 나는 땀
다뇨(多尿) : 소변이 보통 때와 달리 많이 나오는 것
소변실금(小便失禁) : 소변배출이 조절되지 않는 증상. 불금을 달리 부른 이름
위하수 : 중기하함증(中氣下陷證)으로 인하여 위(胃)가 아래로 처진 증상
자궁하수 : 자궁이 정상위치로부터 음도를 따라 하강하는 것을 이르는 말
유정(遺精) : 낮이나 밤에 정액이 저절로 나오는 병증
활정(滑精) : 낮에 정액이 저절로 나오는 병증
혈열(血熱) : 혈분에 과도한 열(熱)이 있다는 뜻
운행실조(運行失調) : 기(氣)나 혈(血)이 순환하는 것에 문제가 생김을 뜻함
다몽(多夢) : 꿈이 많아서 숙면을 취하지 못하고 시달리거나, 악몽으로 인해 놀라서 잠을 깨 게 되어 숙면을 취하지 못하고 항상 수면부족감을 느끼고 피로감을 호소하는 수면장애
번조(煩燥) : 가슴속이 달아오르면서 답답하고 편치 않아서 팔다리를 가만히 두지 못하는 증상.
경계(驚悸) : 놀라서 가슴이 두근거리거나 잘 놀라고 무서워하며 불안해하는 병증인데 심계보다 경한 것이다.

오장육부

기역(氣逆) : 기(氣)가 치밀어 올라 순조롭지 못한 병리현상
기체(氣滯) : 기(氣)의 운행이 순조롭지 못하여 어느 한 부위에 정체되어 막히는 병리현상
간기울결(肝氣鬱結) : 간기(肝氣)가 몰려서 생긴 병증
간양상항(肝陽上亢) : 간음(肝陰)부족으로 간양(肝陽)이 위로 올라가는 병증
중기하함(中氣下陷) : 비기(脾氣)가 허해서 장부들이 아래로 처지는 병증
변혈(便血) : 대변과 함께 피가 항문으로 나오는 병증
뇨혈(尿血) : 소변이 혈이 나오는 병증
붕루(崩漏) : 생리기간이 아닌데도 성기로부터 비정상적으로 출혈이 있는 병증
완복창통(脘腹창통) : 배가 빵빵해지고 통증이 있는 증상
현훈(眩暈) : 외감이나 내상으로 간(肝), 비(脾), 신(腎)의 기능장애로 생기는 어지럼증
변당(便溏) : 묽은 변을 보는 증상

약선효능

수산(收散) : 흩어진 것을 거두어 들인다는 의미
속완(束緩) : 늘어진 것을 단단하게 묶는다는 의미
염한(斂汗) : 표(表)가 허(虛)해서 저절로 땀이 나고 식은 땀이 나는 것을 수렴(收斂)시킨다는 의미
염기(斂氣) : 기(氣)가 빠져나가지 않도록 수렴한다는 의미
지사(止瀉) : 설사를 멈추게 하는 치법
섭정(攝精) : 정(精)이 새어나가는 것을 잡아준다는 의미
지혈(止血) : 출혈(出血)을 멎게 하는 치법
축뇨(縮尿) : 소변이 너무 잦을때 하초의 기운을 단단히 하여 이를 다스리는 치법
생진(生津) : 열(熱)에 의하여 진액(津液)이 소모된 병증에 진액(津液)을 생기게 하는 치법
개위(開胃) : 위(胃)를 열어주는 치법. 즉, 식욕촉진
소식(消食) : 음식을 소화시키는 치법
위음부족(胃陰不足) : 위(胃)의 음액(陰液)이 부족하여 발행하는 증상
구갈(口渴) : 폐위(肺胃)에 사열(邪熱)이 있거나 음정(陰精)이 부족하고 진액(津液)이 모자라서 입과 목이 마르면서 물이 많이 당기는 증상
식소(食小) : 음식을 조금밖에 먹을 수 없는 증상
굴신불리(屈伸不利) : 관절을 구부리고 펴는 것이 어려운 증상
염사(斂邪) : 사기(邪氣)를 못나가게 수렴한다는 의미
실사(實邪) : 사기(邪氣)가 왕성함을 뜻함
설강(泄降) : 아래로 내려서 배설하게 한다는 의미
통설(通泄) : 소통시켜 배설하게 한다는 의미
강설(降泄) : 아래로 내려서 배설하게 한다는 의미
청설(淸泄) : 열을 꺼주고 흩어내리는 작용
조습(燥濕) : 습기가 너무 많은 상태에서 습사(濕邪)를 제거하는 치법
건위(健胃) : 위(胃)의 소화기능을 강하게 하는 치법
견음(堅陰) : 신음(腎陰)을 견고하게 하는 치법
열결변비(熱結便秘) : 체내의 열(熱)로 인해 변이 단단하게 굳어져서 나타나는 변비
기역천해(氣逆喘咳) : 기(氣)가 치밀어 올라 발생한 해수기침
심번(心煩) : 번열(煩熱)이 나면서 답답한 증상
습증(濕證) : 무겁고 탁한 성질의 습(濕)에 의해 병이 생겨 신중(身重)하고 사지(四肢)가 피곤하며 묽은 설사(泄瀉)를 하고 소변(小便)이 뿌연 증상

음진부족(陰津不足) : 진액이 부족하다는 의미
보익(補益) : 보(補)하는 건강하게 하는 치법
화중(和中) : 중초(中焦)를 조화롭게 하여 기능을 정상으로 만드는 치법
완급지통(緩急止痛) : 급(急)한 기운을 완화시키고 통증을 그치게 하는 치법
윤조(潤燥) : 건조한 상태를 촉촉하게 해주는 치법
허증(虛證) : 기혈(氣血)이 부족하거나 장부가 허손(虛損)되어 기능이 약해진 병증
완복(脘腹) : 복부(腹部)를 일컫는 말
조화제약(調和諸藥) : 모든 재료들의 조화를 이루게 한다는 의미
조습(燥濕) : 습사(濕邪)를 제거하여 적당한 습기를 유지하도록 하는 치법
비허습체(脾虛濕滯) : 비허(脾虛)로 인해 습(濕)이 뭉쳐서 있는 병증
발산(發散) : 양기(陽氣)를 피부를 통해서 밖으로 펼쳐 내는 것
외감표증(外感表證) : 외감(外感)으로 인해서 발생한 표증(表證)
행기(行氣) : 기(氣)를 잘 돌게 하는 치법
활혈(活血) : 혈(血)의 운행을 활발히 하는 치법
기체혈어(氣滯血瘀) : 칠정(七情)이 억눌러 막혀 기기(氣機)가 조체(阻滯)되었거나 섬좌(閃挫), 외상(外傷) 등으로 기혈(氣血)이 손상된 경우에 기(氣)가 몰린 지 오래되어 어혈(瘀血)이 생기는 것
발한(發汗) : 땀을 내게 하는 치법
신산조열(辛散燥熱) : 매운맛의 흩어지는 성질을 이용하여 건조한고 더운 열기를 없애는 치법
표허다한(表虛多汗) : 피부표피가 약해져서 땀이 많아 나는 병증
연견(軟堅) : 대변(大便)이나 종괴(腫塊) 등의 딱딱하게 굳은 것을 무르게 해주는 치법
대변조결(大便燥結) : 대변이 열이나 진액부족으로 잘 나오지 않는 상태
나력(瘰癧) : 목 뒤나 귀 뒤, 겨드랑이 사타구니 쪽에 크고 작은 멍울이 생긴 병증
담핵(痰核) : 몸에 일정한 크기로 생기는 멍울로 나력을 말함
양혈(養血) : 혈(血)을 자양하는 치법
자음(滋陰) : 음(陰)을 자양(滋養)하는 치법
두훈(頭暈) : 머리가 어지러우면서 환자 자신이나 주위의 물건들이 빙빙 도는 것처럼 느껴지고, 심한 경우는 오심(惡心), 구토(嘔吐)를 하는 병증
하함(下陷) : 기(氣)가 허해서 아래로 처지는 현상
승양(昇陽) : 양기(陽氣)를 끌어올리는 치법
발표(發表) : 표피에 있는 사기(邪氣)를 발산시켜 없애는 치법
개규(開竅) : 사기(邪氣)가 심규(心竅)를 막아 정신이 혼미한 것을 치료하는 방법
거풍(祛風): 밖으로부터 들어온 풍사를 없애는 치법
산한(散寒) : 한사(寒邪)를 흩어서 없애는 치법
강역(降逆) : 기(氣)가 치솟은 것을 내리는 치법
수렴(收斂) : 아물게 하고 줄어들게 하며 나가는 것을 거두어들이는 것
지해(止咳) : 기침을 그치게 하는 치법
청열(淸熱) : 열(熱)을 제거하는 치법
이수(利水) : 소변이 원활히 나오게 하는 치법
통변(通便) : 변이 막혀 나오지 않는 것을 소통시키는 치법
개규(開竅) : 사기(邪氣)가 심규(心竅)를 막아 정신이 혼미한 것을 치료하는 방법
거풍(祛風) : 밖으로부터 들어온 풍사(風邪)를 없애는 치법
발표(發表) : 표사를 발산시키는 치법(治法)
변증(辯證): 동양의학의 진단 방법을 이용하여 병이나 증상의 원인을 파악하는 것
윤장통변(潤腸通便) : 진액(津液)을 보(補)하는 방법으로 대변을 잘 보게 하는 치법
한병(寒病) : 한사(寒邪)가 원인이 되어 나타나는 병증

자보(滋補) : 정기(正氣)를 길러서 보익(補益)하는 치법
보비익신(補脾益腎) : 비(脾)를 보(補)하고 신(腎)을 보(補)하는 치법
폐열(肺熱) : 오장열(五臟熱)의 하나로 열사(熱邪)가 폐(肺)를 범하여 나타나는 병증
폐음(肺陰) : 폐(肺)에 존재하는 음혈(陰血)과 음액(陰液)
청심(淸心) : 심(心)의 열기를 제거하는 치법
양음(養陰) : 음(陰)을 자양(滋養)하는 치법
청열거습(淸熱祛濕) : 열(熱)을 식히고 습열(濕熱)을 제거하는 치법
행기활혈(行氣活血) : 기혈(氣血)을 잘 돌게 하는 치법
풍한감모(風寒感冒) : 감기종류의 하나로 바람(風邪)와 한사(寒邪)가 원인이 되어 나타나는 감기로 대개 겨울철 취위가 원인이 되어 나타나는 감기.
변증시선(辨證施膳) : 동양의학의 진단 방법을 이용하여 병이나 증상의 원인을 파악하는 것을 변증이라 하고 변증을 토대로 음식처방을 하는 것을 시선이라한다.
보기(補氣) : 기운을 보태주는 방법으로 기허증(氣虛證)을 회복하는 치법
음허(陰虛) : 음액(陰液)이 부족한 증상
보비지사(補脾止瀉) : 비(脾)의 운화를 건실하게 하여 설사를 멎게 하는 치법
열사(熱邪) : 열(熱)의 속성을 가진 사기(邪氣)로 병을 일으키는 원인
자보(滋補) : 정기(正氣)를 길러서 보익(補益)하는 치법
청열량혈(淸熱凉血) : 열(熱)을 제거하고 열로 인해서 생긴 혈열(血熱)을 없애는 치법
양음생진(養陰生津) : 음혈(陰血)을 자양(滋養)하고 진액(津液)을 생성시키는 치법
보혈자음(補血滋陰) : 혈(血)을 보(補)하고 음(陰)을 자양하는 치법
양혈윤조(養血潤燥) : 혈(血)을 자양(滋養)하여 건조한 것을 촉촉하게 해주는 치법
건비양위(健脾養胃) : 비(脾)의 운화(運化)를 건실하게 하고 위(胃)를 자양(滋養)하는 치법
청열이수(淸熱利水) : 열(熱)을 식히고 소변을 잘 나오게 하는 치법
이수소종(利水消腫) : 소변을 잘 나오게 함으로써 부기를 제거하는 치법
윤폐지해(潤肺止咳) : 폐(肺)의 진액(津液)을 자양(滋養)하여 폐조(肺燥)로 인한 기침을 멎게 하는 치법
해독(解毒) : 몸의 독이나 독의 작용을 없애는 치법
보비위(補脾胃) : 비위(脾胃)를 보(補)하는 치법
보익비위(補益脾胃) : 비위(脾胃)를 건강하게 보익(補益)하는 치법
자양간혈(滋養肝血) : 간(肝)에 저장된 혈(血)이 충만하도록 하는 치법
통변비(通便秘) : 변을 원활히 보지 못하는 변비를 없애는 치법
보신자폐(補腎滋肺) : 신(腎)과 폐(肺)을 보(補)하는 치법
익정고신(益精固腎) : 신기(腎氣)를 보(補)하여 신정(腎精)의 유실을 막는 치법
보중익기(補中益氣) : 중초(中焦)의 기(氣)를 보익(補益)하는 치법
자양비위(滋養脾胃) : 비위(脾胃)를 건강하게 자양(滋養)하는 치법
양혈보기(養血補氣) : 혈(血)을 자양(滋養)하고 기(氣) 보(補)하는 치법
회위(和胃) : 위(胃)를 조화롭게 하여 기능이 잘되도록 해주는 치법
익간(益肝) : 간(肝)의 기능을 잘할 수 있도록 보하는 치법
보익오장(補益五臟) : 간(肝), 심(心), 비(脾), 폐(肺), 신(腎) 등 오장을 보익하는 치법
강신(强腎) : 신(腎)을 건강하게 하는 치법
조혈(造血) : 혈(血)의 생성과 운행을 도와준다는 의미
거풍열(祛風熱) : 풍열(風熱)을 제거하는 치법
원기회복(元氣回復) : 원기(元氣)를 회복한다는 의미
보간(補肝) : 간(肝)을 보(補)하는 치법
자음윤조(滋陰潤燥) : 진액(津液)을 자양(滋養)하여 건조한 것을 촉촉하게 하는 치법

생혈(生血) : 혈액을 생성함
이수삼습(利水滲濕) : 소변을 잘 보게하여 습사(濕邪)를 제거하는 치법

건강약선의 이해

간양편항(肝陽偏亢) : 간양(肝陽)이 위로 치밀고 올라가는 상태
담열(痰熱) : 몸 안의 열사(熱邪)가 담(痰)과 서로 맞붙어 생긴 병증
익기승발(益氣昇發) : 기(氣)를 보(補)하여 위로 올려주고 발산시키는 치법
익음유간(益陰柔肝) : 음(陰)을 자양(滋養)하여 간(肝)을 유연하게 하는 치법
청보양간(淸補養肝) : 간열(肝熱)을 제거해서 간(肝)을 보(補)하는 치법
통리장위(通利腸胃) : 장위(腸胃)를 소통시키는 치법
개위소식(開胃消食) : 위(胃)의 활동을 도와 음식을 먹을때 식욕을 돋구게하고 잘 소화시키는 치법
청열해서(淸熱解暑) : 더위와 열기를 식혀주는 치법
익기생진(益氣生津) : 기(氣)와 진액(津液)을 동시에 보(補)하는 치법
청서이습(淸暑利濕) : 습(濕)을 제거하고 수액의 운행을 원활히 하는 치법. 여름철의 서습병(暑濕病)을 치료하는 기본 방법
감윤온양(甘潤溫養) : 단맛의 재료를 섭취하여 몸을 촉촉하게 하고 따뜻하게 자양(滋養)하는 치법
생진윤조(生津潤燥): 열(熱)에 의한 진액(津液)부족으로 건조해진 상태를 촉촉하게 해주는 치법
자음윤폐(滋陰潤肺) : 음(陰)을 자양하고 폐(肺)를 윤택하게 하는 치법
생진윤폐(生津潤肺) : 진액(津液)을 생성하여 건조한 폐(肺)를 촉촉하게 해주는 치법
온보신양(溫補腎陽) : 신(腎)의 양기(陽氣)를 보(補)하는 치법
보신익정(補腎益精) : 신정(腎精)을 보익(補益)하는 치법
보익강장(補益强壯) : 보익(補益)하고 강장(强壯)하는 치법
온보양기(溫補陽氣) : 몸을 따뜻하게 보(補)하여 부족한 양기(陽氣)를 북돋는 치법
심화(心火) : 심장에 존재하는 화(火)를 의미함

Part Ⅱ 약선조리 藥膳調理

– 실습 편

조리실습 들어가기

Chapter 1 계절약선

2 오장약선

3 보양약선

4 약선빵

5 사계절 약선차

조리실습 들어가기

실습의 순서는 계절약선에서 봄, 여름, 가을 및 겨울 약선 각각 3가지씩 총 12가지, 肝, 心, 脾, 肺, 腎의 오장약선 각각 3가지씩 총 15가지, 補血약선 4가지, 補氣약선 3가지, 補陽약선 2가지 및 補陰약선 3가지 총 12가지의 보양(補養) 약선을 순서대로 정리하였다.

이 음식들은 화려하지도 않고 고도의 조리기술을 요구하지도 않으며 약선의 의미를 이해하기 쉬운 음식들이다. 약선이 식물재료들끼리의 배합으로도 만들어지나 여러분들의 이해를 돕고자 약물재료를 사용하여 약선레시피의 특징을 쉽게 이해하도록 구성하였다.

군장대학 약선조리가공전공 학생이 개발한 약선빵 세 가지를 정리하여 빵도 약선으로 만들 수 있음을 보여주려 했으며, 계절별 약선차 12가지를 함께 실어 여러분들이 약선개념을 쉽게 이해할 수 있도록 하였다. 한편, 약초의 전설이나 이야기를 첨부하였으니 익숙하지 않았던 약물재료들과 재미있는 이야기를 통해 친숙해지도록 하자.

실습 전에 염두에 두어야 할 내용

1. 본 레시피로 만든 음식은 4인분 기준이다. 레시피의 재료량은 다듬어서 준비한 양이고, 재료 양의 표기가 없는 것들은 약선 효능에 크게 영향을 미치는 않는 재료들이므로 일상적으로 사용하는 기준으로 사용하면 될 것이다.
2. 일반 약선조리책과 달리 약선 재료의 특징과 배합원리를 함께 정리하였는데 이를 잘 이해해야 약선조리가 가능하기 때문이다. 약선배합의 원리를 잘 이해해야만이 본 책에 있는 음식들보다 더욱 멋지게 창조적으로 만들 수 있고 한식, 일식, 중식, 양식 및 제과제빵 등으로 모두 응용할 수 있으니 여러분들의 노력이 있기를 기대한다.

3. 재료들의 약선식료학적인 특징은 우리나라에서 널리 쓰이는 '중약대사전(中藥大辭典)' 을 참고문헌으로 하였으니 혹시라도 다른 책과 성(性), 미(味) 등이 다를 때는 이 책을 기본으로 한다.
4. 우리들이 쉽게 구매하여 사용하는 식물류 재료들은 구매나 사용에 문제가 없다. 그러나 약물재료는 독성이나 부작용 감소 및 유통편의, 저장을 위해 건조하여 판매하므로 한약재상이나 한약국 등에서 건조된 것을 구입하면 된다.
5. 본 책의 약선에서 사용한 약물재료들은 식품의약품안전청에서 식품의 재료로 사용이 허가된 것이므로 안전성이 확보되어 있으나 일일 섭취량을 참고로 알아두어 과다한 섭취는 하지 않도록 한다. 일일 섭취량은 약물재료의 설명부분에 정리해 두었다.
6. 약물재료의 사용은 레시피상에서 물을 넣고 끓이는 경우가 대부분이고 물에 불려서 함께 조리하는 경우도 있으며 가루로 만들어 사용하는 경우도 있다. 구매한 약재는 체에 받쳐 가볍게 물로 씻어 불순물이나 먼지를 제거한다. 가루로 된 것은 씻지 않고 사용한다. 약재를 물에 넣고 끓일 때는 면보나 다시백에 넣고 사용하면 번거롭지 않고 좋다.
   볶음이나 찜에 들어가는 경우에는 약 15분 정도 물에 담갔다가 사용하고 물도 함께 쓴다. 조림이나 국물용에 사용할 때는 물에 담가두지 않고 사용한다.
   끓일 때는 구리그릇을 사용하지 말고 되도록 사기나 유리그릇을 이용하는 것이 좋으며 끓이는 불의 강도와 시간은 꼭 준수해야 한다.
   약재나 물의 양이 많지 않으므로 끓이는 용기는 넓은 것보다는 깊은 용기를 사용하는 것이 좋고 조별로 하기에 양이 적으면 양을 계산하여 모두 모아서 한곳에서 끓여서 사용하는 방법도 좋다.
7. 레시피표에서 효능을 발휘하는 군(君)의 재료를 주재료로, 주재료를 도와 효능을 증진시키는 신(臣)의 재료를 부재료로, 군신(君臣)의 너무 큰 효능을 조절하거나, 작용하는 장부로 끌어주거나, 음식의 조화를 맞추는 좌사(佐使)재료를 보조재료라 표기하였다. (약선재료의 배합 부분 참조)
8. 약선이름은 주재료를 강조해서 저자가 지은 것이니 이름에는 신경쓰지 말고 약선 레시피의 구성을 잘 이해하는 것이 올바른 약선을 조리하기 위해 중요하다. 조리기술과 멋을 내는 조리는 기초가 완성된 상태에서 충분히 할 수 있으니 본 책를 통해서 여러분들이 향후 약선을 제대로 하기 위한 기초를 튼튼히 하기를 간곡히 바란다.

Chapter 1

계절약선 季節藥膳

01

구기자 진피 쇠고기튀김

효능 양간(養肝), 양혈(養血), 행기(行氣)

재료 및 분량

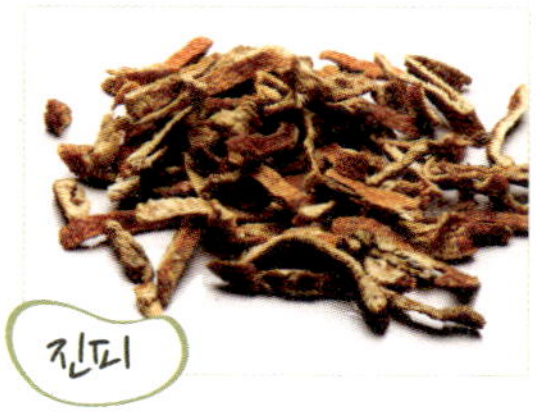

식물재료 : 쇠고기 등심 300g, 잣 40g, 청고추 20g, 홍고추 20g
약물재료 : 구기자 30g, 진피 30g
쇠고기 밑간 : 레드와인 2TS, 조미간장(다음페이지 참조) 1TS, 소금, 후추 적당량
튀김옷 : 녹말 2TS, 메밀가루 2TS, 달걀 1개, 진피 불린 액 5TS, 물 적당량
겨자장 : 겨자 1ts, 식초 ½ts, 레몬즙 ½ts, 설탕 ½ts, 물 적당량
기타 재료 : 식용유, 레몬즙 적당량

조리과정

1. 쇠고기는 한입 크기(약 2cm×2cm) 정도로 잘라서 작은 칼집을 내고 밑간을 한다.
2. 청, 홍고추는 씨를 빼고 잘게(약 0.5cm×0.5cm) 썰어 찬물에 씻어 건져 놓는다.
3. 잣은 고깔을 떼고 준비해 놓는다.
4. 진피는 따뜻한 물에 20분간 불려서 씹힐 정도로 다지고 액은 따로 준비한다.
5. 구기자는 따뜻한 물에 살짝 불려서 건져 레몬즙을 약간 넣고 팬에서 살짝 볶는다.
6. 분량의 비율로 튀김옷을 만든다. 이때 물로 튀김옷의 농도를 최종적으로 조절한다.
7. 6에 1, 2, 3, 4 및 5를 넣고 잘 섞는다.
8. 약 170℃에서 숟가락으로 동그랗게 모양을 만들면서 떠넣고 빨리 튀겨낸다.
9. 분량대로 만든 겨자장과 함께 낸다.

약선 특징

효능	발산하고자 하는 간기(肝氣)가 왕성해지는 봄철에 전반적인 기혈(氣血)을 돋구고, 간기운을 북돋아주며, 체내의 간기가 원활히 활동할 수 있도록 해주는 봄철 약선							
약선식료학적 특성	재료명	본초명	성(性)	미(味)	귀경(歸經)	효능	함유량	
							중량(g)	%
	쇠고기	우육(牛肉)	平	甘	脾, 胃	補脾胃, 益氣血	300	68.2
	잣	송자(松子)	溫	甘	肝, 肺, 大腸	養血, 潤燥	40	9.1
	고추	랄초(辣椒)	熱	辛	心, 脾	溫中散寒, 開胃除濕	40	9.1
	구기자	枸杞子	平	甘	肝, 腎	養肝明目, 補腎益精	30	6.8
	진피	陳皮	溫	辛, 苦	脾, 膽	燥濕化痰, 理氣健脾	30	6.8
	총중량						440	100.0
배합원리	본 레시피에서 양간(養肝) 효능을 가지는 구기자가 주재료이고, 쇠고기, 잣, 진피가 주재료의 효능을 돕는 부재료이며 고추 및 그 밖의 재료들은 모두 음식의 맛과 효능을 조화시키는 보조재료이다.							

우리들이 흔히 먹는, 쇠고기를 녹말에 묻혀 튀기는 쇠고기 튀김과 비슷하다. 그러나 이 약선은 구기자와 진피를 레시피에 구성함으로써 간(肝)을 보(補)하고 기(氣)의 순환을 원활히 해줄 수 있는 효능이 있다. 구기자와 쇠고기, 진피 및 잣의 배합으로 간기가 충만해져 약선의 효능을 발휘하게 된다.

고기를 기름에 튀겨 체내 습(濕)이 생성될 수 있는 점을 제습(除濕)하는 효능을 가진 고추가 조절해주고, 소화작용을 원활히 하고자 메밀가루를 녹말과 섞어 사용하였다. 전체적으로 간기를 보하고 소화기를 편안히 해주는 봄철에 적당한 계절음식이다.

약물재료의 특성

- 구기자는 낙엽관목인 구기자 나무의 열매로 가을에 생산되는 타원형의 붉은 열매이다. 혈액순환을 좋게 하고 간기능을 강화하여 눈의 피로나 빈혈 등에 효과적이다. 위장이 약해 설사가 심할 때는 섭취하지 않도록 한다. 다 자란 구기자잎을 따서 햇볕에 말린 '구기엽' 은 초여름이나 여름에는 나물로 섭취하기도 한다. 또 구기자나무의 껍질을 '지골피' 라 하여 약선재료로도 쓰인다.

  구기자를 씹어보면 매콤하면서 아주 작은 씨같은 것이 씹힌다. 효능은 좋지만 식감이 좋지 못해 음식에 활용하기가 편하지 않으나 통째로 섭취하는 것이 가장 좋을 듯하고 디저트에 활용하면 좋을 것 같다. 구기자의 일일 섭취량은 약 7.4~14.8g 정도이다.

  구기자와 숙지황의 배합은 혈(血)을 보하는데 좋고, 국화와 배합하면 간을 보해서 눈을 밝게 하는 데 좋고, 상엽과 배합하면 혈을 보하는 효능이 증강된다.
- 진피는 운향과에 속하는 귤껍질을 말린 것으로 소화불량이나 가래가 많을 때 사용하면 효과적이고 차나 여러 음식에 가미해도 맛이 좋다. 그러나 매우 건조하거나 기(氣)가 정체 되지 않았을 때는 섭취하지 않는 것이 좋다. 일일 진피 섭취량은 3~6g 정도이다.

영양소 함유 가치

단백질과 지질의 함량이 높아 열량이 다소 높은 음식이다. 이 약선을 먹을 때 양배추나 토마토와 함께 먹으면 약선 효능도 증가되고 영양소 보충이 되어 영앙균형도 맞출 수 있다.

조리 *tip*

* 처음에는 고기 속까지 익도록 한번 튀기고 센불에서 한번 더 빨리 튀겨내면 아삭하고 맛이 있다.
* 녹말과 메밀가루를 체에 친 후 달걀, 진피액 및 물을 넣고 튀김옷을 만들어 냉장고에 잠시 두었다가 튀기면 바삭한 튀김이 되며 기름은 발연점이 높은 포도씨유가 좋다.
  고추는 청양고추를 사용해도 효능의 변화도 없고 맛이 깔끔해서 좋다.

• 조미간장 만들기

고기양념이나 조림, 무침 등을 할 때 사용하면 좋은 기본 양념장이다. 조리 시에 따로 설탕을 사용하지 않아도 단맛이 난다. 만들어서 밀폐병에 담아 냉장고에 보관하고 사용하면 좋다.

재료 : 진간장 3컵, 유기농 설탕 300g, 쇠고기국물 1/3컵, 레몬 반개, 사과 반개, 청주 1/3컵, 맛술 1/3컵

만들기
1. 냄비에 진간장, 설탕, 쇠고기국물을 넣고 2~3회 주걱으로 저은 후 끓인다.
2. 레몬과 사과는 얇게 썰어둔다.
3. 1이 끓기 시작하면 청주와 맛술을 넣는다.
4. 다시 부글부글 끓으면 바로 불을 끄고 레몬과 사과를 넣는다.
5. 뚜껑을 덮어 하룻밤 두었다가 사과와 레몬을 건져 병에 담아두고 사용한다.

• 쇠고기국물 만들기

양지머리에 양파, 대파, 고추 등을 넣어 우려낸 육수로 조금만 만들어서 냉장고에 보관하면서 사용한다.

재료 : 양지머리 300g, 무 150g, 양파 반개, 총백(대파흰뿌리) 1뿌리, 마른고추 1개, 생강 30g, 마른 표고버섯 2개, 다시마(5×5cm) 2개, 통후추 1/2ts

만들기
1. 양지머리는 큼직하게 썰어 핏물을 뺀다.
2. 무는 두툼하게 썰고 양파와 대파도 큼직하게 썰며 고추는 반으로 자르고 생강은 저민다. 다시마는 겉을 잘 닦고 마른 표고는 물에 불려 놓는다.
3. 큰 냄비에 물 2L와 양지머리를 넣고 거품을 걷어가면서 중간불에서 1시간 정도 끓인다.
4. 3에다 2의 재료를 넣고 30분 간 더 끓인다.
5. 체에 면보를 깔고 4를 부어 걸러내다.
6. 맑은 국물을 다시 한번 더 끓인 후 식힌다.
7. 위에 굳은 기름은 걷어내고 병에 담아 놓는다.

재미있는 약초이야기

우리 몸의 氣를 돌게 해주는 오래된 향긋한 귤껍질 진피

중국의 화주(化州)지방은 귤이 유명한 곳이다. 관리 하나가 감기와 동반된 기침으로 고생하고 있었다.

어느 날 밤, 비가 계속 내리고 기침이 너무 심해져 자리에 눕게 되었다. 그는 급히 종을 불러 지금 먹고 있는 약을 재탕하여 가지고 오라고 했다. 그러나 계집종이 약을 달이려고 하니 물이 없자 물을 길어오기는 너무 멀어 하는 수 없이 처마밑 가득 고여 있는 빗물로 약을 달여 주인에게 주었다.

그런데 이상하게 그 약을 먹고 나니 몸이 계속 좋아지는 것이다. 분명히 전에 먹었던 약과 같은데도 효과가 좋은 것이 이상하여 관리는 계집종을 불러 "어제 먹은 약은 어떤 약이냐?" 라고 물었다. 그 말에 계집종은 떨리는 목소리로 하는 수 없이 사실대로 말했다. 그래서 관리가 계집종을 데리고 그 물독이 있는 곳으로 가보니 위에는 귤나무 꽃이 많이 떨어져 있었다.

관리는 귤나무의 약효가 들어간 것으로 판단하여 귤껍질을 끓여보니 정말로 감기·기침에 효과가 좋았다.

오래된 귤껍질을 진피(陳皮)라고 부르는데 이것은 감기약이라기보다는 몸의 氣를 잘 돌게 하여 부수적으로 감기가 치료되는 것이다.

02 시금치 하수오 달걀말이

효능 평간(平肝), 양혈(養血)

재료 및 분량

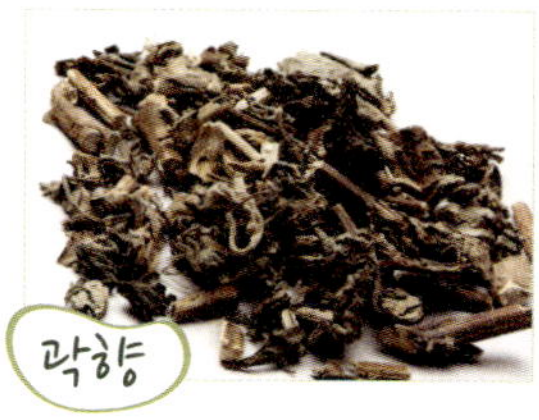

식물재료 : 달걀 8개, 시금치 150g

약물재료 : 하수오 10g, 곽향 10g

시금치양념 : 하수오곽향액 2TS, 참기름 1ts, 깨소금 ½ts, 소금 적당량

기타 재료 : 간장 1ts, 설탕 ½ts, 소금, 식용유 적당량 / 체, 김발, 키친타월

조리과정

1. 하수오와 곽향을 섞고 여기에 물 300mL를 넣고 중불에서 약 50mL 정도가 되도록 끓인다.
2. 끓는 물에 소금을 넣고 시금치를 살짝 데친 후 건져 찬물에 헹구어 물기를 뺀다.
3. 분량대로 시금치 양념을 만든다.
4. 3에 시금치를 넣고 약불에서 살짝 졸이듯이 볶는다.
5. 달걀을 잘 푼 다음 간장과 설탕, 소금으로 간을 맞춘다.
6. 5를 체에 한번 걸러서 준비한다.
7. 팬에 기름을 두른 뒤 키친타월로 닦아서 기름의 양을 조절한다.
8. 7에 달걀을 붓고 가장 윗부분에 조려 놓은 시금치를 올려서 말이를 만든다.
9. 김발에 8을 놓고 단단하게 모양을 잡은 뒤 먹기 좋은 크기로 썰어 접시에 담는다.

약선 특징

<table>
<tr><td>효능</td><td colspan="8">혈액의 생성이나 운행이 원활해야 간(肝)이 작용을 잘 할 수 있고 간기(肝氣)의 순환이 원활해지므로 피로회복이나 원활한 대사를 위해 도움이 되는 봄철약선</td></tr>
<tr><td rowspan="7">약선식료학적 특성</td><td rowspan="2">재료명</td><td rowspan="2">본초명</td><td rowspan="2">성
(性)</td><td rowspan="2">미
(味)</td><td rowspan="2">귀경
(歸經)</td><td rowspan="2">효능</td><td colspan="2">함유량</td></tr>
<tr><td>중량(g)</td><td>%</td></tr>
<tr><td>달걀</td><td>계단(鷄蛋)</td><td>平</td><td>甘</td><td>腸, 胃</td><td>滋陰潤燥,
養心安神</td><td>320</td><td>65.3</td></tr>
<tr><td>시금치</td><td>파채(菠菜)</td><td>凉</td><td>甘</td><td>脾, 胃</td><td>平肝, 養血,
淸熱除煩</td><td>150</td><td>30.5</td></tr>
<tr><td>하수오</td><td>何首烏</td><td>微溫</td><td>苦, 甘, 澀</td><td>肝, 腎</td><td>補益精血,
肝腎補益</td><td>10</td><td>2.1</td></tr>
<tr><td>곽향</td><td>藿香</td><td>微溫</td><td>辛</td><td>脾, 胃, 肺</td><td>發表解暑,
和中止嘔</td><td>10</td><td>2.1</td></tr>
<tr><td colspan="2">총중량</td><td colspan="4"></td><td>490</td><td>100.0</td></tr>
<tr><td>배합원리</td><td colspan="8">본 레시피에서 평간(平肝), 양혈(養血)하는 효능을 발휘하는 시금치가 주재료이고 달걀과 하수오가 부재료이며 곽향 및 그 밖의 재료들은 음식의 향과 맛을 조절하는 보조재료이다.</td></tr>
</table>

가정에서 양파, 파, 당근, 소금 등을 넣고 조리하는 달걀말이와 같다. 그러나 이 달걀말이는 혈(血)을 보(補)하여 간(肝)의 기능을 원활히 해서 봄철에 섭취하면 좋은 달걀말이이다. 시금치가 혈액을 자양하고 혈액을 저장하는 간의 기능을 원활하게 해주고 하수오와 달걀이 보혈(補血), 자음(滋陰)하여 시금치의 효능을 도와주어 이 약선의 효능을 증진시킨다. 곽향은 소화기를 편안하게 하고 향을 가지고 있어 음식 전체의 향을 조화시켜 준다.

약물재료의 특성

- 하수오는 마디풀과 덩굴성 여러해살이풀인 하수오의 덩이뿌리를 말린 것으로 노화를 지연하고 새치를 예방하는 효과가 있다. 백하수오와 적하수오, 두 종류가 있으나 본 음식에서는 백하수오를 사용하였다. 하수오의 일일 섭취량은 약 11.3~18.6g 정도이다.
- 곽향은 꿀풀과 식물 배초향의 전초를 말린 것으로 피부의 열기를 제거해주고 비위(脾胃)를 보해서 구토가 나는 것을 멈추게 해준다. 일일 섭취량은 약 5.6~11.1g 정도이다.

영양소 함유 가치

단백질, 지질과 비타민 A 및 철분의 섭취가 가능하다. 흰밥의 반찬으로 상차림하면 좋은 약선배합이 되고 영양균형도 맞으나 이때 칼슘 함량이 높은 멸치 등의 반찬을 함께 섭취하지 않도록 하자.

조리 tip

* 이 음식에서 사용하는 시금치는 짤막하면서 뿌리 부분이 불그스레한 것이 맛이 달고 고소해서 더 좋다. 시금치의 수산을 휘발시켜 녹색으로 잘 데치기 위해서 뚜껑을 열고 데치는 것은 누구든지 알고 있을 것이며 높은 온도에서 소금을 넣고 재빨리 데쳐서 찬물에 담구어 짜야 한다.
* 시금치 양념액을 시금치와 함께 졸이듯 볶아야 하므로 처음 시금치를 삶을 때는 살짝만 데치도록 한다. 또한 양념액과 조릴 때는 약한 불에서 액이 잘 스며들도록 졸인다. 시금치 대신 깻잎을 사용해도 약선 효능은 같으니 깻잎을 사용해도 좋다. 달걀말이는 여러 가지 모양으로 만들어 보도록 하자.

재미있는
약초이야기

머리카락을 검게 해주는 것으로 유명한 하수오

하수오는 옛날부터 산삼과 견줄 만한 영약으로 알려져 왔다. 하수오를 먹고 신선이 되어 하늘로 올라갔다거나 수백년을 살았다는 이야기가 여럿 전해 온다.

옛날 중국의 어느 남쪽 지방에 하전아(何田兒)라는 사람이 있었는데 그는 몸이 몹시 허약하여 58세가 되도록 장가도 못 들고 혼자서 살았다. 어느날 그는 집 뒤에 있는 작은 산에 올라갔다가 이상하게 생긴 넝쿨식물을 보고 흥미를 느꼈다. 두 그루의 넝쿨이 서로 엉켜 마치 사랑을 나누고 있는 것처럼 보였던 것이다. 그는 이 넝쿨식물의 뿌리를 캐어 집으로 돌아와서 친구들한테 보였으나 아무도 그것이 무엇인지를 알지 못했다. 그는 그 뿌리를 옆에 두고 누웠다가 깜박 잠이 들었다. 그런데 꿈속에 머리카락과 수염이 눈처럼 하얀 노인이 홀연히 나타나더니 그를 불렀다.

"전아! 전아!"

그는 대답을 하려 했지만 말이 잘 나오지 않았다. 우물쭈물하고 있는 사이에 노인이 말했다.

"네가 오늘 산에서 캔 뿌리는 신선이 주는 선약이니 정성스럽게 먹도록 하여라."

하전아가 꿈에서 깨어 보니 한밤중이었다. 이상한 꿈이라고 생각하고 다시 잠이 들었다. 그런데 날이 밝을 때까지 똑같은 꿈을 세 번이나 꾸었다. 예사 꿈이 아니라고 생각한 그는 그 뿌리를 돌절구에 찧어서 가루 내어 하루 세 번, 밥 먹기 전에 먹었다. 한 달쯤을 먹고 나니 몸에 기운이 나고 머리도 맑아졌다. 그는 다시 산에 올라가 그 넝쿨의 뿌리를 많이 캐서 가루로 만들어 두고 일 년을 더 먹었다. 그랬더니 허약하던 몸이 쇳덩어리처럼 단단해지고 기운도 세졌다. 나이는 비록 60세가 다 됐지만 머리카락이 검게 바뀌고 얼굴이 젊은이같이 바뀌어 보는 사람마다 이상하게 생각했다.

그는 60세에 아내를 맞이하여 아들을 낳고 아들의 이름을 연수라고 지였다. 연수가 건강하게 자라나 어른이 되었을 때, 하전아는 아들에게 자신이 먹은 신기한 약초 뿌리에 대해 말해 주었다. 세 식구는 산에 올라가 그 넝쿨식물의 뿌리를 캐서 말려 가루내어 두고 날마다 열심히 먹었다. 그랬더니 아들 연수는 100세가 되었어도 머리카락이 까마귀처럼 검은빛이었고 아버지는 160세까지 살았다. 연수가 130세가 되었어도 머리카락이 까맣다고 하여 사람들은 그를 하수오(何首烏)라 불렀다. 그의 성이 하씨이고 머리카락이 까마귀같이 까맣다는 뜻이다. 그 뒤부터 사람들은 이들이 먹던 약초의 뿌리를 하수오라 부르게 되었다.

03 돼지고기 부추 백출조림

효능 양혈(養血)

재료 및 분량

식물재료 : 돼지고기(말이용으로 넓게 준비) 300g, 부추 70g, 양배추 40g
약물재료 : 백출 50g, 의이인 가루 50g
조림장 : 백출액 7TS, 간장 2TS, 설탕 1TS, 청주 2TS, 물 적당량
기타 재료 : 소금, 후추, 밀가루, 식용유 적당량 / 대나무꼬치

조리과정

1. 돼지고기는 넓고 얇게 썰어 소금, 후추를 뿌려 재어둔다.
2. 백출에 물 500mL를 넣고 약불에서 액이 약 150mL가 되도록 끓인다.
3. 각 분량의 재료를 섞어 조림장을 만든다.
4. 부추는 다듬고 씻어서 물기를 털어 놓는다.
5. 양배추는 곱게 채썰어 찬물에 담가 싱싱하게 준비한다.
6. 고기의 한쪽 면에 의이인 가루를 묻힌 뒤 부추를 넣고 풀어지지 않게 말아 꼬치로 고정시킨다.
7. 프라이팬에 기름을 두르고 뜨겁게 달구어지면 꼬치에 꿴 말이를 놓고 젓가락으로 굴려가며 골고루 노릇노릇하게 지진다.
8. 3에 7을 넣고 약불에서 양념장을 끼얹어가며 윤이 나게 조린다.
9. 어느 정도 식으면 꼬치를 빼고 적당히 썬다.
10. 접시에 양배추를 소복하게 깔고 9를 담아 낸다.

약선 특징

효능	발산하려는 간(肝)의 기운이 활발해져서 오히려 간기(肝氣)가 소진될 수 있는 봄철에 혈(血)을 자양하여 간을 보할 수 있으며 소화기를 건강히 할 수 있는 봄철 약선							
약선식료학적 특성	재료명	본초명	성(性)	미(味)	귀경(歸經)	효능	함유량	
							중량(g)	%
	돼지고기	저육(猪肉)	平	甘, 鹹	脾, 胃, 腎	益氣養血, 補腎滋陰	300	58.8
	부추	구채(韭菜)	溫	辛	肝, 胃, 腎	溫中, 行氣, 補腎	70	13.8
	양배추	감람(甘籃)	平	甘	肝, 腸, 胃	健胃通絡, 益腎補虛	40	7.8
	율무	의이인(薏苡仁)	涼	甘, 淡	脾, 肺, 腎	健脾止瀉, 利水滲濕	50	9.8
	백출	白朮	溫	苦, 甘	脾, 胃	補氣健脾, 燥濕利水	50	9.8
	총중량						510	100.0
배합원리	본 레시피에서 양혈(養血) 효능을 발휘하는 돼지고기가 주재료이고 부추, 양배추가 돼지고기의 효능을 돕는 부재료이며 율무, 백출 및 그 밖의 재료들은 음식의 효능과 맛을 조절하는 보조재료이다.							

이 음식은 육류를 말아서 조리하는 일반 음식과 같다. 차이점이라면 혈(血)을 자양하여 간(肝)을 보(補)하는 효능을 위해 재료의 배합이 다를 뿐이다. 돼지고기가 혈을 자양하여 약선 효능을 나타내며 부추와 양배추는 몸을 따뜻하게 해서 간기(肝氣)가 잘 돌도록 도와준다. 또한 율무, 백출은 비(脾)의 습(濕)을 제거해서 소화기를 편안히 해준다.

약물재료인 백출은 비의 습을 제거해서 소화흡수가 잘 되도록 해준다. 우리들이 먹는 육류, 지방, 당분 등은 체내의 습을 생성시켜 비의 작용을 불편하게 한다. 따라서 육류를 이용한 음식을 만들 때 백출을 함께 사용하면 좋다. 조림간장에 백출액을 사용하였고, 고기 안에 접착작용을 위해 사용한 의이인도 습을 제거하는 효능이 있으므로 밀가루 대신 사용하여 체내의 제습(除濕)효과를 증강시켜 소화기를 편안하게 하기 위해 이와같이 구성하였다.

약물재료의 특성

- 백출은 국화과 여러해살이풀 백출의 뿌리를 말린 것으로 비위(脾胃)의 습을 제거하여 소화를 도와준다. 일일 섭취량은 약 5.7~11.3g 정도이다.
- 의이인은 볏과 한해살이풀인 율무의 씨로 신체의 수분대사를 조절하여 부종이나 관절통을 치료한다. 곡물의 왕이라 하여 사마귀, 기미, 주근깨를 없애고 피부를 곱게 해준다. 효능이 약하므로 꾸준하게 충분한 양을 사용해야 효과가 나타난다. 일일 섭취량은 11.3~37.5g 정도이다.

영양소 함유 가치

단백질, 지질과 비타민의 섭취가 가능하다. 반찬으로 먹으면 영양소의 균형도 맞고 소화도 잘되어 약선 효능도 증진된다.

조리 tip

* 고기 안에 다른 재료를 넣고 말아야 하므로 돼지고기를 준비할 때 넓게 준비해야 모양이 제대로 나온다.
* 말이를 조릴 때는 윤이 나도록 약불에서 조림장을 잘 끼얹으면서 조려야 모양이 좋다.
* 양배추를 함께 먹어야 약선 효능이 완전해지므로 꼭 섭취해야 한다. 여러분들의 아이디어로 양배추를 다른 방법으로 활용할 수 있는 조리법을 찾아보도록 하자.

재미있는
약초이야기

욕심쟁이 같이 많은 수분을 흡수하는 의이인

동한(東漢)시대 마원(馬援)은 큰 싸움에서 공을 세워 장수로 임명되어 광무제의 신임을 얻었다. 그는 광무제의 명에 따라 교지(交趾)지역을 정벌하기 위하여 출정길에 올랐다. 교지는 황폐한 땅으로 이 지방에서는 의이(薏苡)로 불리는 식물이 있었다. 오늘날에는 흔히 율무로 불린다. 얼마 안 되어 마원은 교지를 함락시켰다.

하루는 그가 율무를 보며 부하에게 말했다.

"북방에선 보기 힘든 씨알이 좋은 율무로구나. 가져다가 우리 고향에 심으면 좋겠구나!"

그는 출정에서 돌아오는 길에 한 수레의 율무를 싣고 와 북방에 심어 재배하려고 했다. 마원 장군이 수도로 돌아오자, 사람들은 그가 수레에 가득 싣고 온 물건을 보고 모두들 수군댔다. "진주(眞珠)와 서각(犀角)을 많이도 가져왔네."

남방 정벌을 하고 돌아오는 장수들은 진주와 코뿔소의 뼈인 서각을 전리품으로 가져오는 것이 일반적이었다. 그러나 마원이 가져온 수레에는 진주와 서각이 아닌 의이인이 실려 있었다. 이런 오해로 누명을 써서 관직을 박탈당하고 앓다가 죽게 되었다. 마원의 부인과 아들, 조카들까지 새끼줄에 묶여 궁으로 끌려갔다.

"황제 전하! 황공하오나 소인의 지아비가 무슨 죄를 지었는지 알려 주십시오."

광무제가 입을 열었다.

"듣기로는 마원 장군이 교지에서 돌아올 때 많은 진주와 서각을 가지고 왔다. 그런데도 짐에게 보고하지 않았으니, 그에 대한 가벼운 벌로 관직을 박탈한 것이다."

마원의 처는 울면서 말했다.

"지아비가 전하께 충성하였는데, 어찌 그런 일이 있겠습니까? 그가 교지에서 돌아올 적에 분명히 한 수레의 물건을 가져왔사옵니다. 하오나 그것은 율무라는 열매로서 그곳의 율무는 알이 크고 흰빛이 나서 마치 진주와 같았습니다. 전하! 소인의 집에 아직도 많은 율무가 남아 있기에 이를 증명할 수 있사옵니다."

광무제는 그제서야 마원 장군이 억울하게 관직을 박탈당했다는 것을 알고 명을 거두어 들였다. 그리고 마원의 시신을 선친 묘지로 이장시키도록 했다.

이 일로 인하여 훗날 의이명주(薏苡明珠)라는 말이 생겨났고, 이 말은 청백한 사람이 모함을 당해 억울한 누명을 썼을 때 비유하는 말로 쓰이게 되었다.

04

두부 모과 양배추말이찜

효능 생진(生津)

재료 및 분량

식물재료 : 두부 400g, 양배추 400g, 감자 200g, 표고버섯 80g, 오이 80g, 홍고추 30g, 미나리 20g
약물재료 : 모과 30g, 계내금 20g
고추장소스 : 모과와 계내금 끓인 액 4TS, 맛국물(다음페이지 참조) 3TS, 집간장 1TS, 유자청 1TS, 식초 1TS, 고추장 1TS
기타 재료 : 소금, 참기름, 후추 적당량 / 베보자기

조리과정

1. 양배추는 지저분한 겉잎을 떼어내고 씻은 뒤 센불에서 10분 정도 쪄서 잎을 한 장씩 분리해 놓는다.
2. 끓는물에 소금을 넣고 미나리 줄기를 데친 뒤 건져 바로 냉수에 담가 놓는다.
3. 표고버섯은 다듬어 씻어서 맛국물에 담가 놓는다.
4. 두부는 끓는 물에서 5분 정도 삶아 베보자기에 싸서 주무르면서 물기를 짠다.
5. 으깬 두부에 참기름과 소금으로 밑간해서 조몰락조몰락 무친다.
6. 감자는 쪄서 껍질을 벗기고 식기 전에 으깨서 참기름, 소금, 후추를 넣고 버무려 밑간한다.
7. 맛국물에서 건진 표고버섯은 물기를 짜고 다져서 참기름과 소금을 넣고 조몰락 조몰락 밑간해서 팬에 볶는다.
8. 홍고추를 다져 약한 불에서 볶는다.
9. 오이는 통째로 소금으로 문질러 씻은 후 껍질을 벗기고 다져서 소금을 뿌려 밑간한 뒤 물기를 짠다.
10. 두부, 감자, 표고버섯, 홍고추, 오이를 넣고 섞어 소를 만든다.
11. 소를 빚어서 찐 양배춧잎 위에 올리고 감싼 뒤 미나리 줄기로 묶는다.
12. 모과와 계내금을 물에 살짝 씻어 물 600mL를 넣고 중불에서 약 100mL가 될 때까지 끓인다.
13. 고추장소스 분량대로 소스를 만든다.
14. 양배추말이쌈을 그릇에 담고 고추장소스와 함께 낸다.

약선 특징

구분	재료명	본초명	성(性)	미(味)	귀경(歸經)	효능	함유량 중량(g)	함유량 %
효능	땀을 많이 흘리는 여름에는 진액(津液)의 보충이 중요하다. 이 음식은 열을 제거하고 진액을 생성하면서 비위(脾胃)를 편안하게 하여 소화를 돕고 식욕을 북돋울 수 있는 여름철 약선							
약선식료학적 특성	두부	豆腐	凉	甘	脾, 胃, 大腸	生津潤燥, 和中益氣	400	31.7
	양배추	감람(甘籃)	平	甘	肝, 腸, 胃	健胃通絡, 益腎補虛	400	31.7
	감자	마령서(馬鈴薯)	平	甘	胃, 大腸	益氣健脾, 調中和胃	200	16.0
	표고버섯	향고(香蕈)	平	甘	胃	健脾開胃, 益胃氣	80	6.3
	오이	황과(黃瓜)	凉	甘	脾, 胃, 大腸	清熱止渴, 利水解毒	80	6.3
	고추	랄초(辣椒)	熱	辛	心, 脾	溫中散寒, 開胃除濕	30	2.4
	미나리	수근(水芹)	凉	甘, 辛	肺, 胃	清熱利水, 解毒, 利尿	20	1.6
	모과	목과(木瓜)	溫	酸	肝, 脾	祛濕, 强筋骨, 和胃	30	2.4
	계내금	鷄內金	平	甘	脾, 胃	健脾消食	20	1.6
	총중량						1,290	100.0
배합원리	본 레시피에서 두부가 생진(生津)하는 효능을 나타내는 주재료이고 양배추, 감자, 표고버섯, 오이, 미나리가 부재료이며 모과, 계내금, 고추와 그 밖의 재료 들은 음식의 맛과 효능을 조화시키는 보조재료이다.							

이 음식은 진액을 생성하는 두부를 주재료로 하여 여러 재료를 양배추에 싸서 소스를 찍어 먹는 음식이다. 두부와 부재료들이 배합되어 생진의 효능이 나타나게 되고 고추는 뜨거운 성질을 가져서 전체적으로 서늘한 성질의 음식을 조화시키고 소화를 촉진하며 모과와 계내금은 비위를 보하면서도 여러 재료를 어울리게 해주는 역할을 한다.

유자청을 넣은 고추장 소스를 곁들인 이유는 매운맛으로 기의 순환을 원활하게 하고 신맛으로 너무 심한 땀이나 기의 발산을 막기 위함이었다.

• 맛국물 만들기

간장이 들어가지 않은 짭짤한 국물이다. 국이나 소스양념에 사용하면 좋다.

재료 : 해물국물 5컵, 쇠고기국물 5컵, 천일염(또는 죽염) 20g, 맛술 1컵, 청주 반컵

만들기
1. 냄비에 해물국물과 쇠고기국물을 넣고 중간불에서 끓여 약 2컵이 되도록 졸인다.
2. 졸인 국물에 소금과 청주, 맛술을 넣고 저으면서 5분 정도 더 끓인다.
3. 식혀서 병에 담아둔다.

• 해물국물 만들기

시원한 맛을 내므로 국, 조림, 찜에 사용하면 좋다.

재료 : 멸치(중간 크기)10g, 마른새우 10g, 양파 반개, 총백 2뿌리, 다시마(5×5cm) 2개, 마른고추 2개, 청주 3TS, 통후추 1ts

만들기
1. 멸치를 전자레인지에서 약 40초간 돌려 비린내를 제거한다.
2. 마른 새우는 가루를 제거한다.
3. 다시마는 면보로 닦고 마른 고추는 반으로 자르고 총백은 흙을 털고 잘 씻어 준비한다.
4. 냄비에 물 3L를 붓고 모든 재료를 함께 넣어 끓인다. 끓기 시작하면 중간불로 줄여 거품을 걷어 내면서 20분 간 끓인다.
5. 국물이 충분히 우러나면 체에 면보를 깔고 걸러낸다.
6. 맑은 국물을 식혀서 병에 담아둔다.

약물재료의 특성

- 모과는 가을철에 차를 만드는 장미과 낙엽고목인 모과나무 열매이다. 누렇게 익기 전에 따서 적당히 썰어 말린 것으로 목과(木瓜)라고도 한다. 체내의 불필요한 습을 제거하고 비위를 편안하게 해주어 소화를 돕는다. 모과의 일일 섭취량은 약 5.6~11.1g 정도이다.
- 계내금은 닭 모래주머니의 내막을 건조한 것으로 비위를 보하여 소화를 돕는다. 계내금의 일일 섭취량은 약 3.7~11.1g 정도이다. 과식을 했을 때는 섭취하지 않는 것이 좋다.

영양소 함유 가치

식물성 단백질, 비타민 A, C 및 D를 섭취할 수 있다. 열량이 낮지만 단백질의 섭취가 가능하여 건강식이 될 수 있고 고혈압, 고지혈증 환자들이 섭취하기에도 적당한 영양가치를 가지고 있다.

조리 tip

* 양배추는 생것으로 잎을 분리하면 찢어지므로 통째로 양배추를 한번 쪄서 잎을 분리하면 찢어지는 것도 덜하고 다루기도 좋다.
* 양배추에서 두터운 부분은 칼로 저며내서 얇게 준비하는 것이 말이를 하기에 편하다.
* 오이는 다른 야채보다 다소 크게 잘라야 식감이 좋다.
* 유자청이 준비되지 않았으면 유자차를 잘게 다져 사용해도 좋다.

재미있는
약초이야기

정자나무를 대표하는 모과나무의
모과

옛날, 중국의 어떤 마을에 아들 일곱을 둔 노인이 있었다. 여섯 아들은 건강하여 몸에 아무 탈이 없었지만 막내아들은 열 살 때 몸이 마비되는 병에 걸려서 지능도 낮고 근육과 뼈가 위축되어 허리 아래가 뒤틀려 걷지는 못하고 엉금엉금 기어다닐 수 있을 뿐이었다. 형제들은 막내를 업신여겨 '바보' 또는 '목과(木瓜, 머리가 잘 돌아가지 않아 나무머리와 같다는 뜻)' 라고 불렀다.

노인에게는 배나무 과수원이 있었다. 그런데 여러 배나무 중에서 맛이 없어 먹을 수 없는 배가 열리는 나무가 몇 그루 있었다. 그 배는 생김새는 다른 배와 같고 좋은 향기가 나서 먹음직스러웠지만 시고 떫고 단단해서 아무도 먹을 수 없었다. 노인은 그 배를 배 같지 않은 배라 하여 목리(木梨), 곧 나무배라고 불렀다. 목리는 돼지도 먹지 않아서 해마다 열리는 대로 따서 버렸다.

어느 해 배가 탐스럽게 익어갈 때 노인은 막내아들에게 배나무밭을 지키게 하였다. 배나무밭에 도둑이 들면 소리를 질러서 가족들한테 알리는 것이 막내가 해야 할 일이었다. 막내인 모과가 배나무밭 옆에 앉아 있는데 마침 바람이 불면서 목리가 땅에 떨어졌다.

모과는 목리를 주워서 태연스럽게 우적우적 씹어 먹었다. 모과가 목리를 맛있게 먹는 것을 보고 형제들이 말했다.

"목과는 바보라서 맛도 구별할 줄 모르나 봐. 목리와 배도 구분을 못하는 것을 보면."

"저 바보 때문에 걱정이야."

막내아들이 목리를 잘 먹는 것을 본 아버지는 목리를 따로 모아 두었다가 삶아서 그 물을 먹였다. 삶은 목리는 그런대로 먹을 만했다. 겨울동안 목리를 삶아서 먹였더니 막내아들한테 놀라운 변화가 생겼다. 굳었던 근육과 손발의 마비가 풀렸으며 기혈이 순조롭게 통하여 절름거리지 않고 바로 걸을 수 있게 되었던 것이다. 앉은뱅이나 다름없던 모과가 걸음을 마음대로 걸을 수 있게 된 것은 기적이나 다름없는 일이었다.

마을사람들이 와서 보고 말했다.

"도저히 믿을 수가 없어. 앉은뱅이나 다름없던 병신이 걸을 수 있게 되다니. 하늘이 도우신 게야."

"아니야. 우리가 모르는 무언가 좋은 약을 쓴 것이 틀림없어."

어느 날, 근처에 살던 의원이 앉은뱅이가 걸을 수 있게 되었다는 소문을 듣고 찾아왔다.

"저 아이한테 무슨 약을 먹였소?"

목과의 부모들이 대답했다.

"아무 약도 먹이지 않았소. 다만 지난 가을부터 겨울이 지날 때까지 목리라고 하는 과일을 달여서 먹였소."

"목리가 무엇이오?"

"목리는 우리 배나무밭에 있는데 맛이 없어서 아무도 먹지 못하는 과일이오."

"음, 아무래도 댁의 아들이 목리를 먹고 병이 나은 것 같소. 목리를 나한테 보여줄 수 있겠소?"

"보여드리고 말고요. 필요하면 모두 드리겠소."

아이의 부모는 목리를 한 상자 들고 왔다. 의원은 목리를 자세히 살펴보았지만 좋은 냄새가 나고 딱딱해서 먹을 수 없다는 것을 빼고는 특별한 것이 없었다.

"이 과일을 나한테 파시오."

"팔긴요. 아무도 먹지 않는 거니까 그냥 드리겠습니다."

의원은 그 못생긴 과일을 집에 갖고 와서 잘게 잘라 술에 담갔다. 몇 개월 지나서 목리가 잘 우러나서 향기가 좋은 술이 되었다. 의원은 앉은뱅이를 고칠 수 있는 약술을 갖고 있다고 소문을 퍼뜨렸다. 그 소문을 듣고 다리가 불편한 사람들이 사방에서 몰려들었다.

의원은 그 사람들에게 목리로 담근 술을 마시게 하였다. 오랫동안 목리주를 마시자 앉은뱅이가 일어나 걸을 수 있게 되었고, 몸이 오그라지고 불편한 사람들이 펴져서 지팡이 없이 걸을 수 있게 되었다. 그리하여 의원이 앉은뱅이를 고칠 수 있다는 소문이 널리 퍼졌고, 이듬해 의원은 돈을 많이 주고 목리를 몽땅 사서 술을 가득 담가 두었다가 근육과 뼈에 탈이 난 환자들한테 팔았다. 의원은 크게 이름을 떨쳤고 돈을 많이 벌었다.

그 뒤로 사람들은 목리가 앉은뱅이 목과를 고쳤다고 해서 목과라고 이름을 바꾸어 불렀으며, 목리주로 바꾸어 부르고 근육과 뼈의 질병을 고치는 귀한 약으로 쓰게 되었다.

05 오이 황정 연근샐러드

효능 청열생진(清熱生津), 보비위(補脾胃)

재료 및 분량

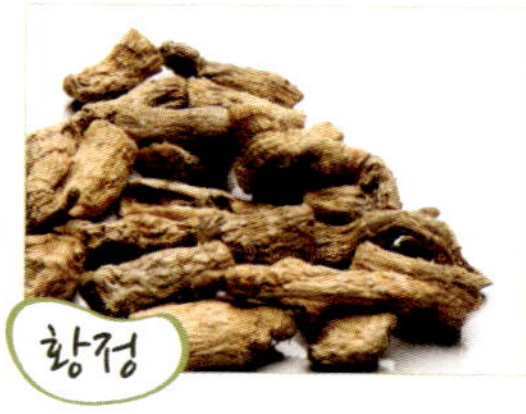

식물재료 : 연근 400g, 오이 100g, 상추 50g, 해바라기씨 30g, 땅콩 20g, 달걀흰자 1개

약물재료 : 황정 50g

드레싱 : 간장 1TS, 올리브유 1TS, 설탕 1ts, 참기름 1ts, 레몬즙 1ts, 머스터드소스 ½ts, 소금, 후추 적당량

기타 재료 : 빨간 피망, 식용유, 식초, 밀가루, 물 적당량

조리과정

1. 연근은 껍질을 벗겨 3mm 두께로 썰어 3% 식초물에 담가둔다.
2. 오이는 굵은 소금으로 문지르듯 씻어 둥글게 썰어 찬물에 헹군 후 물기를 턴다.
3. 상추는 손으로 적당하게 찢어 찬물에 헹군 후 물기를 털다.
4. 땅콩은 껍질을 벗겨 잘게 다지고 해바라기씨도 잘게 다진다.
5. 황정에 물을 넉넉하게 넣고 부드러워질 때까지 끓인 후 건져서 잘게 다진다.
6. 달걀흰자, 다진 해바라기씨, 땅콩 및 다진 황정을 섞어 튀김옷을 만든다.
7. 연근을 건져 물기를 닦아내고 6에 묻친다.
8. 튀김팬에 식용유를 넣고 달군 후 180℃ 정도에서 연근을 튀긴다.
9. 분량대로 드레싱을 만든다.
10. 튀긴 연근과 오이, 상추, 빨간 피망을 담고 드레싱을 함께 낸다.

약선 특징

효능	더위로 인한 열기(熱氣)를 제거해야 하는 여름에 열독(熱毒)을 제거하고 진액(津液)을 생성하여 식욕을 촉진할 수 있는 여름약선							
약선식료학적 특성	재료명	본초명	성(性)	미(味)	귀경(歸經)	효능	함유량	
							중량(g)	%
	연근	우(藕)	寒	甘	心, 脾, 胃	健脾開胃, 止瀉固情	400	59.7
	오이	황과(黃瓜)	凉	甘	腸, 胃, 大腸	清熱止渴, 利水解毒	100	14.9
	상추	와거(萵苣)	凉	甘, 苦	脾, 胃	淸熱利水, 淸熱解毒	50	7.5
	해바라기씨	향일규자(向日葵子)	平	甘	肝, 大腸	通氣, 降血壓	30	4.6
	땅콩	낙화생(落花生)	平	甘	脾, 肺	健脾養胃, 潤肺化痰	20	2.9
	난백	卵白	凉	甘	脾, 胃	淸肺利咽, 淸熱解毒	20	2.9
	황정	黃精	平	甘	脾, 肺, 腎	潤肺滋陰, 補脾益氣	50	7.5
	총중량						670	100.0
배합원리	본 레시피에서 오이와 황정이 주재료이고 상추, 난백이 부재료이며 연근, 해바라기씨, 땅콩 및 그 밖의 재료들은 음식의 조화를 이루는 보조재료이다.							

열을 제거하는 오이, 자음(滋陰)하는 황정, 상추 및 난백을 배합하여 여름철 열을 제거하고 진액을 생성하는 약선 샐러드로 구성하였다. 샐러드 드레싱에는 주재료의 찬 성질을 완화하기 위해 겨자를 사용하였다. 오이와 황정이 청열생진(清熱生津)하는데 상추와 난백이 청열(清熱)효능을 증강시키고 익힌 연근은 소화를 도와주며 땅콩과 해바라기씨가 고소한 향미를 더해준다.

약물재료의 특성

- 황정은 백합과 식물 황정 또는 전황정의 뿌리줄기로 자음의 효과가 크며 일일 섭취량은 10~30g 정도이다.
- 연근(藕, lotus root)은 연의 뿌리로서 신선하며 맛이 상쾌하고 좋은 재료이다. 연근을 생것으로 먹는다면 청열윤폐(清熱潤肺), 량혈행어(凉血行瘀)의 효능이 있어 여름철에 합당하지만 익히면 익비개위(益脾開胃), 지사고정(止瀉固精)의 효능이 있다. 연의 마디는 우절(藕節)이라 하여 지혈(止血)의 효능이 있고, 연자의 파란심은 연심(蓮心)이라 하여 청열, 안신(安神)하고, 연방(蓮房)은 지혈, 거어(祛瘀)하고 하엽(荷葉)은 청서(清暑), 해열(解熱)하며 하경(荷梗)은 통기(通氣)하는 효능이 있다. 연은 부위별로 효능에는 차이가 있다.

영양소 함유 가치

칼륨, 비타민 A, C 및 섬유소를 섭취할 수 있다. 봄, 여름 및 가을철에 소화를 돕고 식욕을 증진시키는 음식으로 사용하면 좋다.

조리 tip

* 연근을 생으로 먹는다면 효능은 더 증가되나 감칠맛을 위해 기름에 살짝 튀겨 익혀 먹는 조리법을 선택하였다. 연근은 필러로 껍질을 벗겨 식초나 소금물에 담가서 산화를 통한 변색을 방지해야 한다.
* 튀김옷을 입히면 연근의 구멍이 막히니 젓가락으로 구멍을 뚫으면 모양이 보기 좋고 연근임을 알 수 있다.
* 튀김옷은 만들어서 냉장고에 넣어 글루텐이 형성되는 것를 막아서 부드러운 튀김이 되도록 한다.
* 머스터드소스는 상품으로 나와 있는 것을 구매하여 사용하는 것이 편리하고 맛도 좋다.

재미있는
약초이야기

구수한 둥굴레차로 이름 난 황정

옛날 중국의 명의인 화타가 약초를 캐기 위해 산에 올랐다. 그런데 갑자기 어디선가 시끄러운 소리가 들려왔다. 화타가 소리나는 쪽을 보니 어떤 젊은 여자가 도망을 치고 웬 건장한 남자 두 명이 뒤를 쫓고 있었다.

그 장면을 보고 화타는 남자들에게 "당신들은 왜 저 젊은 여자를 뒤쫓고 있습니까?" 라고 물어보았다. 그러자 한 남자가 대답하기를,

"저 여자는 3년 전 저희 주인집 하녀였는데, 몰래 도망쳤다가 최근에 어떤 사람이 그녀를 보았다고 연락이 와서 잡기 위해 쫓는 중입니다."

하지만 그 여자는 워낙 걸음이 빠른지라 두 남자는 하는 수 없이 돌아서야 했다. 화타가 그 장면을 보고 곰곰이 생각했다.

'아마도 저 여자가 남자들이 쫓지 못할 정도로 힘이 넘치는 것으로 보아 매우 좋은 어떤 약초를 먹었을 거야.'

그래서 화타는 그 여자를 찾아 나섰는데 결국 그 여자가 자주 나타나는 곳을 알게 되었다. 화타가 그 곳에 맛있는 음식을 갖다 놓고 기다렸더니 정말 그 여자가 나타났다. 순간 화타는 여자를 꽉 붙잡았고, 여자는 도망가려고 안간힘을 썼다. 화타는 여자를 안심시키며 말했다.

"나는 의원인데 한 가지만 물어보고 풀어줄 테니 도망가지 마라."

그 말을 들은 여자가 어느 정도 안심을 하자 화타는 다시 말을 건넸다.

"너도 계속 도망만 다니기가 쉽지 않을 것이니 차라리 나의 양녀가 되는 것이 어떻겠느냐?"

그랬더니 여자도 감사히 생각하며 그의 제안을 받아들이기로 했다.

그 후 시간이 흘러 자신의 양딸이 된 여자에게 화타는 산에 있을 때 먹었던 약초에 대해 물어보았다.

"너는 도대체 산에 있을 때 무엇을 먹었느냐?"

양딸이 대답하기를,

"저는 산에 있을 때, 색이 노랗고 닭과 비슷하게 생긴 뿌리를 캐어 먹었습니다."

화타는 양딸과 함께 산에 올라 그 약초를 찾아내어 환자들에게 먹여보았는데 정말로 몸을 보하는 데 효과가 있었다. 게다가 폐병에 매우 효과가 좋고, 보정(補精), 보기(補氣)하는 작용을 하였다. 그 후에 이 약재를 정(精)을 튼튼히 하는 노란색의 약이라는 뜻으로 '황정(黃精)' 이라고 불렀다.

06 갈근 패주무침

효능 생진지갈(生津止渴), 보비위(補脾胃)

재료 및 분량

식물재료 : 죽순 200g, 참새우 200g, 패주 200g, 오이 100g, 아스파라거스 50g, 검은콩 50g, 잣가루 30g

약물재료 : 갈근 50g

검은콩잣소스 : 검은콩 불려 갈은 액 4TS, 잣가루 30g, 레몬즙 2TS, 겨자 1TS, 매실청 1TS, 참기름 1TS, 간장 ¼ts, 소금, 흰후추 적당량

기타 재료 : 참기름, 소금, 대파, 생강, 마늘 적당량

조리과정

1. 죽순은 데친 후 0.5cm 두께로 모양 내어 썰고 참기름과 소금을 넣고 볶아 식힌다.
2. 오이는 반으로 갈라 어슷썰어 소금에 절여 물기를 없앤 뒤 참기름을 살짝 두르고 볶아 식힌다.
3. 아스파라거스는 끓는물에 소금을 넣고 데친 후 어슷하게 썬다.
4. 끓는물에 대파, 생강, 마늘을 넣고 얇게 다듬은 패주를 데쳐 도톰하게 썬다.
5. 새우는 내장과 머리를 제거하고 4의 끓는 물에 데쳐 껍질을 벗겨 어슷하게 썬다.
6. 준비한 재료들은 냉장고에 잠시 넣어 시원하게 한다.
7. 갈근에 물 1,000mL를 넣고 강한 불에서 끓여 약 500mL정도로 만든다.
8. 검은콩은 불렸다가 삶아서 7의 액을 넣고 믹서에 간다.
9. 검은콩잣소스 재료를 고루 섞어 소스를 만들어 6을 섞어 살살 버무려서 담아 낸다.

약선 특징

효능	체내의 열로 인해 소변이 원활하지 못한 여름철에 열을 제거하고 진액(津液)을 생성하여 갈증을 감소시키고 소변을 원활하게 해주는 여름약선							
약선식료학적 특성	재료명	본초명	성(性)	미(味)	귀경(歸經)	효능	함유량 중량(g)	함유량 %
	죽순	모순(毛筍)	寒	甘	胃, 大腸	清熱消痰, 利尿消腫	200	22.7
	패주	강요주(江珧珠)	平	鹹, 甘	腎, 脾	滋陰補腎, 調中	200	22.7
	참새우	대하(對蝦)	溫	鹹, 甘	肝, 腎	補腎壯陽, 益氣開胃	200	22.7
	오이	황과(黃瓜)	凉	甘	脾, 胃, 大腸	清熱止渴, 利水解毒	100	11.7
	아스파라거스	노순(蘆筍)	微溫	甘, 苦	肺	清熱生津, 利水通淋	50	5.6
	검은콩	흑대두(黑大豆)	平	甘	脾, 腎	活血利水, 健脾益腎	50	5.6
	잣	송자(松子)	溫	甘	肝, 肺, 大腸	活腸潤燥, 潤肺	30	3.4
	갈근	葛根	平	甘, 辛	脾, 胃	生津止渴, 發表解肌退熱	50	5.6
	총중량						880	100.0
배합원리	본 레시피에서 생진지갈(生津止渴)하는 갈근이 주재료이고 죽순, 패주, 오이, 아스파라거스, 검은콩이 부재료이며 새우, 잣 및 그 밖의 재료들은 모두 보조재료이다.							

이 약선은 여름철 더위로 인해 갈증이 나고 소변이 잘 안나오는 증상을 완화하기 위한 여름철 약선이다. 갈근이 진액을 만들어서 번열(煩熱)을 제거하고 소변이 잘 나오도록 하는 주재료이고 청열이뇨(淸熱利尿) 작용을 하는 죽순, 패주, 오이, 아스파라거스와 검은콩을 부재료로 구성하여 약선 효능을 증강시켰다.

소변을 잘 나오게 하고 비(脾)를 건강하게 하는 검은콩을 소스 재료로 사용한 또 하나의 이유는 해산물의 부작용을 예방하기 위해서다. 검은콩은 음식이나 약물을 먹고 중독되었을때 먹으면 해독작용을 하며 이때 감초와 함께 달여 섭취하면 해독작용이 더욱 좋아진다.

약물재료의 특성

- 갈근은 콩과에 속하는 칡의 덩이뿌리를 말린 것이다. 가을에 뿌리를 캐서 물로 씻고 겉껍질을 벗겨서 햇볕에 말려 사용한다. 칡녹말은 국수에도 사용한다. 땀을 내고 열이 나면서 입이 마르고 어깨나 목이 결리는 초기감기에 효과적으로 약국에서 갈근탕이 감기약으로 판매되고 있다. 갈근의 일일 섭취량은 약 5.6~11.0g 정도이다.

영양소 함유 가치

단백질, 지질, 섬유소 및 비타민, 칼륨 등을 섭취할 수 있다. 여름철 반찬으로 적당하며 열량이 낮아 체중감소를 위한 식단에 활용해도 좋다.

조리 tip

* 패주는 관자라고도 하며 일년 내내 먹을 수 있지만 겨울철에 단맛이 증가한다. 조개껍질의 여닫는 근육으로 조갯살보다 연하고 아이보리색이 나면서 비린내가 적고 윤기가 나는 것이 신선하다. 대부분 키조개의 패주인데 고급요리에 쓰인다.
  주변의 내장 부분을 잘라내고 결 반대 방향으로 다소 도톰하게 편으로 썰어서 조리하도록 한다. 다듬어서 냉동된 제품을 사용해도 괜찮다.
* 신선한 죽순이 준비되었다면 쌀뜨물을 부어 삶아서 아리고 떫은 맛을 없애고 껍질을 벗기고 빗살무늬 모양을 살리면서 잘라 사용한다.

재미있는
약초이야기

구황식물 칡뿌리 갈근

옛날 어느 마을에 약초를 캐면서 사는 노인이 있었다. 어느날 산 밑에서 시끄러운 소리가 들려 내려가보니 나이 어린 소년이 관군에게 쫓겨서 도망쳐 올라오는 것이 아닌가?

그 소년은 노인과 마주치자 급히 애원하기를,

"저는 지금 관군에게 쫓기고 있는데 잡히면 죽게 되니 부디 저를 숨겨주십시오."

그 말을 들은 노인이 "도대체 무슨 일로 쫓기는 것이냐?" 라고 묻자

소년이 대답하기를,

"저는 갈(葛)씨라는 성을 가진 집안의 아들로서 간신의 모함을 받아 집안이 모두 죽게 되었습니다. 아버님이 저의 집안의 대가 끊어질 것을 염려하여 도망가도록 하여 몰래 도망쳐 나오다가 관군에게 들켜 이렇게 도망가고 있으니 부디 저를 구해 주셔서 저의 가문을 구하게 도와주십시오."

그 말을 들은 노인은 갈(葛)씨 집안은 워낙 충신의 집안이라 그 소년을 굴속에 숨게 해주었다. 소년의 뒤를 쫓던 관군들은 몇날 며칠을 찾아도 소년이 보이지 않자 포기하고 내려갔다. 그래서 소년은 다시 굴을 나왔으나 오갈데가 없어 노인에게 같이 살기를 부탁했다.

노인은 머물도록 허락하고 그 소년은 노인과 함께 약초를 캐면서 지냈는데 결국 노인은 죽게 되었다. 그때쯤 소년은 약초를 혼자서 캘 수 있는 나이가 되어 평소 노인이 잘 쓰던 약초로 치료를 하게 되었다.

그러던 어느날 그 약초로 병이 나은 사람이 "이 약초의 이름이 무엇입니까?" 라고 물었다. 그 순간 자신의 처지를 생각하여 대답하기를, "이 약초의 이름은 갈근이라고 합니다."

그때 그 소년은 자신의 처지를 생각하기를 '갈(葛)씨 집안이 다 죽었어도 자신은 살아남았다.' 라는 의미에서 갈씨(葛氏)의 '갈(葛)' 과 생명(生命)을 뜻하는 '근(根)' 를 합해 갈근(葛根)이라고 이름을 지었던 것이다.

07

돼지고기 백작약 편육

효능 자음(滋陰), 생진(生津)

재료 및 분량

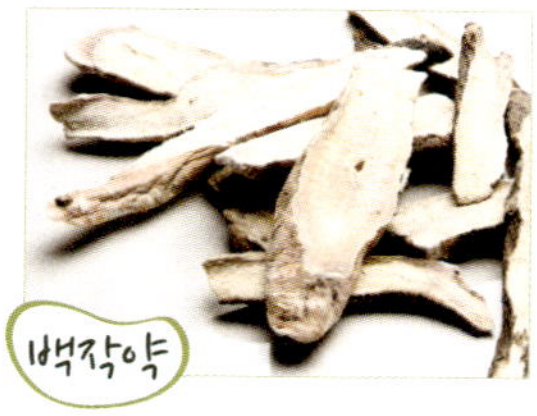

식물재료 : 돼지고기(편육용) 300g, 배 100g, 감 80g, 미나리 30g, 대추 20g
약물재료 : 백작약 30g, 복분자(발효액) 30g
냉채소스 : 백작약액 4TS, 식초 5TS, 설탕 3TS, 복분자액 2TS, 소금 1ts,
기타 재료 : 마늘, 총백, 설탕 적당량

조리과정

1. 돼지고기 삶을 물에 마늘과 총백을 넣고 끓으면 돼지고기를 넣어 누린내를 없애면서 삶아낸다.
2. 편육을 얇게 썰어서 차갑게 준비한다.
3. 배는 3cm 길이로 굵게 채썰어 2% 설탕물에 담가 놓는다.
4. 단감은 굵게 채썰어 설탕을 뿌려 놓는다.
5. 대추는 돌려깎아 씨를 빼내고 채썬다.
6. 미나리는 큰 그릇에 물을 넉넉히 받아서 푹 잠기게 두었다가 흐르는 물에 여러번 깨끗이 씻어 건져서 줄기부분만 3cm 길이로 썬다.
7. 백작약에 물 300mL를 넣고 중불에서 100mL가 되도록 끓인다.
8. 분량의 냉채소스 재료를 넣어 소스를 만든다.
9. 삶은 돼지편육, 배, 단감, 미나리, 대추를 담고 소스를 뿌려 차게 먹는다.

약선 특징

효능	건조한 가을철에 진액(津液)을 생성하여 우리 몸을 촉촉하게 해주고 특히 여름의 남은 열을 제거해 주므로 초가을에 합당한 약선							
약선식료학적 특성	재료명	본초명	성(性)	미(味)	귀경(歸經)	효능	함유량 중량(g)	함유량 %
	돼지고기	저육(猪肉)	平	甘, 鹹	脾, 胃, 腎	補腎滋陰, 益氣養血	300	51.0
	배	리(梨)	凉	甘, 微酸	肺, 胃	潤肺止咳, 生津, 潤燥	100	17.0
	감	시자(柿子)	寒	甘, 澀	心, 肺, 大腸	淸熱潤肺, 生津止渴	80	14.0
	미나리	수근(水芹)	凉	甘, 辛	肺, 胃	淸熱利水, 解毒, 利尿	30	5.0
	대추	대조(大棗)	溫	甘	脾, 胃	補脾和胃, 益氣生津, 養血安神	20	3.0
	백작약	白芍藥	凉	苦, 酸	肝, 脾	養血斂陰, 緩急止痛	30	5.0
	복분자	覆盆子	平	甘, 酸	肝, 腎	益腎固精, 明目	30	5.0
	총중량						590	100.0
배합원리	본 약선에서는 돼지고기와 백작약이 자음(滋陰) 효능을 나타내는 하는 주재료이고 배, 감, 미나리, 대추 등이 주재료의 효능을 돕는 부재료이며 복분자 및 그 밖의 재료들은 음식의 맛과 효능을 아우르는 보조재료이다.							

돼지고기를 삶아서 먹는 일반 편육과 크게 다르지 않지만 고기와 함께 먹는 재료에 큰 차이가 있다. 가을철의 자연환경은 건조한데 이를 극복하기 위해서는 섭취하는 음식 또한 자음윤조(滋陰潤燥)의 효능이 있는 음식이 필요한데 이에 합당한 음식이다.

대개 무채를 고추가루에 무쳐서 돼지고기와 싸먹는 것이 일반 편육이라면 이 약선은 가을철에 건조함을 감소시킬 수 있는 돼지고기, 배, 감, 미나리 등을 매운 소스가 아닌 달콤한 복분자 소스와 함께 먹도록 구성하였다.

매운맛 소스를 섭취하면 열이 생겨서 진액이 발산되므로 체내의 진액부족 상태가 심해지므로 가을철에는 매운맛을 너무 많이 먹으면 좋지 않다.

약물재료의 특성

- 백작약은 작약과에 속하는 여러해살이풀의 뿌리를 말린 것이다. 혈을 보하고 통증을 가라앉히는 효과가 있다. 백작약의 일일 섭취량은 약 7.5~15.0g 정도이다.
  백작약과 적작약은 예전에는 구분하지 않고 사용했으나 그 효능 차이는 현저하다. 백작약은 양혈평간(養血平肝)하여 음(陰)을 수렴하는 효능이고 적작약은 양혈활혈(凉血活血)하여 어혈을 풀어주는 효능이 있다.

- 복분자는 장미과 식물의 성숙되지 않은 열매로 6~8월에 과실이 푸를 때 채취하여 끓는 물에 잠깐 담갔다가 건조하여 사용하거나 생것으로 사용하기도 한다. 간신(肝腎)을 보해서 기력을 돋구어주며 성기능을 돕는다. 일일섭취량은 말린 것으로 약 5.7~11.3g 정도이다.

영양소 함유 가치

단백질, 비타민을 함유하고 있어 단백질을 보충할 수 있다. 주요리로 활용이 가능하며 열량이 높지 않아 식이성 질환을 가진 환자들이나 체중을 조절하기 위해 식이조절을 하는 사람들이 자주 섭취해도 영양균형이 맞으면서 약선 효과를 볼 수 있는 음식이다.

조리 *tip*

* 돼지고기는 편육용으로 준비하고 펄펄 끓는 물에 넣어 삶아내야 한다. 삶아 건진 후에는 베보자기에 싸서 무거운 것으로 눌러 놓아야 식감이 좋아진다.
* 편육으로 크게 자르지 말고 배, 감, 미나리 등과 같이 굵게 채를 썰어 소스에 묻혀 먹으면 더욱 간편하고 좋다.
* 복분자청은 시중에 판매하는 것이나 가정에서 어머님들이 담그신 액을 사용하면 된다.

재미있는
약초이야기

급하지 않게 해주는 백작약

의성(醫聖) 화타에게 어떤 사람이 백작(白芍) 한 그루를 보냈다. 화타는 그것을 창 앞 정원에 심고 백작의 잎, 가지, 꽃을 뜯어 맛을 보았지만 맛이 평범하여 약의 성질을 알 수 없었다. 그는 백작을 약초로 쓸 수 없다고 생각해 관리를 하지 않았다.

어느 날, 화타는 늦은 밤 여자의 울음소리를 들었다. 창밖을 보니 아름다운 여인이 서 있었다. 여인은 뭔가 안타까워하는 눈치였다.

"할 말이 있으면 울지만 말고 말해 보아라."

화타가 나오니 사람은 보이지 않았다. 창문에서 본 여자가 서 있던 곳에는 백작나무만 서 있었다. 혼란스러워진 화타는 갸웃거리다가 웃으며 백작나무에게 말했다.

"네가 정말 약효가 있는 영험한 나무라면 마음 아파 울지 않아도 된다. 그러나 약효가 없는데 어찌 약으로 쓸 수 있단 말이냐?"

화타가 다시 방 안으로 들어오자 또 다시 여자 울음소리가 들렸다. 재빨리 나가 봐도 백작나무만 있을 뿐이었다. 이런 일이 반복되자 이상한 생각이 뇌리를 스쳤다.

"무슨 곡절이 있는 게 아닌가?"

그는 자는 부인을 깨워 자초지종을 설명했다. 부인은 백작나무를 바라보며 말했다.

"잘 살피면 하잘것 없는 풀 한 포기라도 효험을 찾아낼 수 있을 것입니다. 그러면 많은 환자의 생명을 구할 수 있지 않겠습니까? 백작만 쌀쌀맞게 대하지 말고, 당신이 잘 생각하여 용도를 찾아보세요."

화타는 웃으며 말했다.

"약초 맛을 보고 그 성질을 알아내 적절한 용도로 사용하고, 또 어떤 환자에게 효험이 있는지를 확실히 알아 한 치의 실수가 없게 하려고 하오. 그러나 백작나무의 꽃과 잎, 줄기를 모두 맛보았지만 약으로 쓸 수가 없었소. 그런데 어찌 이것을 약재로 사용하지 않는다고 안타까워하는 거요?"

"여보, 꽃과 잎, 줄기는 눈에 보이게 자라지만, 땅속에 있는 뿌리는 그렇지 않잖아요. 다시 한 번 살펴보세요." 하지만 화타는 대꾸하지 않았다.

이튿날 아침, 부인은 부엌칼을 가져와서는 허벅지 살을 도려냈다. 그러자 피가 바닥에 낭자했다. 화타는 각종 약초를 가져다가 상처에 붙였으나 피가 멎질 않았다. 부인은 그에게 백작의 뿌리를 캐 시험해 볼 것을 권했다. 화타는 부인 말대로 백작의 뿌리를 캐서 상처에 붙였다. 그 즉시 피가 멎고 통증도 가셨으며, 상처도 금세 아물었다. 부인의 노력으로 화타는 백작의 효능을 체험하였으며, 백작은 오늘날까지 귀중한 약재로 쓰이고 있다.

08 백합 황정 닭다리튀김

효능 자음(滋陰), 윤폐(潤肺)

재료 및 분량

식물재료 : 닭다리 1,500g, 호두 30g

약물재료 : 용안육(건조한 것) 40g, 백합 30g, 산약가루 30g, 의이인가루 30g, 황정 20g, 황기 20g

기타 재료 : 튀김가루 20g, 소금, 후추, 식용유, 물 적당량

조리과정

1. 닭다리를 잘 다듬어서 물기를 제거하고 소금, 후추로 30분간 밑간을 해놓는다.
2. 닭다리를 찜통에 넣고 살짝 찐다.
3. 황정, 황기에 물 500mL를 붓고 중불에서 약 200mL가 될 때까지 끓인다.
4. 백합에 물을 넉넉하게 붓고 끓여서 부드러워지면 건져 놓는다.
5. 용안육은 잘게 다진다.
6. 호두는 겉껍질만 제거하고 잘게 다진다.
7. 산약가루, 튀김가루, 율무가루, 호두, 용안육을 혼합하고 3의 물을 부어 반죽을 만든다. 이때 물로 최종 튀김옷 농도를 조절한다.
8. 닭다리를 7에 묻혀 노릇하게 튀긴 후 예쁘게 담아 낸다.

약선 특징

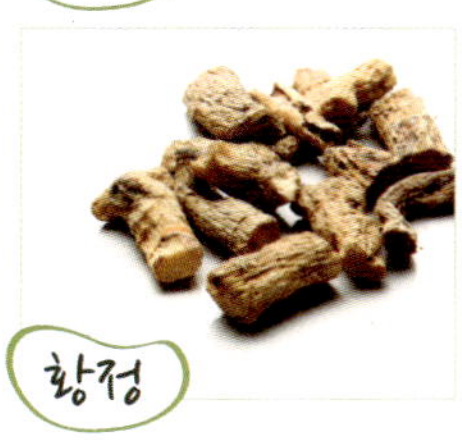

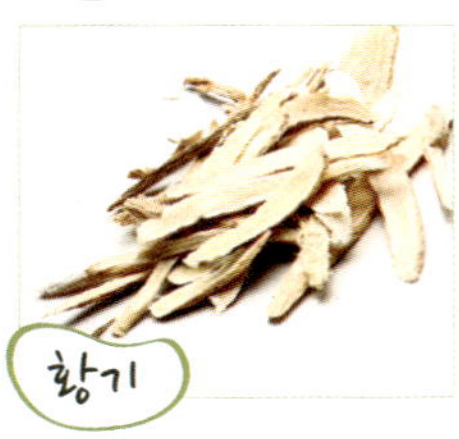

효능	건조한 계절에 진액(津液)을 생성하여 특히 폐를 촉촉하게 해서 폐를 건강하게 해주고 마음을 안정시켜주는 가을철 약선							
약선식료학적 특성	재료명	본초명	성(性)	미(味)	귀경(歸經)	효능	함유량 중량(g)	함유량 %
	닭고기	계육(鷄肉)	溫	甘	脾, 胃	溫中益氣, 補精添髓	1,500	88.0
	호두	호도인(胡桃仁)	溫	甘	腎, 肺	補腎固精 溫肺定喘	30	1.8
	마	산약(山藥)	平	甘	肺, 脾, 腎	益精固腎, 健脾, 補肺	30	1.8
	율무	의이인(薏苡仁)	凉	甘, 淡	脾, 肺, 腎	健脾止瀉, 利水滲濕	30	1.8
	용안육	龍眼肉	溫	甘	心, 脾	健脾止瀉, 補益心脾	40	2.4
	백합	百合	平	甘, 微苦	心, 肺	潤肺止咳, 淸心安神	30	1.8
	황정	黃精	平	甘	脾, 肺, 腎	潤肺滋陰, 補脾益氣	20	1.2
	황기	黃芪	微溫	甘	脾, 肺	補氣升陽, 益衛固表	20	1.2
	총중량						1,700	100.0
배합원리	본 약선에서는 백합과 황정이 자음(滋陰), 윤폐(潤肺)의 효능을 나타내는 주재료이고 닭고기, 산약, 호두, 용안육 및 황기는 주재료의 효능을 증진시키는 부재료이며 율무와 그밖의 재료들은 보조재료이다.							

닭고기 중에서 육질이 단단하고 탄력이 있는 다리살을 선택하여 튀김을 구성하였다. 일반 닭다리 튀김과 같으나 튀김옷의 효능이 있도록 레시피를 구성하였다. 튀김옷 재료들에 의해 보폐(補肺) 및 자음(滋陰)하는 약선 효능을 나타낸다.

약물재료의 특성

- 무환자나무과의 상록교목인 용안의 과육으로 리지와 비슷한 열매이다.주) 그냥 먹어도 좋고 반건조해서 사용하기도 한다. 정신을 안정시켜서 불면증이나 건망증에 좋다. 용안육의 일일 섭취량은 약 7.5~18.8g 정도이다.
  용안육은 반건조된 미갈색이 상품이다. 가격이 좀 저렴하면서 까만 덩어리의 제품이 판매되고 있는데 이는 용안육의 함량이 낮고 조청을 많이 함유하고 있다. 열대과일이므로 과거에는 양이 적어 소량의 용안육에 조청을 섞어 고아서 사용해왔기 때문에 현재에도 그런 제품이 나오고 있다.
- 백합은 백합과 식물의 비늘줄기로 옥같이 매끈하고 윤이 나고 맛이 향기로운 자보(滋補)의 재료로 가을철에 사용하면 좋은 재료로 일일 섭취량은 11.3~37.5g 정도이다. 백합과 맥문동은 청열생진(清熱生津)하는 효능이 증강되는 좋은 배합이니 잘 사용하면 효과적이다.
- 산약은 마과에 속하는 덩굴성 초본식물 마의 뿌리 또는 뿌리줄기이다. 점성이 강하고 자양강장의 효과가 크며 소화를 돕는다. 신(腎)을 보하여 힘을 내게 해주어 '산속의 장어' 라고 불린다. 배가 더부룩할 때는 먹지 않는 것이 좋고 일일 섭취량은 약 11.3~22.5g 정도이다.
- 의이인은 계절약선(돼지고기부추백출조림) 부분 참조
- 황정은 계절약선(오이황정연근샐러드) 부분 참조
- 황기는 콩과에 속하는 여러해살이풀의 뿌리를 말린 것으로 보기(補氣)의 효과가 크다. 황기의 일일 섭취량은 약 11.3~18.8g 정도이다.

주) p.182 참조

조리 *tip*

* 튀김옷이 다소 두꺼우므로 닭다리는 작은 것이 좋고 닭봉을 사용해도 좋다. 튀김옷의 용안육으로 인해 튀김 시 빨리 타는 경우가 있어 닭다리를 미리 밑간을 하여 쪄서 튀기는 것이 좋다. 그렇지 않으면 닭고기가 익지 않는 경우가 발생한다. 다른 계절에도 튀김옷을 달리 해서 닭다리 튀김을 응용해보자.
* 첫 번째 튀김은 170℃에서 3~4분 동안 튀겨주고 두 번째는 190℃의 온도에서 표면이 바삭할 때까지 튀겨준다.
* 백합은 중불에서 손가락으로 만져보았을 때 부드럽게 느껴질 때까지 오랫동안 끓여야 한다.

재미있는
약초이야기

마음을 안정시키고 폐를 촉촉하게 해주는 보약 백합

옛날 해적들이 출몰하는 시절이 있었다. 해적들은 해안가의 마을로 가서 곡식을 약탈하고 심지어 여자와 아이들까지 납치하곤 했다. 섬에는 여자와 아이뿐이라 해적들은 섬을 지킬 생각은 하지 않고 항상 전부 약탈을 하기 위해 떠나곤 했다.

그러던 어느 날 해적들이 나간 사이에 폭풍우가 몰아쳐 해적선이 침몰하여 다 죽게 되었다. 섬의 사람들은 해적들이 죽은 것이 다행스러웠으나 식량문제는 해결하지 못해 또다른 고민에 빠지게 되었다. 그래서 여기저기 먹을 수 있는 것이라고는 다 구해서 먹었는데, 그 중에는 처음 보는데 모양이 마치 마늘과 비슷한 뿌리가 있었다.

그 뿌리를 식량대용으로 먹던 중 한 사람이 폐병에 걸렸다. 먹을 것이라고는 그것밖에 없어 먹었는데 그것을 먹고나서 며칠이 지나 몸이 완전히 회복되었다.

어느 날 해안가로 배 한 척이 다가왔는데 그 배는 섬을 오가면서 약초를 캐는 사람들이 타고 온 배였다.

그들은 자초지종을 듣고 신기해하면서 물어보았다.

"식량도 마땅치 않은 이곳에서 어떻게 그렇게 오랫동안 있을 수 있었습니까?"

그말에 여자들은 그 뿌리를 보이며 "이것을 먹고 지냈습니다." 라고 했다. 그들은 그 뿌리를 맛보더니 "아! 이것은 약효가 있는 뿌리야." 라고 감탄했다.

그런데 그들이 가지고 온 배는 너무 작아 더 큰 배를 가지고 오기로 하고 사람들에게 물어 보았다.

"지금 있는 사람은 모두 몇사람입니까?" 그러자 대답하기를, "모두 합해서 백명입니다." 결국 여자들과 아이들은 다시 마을로 돌아오고 약초캐는 사람들은 그 뿌리를 기침이나 폐병 환자에게 써보니 정말로 효과가 좋았다. 그때 처음 발견된 약초를 '그 섬에 있던 사람의 합이 백명' 이라는 의미로 '백합(百合)' 이라고 이름 지었다.

09

맥문동 대합구이

효능 생진윤조(生津潤燥)

재료 및 분량

식물재료 : 대합 400g, 잣 50g, 파인애플 40g
약물재료 : 맥문동 50g, 곽향 20g
대합양념장 : 파인애플 다진것, 맥문동곽향액 3TS, 설탕 2ts, 깨소금 2ts, 다진 마늘 2ts, 참기름 2ts, 백포도주 1TS, 파기름(164쪽 참조) 2ts, 흰후추, 생강즙 적당량
잣소스 : 다진잣 40g, 꿀 1TS, 맥문동곽향액 2TS
기타 재료 : 식용유 적당량 / 대나무꼬치

조리과정

1. 대합은 껍질에서 잘 꺼내어 깨끗하게 씻는다.
2. 맥문동과 곽향에 물 500mL를 넣고 중불에서 약 150mL가 되도록 끓인다.
3. 파인애플을 잘게 다진다.
4. 분량의 양념을 섞어 대합양념장을 만들고, 대합을 30분 이상 재운다.
5. 통잣은 고깔을 떼어낸 후 마른 팬에 노릇하게 볶아 잘게 다져 준비한다.
6. 꿀 및 맥문동액을 넣고 잣소스를 만든다.
7. 꼬치에 4를 꿰어 팬 또는 직화로 구워낸다.
8. 먹을 때 잣소스를 찍어 먹는다.

약선 특징

효능	건조한 가을철에 진액(津液)을 생성하여 장, 폐를 촉촉하게 해주는 가을철 약선							
약선식료학적 특성	재료명	본초명	성(性)	미(味)	귀경(歸經)	효능	함유량 중량(g)	함유량 %
	대합	문합(文蛤)	平	鹹	腎	淸熱利濕, 化痰散結	400	71.4
	잣	송자(松子)	溫	甘	肝, 肺, 大腸	潤燥, 潤肺, 滑腸	50	8.9
	파인애플	파라(菠蘿)	平	甘, 微酸	胃, 腎	生津止渴, 益氣健脾	40	7.1
	맥문동	麥門冬	寒	甘, 微苦	肺, 胃, 心	養陰潤肺, 益胃生津	50	8.9
	곽향	藿香	溫	辛	肺, 脾, 胃	祛濕, 和中	20	3.7
	총중량						560	100.0
배합원리	본 약선에서는 잣과 맥문동이 생진윤조(生津潤燥)하는 효능을 가진 주재료이고 대합, 파인애플이 부재료이며, 곽향과 그밖의 재료들은 효능과 맛을 조절하는 보조재료이다.							

대개 조개류는 직화로 구워 그냥 먹는다. 일반 대합구이에 비해 자음윤조(滋陰潤燥) 효능을 가진 소스를 곁들여 생진윤조(生津潤燥) 효과를 얻을 수 있어 가을철에 합당한 계절 약선이 된다.

• 파기름 만들기

재료 : 콩기름 150mL, 생강 1톨, 마늘 2톨, 총백 40g

만들기 : 팬에 콩기름, 생강, 마늘 및 총백을 넣고 약불에서 약 40분 정도 나무주걱으로 저어가며 끓인 후 건져내거나 여과한다.

약물재료의 특성

- 맥문동은 백합과 여러해살이 풀인 맥문동의 덩이뿌리이다. 봄철에 아파트 정원에 연보라색 꽃을 피우는 식물로 몸에 진액을 생성한다. 뿌리가 보리와 비슷하고 잎이 겨울에도 시들지 않아서 맥문동(麥門冬)이란 이름이 생겼다.
  자음하는 효능을 가진 재료로, 사용할 때는 꼭 가운데 심을 제거하고 사용해야 번갈(煩渴)의 부작용이 없다.
  대개 한약재료상에서 판매하는 것은 심을 제거한 것들이다. 맥문동의 일일섭취량은 7.4~14.8g 정도이다. 맥문동과 사삼의 배합은 청폐양음(淸肺養陰), 익위생진(益胃生津) 효능이 증진된다.
- 곽향은 계절약선(시금치하수오달걀말이) 부분 참조

영양소 함유 가치

단백질, 당질 및 지질을 섭취할 수 있으며 영양학적으로 볼 때 술안주로 활용해도 좋다.

조리 tip

* 소스를 만들어서 대합을 찍어 먹는 음식으로 꼬치에 끼웠으나 먹기 쉽도록 무쳐도 된다.
* 껍질에서 꺼낸 대합은 소금물로 깨끗하게 씻어서 준비한다.
* 양념장에도 총백을 직접 사용하지 않고 파기름을 사용하여 뜨겁고 매운 성질로 진액이 발산되는 것을 최소화 하고자 하였다.
* 해산물의 비린내를 없애기 위해 백포도주를 사용하여 양념장을 만들었다.
* 파인애플은 통조림을 사용해도 가능하다.

재미있는
약초이야기

습기를 제거하여 가볍게 해주는
곽향

옛날에 이름이 곽향(藿香)인 시누이와 올케가 살고 있었다. 곽향의 오빠가 전쟁터에 나간 후 둘은 친자매처럼 서로 의지하면서 친하게 지냈다. 그러나 어느 여름 올케가 더위를 먹고 머리가 아프다면서 심지어 토하기까지 하였다. 곽향은 전에 오빠가 더위를 먹었을 때 먹었던 약초가 생각이 나서 그 약초를 캐기 위해 산에 올랐다.

그런데 한참 시간이 흘러 어두워졌는데도 시누이가 오지 않자 올케는 무척 걱정을 하고 있었다. 그때 쯤 밖에서 인기척이 나서 나가 보니 시누이가 쓰러져 있는 것이 아닌가? 그래서 올케는 시누이에게 물어 보았다.

"어떻게 된 거야?"

그러자 시누이는 "독사에 물려서……" 라고 대답했다.

그래서 다리를 보니 정말로 시누이가 독사에 물려 퉁퉁 부어 있었다. 그것을 보고 올케는 시누이가 같이 죽게 된다고 말리는 것을 막무가내로 입을 대고 피를 뽑았다. 올케의 정성에도 불구하고 두 사람은 결국 탈진이 되었다.

다음날 마을 사람들이 둘을 발견했을 때는 시누이는 이미 죽어 있었고 올케도 거의 숨이 끊어질 지경이었다. 올케는 시누이가 산에서 캐온 약초를 가리키며 이웃 사람들에게,

"이 약초는 더위먹었을 때 치료하는 약으로 머리가 아플 때도, 속이 울렁거릴 때도 좋은 약인데 이 약초의 이름을 시누이의 이름인 '곽향(藿香)' 으로 불러 주십시오" 라는 말을 남기고 숨을 거두고 말았다.

이 약초는 잎이 콩의 잎을 닮아 '콩' 의 뜻인 ' 곽(藿)' 과 향이 난다 해서 '향(香)' 를 합해 '곽향(藿香)' 이라고 불리게 되어 더위 먹었을 때 매우 좋은 약으로 쓰이고 있다.

10 새우 밤 편두찜

효능 보신장양(補腎壯陽)

재료 및 분량

식물재료 : 참새우 300g, 밤 150g, 잣 40g, 호두 30g, 셀러리 30g, 영양부추 30g
약물재료 : 백편두 50g
샐러드 드레싱 : 플레인 요거트 5TS , 소금, 흰후추 적당량
대하 삶는 양념 : 화이트와인 2TS, 마른 셀러리잎 2장, 양파, 마늘 적당량
기타 재료 : 대나무꼬치

조리과정

1. 새우는 내장을 없애고 꼬치를 꼬리쪽에서 머리까지 꽂아 준비한다.
2. 대하 삶는 양념에 물을 넣고 재료의 맛이 우러나도록 끓인 후 1을 넣고 삶아 건진다.
3. 삶은 새우는 등쪽에서 배까지 칼집을 넣고 책장을 펼치듯이 펼친다.
4. 밤은 삶아서 속껍질을 벗겨 체에 내리고, 백편두는 삶아서 으깬다.
5. 겉껍질만 벗긴 호두는 잘게 다지고, 셀러리는 줄기부분을 곱게 다져 넣는다.
6. 4, 5와 셀러드 드레싱 재료를 넣고 반죽하듯 섞어 놓는다.
7. 칼집을 넣은 새우 사이에 6을 채워 넣는다.
8. 접시에 영양부추를 깔고 그 위에 완성한 새우를 담아낸다.
9. 먹을 때 새우를 부추에 싸서 메밀간장을 뿌려서 먹는다.

약선 특징

효능	신(腎)의 양기(陽氣)를 북돋아서 신의 기능이 잘 발휘될 수 있도록 하고 몸을 따뜻하게 해주는 겨울철 약선							
약선식료학적 특성	재료명	본초명	성(性)	미(味)	귀경(歸經)	효능	함유량	
							중량(g)	%
	참새우	대하(對蝦)	溫	鹹, 甘	肝, 腎	補腎壯陽, 益氣開胃	300	47.6
	밤	율자(栗子)	溫	甘	脾, 胃, 腎	養胃健脾, 補腎强筋	150	23.8
	잣	송자(松子)	溫	甘	肝, 肺, 大腸	活腸潤燥, 潤肺	40	6.3
	셀러리	한근(旱芹)	涼	甘, 苦	肝	平肝淸熱, 祛風, 解毒	30	4.8
	부추	구채(韭菜)	溫	辛	肝, 胃, 腎	補腎, 溫中, 行氣, 散瘀	30	4.8
	호두	호도인(胡桃仁)	溫	甘	腎, 肺	補腎固精 溫肺定喘	30	4.8
	백편두	白扁豆	平	甘, 淡	脾, 胃	健脾和中, 化濕	50	7.9
	총중량						630	100.0
배합원리	이 약선에서는 보신장양(補腎壯陽) 효능을 가진 새우가 주재료이고 밤, 호두, 영양부추가 부재료이며 잣, 셀러리, 백편두 및 그 밖의 재료들은 보조재료이다.							

겨울철에는 양기가 부족하므로 양기보충이 필요하다. 특히 신(腎)의 양기를 돋우는 것이 필요하다. 이에 합당한 재료가 새우와 밤이다. 두 재료 모두 신(腎)을 보하는 효능이 있어 겨울철뿐 아니라 체력이나 정력이 저하된 경우에도 좋고 식욕이 저하된 경우에도 효과적이다. 새우와 밤, 호두가 함께 약선효능을 증강시키는 작용을 한다. 이 음식을 먹을 때 꼭 영양부추와 함께 섭취해야 약선효능이 증진된다.

약물재료의 특성

- 백편두는 편두, 까치콩이라고도 하며 콩과식물 편두의 백색종자이다. 일일 섭취량은 10~20g 정도이다. 너무 많이 먹으면 기가 막히고 비를 상하게 하므로 주의하며 건비지사(健脾止瀉)를 위해서는 볶아서, 해서(解暑)를 위해서는 생으로 사용하는 것이 좋다. 백편두 600g을 갈아서 미숫가루를 만들어 먹거나 콩물국수로 만들어 먹으면 여름철에 더위를 이기는데 도움이 된다. 또한 떡의 고물로 사용해도 좋다.

영양소 함유 가치

단백질과 비타민 및 무기질을 섭취할 수 있다. 영양가치로 볼 때 새우의 콜레스테롤을 걱정하는데 본 약선은 음식 전반적인 효능 접근이므로 극도로 섭취를 제한해야 하는 사람이 아니라면 겨울철에 아주 좋은 음식이다.

• 메밀간장 만들기

재료 : 진간장 2컵, 멸치 30g, 다시마 50g, 물 7컵, 통후추 1ts, 양파 1개, 마른 고추 1개, 청주 2컵, 맛술 2컵, 가다랑어포 100g, 설탕 100g

만들기

1. 멸치는 접시에 치킨타올을 깔고 펼친 뒤 전자렌지에 40초 돌려 비린맛을 제거한다.
2. 냄비에 멸치, 다시마, 물을 넣고 끓기 시작하면 중간불로 줄여 15분 간 끓인다.
3. 멸치만 건져내고 통후추, 큼직하게 썬 양파, 2등분한 고추를 넣고 15분 간 뚜껑을 덮고 더 끓인다.
4. 3을 고운망에 걸러 국물만 내린다(걸러낸 국물의 양이 2컵이면 적당하다).
5. 냄비에 청주, 맛술과 함께 넣어 바글바글 끓으면 포를 넣는다.
6. 포가 국물에 젖으면 불을 끄고 10분 간 그대로 둔다.
7. 넓은 체에 면보를 깔고 6을 거른다.
8. 7을 냄비에 넣고 설탕, 진간장을 넣어 다시 불에 올린다. 끓기 시작하면 약한 불로 10분 간 끓인 후 실온에서 완전히 식혀 병에 담는다.

조리 *tip*

* 새우는 옅은 소금물에 흔들어 씻은 다음 등쪽의 내장을 꼬치를 이용해서 꺼낸다.

* 쉽게 밤 속껍질을 벗기려면 우선 겉껍질을 벗긴 밤을 하룻밤 찬물에 담가 둔다. 속껍질이 물에 불었을 때 플라스틱으로 된 무즙 짜는 기구를 사용해서 밤을 돌려가면서 가볍게 문지르면 칼로 벗기는 것보다 시간이 절약된다.

* 본 약선은 새우 모양을 내기 위해 소스로 버무린 재료들을 새우 안에 넣었으나 실제로는 먹기가 불편하니, 새우살을 발라내서 여러 재료들을 함께 소스에 버무려 먹어도 좋고 칵테일새우살을 이용해서 샐러드 형식으로 만들어도 좋다.

재미있는
약초이야기

신장(腎臟)의 과일로 신병(腎病)이 있는 사람이 반드시 먹어야 하는 율자

원효대사의 탄생일화와 관련된 밤나무 이야기가 있다. 대사의 어머니가 밤나무 아래를 지나다가 남편의 옷을 걸쳐놓고 원효대사를 분만 하였기 때문에 이 나무를 사라수(娑羅樹)라 하였고 훗날 이 나무의 열매가 다른 것과 매우 달랐으므로 사라율(娑羅栗)이라 하였다.

대사가 출가함에 따라 이 집을 사라사(娑羅寺)라 하였는데, 훗날 이 절 노비가 매일매일 저녁식사로 밤 2개만 받는 것에 불만을 품고 관청에 고발하였다. 관리가 이를 괴이하게 여겨 밤을 검사해보니 사라사의 밤 1개가 바리때(스님의 밥그릇인 발우)에 꽉 찰 정도로 크기 때문에 오히려 2개를 주지 말고 1개씩 주라고 판정을 내렸을 정도였다고 한다.

삼국시대 약밥의 유래가 있다. 신라 21대 소지왕이 천천정에 행차하였다. 이때 까마귀와 쥐가 함께 와서 우는데, 쥐가 사람의 말로 "이 까마귀가 가는 곳을 따라가 보라." 라고 했다. 왕은 말탄 병사를 시켜 좇게 했다. 남쪽으로 피촌에 이르자 돼지 두 마리가 싸우고 있었다.

병사는 잠시 그것을 구경하다 문득 까마귀가 간 곳을 놓치고 말았다. 길가에서 헤매고 있을 때 마침 연못 가운데에서 나온 노인이 편지를 바치는데 겉면에 '뜯어서 보면 두 사람이 죽을 것이오, 뜯지 않으면 한 사람이 죽는다.' 라고 쓰여 있었다.

병사는 돌아와서 그것을 왕에게 바쳤다.

"두 사람이 죽는 것보다는 뜯지 않아 한 사람이 죽는 게 낫다." 라고 왕이 말하자, 한 신하가 "두 사람은 서민이고 한 사람은 왕입니다." 라고 진언하였다. 왕이 그렇게 여겨 뜯어보니, '거문고를 넣어두는 갑을 쏴라!' 라고 쓰여 있었다. 왕이 왕궁으로 돌아와 거문고의 갑을 쏘았더니 내전에서 향불을 피우고 도를 닦아야 하는 중이 공주와 사통을 하고 있었다. 이에 두 사람은 참형을 당하였다.

이로부터 나라의 풍속에 매년 정월 첫 해(亥)일, 자(自)일, 오(午)일에는 삼가 근신하여 감히 일을 벌이지 않았다. 그리고 15일은 까마귀를 기리는 날로 삼아 찰밥으로 향반(香飯)을 만들어 제사를 지냈는데 지금까지 행해진다. 신라의 언어로 달도(怛忉)는 슬픔 마음으로 모든 일을 삼가고 꺼린다는 뜻이다. 그 연못을 서출지(書出池)라 부른다.

향반을 만드는 방법은 찹쌀을 쪄서 밥을 짓고 곶감, 잘 익은 밤, 대추, 마른 고사리, 오족용(烏足茸) 등을 잘게 썰어 맑은 꿀과 맑은 장(醬)에 섞어 찐다. 여기에 호두, 잣을 넣어 만드는데 이를 약반(藥飯)이라 한다.

11 두충 굴튀김

효능 보신장양(補腎壯陽)

재료 및 분량

식물재료 : 굴(껍질 깐 것) 200g, 땅콩 50g, 파슬리가루 40g, 달걀 2개
약물재료 : 산약가루 20g, 두충 30g, 산약(생것) 30g, 자소엽 10g
소스 : 두충액 4TS, 다진 땅콩, 갈은 산약, 레몬즙 1ts
기타 재료 : 빵가루 20g, 식용유, 레몬, 소금, 후추, 밀가루 적당량

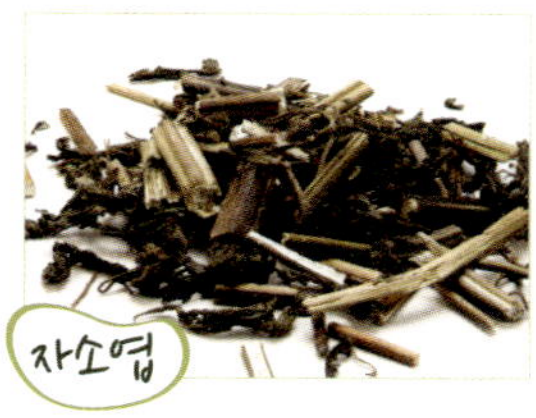

조리과정

1. 굵은 소금을 조금 풀어 삼삼하게 만들어 둔 소금물에 굴을 넣고 살살 흔들어 씻은 후 건져서 물기를 뺀다.
2. 두충에 물 300mL를 넣고 중불에서 끓여 액을 반으로 만든다.
3. 물기를 뺀 굴에 소금, 후추, 레몬즙을 뿌려 밑간을 한다.
4. 산약가루에 파슬리가루, 빵가루를 섞어 파슬리빵가루를 만든다.
5. 자소엽을 물에 씻어 잘게 다져 밀가루와 섞어 놓는다.
6. 1을 5와 섞은 후 달걀, 파슬리빵가루를 묻혀 튀길 준비를 한다.
7. 170℃의 기름에서 바삭하게 튀겨낸다.
8. 땅콩은 껍질을 벗겨 다지고 생산약은 믹서에 간다.
9. 8에 두충액 및 레몬즙을 섞어 소스를 만든다.
10. 튀김과 소스를 곁들여 먹는다.

약선 특징

효능	신(腎)의 기능이 활발해지는 겨울철에 합당하며 신양허(腎陽虛) 증상으로 추위를 느낄 때, 정력이 약해질 때, 신이 약해서 허리와 무릎이 시릴 때 섭취하면 좋은 겨울철 약선							
약선식료학적 특성	재료명	본초명	성(性)	미(味)	귀경(歸經)	효능	함유량 중량(g)	함유량 %
	굴	모려육(牡蠣肉)	平	甘, 鹹	心, 肝	養血安神, 軟堅消腫	200	50.0
	달걀	계단(鷄蛋)	平	甘	脾, 胃	滋陰潤燥, 養心安神	80	20.0
	땅콩	낙화생(落花生)	平	甘	脾, 肺	健脾養胃, 潤肺化痰	50	12.5
	두충	두중(杜仲)	溫	甘	肝, 腎	補肝腎, 强筋骨	30	7.5
	마	산약(山藥)	平	甘	肺, 脾, 腎	益精固腎, 健脾, 補肺	30	7.5
	자소엽	紫蘇葉	溫	辛	肺, 脾	散寒, 行氣	10	2.5
	총중량						400	100.0
배합원리	본 약선에서 보신장양(補腎壯陽)하는 효능을 가진 두충이 주재료이고 굴, 산약, 자소엽이 부재료이며 땅콩, 달걀 및 그 밖의 재료들은 보조재료이다.							

겨울철 부족한 양기를 보충할 수 있는 음식이다. 일반적으로 굴튀김은 마요네즈 소스에 많이 찍어 먹는데 양기를 보강하기 위해서 두충액과 혼합한 소스를 활용하였다. 두충은 대표적인 보양(補陽)효능을 가진 재료로 추운 겨울철에도 활용하기에 좋은 재료이다. 두충은 굴과 좋은 배합이다. 일반 굴튀김에 위의 재료를 첨가하여 조리하면 좋은 겨울철 약선이 된다.

약물재료의 특성

- 산약은 계절약선(백합황정닭다리튀김) 부분 참조
- 두충은 두충과 낙엽교목인 두충나무껍질을 말린 것으로 신(腎) 기능을 증진시키는 효능이 있어 신의 양기를 보충하는 데 매우 좋은 재료이다. 두충의 일일 사용량은 11.1~18.5g이다. 두충과 구기자 또는 산수유의 배합은 신의 양기를 보익하는 데 더 좋고 호두와의 배합으로 간신(肝腎)을 보하는 효과가 커진다. 두충차는 두충의 잎을 이용하여 만든다.
- 자소엽은 순형과식물 자소의 잎으로 한기(寒氣)를 내는 효능이 있고 생선을 잘못 먹었을 경우에 해독시키는 효능이 있다. 자소엽의 일일 섭취량은 7.5~11.3g이다.

영양소 함유 가치

단백질과 지질의 함유량이 높아 열량이 높은 음식이다. 이 약선을 먹을 때는 버섯류와 곁들여서 영양균형을 맞추어도 약선효능은 유지된다.

조리 tip

* 굴은 가을부터 겨울 동안에 맛이 좋다. 찬 소금물에 가볍게 담가 헹구듯 껍질과 잡물질을 가려내고 소쿠리에 건져 물기를 뺀다. 맹물에 씻을 때보다 맛이 유지된다.
* 튀김온도가 너무 높지 않도록 하고 빨리 튀겨내도록 한다.
* 자소엽은 한약상에서 잎을 말려서 썰어 놓은 것을 주로 판다. 이를 물에 씻어 건져서 잘게 다져서 사용하면 된다.

재미있는
약초이야기

체력과 기운을 돋우는 득도의 명약 두충

납섬을 업으로 하는 아버지와 아들이 살고 있었다. 그들은 납섬(拉纖 : 강을 건너기 위해서, 강의 상하류를 밧줄로 연결하여 줄을 당기며 강을 건너는 것, 납섬을 업으로 하는 사람을 섬부(纖夫)라 한다)에 의존해 간신히 생활을 유지하였다. 아들은 두충이라 불렸는데, 심성이 착하고 정이 많은 사람이었다. 그는 항상 나이가 많은 섬부들을 도와주는 등 좋은 일을 많이 하였다.

그는 가난한 섬부들과 동고동락하면서, 나이가 많은 대부분의 섬부들이 허리와 다리가 항상 시큰거리며 통증이 있고, 현기증으로 고생하는 것을 발견하고는 늘 마음 아파했고, 그들을 치료해 줄 수가 없어 안타까워했다.

하루는 두충이 약초를 캐는 백발의 노인을 만났다. 그는 정중하게 노인에게 인사를 드리고 섬부들이 허리와 다리의 통증과 현기증으로 고생하는 사실을 말씀드리고 이 병에 대하여 좋은 약이 있는지 도움을 청하였다. 노인은 젊은 두충이 남의 고통을 알고, 남을 도와주려는 선량한 마음씨에 감동을 받아 자기의 약꾸러미에서 한 가닥의 나뭇가지를 꺼내 보여 주면서 바로 앞에 있는 큰 산의 기슭에 이 약재가 있음을 일러 주었다.

"이 약재만이 그런 병을 고칠 수가 있네. 하지만 그 약재는 산의 절벽에 있고, 산길은 매우 험하고 위험하며 맹수들이 나타나서 용기와 담이 없는 사람이면 그 약재를 구할 수가 없다네."

두충은 노인의 말을 듣고 기뻐서 어쩔 줄을 몰랐다. 그래서 노인에게 큰절을 올리고는 그 길로 약재를 구하기 위해서 입산을 했다. 그러나 험한 산길에서의 산행은 어려움이 이만저만이 아니었다. 풀과 나무열매를 먹으면서 배를 채워야 했고, 몇날 며칠을 노숙하면서 산행을 계속해야 했다. 몸은 지칠 대로 지쳐서 결국은 큰 나무 아래에서 쓰러지고 말았다.

천둥과 번개를 동반한 바람과 비는 두충의 체온을 점점 빼앗아 갔고, 추위를 느낀 두충은 겨우 정신을 차릴 수가 있었다. 그런데 이게 무슨 기적인가! 그렇게 약재를 찾아 헤맸는데 그 나무가 바로 그가 쓰러져 있는 눈앞에 보이는 게 아닌가! 그의 기쁜 마음은 말로 표현할 수가 없었고, 오직 머리에 떠오르는 것은 통증과 현기증으로 고생하고 있는 섬부들에게 빨리 이 약재를 복용케 하는 것이었다.

그는 피로를 잊은 채 약재를 준비하여 흥분한 상태로 급히 하산하였다. 그런데 그가 가파른 절벽을 통과할 때 암석에 발을 헛디뎌 절벽 아래 장강(長江)에 빠져버렸다. 사람들이 발견했을 때는 호흡이 이미 멈춘 상태였다. 그러나 그는 손은 약을 놓지 않고 꽉 쥐고 있었다. 섬부들은 이것을 보고서 흘러내리는 눈물을 멈출 수 없었다. 섬부들은 두충이 가져온 약을 복용하고 병이 점점 호전되었고 두충의 이름을 기리기 위해 그 약재를 두충이라 명하였다.

12 새우 자소엽튀김

효능 보신(補腎), 온양(溫陽)

재료 및 분량

식물재료 : 참새우살 200g, 연근 150g
약물재료 : 자소엽 30g
튀김반죽 : 자소엽액, 녹말가루, 튀김가루
초간장소스 : 간장 1TS, 유자청 1TS
기타 재료 : 소금, 후추, 녹말가루, 튀김기름, 식초 적당량

조리과정

1. 자소엽에 500mL의 물을 넣고 약불에서 약 100mL정도가 되도록 끓인다.
2. 새우살은 곱게 다진 다음 소금, 후추로 간을 한다.
3. 얄팍하게 썬 연근은 3% 식초물에 담갔다가 건져 물기를 없앤다.
4. 연근 한쪽 면에 녹말가루를 바르고 여분의 가루는 털어낸다.
5. 1의 액을 준비하고 남은 자소엽을 잘게 다진다.
6. 다진 자소엽과 양념해서 다진 새우살을 잘 섞는다.
7. 6을 연근 사이에 끼운다.
8. 튀김반죽을 준비한다.
9. 녹말가루 묻힌 연근에 튀김반죽을 입혀 잘 달궈진 기름에 넣어 노릇하게 튀겨 초간장을 곁들인다.
10. 초간장소스를 만들어 함께 먹는다.

약선 특징

효능	몸을 따뜻하게 하고 신(腎)을 보하여 신의 양기(陽氣)가 활성화되어 힘을 낼 수 있도록 해주는 겨울철 약선							
약선식료학적 특성	재료명	본초명	성(性)	미(味)	귀경(歸經)	효능	함유량 중량(g)	함유량 %
	참새우	대하(對蝦)	溫	鹹, 甘	肝, 腎	補腎壯陽, 益氣開胃	200	52.6
	연근	우(藕)	寒	甘	心, 脾, 胃	健脾開胃, 止瀉固精	150	39.5
	자소엽	紫蘇葉	溫	辛	肺, 脾	散寒, 行氣	30	7.9
	총중량						380	100.0
배합원리	보신(補腎)하는 효능의 새우가 본 약선의 주재료이고 자소엽, 연근은 주재료의 효능을 돕는 부재료이며 그 밖의 재료들은 보조재료이다.							

새우살을 다져 양념하여 연근 사이에 끼워서 튀긴 음식이다. 대개 연근, 새우를 자주 튀겨 먹지만 두 가지를 함께 조리한 음식은 없었다. 두 재료를 함께 사용하면 신(腎)의 정(精)을 보하는데 매우 좋은 배합이 된다. 보신(補腎)의 효능이 좋은 새우를 위와 같은 배합으로 조리를 하면 겨울철에 좋은 약선이 된다.

약물재료의 특성

- 자소엽은 계절약선(두충굴튀김) 부분 참조
- 연근은 계절약선(오이황정연근샐러드) 부분 참조

영양소 함유 가치

단백질, 지질 함량이 높아 열량이 높은 음식이다. 이 음식을 먹을 때는 비타민이나 무기질을 보충하려고 많은 야채를 곁들이면 약선 효능이 저하되므로 야채를 곁들이고 싶으면 생야채보다는 익힌 당근이나 데친 부추와 함께 상차림을 하는 것이 좋다.

곁들이는 음식이 목적하는 약선 효능을 저해할 수 있기 때문이다. 이 약선은 몸을 따뜻하게 해서 신의 양기를 보하는 음식인데 차가운 야채를 함께 많이 섭취하면 효능이 저하된다.

조리 tip

* 자소엽을 한약상에서 잎을 말려서 썰어 놓은 것을 주로 판매한다. 이를 물에 씻어 건져서 잘게 다져 사용하면 된다.

재미있는
약초이야기

한기를 내쫓는 따뜻한 자소엽

어느 식당에서 게를 먹는 시합이 한참 벌어지고 있었다.

이때 마침 명의로 소문이 난 화타가 제자를 데리고 식당에 들어갔다. 이 장면을 본 화타는 매우 놀라서 게를 마구 먹어대는 사람에게 이르기를,

"게는 차가운 성질이 있어서 너무 많이 먹으면 배가 아프고 심하면 되면 목숨을 잃을 수 있으니 이제 그만 먹도록 해라"

하지만 그 사람은 들은 체도 않고 계속 또 게를 먹어댄다.

얼마간의 시간이 흐르자 그 사람은 배가 아파 배를 쥐고 뒹굴었다. 이 장면을 목격한 화타는 제자에게 이르기를,

"이 근처에 가면 자색을 띤 줄기와 잎이 있으니 따 가지고 오라."

제자는 시키는대로 그 자색의 잎과 줄기를 따왔는데 그 사람에게 먹이니 배가 아픈 것이 점점 좋아지더니 결국은 완전히 낫게 되었다.

이 약초에 대해 궁금해진 제자는 화타에게 물어보았다.

"도대체 이 풀이 게의 독을 풀어준다는 말이 어느 책에 있습니까?"

제자의 말에 화타가 대답하기를,

"물론 책에는 없다. 하지만 내가 전에 약초를 캐다가 우연히 물개가 너무 큰 물고기를 먹어 배가 터질 것 같이 아프고 힘이 없는 것을 보았는데 뭍으로 올라와 바로 그 풀을 먹고서는 점차로 회복되는 것을 보았다."

화타는 물고기는 물에 있으니 차가운 성질이 있을 것이고 자색을 띤 풀은 따뜻한 성질이 있으니 물고기의 독을 해독할 수 있을 것이라고 생각해서 게를 먹고 배가 아픈 사람을 한 번 치료해 본 것이었다.

그리고 나서 화타는 '게를 먹고 배가 아팠던 사람이 자색의 풀을 먹으니 배가 편안해졌다' 는 의미로 자색의 '자(紫)' 와 편안하다는 의미의 '서(舒)' 로 합해 '자서(紫舒)' 로 이름을 지었는데 그 이후에 '풀' 이라는 의미도 있는 '소(蘇)' 가 '서(舒)' 와 발음이 비슷해 다시 '자소(紫蘇)' 라고 불리게 된 것이다.

쉼터!!

조미 채소, 조미료 및 고명재료 사용 시 고려할 사항

이름 (본초명)	性味 / 歸經	효능	섭취제한 및 고려할 사항
양파(洋葱) 양총	溫, 辛 / 肺	몸을 따뜻하게 하고 한기(寒氣)를 발산하는 효능	열이 나거나 열체질, 피부병이 있을 때 / 많이 먹으면 눈이 흐려진다.
파(葱白) 총백	溫, 辛 / 肺, 胃	표피의 한기(寒氣)를 흩어뜨리고 양(陽)을 통하게 하는 효능	표가 허해서 땀이 많은 사람, 열이 나거나 열체질인 경우 / 토종꿀과 배합은 금기
생강(生薑)	溫, 辛 / 肺, 胃, 肺	표피의 한기(寒氣)를 흩어뜨리고 비(脾)를 건강히 하며 구토를 멈추게 하는 효능	음허내열(陰虛內熱)이 있거나 실열증이 있을 때
고추(辣椒) 랄초	熱, 辛/ 心, 脾	몸속의 한기(寒氣)를 흩어뜨리고 비위(脾胃)의 습(濕)을 제거하는 효능	해수, 눈질환이 있는 사람, 음허화왕(陰虛火旺)인 경우
마늘(大蒜) 대산	溫, 辛 / 脾, 胃, 肺	해독, 살충 및 해수기침과 담(痰)을 제거하는 효능	음허화왕(陰虛火旺)하거나 눈, 입, 이빨, 혀 등에 병이 있는 경우
흰설탕(白糖) 백당	平, 甘 / 脾	폐(肺)를 촉촉하게 하고 비위(脾胃)를 보(補)하여 급한 것을 완만하게 해주는 효능	체내 담습(痰濕)이 있는 환자의 경우
벌꿀(蜂蜜) 봉밀	平, 甘 / 肺, 脾,	비위(脾胃)를 보(補)하고 조절하고, 폐(肺)를 촉촉하게 해독하는 효능	체내 담습(痰濕)이 많거나 설사를 하는 경우
간장(醬油) 장유	寒, 鹹 / 脾, 胃, 腎	열(熱)을 풀어주고 해독하는 효능	많이 먹으면 담(痰)이 생긴다.
후추(胡椒) 호초	熱, 辛 / 胃, 大腸	비위(脾胃)를 따뜻하게 하고 기(氣)를 아래로 내려주며 담(痰)을 없애는 효능	음(陰)이 허(虛)해서 체내 화(火)가 있는 경우
참기름(麻油) 마유	凉, 甘 / 大腸	대장(大腸)을 촉촉하게 하고 해독하는 효능	비허설사(脾虛泄瀉)가 있는 경우
식초(醋) 산	溫, 酸, 苦 / 肝, 胃	혈액순환을 도와주고 담(痰)을 풀어주고 음식소화를 도와주는 효능	비위(脾胃)에 습(濕)이 심할 때, 사지와 몸이 위축되고 관절과 근육이 붓고 쑤실때
소금(食鹽) 식염	寒, 鹹 / 胃, 腎, 小腸, 大腸	화(火)를 없애주고 혈액의 열(熱)을 제거하고 해독하는 효능	수종(水腫)이나 해수병이 있을 때
술(酒) 주	溫, 甘, 苦, 辛 / 心, 肝, 肺, 胃	혈맥을 통하게 해주고 한기(寒氣)를 제거하는 효능	음허(陰虛), 습열(濕熱)이 심할 때
대추(大棗) 대조	溫, 甘 / 脾, 胃	비위(脾胃)를 조화롭게 하고 기(氣)를 북돋으며 진액(津液)을 생성하고 혈(血)을 자양하는 효능	습담(濕痰)이 많거나 치아에 병이 있는 경우
잣(松子) 송자	溫, 甘 / 肝, 肺, 大腸	폐(肺)와 대장(大腸)을 촉촉하게 하고 혈(血)을 자양하는 효능	변이 묽거나 습담(濕痰)이 있는 경우
은행(白果) 백과	平, 甘, 澀, 苦 / 肺, 腎	구충, 기침을 멈추게 하는 효능	사기(邪氣)가 들어와 있는 경우

용어해설

구기자 진피 쇠고기튀김

양간(養肝) : 간(肝)의 음(陰)을 자양(滋養)하는 치법(治法)
양혈(養血) : 혈(血)을 자양(滋養)하는 치법
행기(行氣) : 기(氣)를 잘 돌게 하는 치법
보비위(補脾胃) : 비위(脾胃)를 보(補)하는 치법
익기혈(益氣血) : 기혈(氣血)을 보익(補益)하는 치법
윤조(潤燥) : 혈(血), 정(精), 진액(津液) 등의 부족으로 건조해진 것을 촉촉하게 하는 치법
온중산한(溫中散寒) : 중초(中焦)를 따뜻하게 하고 한사(寒邪)를 없애는 치법
개위제습(開胃除濕) : 식욕을 돋게 하고 불필요한 습(濕)을 제거하는 치법
양간명목(養肝明目) : 간혈(肝血)을 자양(滋養)시켜 시력을 좋게 하는 치법
보신익정(補腎益精) : 신정(腎精)을 보익(補益)하는 치법
조습화담(燥濕化痰) : 습(濕)을 말리고 담(痰)을 삭히는 치법
이기건비(理氣健脾) : 기(氣)를 순환시켜 비(脾)를 건강하게 하는 치법

시금치 하수오 달걀말이

평간(平肝) : 지나치게 항성된 간기(肝氣)를 평안하게 가라앉히는 치법
양혈(養血) : 혈(血)을 자양(滋養)하는 치법
자음윤조(滋陰潤燥) : 진액(津液)을 자양(滋養)하여 건조한 것을 촉촉하게 하는 치법
양심안신(養心安神) : 심(心)을 보(補)해서 정신을 안정시키는 치법
청열제번(淸熱除煩) : 열(熱)을 식혀 번갈(煩渴)를 제거하는 치법
보익정혈(補益精血) : 정(精)과 혈(血)을 보(補)하는 치법
간신보익(肝腎補益) : 간(肝)과 신(腎)을 보(補)하는 치법
발표해서(發表解暑) : 땀을 내어 표피에 있는 사기(邪氣)를 없애서 열(熱)을 제거하는 치법
화중지구(和中止嘔) : 위(胃)을 조화롭게 하여 구토를 멈추게 하는 치법

돼지고기 부추 백출조림

양혈(養血) : 혈(血)을 자양하는 치법
익기양혈(益氣養血) : 기력(氣力)을 강하게 하고 혈(血)을 자양(滋養)하는 치법
보신자음(補腎滋陰) : 신(腎)을 보(補)하고 음(陰)을 자양(滋養)하는 치법
온중(溫中) : 중초(中焦)를 따뜻하게 하는 치법
행기(行氣) : 기(氣)를 잘 돌게 하는 치법
보신(補腎) : 신(腎)이 허(虛)한 것을 보(補)하는 치법
건위통락(健胃通絡) : 위(胃)의 기능을 건실하게 하고 위 경락의 소통을 원활하게 하는 치법
익신보허(益腎補虛) : 신허(腎虛)를 보(補)하는 치법
건비지사(健脾止瀉) : 비(脾)의 운화(運化)를 건실하게 하여 설사를 멎게 하는 치법
이수삼습(利水滲濕) : 소변을 잘 보게 하여 불필요한 습(邪)을 제거하는 치법
보기건비(補氣健脾) : 기(氣)를 보(補)하고 비(脾)의 운화(運化)를 건실하게 하는 치법
조습이수(燥濕利水) : 습(濕)을 말려서 제거하고 수액의 운행을 원활히 하여 소변을 잘 나오게 하는 치법

두부모과양배추말이찜

생진(生津) : 열(熱)에 의하여 진액(津液)이 소모된 경우에 진액을 생기게 하는 치법
생진윤조(生津潤燥) : 열(熱)에 의한 진액(津液)부족으로 건조해진 상태를 촉촉하게 해주는 치법
화중익기(和中益氣) : 중초(中焦) 즉, 비위(脾胃)를 편안히 하고 기(氣)를 보익(補益)하는 치법

건위통락(健胃通絡) : 위(胃)의 기능을 건실하게 하고 위 경락의 소통을 원활하게 하는 치법
익신보허(益腎補虛) : 신허(腎虛)를 보(補)하는 치법
익기건비(益氣健脾) : 기(氣)를 보(補)하고 비(脾)의 운화(運化)를 건실하게 하는 치법
조중화위(調中和胃) : 중초(中焦)의 생리기능을 조절하여 위(胃)를 편안하게 하는 치법
건비개위(健脾開胃) : 비(脾)의 운화(運化)를 건실하게 하여 식욕을 돋게 하는 치법
익위기(益胃氣) : 약해진 위기(胃氣)를 강화하는 치법
청열지갈(淸熱止渴) : 열(熱)을 식히고 갈증을 멎게 하는 치법
이수해독(利水解毒) : 소변을 잘 나오게 함으로써 독을 풀어주는 치법
온중산한(溫中散寒) : 중초(中焦)를 따뜻하게 하고 한사(寒邪)를 없애는 치법
개위제습(開胃除濕) : 식욕을 돋게 하고 불필요한 습(濕)을 제거하는 치법
청열이수(淸熱利水) : 열(熱)을 식히고 소변을 잘 나오게 하는 치법
해독(解毒) : 몸의 독이나 독작용을 없애는 치법
이뇨(利尿) : 소변을 잘 나오게 하는 치법
거습(祛濕) : 습사(濕邪)를 없애는 치법
강근골(强筋骨) : 근육과 뼈를 강하고 튼튼하게 하는 치법
화위(和胃) : 위(胃)를 조화롭게 하는 치법
건비소식(健脾消食) : 비(脾)의 운화(運化)를 건실히 하여 음식이 잘 소화되게 하는 치법

오이 황정 연근샐러드

청열생진(淸熱生津) : 열(熱)을 식히고 진액(津液)을 생겨나게 하는 치법
보비위(補脾胃) : 비위(脾胃)를 보(補)하는 치법
건비개위(健脾開胃) : 비(脾)의 운화(運化)를 건실하게 하여 식욕을 돋게 하는 치법
지사고정(止瀉固精) : 설사를 멎게 하고 정액의 유실을 막는 치법
청열지갈(淸熱止渴) : 열(熱)을 식히고 갈증을 멎게 하는 치법
이수해독(利水解毒) : 소변을 잘 나오게 함으로써 독을 풀어주는 치법
청열이수(淸熱利水) : 열(熱)을 식히고 소변을 잘 나오게 하는 치법
청열해독(淸熱解毒) : 열(熱)을 제거하고 독을 없애주는 치법
통기(通氣) : 기(氣)를 소통시키는 치법
건비양위(健脾養胃) : 비(脾)의 운화(運化)를 건실하게 하고 위(胃)를 자양(滋養)하는 치법
윤폐화담(潤肺化痰) : 폐(肺)를 촉촉하게 하고 담(痰)을 삭이는 치법
청폐이인(淸肺利咽) : 폐(肺)의 열(熱)을 식혀 목의 통증을 경감시키고 부드럽게 하는 치법
윤폐자음(潤肺滋陰) : 폐(肺)의 진액(津液)을 자양(滋養)하는 치법
보비익기(補脾益氣) : 비(脾)를 보(補)하고 기(氣)을 보익(補益)하는 치법

갈근 패주무침

생진지갈(生津止渴) : 열(熱)에 의한 진액(津液)부족으로 건조해진 상태를 촉촉하게 하여 갈증을 제거하는 치법
보비위(補脾胃) : 비위(脾胃)를 보(補)하는 치법
청열소담(淸熱消痰) : 열(熱)을 식혀주고 담(痰)을 없애주는 치법
이뇨소종(利尿消腫) : 소변을 잘 나가게 하여 부종을 가라앉히는 치법
자음보신(滋陰補腎) : 음(陰)을 지양하고 신(腎)을 보하는 치법
조중(調中) : 비위(脾胃)의 기능을 조절하는 치법
보신장양(補腎壯陽) : 신(腎)의 양기(陽氣)를 보익(補益)하는 치법
익기개위(益氣開胃) : 비(脾)의 운화(運化)를 건실하게 하여 식욕을 돋게 하는 치법

청열지갈(清熱止渴) : 열(熱)을 식히고 갈증을 멎게 하는 치법
이수해독(利水解毒) : 소변을 잘 나오게 함으로써 독을 풀어주는 치법
청열생진(清熱生津) : 열(熱)을 식히고 진액(津液)을 생겨나게 하는 치법
이수통림(利水通淋) : 수액의 운행을 원활히 하고 소변을 잘 나오게 하는 치법
활혈이수(活血利水) : 혈(血)의 운행을 원활하게 하고 수액의 운행을 원활히 하여 소변을 잘 나오게 하는 치법
건비익신(健脾益腎) : 비(脾)의 운화(運化)를 건실하게 하고 신(腎)을 보(補)하는 치법
활장윤조(活腸潤燥) : 건조한 것을 부드럽게 하여 통변을 원활하게 하는 치법
윤폐(潤肺) : 건조한 폐(肺)를 촉촉하게 해주는 치법
발표해기퇴열(發表解肌退熱) : 표피를 열어 발산시켜 열(熱)을 제거하는 치법

돼지고기 백작약 편육

자음(滋陰) : 음(陰)을 자양(滋養)하는 치법
생진(生津) : 열(熱)에 의하여 진액(津液)이 소모된 경우에 진액을 생기게 하는 치법
보신자음(補腎滋陰) : 신(腎)을 보(補)하고 음(陰)을 자양(滋養)하는 치법
익기양혈(益氣養血) : 기력(氣力)을 강하게 하고 혈(血)을 자양(滋養)하는 치법
윤폐지해(潤肺止咳) : 폐(肺)의 진액(津液)을 자양(滋養)하여 폐조(肺燥)로 인한 기침을 멎게 하는 치법
윤조(潤燥) : 혈(血), 정(精), 진액(津液) 등의 부족으로 건조해진 것을 촉촉하게 하는 치법
청열윤폐(清熱潤肺) : 열(熱)을 식히고 폐(肺)의 진액(津液)을 자양(滋養)하는 치법
생진지갈(生津止渴) : 열(熱)에 의한 진액(津液)부족으로 건조해진 상태를 촉촉하게 하여 갈증을 제거하는 치법
청열이수(清熱利水) : 열(熱)을 식히고 소변을 잘 나오게 하는 치법
해독(解毒) : 몸의 독이나 독작용을 없애는 치법
이뇨(利尿) : 소변을 잘 나오게 하는 치법
보비화위(補脾和胃) : 비(脾)을 보(補)하고 위(胃)를 편안하게 하는 치법
익기생진(益氣生津) : 기(氣)를 보(補)하고 진액(津液)을 생성해 주는 치법
양혈안신(養血安神) : 혈(血)을 자양(滋養)하여 정신을 안정시키는 치법
양혈렴음(養血斂陰) : 혈(血)을 자양(滋養)하고 음(陰)을 모아주는 치법
완급지통(緩急止痛) : 급한 기운을 완화시키고 통증을 그치게 하는 치법
익신고정(益腎固精) : 신기(腎氣)를 보(補)하여 신정(腎精)의 유실을 막는 치법
명목(明目) : 눈을 밝게 하는 치법

백합 황정 닭다리튀김

자음(滋陰) : 음(陰)을 자양(滋養)하는 치법
윤폐(潤肺) : 건조한 폐(肺)를 촉촉하게 해주는 치법
온중익기(溫中益氣) : 중초(中焦)를 따뜻하게 하고 기(氣)를 보(補)하는 치법
보정첨수(補精添髓) : 정혈(精血)과 골수(骨髓)를 보(補)하는 치법
익신고정(益腎固精) : 신기(腎氣)를 보(補)하여 신정(腎精)의 유실을 막는 치법
건비(健脾) : 비(脾)가 허(虛)한 것을 보(補)하거나 건실하게 하는 치법
보폐(補肺) : 폐(肺)를 보(補)하는 치법
건비지사(健脾止瀉) : 비(脾)의 운화(運化)를 건실하게 하여 설사를 멎게 하는 치법
이수삼습(利水滲濕) : 소변을 잘 보게 하여 불필요한 습(濕)을 제거하는 치법
보신고정(補腎固精) : 신정(腎精)의 유실을 막는 치법
온폐정천(溫肺定喘) : 폐(肺)를 따뜻하게 하여 숨찬 증상을 멎게 하는 치법

보익심비(補益心脾) : 심(心)과 비(脾)를 보(補)하는 치법
청심안신(淸心安神) : 심(心)의 열(熱)을 식혀 정신을 안정시키는 치법
윤폐자음(潤肺滋陰) : 폐(肺)의 진액(津液)을 자양(滋養)하는 치법
보비익기(補脾益氣) : 비(脾)를 보(補)하고 기(氣)를 보익(補益)하는 치법
보기승양(補氣昇陽) : 기(氣)를 보(補)하고 양기(陽氣)를 끌어올리는 치법
익위고표(益衛固表) : 위기(衛氣)를 보익(補益)하고 표피를 단단하게 하는 치법

맥문동 대합구이

생진윤조(生津潤燥) : 열(熱)에 의한 진액(津液)부족으로 건조해진 상태를 촉촉하게 해주는 치법
청열이수(淸熱利水) : 열(熱)을 식히고 소변을 잘 나오게 하는 치법
화담산결(化痰散結) : 담(痰)을 삭혀 뭉친 것을 풀어주는 치법
윤조(潤燥) : 혈(血), 정(精), 진액(津液) 등의 부족으로 건조해진 것을 촉촉하게 하는 치법
윤폐(潤肺) : 건조한 폐(肺)를 촉촉하게 해주는 치법
활장(滑腸) : 통변을 원활하게 하는 치법
생진지갈(生津止渴) : 열(熱)에 의한 진액(津液)부족으로 건조해진 상태를 촉촉하게 하여 갈증을 제거하는 치법
익기건비(益氣健脾) : 기(氣)를 보(補)하고 비(脾)의 운화(運化)를 건실하게 하는 치법
양음윤폐(養陰潤肺) : 음(陰)을 자양(滋養)하여 폐(肺)를 촉촉하게 하는 치법
익위생진(益胃生津) : 위(胃)를 보(補)하고 진액(津液)을 생성하는 치법
거습(祛濕) : 습사(濕邪)를 없애는 치법
화중(和中) : 중초(中焦)를 조화롭게 하여 기능을 정상으로 만드는 치법

새우 밤편두찜

보신장양(補腎壯陽) : 신(腎)의 양기(陽氣)를 보익(補益)하는 치법
익기개위(益氣開胃) : 기(氣)를 보(補)하고 식욕을 돋게 하는 치법
양위건비(養胃健脾) : 위(胃)를 보양(補養)하고 비(脾)의 운화(運化)를 건실하게 하는 치법
보신강근(補腎强筋) : 신(腎)을 보(補)하고 근(힘줄)을 강건하게 하는 치법
건비화중(健脾和中) : 비(脾)를 튼튼하게 하고 중초(中焦)를 조화롭게 하는 치법
화습(化濕) : 상초(上焦)에 있는 습사(濕邪)를 없애는 치법
활장윤조(活腸潤燥) : 건조한 것을 부드럽게 하여 통변을 원활하게 하는 치법
윤폐(潤肺) : 폐(肺)를 촉촉하게 해주는 치법
평간청열(平肝淸熱) : 간(肝)의 양기(陽氣)가 지나치게 항진된 것을 가라앉히고 그로 인한 열(熱)을 식혀주는 치법
거풍(祛風) : 안과 밖, 경락 및 장부 사이에 머물러 있는 풍사(風邪)를 제거하는 치법
해독(解毒) : 몸의 독이나 독의 작용을 없애는 치법
보신(補腎) : 신(腎)을 보익(補益)하여 신정(腎精)의 유실을 막는 치법
온중(溫中) : 중초(中焦) 즉, 비위(脾胃)를 따뜻하게 하는 치법
행기(行氣) : 기(氣)를 잘 돌게 하는 치법
산어(散瘀) : 어혈(瘀血)을 흩어서 없애는 치법
보신고정(補腎固精) : 신정(腎精)의 유실을 막는 치법
온폐정천(溫肺定喘) : 폐(肺)를 따뜻하게 하여 숨찬 증상을 멎게 하는 치법

두충 굴튀김

보신장양(補腎壯陽) : 신(腎)의 양기(陽氣)를 보익(補益)하는 치법
양혈안신(養血安神) : 혈(血)을 자양(滋養)하여 정신을 안정시키는 치법
연견소종(軟堅消腫) : 단단히 뭉쳐진 것을 부드럽게 하고 부기를 가라앉히는 치법
자음윤조(滋陰潤燥) : 진액(津液)을 자양(滋養)하여 건조한 것을 촉촉하게 하는 치법
양심안신(養心安神) : 심(心)을 보(補)해서 정신을 안정시키는 치법
건비양위(健脾養胃) : 비(脾)의 운화(運化)를 건실하게 하고 위(胃)를 보(補)하는 치법
윤폐화담(潤肺化痰) : 폐(肺)를 촉촉하게 하고 담(痰)을 삭이는 치법
보간신(補肝腎) : 간(肝)과 신(腎)을 보(補)하는 치법
강근골(强筋骨) : 근육과 뼈를 강하고 튼튼하게 하는 치법
익신고정(益腎固精) : 신기(腎氣)를 보(補)하여 신정(腎精)의 유실을 막는 치법
건비(健脾) : 비(脾)가 허(虛)한 것을 보(補)하거나 건실하게 하는 치법
보폐(補肺) : 폐(肺)를 보(補)하는 치법
산한(散寒) : 한사(寒邪)를 흩어서 없애는 치법
행기(行氣) : 기(氣)를 잘 돌게 하는 치법

새우 자소엽튀김

보신(補腎) : 신(腎)이 허(虛)한 것을 보(補)하는 치법
온양(溫陽) : 비위(脾胃)의 양(陽)이 허(虛)하여 나타나는 한증(寒證)을 치료하는 치법
보신장양(補腎壯陽) : 신(腎)의 양기(陽氣)를 보익(補益)하는 치법
익기개위(益氣開胃) : 기(氣)를 보(補)하고 식욕을 돋게 하는 치법
건비개위(健脾開胃) : 비(脾)의 운화(運化)를 건실하게 하여 식욕을 돋게 하는 치법
지사고정(止瀉固精) : 설사를 멎게 하고 정액의 유실을 막는 치법
산한(散寒) : 한사(寒邪)를 흩어서 없애는 치법
행기(行氣) : 기(氣)를 잘 돌게 하는 치법

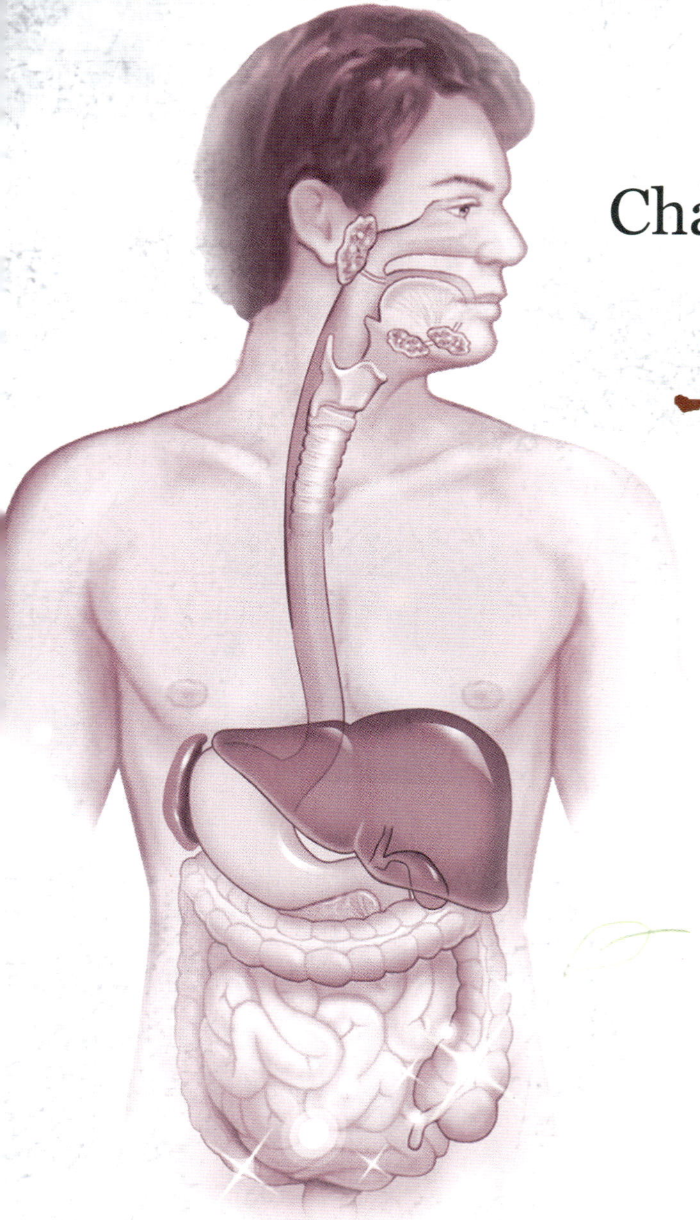

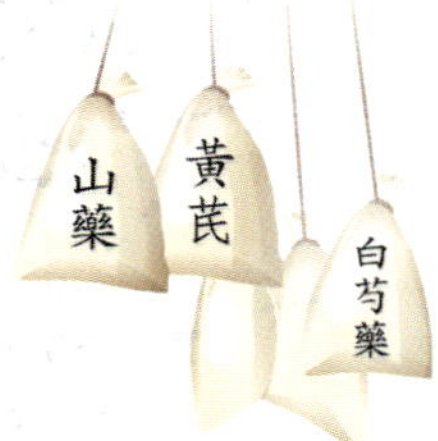

Chapter 2

오장약선 五臟藥膳

Health Food

Based on Oriental Medicinal Theory

13 구기자 은이알탕

효능 양간(養肝), 자음(滋陰)

재료 및 분량

식물재료 : 메추리알 140g, 흰목이버섯(불린 것) 80g
약물재료 : 구기자 20g
기타 재료 : 레몬즙 ½ts, 소금 적당량

조리과정

1. 흰목이버섯은 찬물에 불린 후 단단한 부분은 제거하고 잘게 찢어 둔다.
2. 구기자는 20분 간 물에 담가 불린 후 물기를 제거하고 레몬즙을 넣고 살짝 볶는다.
3. 메추리알은 삶아서 껍질을 까서 준비한다.
4. 적당량의 물을 붓고 흰목이버섯을 먼저 넣고 중불에서 한 시간 정도 끓인다.
5. 4에 메추리알, 구기자, 소금을 함께 넣어 한소끔 더 끓인다.
6. 끓으면 불을 끄고 그릇에 담아 따뜻하게 준비한다.

약선 특징

효능	간(肝)을 자양해서 간기운이 너무 소진되는 것을 예방하여 간을 건강하게 할 수 있는 약선							
약선식료학적 특성	재료명	본초명	성(性)	미(味)	귀경(歸經)	효능	함유량	
							중량(g)	%
	메추리알	암순단(鵪鶉蛋)	平	甘	脾, 胃	補中益氣, 實筋骨	140	58.4
	흰목이버섯	백목이(白木耳)	平	甘, 澀	肺, 胃, 腎	滋陰潤肺, 生津, 養胃	80	33.3
	구기자	枸杞子	平	甘	肝, 腎	養肝明目 補腎益精	20	8.3
	총중량						240	100.0
배합원리	양간(養肝)하는 구기자가 본 약선의 주재료이고 메추리알과 흰목이버섯이 부재료이며 그 밖의 재료들은 보조재료이다.							

이 약선은 맑은 국이다. 메추리알을 삶아서 하나씩 떠먹기 좋게 만든 약선으로 간건강을 위해 매우 효율적이다. 혹시 달걀로 대치하면 안될까라는 생각을 할 수도 있는데 이 두가지는 효능이 차이가 있으니 대치하면 약선 효능이 달라지게 된다.

주효능을 발휘하는 구기자를 레몬과 함께 살짝 볶으면 구기자의 보간(補肝)효능이 더욱 좋아진다.

약물재료의 특성

- 구기자는 계절약선(구기자진피쇠고기튀김) 부분 참조
- 흰목이버섯은 흰목이과 은이(銀耳)의 자실체로 균(菌) 중의 왕으로 불리는 식용균이며 아주 귀한 영양보양식품이다. 사람의 귀와 닮은 버섯이라 해서 붙여진 이름이다. 미백색으로 송이가 크고 광택이 나고 육질이 두꺼운 것이 좋다. 일일 섭취량은 3.8~11.3g 이다.

영양소 함유 가치

단백질의 함유량이 높은 음식이므로 간편한 아침식사로 활용해도 좋다. 5대 영양소의 균형을 맞추고자 함께 먹는 음식을 선택할 때는 영양소 함량만을 생각하면 안되고 약선 효능을 고려해야 한다.

예를 들면 구기자 은이알탕과 식빵 한 조각 및 오디주스 한 컵 정도면 하루종일 혹사당할 간을 보할 수 있는 아침식사가 된다. 여러분들이 재료의 약선식료학적 특징을 이해해서 더 많은 음식을 구성해서 활용하도록 하자.

조리 tip

* 흰목이버섯은 물에 불리면 꽃송이같이 크게 퍼진다. 가운데 노란심 부분을 칼로 오려내고 손으로 찢어 준비한다. 칼로 자르는 것보다 자연스럽고 보기에 좋다.

* 메추리알을 삶아서 국으로 조리하는 것도 깔끔하지만 우리들이 흔히 먹는 계란탕과 같이 풀어서 끓여도 좋다. 또한 삶은 메추리알과 흰목이버섯을 긴 꼬치에 끼워 부산지역의 어묵탕같이 변형해도 좋고 토마토를 곁들이고 레몬즙소스를 얹어 샐러드로 변형해도 좋다.

재미있는
약초이야기

피로회복은 내게 맡겨라 구기자

옛날 노(魯) 나라에 높은 관리가 각지의 민정을 두루 살피고 조정으로 돌아오는 길에 교현(膠縣)의 서하(西河) 부근에 이르렀다. 그곳에서 얼굴이 불그스레하여 15~16세쯤 되어 보이는 소녀가 손에 회초리를 들고 노인을 쫓아다니고 있는 것을 보았다. 노인의 머리카락은 희고, 이는 모두 빠졌고, 수염은 한자나 되어 90세 이상 되어 보였다. 소녀가 노인의 뒤를 쫓아 회초리로 때리려고 하니 노인은 필사적으로 달아나며 잘못했다고 애걸하였다. 말을 타고 이곳을 지나던 관리가 이 광경을 보고 화가 나서 말에서 내려 소녀에게 다가갔다.

"너는 이 노인이 무슨 잘못을 하였기에 때리려 하는가? 삼강오륜(三綱五倫)도 모른단 말이냐!" 주위에 여러 사람을 거느리고 나타난 이 사람이 조정의 높은 관리라는 것을 알고도 소녀는 눈 하나 깜짝하지 않고 당당하게 말하였다.

"이 녀석은 나의 증손자요. 내가 내 아들의 손자를 때리는데 무슨 잘못이 있소!"

관리는 이 소녀가 자기를 우롱한다고 생각하여 노발대발하며 말했다.

"이렇게 늙은 노인을 증손자라니, 네가 지금 날 우롱하는 것이냐!"

관리는 허리에 차고 있던 칼을 빼들었다. 그러나 소녀는 조금도 두려워하지 않고 대꾸했다.

"우리 집에는 좋은 약재가 있는데, 그 약재를 평생 먹다 보니 이렇게 되었습니다. 믿기지 않겠지만 내가 그런 좋은 약을 먹지 않았다면 벌써 행동이 불편하여 백발이 성성하고, 치아도 빠지고, 눈도 멀고 귀도 먹었을 것이오. 당신들도 내 말을 들으면 나와 같이 늙지 않을 것이오."

관리는 소녀의 말을 듣고는 태도를 바꾸며 다시 물었다.

"당신은 15~16세 정도로만 보이는데, 어찌 이 노인의 증조모가 되는가?"

"내 나이 이미 327살이오." 소녀는 크게 웃었다.

"내가 먹는 것은 어떤 영단묘약(靈丹妙藥)도 아니오. 오로지 구기자만 먹을 뿐이오. 구기자를 이백일 동안 계속 먹으면 신체는 반드시 어린 아이와 같이 젊어지고, 걸음걸이도 빨라집니다."

"구기자를 어떻게 먹습니까?"

"1월에 뿌리를 캐어 2월에 달여 먹고, 3월에는 줄기를 잘라 4월에 달여 먹고, 5월에 잎을 따서 6월에 차로 끓여 마시고, 7월에 꽃을 따 건조시켜 8월에 달여 먹으며, 9월에 수확한 과실을 10월에 먹습니다. 이처럼 구기자나무의 꽃, 줄기, 과실, 뿌리가 모두 약재로 쓰이며, 일년 내내 복용합니다." 관리는 집으로 돌아간 후에 그 소녀가 말한 대로 구기자를 먹었다.

"과연 그 분 말대로군!"

훗날에 의씨현(猗氏縣)에 사는 한 노인이 이 전설을 듣고서 실천해 보니 백발이 검은색으로 변하고, 치아도 걸음걸이도 젊은 사람과 다를 바가 없었다고 한다.

14 하수오 산약 간무침

효능 보간(補肝), 양혈(養血)

재료 및 분량

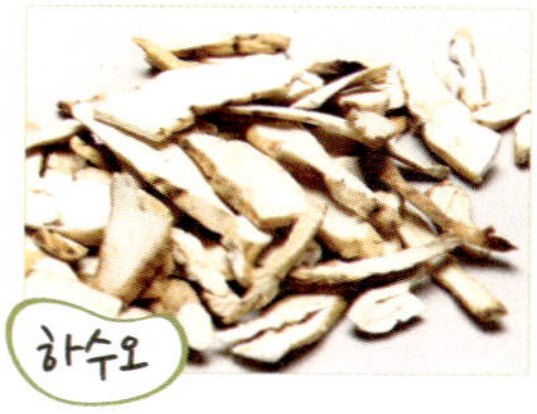

식물재료 : 돼지 간 250g, 냉이 100g, 흑목이버섯(불린 것) 25g,
흰목이버섯(불린 것) 25g

약물재료 : 하수오 30g, 진피 20g, 산약가루 20g

볶음 소스 : 하수오진피액 200mL, 불려 다진 진피 20g, 총백, 생강, 간장, 설탕, 소금 적당량

기타 재료 : 우유, 식용유 적당량

조리과정

1. 하수오와 진피에 물 800mL를 붓고 약불에서 끓여서 약 300mL 정도로 만든다.
2. 냉이는 다듬어서 살짝 데쳐 물기를 꼭 짜서 준비한다.
3. 흑목이 및 흰목이버섯은 살짝 데쳐 큼직하게 찢어 준비한다.
4. 돼지 간을 얇게 저며 우유에 20분 간 담가 놓는다.
5. 진피는 물에 불려서 다져서 준비한다.
6. 4를 건져 산약가루를 묻혀서 약 170℃에서 살짝 튀긴다.
7. 볶음소스를 만들어 튀긴 간, 냉이와 함께 넣고 강한 불에서 볶아 담아낸다.

약선 특징

효능	혈(血)을 자양(滋養)하여 간(肝)에 혈액을 저장하게 하고 따라서 눈도 밝게 하는데 도움이 되는 간(肝)건강을 위한 약선							
약선식료학적 특성	재료명	본초명	성(性)	미(味)	귀경(歸經)	효능	함유량	
							중량(g)	%
	돼지간	저간(猪肝)	溫	甘, 苦	肝	養肝明目, 補氣健脾	250	53.1
	냉이	제채(薺菜)	凉	甘	肝, 脾, 腎, 膀胱	平肝明目, 利濕通淋	100	21.3
	흰목이버섯	백목이(白木耳)	平	甘, 澁	肺, 胃, 腎	滋陰潤肺, 生津, 養胃	25	5.3
	흑목이버섯	흑목이(黑木耳)	平	甘	胃, 大腸	補氣養血, 潤肺止咳	25	5.3
	하수오	何首烏	微溫	苦, 甘, 澀	肝, 腎	補益精血, 肝腎補益	30	6.4
	진피	陳皮	溫	辛, 苦	脾, 肺	理氣健脾, 燥濕化痰	20	4.3
	마	산약(山藥)	平	甘	肺, 脾, 腎	益精固腎, 健脾, 補肺	20	4.3
	총중량						470	100.0
배합원리	냉이, 하수오가 보간(補肝), 양혈(養血) 효능을 가진 주재료이고, 버섯이 부재료로 주재료의 효능을 증진시켜 주며, 산약, 진피 및 기타 재료들은 보조재료이다.							

같은 장기는 같은 장기를 보한다는 손사막의 '이장보장(以臟補臟)'주) 설에 따라 돼지고기 간(肝)을 사용하여 간(肝)을 보하는 음식을 구성하였다. 재료확보나 조리 불편으로 간을 먹을 기회는 순대나 간전유어 외에는 많지 않다.

이 레시피를 이용해서 봄철에 자주 섭취한다면 보간(補肝), 양혈(養血) 효능으로 피로 및 무기력 회복 등에 도움이 된다.

주) 이장보장(以臟補臟)

같은 장(臟)으로 장(臟)을 보하고 같은 장(臟)으로 장(臟)을 치료한다는 설로 손사막이 주장한 학설이다.
예를 들어 간이 나쁘면 간을 먹는 것이 바로 이 학설에 근거한 것이다.

약물재료의 특성

- 하수오 계절약선(시금치하수오달걀말이) 부분 참조
- 진피는 계절약선(구기자진피쇠고기튀김) 부분 참조
- 산약은 계절약선(백합닭다리튀김) 부분 참조

영양소 함유 가치

단백질과 지질 및 철분의 함량이 높은 음식으로 흔히 영양학적으로 철분을 공급하여 빈혈을 예방하는 영양가치를 가진다.

조리 tip

* 냉이는 이른 봄, 들이나 산에 저절로 자라난 것으로 향이 좋고 맛있다. 뿌리가 매끈한 것보다는 잔뿌리가 많은 것이 냉이 특유의 매운맛이 더하며 술을 마신 다음날 냉이된장국을 마시면 속이 풀리고 정신이 맑아진다고 전해진다. 흙 등의 불순물을 깨끗하게 제거해야 한다.
* 튀기기 위해 산약가루를 묻힐 때 튀김가루를 약 5% 정도 섞으면 부드러운 튀김이 된다.

재미있는
약초이야기

간(肺), 비(脾), 신(腎)의 묘약 산약

중국의 군웅할거(群雄割據)시대의 이야기다. 제후(諸侯)들 간에는 영토 확장을 위하여 필사적인 전투가 벌어졌다. 힘센 나라는 주변의 약한 나라를 호시탐탐 넘보고 있었다. 이것은 영토 확장의 목적도 있었지만, 강한 군사력을 과시함으로써 약한 나라들에게 조공을 바치게 하려는 속셈도 있었다.

"옆에 있는 조그만 것이 눈에 거슬리니 쓸어버리자!" 힘센 나라가 옆의 약소국에 선전포고를 내렸다. 힘센 나라가 물밀듯이 쳐들어오자, 약소국 조정 대신들이 머리를 맞대고 대책을 숙의하였다. 그러나 강대국 군사들이 쳐들어와 마침내 약소국 영토를 점령하였다.

"남은 군사들을 총 집결토록 하라!" 약소국 군대는 2~3천 명의 군사가 최후까지 남았다. 그들은 전세에 밀려 어느 산 밑까지 후퇴하기에 이르렀다. 그들은 목숨을 부지하려고 산 속으로 달아났다.

"날도 어두워졌으니 그만 돌아가자. 다 이긴 싸움인데 더 이상 쫓을 필요가 없다. 산을 둘러싸고 진을 쳐라!"

싸움에 이긴 강대국 군사들은 잔병을 쫓지 않고 약소국 군사들이 숨어버린 산 주위를 빙 둘러쌌다. 그들은 산으로 숨어든 병사가 식량이 떨어져 굶어 죽거나 투항하기를 기다렸다.

"흠, 놈들을 공격하지 않아도 산 속에서 풀이나 뜯어 먹다가 먹을 것이 떨어지면 결국 산에서 내려와 투항할 거야!" 강대국 장수는 느긋하게 기다렸다. 그러나 반년을 기다려도, 일년을 기다려도 산 속으로 들어간 군사들은 한 명도 내려오지 않았다.

"사람은 물론 끌고 간 말까지 모두 굶어 죽었나 보군!" 이라며 강대국 장수가 방심한 사이에 산 속에 있던 병사들이 왕성한 기세로 돌진하여 왔다.

강대국 사람들은 나중에 약소국 군사들이 산에서 무엇을 먹고 지냈고, 어떻게 몸을 단련시켰는지를 알아보았다. 약소국 병사들이 숨어든 산 속에는 여름에는 하얀 꽃이 피고 뿌리는 크고 굵은 식물이 있었다. 산 속으로 도망간 약소국 병사들은 맛이 달고 먹기 좋은 이 뿌리(마)를 캐어 먹었다. 남은 줄기와 잎사귀는 말에게 먹였다. 그러면서 약소국 군사들은 잃었던 땅을 탈환하기 위하여 힘을 길렀다.

병사들은 이 뿌리를 '산우(山遇)' 라고 불렀다. 그 이유는 식량을 구하려 할 때 산 속에서 우연히 만났다고 해서 그렇게 불렀다. 그 후 산우는 식량으로도 쓰였고, 게다가 소화기 계통의 기능을 조절하여 주고, 폐와 신장의 양분을 제공하기 때문에 약재로 사용할 수 있다는 것을 알게 되었다. 그래서 산에서 보양하는 약이라는 뜻의 산약(山藥)으로 이름을 바꾸어 지금까지 사용되고 있다.

15 황기 더덕소스와 가리비구이

효능 승양(昇陽), 보간(補肝)

재료 및 분량

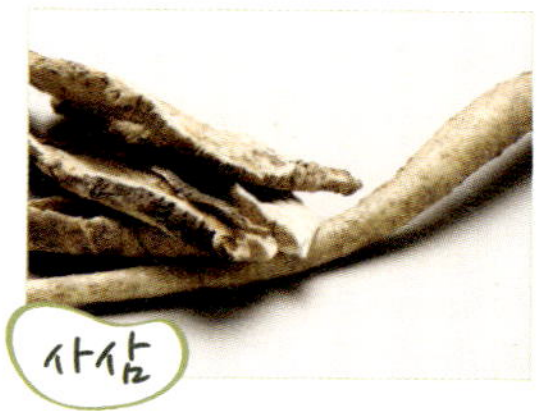

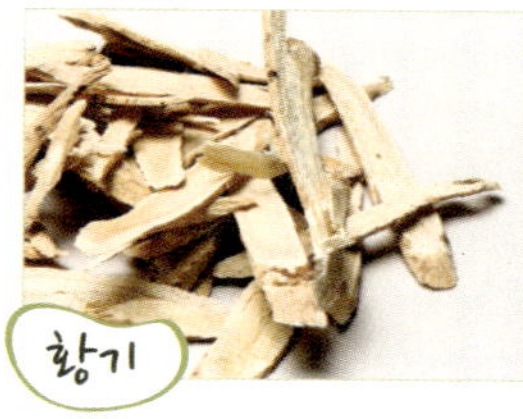

식물재료 : 가리비 280g, 오이 70g, 양배추 50g
약물재료 : 더덕(생것) 60g, 황기 40g
황기더덕소스 : 황기액 50mL, 더덕 갈은 것 50g, 볶은 검은깨 30g, 포도씨유 3TS, 식초 2TS, 꿀 1TS, 레몬즙 1TS, 쇠고기 국물 1TS, 소금 1ts, 후추 적당량
기타 재료 : 식용유, 소금, 후추 적당량 / 키친타월

조리과정

1. 더덕은 잘 다듬어 잘게 잘라서 믹서에 갈아서 준비한다.
2. 황기에 물 500mL를 넣고 중불에서 끓여서 약 100mL 정도가 되도록 끓인다.
3. 황기더덕소스 재료를 모두 믹서에 넣고 곱게 간 다음 냉장고에 넣어 차게 보관한다.
4. 가리비는 연한 소금물에 담가 해동한 뒤 물기를 제거하고 7~8mm 두께로 썰어 소금, 후추를 뿌려둔다.
5. 양배추는 물에 씻어 납작하게(약 2cm × 2cm) 썰어 준비한다.
6. 오이는 동그랗고 얇게 편으로 썬다.
7. 프라이팬에 기름을 두르고 여분의 기름을 닦아낸 후 뜨겁게 달구어 칙 소리가 나는 강한 불에서 가리비를 굽는다. 앞뒤로 색이 나도록 재빠르게 구운 후 꺼낸다.
8. 접시에 양배추, 오이를 깔고 7의 가리비를 보기 좋게 얹은 다음 3의 소스를 뿌린다.

약선 특징

효능	양기(陽氣)가 상승하는 봄철에 양기를 북돋우고 간(肝)을 보할 수 있는 약선							
약선식료학적 특성	재료명	본초명	성(性)	미(味)	귀경(歸經)	효능	함유량	
							중량(g)	%
	가리비	정(蟶)	凉	甘, 鹹	心, 腎, 肝	補陰, 清熱	280	52.8
	오이	황과(黃瓜)	凉	甘	脾, 胃, 大腸	清熱止渴, 利水解毒	70	13.2
	양배추	감람(甘藍)	平	甘	肝, 腸, 胃	健胃通絡, 益腎補虛	50	9.4
	검은깨	흑지마(黑芝麻)	平	甘	肝, 腎	滋養肝腎, 養血益精	30	5.7
	더덕	사삼(沙蔘)	微寒	甘	肺, 胃	養陰潤肺, 益胃生津	60	11.3
	황기	黃芪	微溫	甘	脾, 肺	補氣昇陽, 益衛固表	40	7.6
	총중량						530	100.0
배합원리	본 약선에서 황기와 검은깨가 승양보간(昇陽補肝)효능을 발휘하는 주재료이고 오이, 양배추, 더덕이 부재료이며 가리비와 그 밖의 재료들은 음식의 효능과 맛을 조화시키는 보조재료이다.							

양기(陽氣)가 많아지기 시작하는 봄에 양기를 북돋아 주고 진액(津液)을 생성하도록 구성하였다. 대개 소금을 뿌린 가리비구이를 술안주로 많이 먹는데 이 약선으로 대치하면 술로 인한 간 손상에도 도움이 된다.

약물재료의 특성

- 더덕은 도라지과의 여러해살이풀의 뿌리로 사삼이라 칭하기도 한다. 근래에 잔대가 사삼이라는 보고도 있으나 아직 통일되지 않고 있어 이책에서는 사삼으로 보았다. 뿌리가 도라지와 비슷하게 생겼는데 더 크고 살이 많으며 독특한 맛이 있다. 일일 섭취량은 10~30g 이다.
- 황기는 계절약선(백합닭다리튀김) 부분 참조

영양소 함유 가치

영양학적으로는 단백질, 비타민 및 무기질의 함유량이 높은 음식이다.

조리 tip

* 더덕은 흙을 털어내고 씻은 후 껍질을 돌려가며 벗긴다. 그대로 조리하면 쓰고 아린맛이 나므로 소금물에 담가 쓴맛을 적당히 우려내도록 한다. 손질할 때는 반으로 자르고 방망이로 두드린 후 믹서에 갈아서 사용한다. 더덕의 맛을 내기 위해 껍질을 벗기고 방망이로 두드려서 잘게 부수는 것을 더덕바심이라 하는데 북어를 두드리는 것과 같다.
* 이 레시피의 재료를 한번에 무쳐먹을 수 있도록 조리를 해도 좋다. 이때 약간의 고춧가루를 넣어 무쳐서 섭취해도 약선 효능이 달라지지 않으니 입맛에 따라 조리하면 된다.
* 냉동가리비를 구입했다면 소금물에 담가서 해동해야 맛도 유지되고 부드러워서 좋다.

재미있는
약초이야기

양기(陽氣)를 북돋는 황기

당 선종이 즉위한 초년에는 국가가 태평하고 백성들의 생활이 평안하여 살기 좋은 시절이었다. 그러나 태후가 병에 걸려 점점 몸이 약해지더니 기가 허해져 탈진증상을 보이고 맥이 침(沈)하며, 땀이 비오듯이 흐르고, 입을 꽉 다물고 있으며, 인사불성으로 위급한 상태였다.

상황이 이렇게 급해지자 당 선종은 초조하고 불안해지기 시작했다.

깊은 시름에 빠져있던 어느 날, 갑자기 당 선종의 눈에서 번쩍 빛이 나더니 무엇을 생각했는지 큰 소리를 질렀다.

"맞아. 있다, 있어!"

당선종이 전에 본 서적 중에서 황기의 신비로운 효능을 읽은 것이 생각이 났던 것이다.

"한 번 시험을 해 보자. 황기는 기를 보하는 작용이 탁월하니 효과가 있을 것이야."

그는 즉시 어의에게 분부하여 황기탕을 태후에게 복용하도록 명하였다. 명령을 받은 어의는 황기탕을 달여 복용을 시도하였으나 태후가 입을 꽉 다물고 있는 상태라 도저히 복용시킬 방법이 없었다.

그래서 어의는 고심을 하다 생각해내기를, 황기를 오랜시간 동안 달여 황기의 향과 기로 치료하기로 했다. 달인 황기탕을 태후의 침상 밑에 두어 황기의 향과 기운이 코와 피부를 통해 들어가게 하고, 또 한편으로는 위기(胃氣)를 튼튼하게 해 주어 비오듯 솟아지는 땀을 멈추게 하였다.

이렇게 쉬지 않고 하루종일 황기의 약 기운이 방안에 가득하자 태후의 병세는 호전되어 꽉 다물었던 입이 벌어지고, 긴장했던 입 주위의 근육은 긴장이 풀려 말을 하기 시작했으며, 몸이 차차 호전되어 이전의 건강한 상태로 회복되었다. 이후 태후는 잔병 없이 건강하고 행복하게 오래오래 살았다.

16 용안육 국화 닭찜

효능 령심안신(寧心安神), 양혈건비(養血健脾)

재료 및 분량

식물재료 : 닭 1,200g, 북어포 80g, 대추 30g, 다시마(말린 것) 5g

약물재료 : 용안육 30g, 구기자 30g, 국화 20g

양념장 : 국화액 4TS, 조청 2TS, 간장 4TS, 설탕 1TS, 다진 총백 2TS, 깨소금 1TS, 참기름 1TS, 후추, 물 적당량

기타 재료 : 마른 붉은고추 1개, 생강 40g, 소금, 후추, 식용유 적당량

조리과정

1. 닭은 손질하여 알맞은 크기로 토막 내어 소금, 후추로 밑간한다.
2. 붉은고추는 1cm폭으로, 생강은 편으로 썰어 기름두른 팬에 넣어 향신기름을 만든다.
3. 준비한 닭을 2에 넣어 노릇하게 지진다.
4. 국화에 물 300mL를 넣고 약불에서 10분 간 끓여 액을 만든다.
5. 다시마도 불려 네모지게(약 2cm × 2cm) 썬다.
6. 북어는 물에 불려 먹기 좋게 자른 후 식용유를 약간 두르고 겉을 살짝 익힌다.
7. 용안육과 구기자는 물에 살짝 씻어 준비하고 대추는 씨를 제거하고 4등분한다.
8. 분량의 재료를 섞어 양념장을 만든다.
9. 냄비에 다시마와 지진 닭을 넣고 준비한 양념장의 ⅔를 넣고 끓인다.
10. 9가 어느정도 끓었으면 6, 7을 넣는다.
11. 살살 뒤적이다가 남은 양념장을 넣어 약불에서 촉촉하게 윤이 나도록 찜한다.

약선 특징

효능	여름철에 무리가 될 수 있는 심(心)을 보하여 마음과 정신을 편안히 해주므로 더위로 번갈할 때 섭취하면 몸과 마음이 편안해지는 약선							
약선식료학적 특성	재료명	본초명	성(性)	미(味)	귀경(歸經)	효능	함유량	
							중량(g)	%
	닭고기	계육(鷄肉)	溫	甘	脾, 胃	溫中益氣, 補精添髓	1,200	86.0
	북어	설어(鱈魚)	平	甘	肝, 脾	活血止痛, 通便	80	5.7
	대추	대조(大棗)	溫	甘	脾, 胃	補脾和胃, 益氣生津, 養血安神	30	2.2
	다시마	곤포(昆布)	寒	鹹	肝, 脾, 腎	利水退腫, 消痰軟堅	5	0.3
	용안육	龍眼肉	溫	甘	心, 脾	氣血補養 補益心脾	30	2.2
	구기자	枸杞子	平	甘	肝, 腎	補腎益精, 滋肝明目	30	2.2
	국화	菊花	凉	甘, 苦	肺, 肝	平肝明目, 解毒消腫	20	1.4
	총중량						1,395	100.0
배합원리	본 약선에서 령심안신(寧心安神)하는 용안육과 안신하는 대추가 주재료이고 구기자 국화, 닭고기, 북어가 부재료이며 다시마와 그 밖의 재료들은 음식의 맛을 조화시키는 보조 재료이다.							

이 약선은 일반 닭찜과 같다. 단지 용안육과 대추가 심(心)을 보해서 마음을 안정시켜 주는 효능이 있으므로 더운 여름철에 마음을 편하게 해줄 수 있는 약선 닭찜이다. 또한 구기자와 국화는 잘 맞는 배합으로 간(肝)을 편히 해주어 심(心)의 기능이 원활하도록 도와준다(木生火).

약물재료의 특성

- 용안육은 계절약선(백합닭다리튀김) 부분 참조
- 구기자는 계절약선(구기자진피쇠고기튀김) 부분 참조
- 국화는 국화과의 여러해살이풀의 꽃이다. 구절초, 감국 등의 변종이 있다. 일일섭취량이 5.7~11.1g 정도이다. 봄에는 새싹과 연한 잎을 나물로 무쳐 먹었고 여름에는 국화잎에 밀가루를 발라 튀겨 먹었으며 가을에는 꽃으로 국화전을 부쳐 먹었다. 겨울에는 국화주를 마시며 뿌리를 안주로 먹었다고 하여 가난한 사람들의 벗이라고 전해오고 있다. 국화보다 약효가 더 커서 조상들이 민간약으로 감국을 많이 사용했다. 들국화는 구절초라는 이름으로 불리며 9월 9일에 꽃이 달린 채로 풀 전체를 채취하기 때문에 구절초라 한다.

영양소 함유 가치

단백질 함유량이 높은 음식이다.

조리 *tip*

* 닭은 깨끗이 씻어서 잔털과 내장을 제거하고 꼬리쪽에 뭉쳐있는 기름을 자른 후 닭다리 끝을 잡고 허벅지를 손으로 더듬어가며 마디와 마디 사이를 골라 칼질하면 쉽게 토막낼 수 있다.
* 북어의 내장을 빼고 말린 것을 통북어라 하고 배를 갈라 납작하게 말린 것을 북어포라 한다. 북어포는 머리와 꼬리 부분을 잘라내고 손질해서 쌀뜨물(미감수)에 불려서 사용하면 맛성분이 빠져나오는 것을 막아주고 떫은맛도 없애준다. 이는 맹물보다 점도가 높아 북어의 맛난맛 성분이 빠져나오는 것을 막아주고, 쌀뜨물의 콜로이드성 물질이 떫은 맛을 흡착해주기 때문이다.
* 처음부터 북어포를 넣고 찜을 하면 국물이 걸죽해지므로 북어포는 식용유에 살짝 지져서 한번 익힌 후 섞어서 찜을 하도록 한다.

재미있는 약초이야기

풍열(風熱)을 없애 눈을 시원하게 해주는 국화

옛날 중국에 항경이라는 사람이 살고 있었다. 그런데 하루는 이 항경의 집으로 장방이라는 현자가 찾아와 엉뚱한 말을 하는 것이었다.

"자네 집안에 곧 재앙이 닥칠 걸세. 틀림없이 금년 9월 9일에 큰 재앙이 자네 집에 찾아올 거야. 그러니 대비해야 할 게야."

이 말을 듣고 어떻게 해야 할지 묻자, "가족을 데리고 곧 이 집을 떠나야 해. 그리고 온 식구들에게 산수유를 따서 각자의 주머니 속에 넣게 한 다음 그것을 메고 높은 산에 올라가도록 하게. 다음에는 국화술을 마시도록 하게. 가족들 모두가 말이야. 그렇게만 하면 재앙을 충분히 막을 수가 있어."

항경은 장방의 덕망과 총명함을 익히 들어 잘 알고 있었으므로 장방이 시킨 대로 식구들에게 산수유를 넣은 주머니를 각자 메도록 한 다음 집 근처 높은 산에 올라갔다. 그리고는 그 곳에서 잘 익은 국화술을 마시며 놀다가 9월 9일이 지난 다음에 다시 집으로 돌아왔다.

그런데 집에 돌아와 보니 집안에 남아있던 가축들이 모두 죽어 있지 않은가? 닭이며 개, 소, 돼지 등의 가축이 모두 죽어 있었다.

항경은 곧 장방을 찾아가 감사의 뜻을 전했다. 그러자 장방은 빙긋이 미소를 지으며 이렇게 대답하는 것이었다.

"나한테 감사할 것까지는 없네. 내 하늘의 뜻을 미리 파악하여 자네에게 알려준 것뿐이니까. 그 짐승들은 당신네 식구들 대신 죽은 거야. 그리고 국화술이 아니었다면 자네 식구들은 모두 죽었을 거야."

그 가축들은 사람의 화를 대신 입고 죽었던 것이다.

이 때문에 9월 9일 중앙절이 되면 높은 곳에 올라가 국화주를 마시거나 부인들이 산수유 주머니를 차는 풍습이 생겼다고 한다. 뿐만 아니라, 중국 남양의 여현에 있던 감곡이란 강은 상류에 국화가 만발하였는데 그 꽃에서 떨어지는 이슬이 강물에 섞여 하류로 내려와 하류 사람들은 모두 그 강물로 인해 장수했다고 한다. 장수한 것으로 이름난 선인 팽조 역시 국화 연못가에 살며 국화 이슬을 받아 마셨다고 한다.

17

용안육샐러드

효능 보익심비(補益心脾), 생진지갈(生津止渴), 개위(開胃)

재료 및 분량

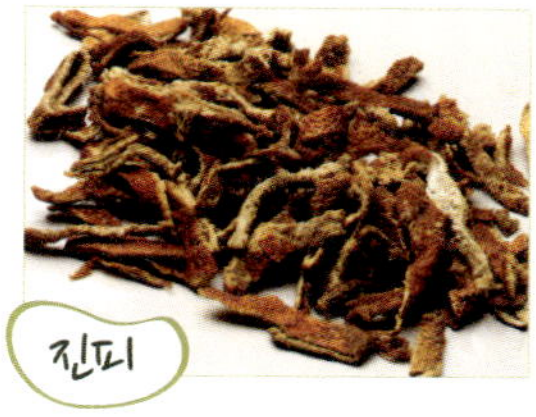

식물재료 : 귤 150g, 용안육(통조림 또는 냉동) 100g, 토마토(방울토마토도 가능) 30g, 포도 30g, 겨자채(또는 상추) 약간

약물재료 : 진피 10g

드레싱 재료 : 유자청 2TS, 레몬껍질 6g, 레몬즙 2TS, 꿀 1TS, 설탕 ½ts

조리과정

1. 진피는 물에 불려 준비한다.
2. 통조림 용안육은 건져서 준비한다(냉동품 해동하여 껍질을 벗겨 준비한다).
3. 귤은 껍질을 벗기고 조각으로 나눈다.
4. 포도는 껍질을 벗겨서 준비한다.
5. 토마토는 작게 자른다(방울토마토는 반으로 자른다).
6. 겨자채(또는 상추)는 한입 크기로 찢는다.
7. 분량대로 새콤달콤하게 드레싱을 만든다.
8. 준비한 재료에 소스를 넣고 버무려 낸다.

약선 특징

효능	심(心)을 자양해서 정신을 편안히 하므로 여름철 열기로 잠이 오지 않는다거나 진액(津液)부족으로 번갈증이 있을 때 섭취하면 좋은 약선							
약선식료학적 특성	재료명	본초명	성(性)	미(味)	귀경(歸經)	효능	함유량	
							중량(g)	%
	귤	귤(橘)	凉	甘, 酸	肺, 胃	開胃理氣, 止渴潤肺	150	46.9
	용안육	龍眼肉	溫	甘	心, 脾	氣血補養, 補益心脾	100	31.3
	포도	葡萄	平	甘, 酸	肺 脾, 腎	益氣補血, 除煩止渴	30	9.4
	토마토	번가(番茄)	微寒	甘, 酸	肝, 脾, 胃	生津止渴, 健胃消食	30	9.4
	진피	陳皮	溫	辛, 苦	脾, 肺	理氣健脾, 燥濕化痰	10	3.0
	총중량						320	100.0
배합원리	심(心)과 비(脾)를 보하는 용안육이 본 약선의 주재료이고 귤, 포도, 토마토, 진피 등이 용안육의 효능을 돕는 부재료이며 그 밖의 재료는 음식의 맛과 효능을 조절하는 보조재료이다.							

달착지근한 맛을 가진, 심(心)을 보하는 샐러드이다. 여름철 식욕이나 입맛이 없거나 번갈이 심하여 답답하고 잠이 안 올 때 섭취하면 입맛을 돋우고 마음도 편해지는 약선이다. 번잡하고 부산한 아이들이나 집중력을 필요로 하는 학생들이 꾸준히 섭취하면 마음이 차분해지고 집중력에 도움이 되어 학습효과도 증진된다.

약물재료의 특성

- 진피는 계절약선(구기자진피쇠고기튀김) 부분 참조
- 용안육[주)]은 계절약선(백합닭다리튀김) 부분 참조

주) 용안육 (*Euphorbia longon* Stend의 가공피)과 여지 (*Litchi chinensis* Som의 과실)

용안육은 무환자나무과의 용안의 가종피이다.
용안(龍眼)은 말 그대로 용의 눈이란 뜻으로 열매가 용의 눈처럼 생겼고 맛이 달고 독특한 향이 있다. 겉껍질은 황토색으로 두툼하고 벗겨내면 안에 있는 과육은 여지와 비슷하다.

여지는 무환자나무과의 여지나무의 열매로 겉껍질은 붉고 우툴두툴하나 과육은 희고 달다. 두 가지가 양혈(恙血)하는 공통의 효능이 있어 대개 용안육과 여지(리지)를 같이 사용한다.

영양소 함유 가치

과일과 야채로 구성된 이 약선은 당질의 함유량이 높은 음식이다.
용안육은 비타민 B_2 의 함유량이 높다.

조리 *tip*

* 심혈(心血)을 보하는 말린 용안육은 술을 담가 먹거나 오랫동안 고아서 고(膏)를 만들어 먹으면 좋다. 말린 용안육은 잘게 다져서 약식에 넣어 만들면 맛이 좋다. 또한 양갱을 만들 때 잘게 다져 넣으면 좋다.
* 여러 야채와 과일을 시원하게 준비하고 먹기 직전에 소스를 뿌려 먹도록 준비한다.

알아두어야 할
약선 명저

소문(素問)과 영추(靈樞)로 포괄되는 황제내경(黃帝內經)

• 소문 (素問)

고대 중국의 의서. 〈황제내경소문(黃帝內經素問)〉이라도고 함. 〈황제내경(黃帝內經)〉의 일부분이다. 원서는 9권 81편 분량인데 위진(魏晋) 이후로는 8권만 전해 오고 있다. 당나라의 왕빙(王冰)은 여기에 주석을 보완하여 24권으로 개편하였고 7편의 대론(大論)을 보충하였으나, 자법론(刺法論)과 본병론(本病論) 2편은 빠져 있었다.

북송(北宋) 때 임억(林億) 등의 교주(校注)를 거쳐 현재 전래되는 〈소문(素問)〉이 완성되었다. 이 책은 장상(藏象), 경락(經絡) 등의 인체 해부생리, 병인, 병리, 진단 곧 변증(辨證), 치료, 예방, 양생 및 인간과 자연, 음양, 오행학설의 의학에서의 응용과 운기(運氣) 학설 등 다방면의 내용을 포괄하고 있다. 진한(秦漢) 이전의 중국 의학의 업적이 체계적으로 정리되어 있고, 특히 의학의 기초 이론과 임상 경험을 총괄하고 있기 때문에 역대 의가(醫家)들이 매우 중시하였다. 현재는 여러 종류의 간행본이 있다.

• 영추 (靈樞)

고대 중국의 의서. 〈영추(靈樞)〉, 〈황제내경영추경(黃帝內經靈樞經)〉이라고도 함. 〈내경(內經)〉을 구성하는 한 부분이다. 원서는 전 9권에 모두 81편인데 〈침경(針經)〉이라고도 하며, 별칭 〈구권(九卷)〉이라고도 한다. 수, 당 시대에 〈구영(九靈)〉, 〈구허(九墟)〉, 〈영추(靈樞)〉 등 여러 이름의 전본(傳本)이 나왔다.

송나라 이후에 원본과 전본이 대부분 산실되었으며, 현존하는 〈영추(靈樞)〉의 전본은 고려(高麗)가 송(宋)에 넘겨주었던 것을 남송(南宋)의 사숭(史崧)이 다시 편집·교정하여 24권으로 만든 것이다. 내용은 〈소문(素問)〉에서 논술하고 있는 것과 비슷한데 특히 경락과 침구에 대하여 자세하게 나와 있다. 기초이론과 임상방면은 〈소문(素問)〉의 내용과 서로 보충하여 자세히 설명하고 있는데 중국 진한(秦漢) 이전의 의학이론, 특히 침구요법을 연구하는 데 중요한 문헌으로, 역대 의학자들이 중시해 왔다.

18 홍합 포공영 곽향구이

효능 보심보혈(補心補血)

재료 및 분량

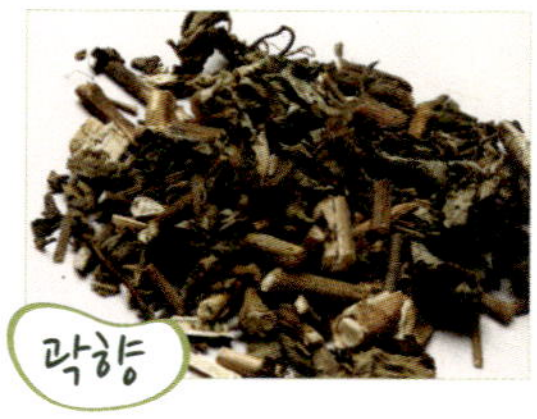

식물재료 : 홍합 400g
약물재료 : 포공영 20g, 곽향 10g
홍합토핑 : 포공영액 4TS, 버터 1TS, 다진 마늘 ¾TS, 다진 파슬리 1TS, 녹차가루 ¾TS, 빵가루 1컵, 모짜렐라치즈 30g, 소금, 후추 적당량
기타 재료 : 레몬 ½개

조리과정

1. 홍합을 깨끗이 씻어 수염과 위 껍질을 떼어내고 깨끗하게 씻어 준비한다.
2. 포공영에 물 300mL를 넣고 중불에서 끓여 약 100mL 정도로 만든다.
3. 뜨거운 물에 1을 넣고 살짝 데쳐낸다.
4. 곽향은 물에 씻어 잘게 다진다.
5. 다진 곽향과 홍합 토핑재료를 잘 섞는다.
6. 5를 홍합 위에 얹어 놓고 180℃로 예열된 오븐에서 4~5분 정도 굽는다.
7. 완성된 홍합구이를 작게 자른 레몬 조각과 함께 접시에 담아 레몬과 함께 먹는다.

약선 특징

효능	혈맥을 주관하는 심(心)을 보할 수 있어 더위로 잠이 안 오거나 이유없이 잠이 안 오고 심장이 두근거릴 때 섭취하면 심을 편안하게 하는 약선							
약선식료학적 특성	재료명	본초명	성(性)	미(味)	귀경(歸經)	효능	함유량 중량(g)	함유량 %
	홍합	담채(淡菜)	溫	鹹	肝, 腎	補肝腎, 益精血	400	93.1
	민들레	포공영(蒲公英)	寒	苦, 甘	肝, 胃	降火, 解毒	20	4.6
	곽향	藿香	微溫	辛	脾, 胃, 肺	發表解暑, 和中止嘔	10	2.3
	총중량						430	100.0
배합원리	혈(血)을 지양하는 효능이 있는 홍합이 본 약선의 주재료이고 민들레, 곽향 및 그 밖의 재료는 보조재료이다.							

이 약선은 불에 홍합을 구워먹는 홍합구이와 같다. 포공영과 곽향이 첨가되어 보심보혈(補心補血)의 효능이 증가되도록 구성한 것이 특징이다. 레몬은 더위로 인한 땀과 기(氣)의 배설이 심한 것을 수렴해주는 작용을 해준다.

약물재료의 특성

- 포공영은 국화과 식물 포공영의 뿌리 달린 전초이다. 찬 성질의 포공영에 뜨거운 성질의 고춧가루를 넣고 김치로 만들어 먹거나 뿌리를 튀겨 먹어왔다. 프랑스에서는 고급요리에 민들레를 사용하고 뉴질랜드에서는 뿌리를 말려 커피 대용으로 사용한다고 한다. 일일 섭취량은 11. 3~37.5g 정도이다.
- 곽향은 계절약선(시금치하수오달걀말이) 부분 참조

영양소 함유 가치

단백질과 철분의 함유량이 높은 음식이다. 이 레시피에 깻잎을 함께 구성하면 철분의 함량이 높아지고 철분을 보충하기에 좋은 음식이 되므로 빈혈로 어지러움이 있는 학생들이 자주 먹으면 좋다.

조리 tip

* 홍합은 늦봄에서 여름 사이가 산란기이므로 이때 가장 맛이 없다. 살이 통통하고 윤기가 나고 비린내가 나지 않는 것이 신선하다. 껍질을 깨끗하게 문질러 씻어 지저분한 것들을 떼어내고 소금물에 흔들어 씻는다. 이 음식은 홍합을 껍질째로 굽는 조리법으로 알이 작은 국내산보다는 알이 크고 굵은 뉴질랜드산 그린홍합이 보기에는 좋다.
* 이 책에서는 음식의 형태를 치즈를 얹어 오븐에 구운 형태로 했으나 홍합을 꺼내서 각 재료들과 함께 다진 후 패티로 만들어서 활용해도 좋다.

재미있는
약초이야기

화(火)와 열(熱)을 삭히는 포공영

옛날 어느 마을에 부잣집이 있었는데 그 집에는 외동딸이 있었다. 그런데 그 딸에게는 큰 고민이 있었는데 젖가슴에 종양이 생긴 것이었다. 통증은 심했지만 가슴이라 누구에게 보일 수도 없어서 그냥 전전긍긍하고 있었다.

이것을 안타깝게 본 딸의 몸종이 마님께 이 사실을 대신 말해주었다. 그런데 마님은 그 이야기를 듣고 오히려 딸이 외간 남자와 사귀어서 그렇게 된 것으로 생각하고 딸을 크게 나무랐다. 딸은 어머니의 모욕적인 말을 도저히 참을 수도 없고 또 의원에게 가슴을 보이기가 너무나 부끄러워 강물에 뛰어들기로 결심을 했다.

결국 딸은 강물에 뛰어들었는데 마침 그곳에서 고기잡이를 하던 어부와 딸이 물소리를 듣고서 가보니 어떤 여자가 물 위에 떠있는 것이 아닌가? 그 여자를 건져내 젖은 옷을 벗기고 새옷을 입히려는데 가슴에 종양이 있는 것이 보였다. 어부는 급히 딸을 시켜 산에 올라 어떤 약초를 캐오도록 하였다.

결국 그 처녀는 며칠 동안 그 약초를 달여서 먹고 나서 종양이 점점 없어졌다. 딸이 자살했다는 소식을 듣고 부잣집에서 사람을 보내 딸을 데리러 왔다가 다시 돌아가기로 하였다.

하지만 처녀는 어부와 그 딸이 너무 고맙고 정이 들어 쉽게 발이 떨어지지 않았다. 그러자 어부가 바로 그 약초를 주면서,

"만약에 또 종양이 생기면 이 약초를 달여 드십시오." 라고 했다.

그 처녀는 약초를 가지고 집에 돌아와 집의 뜰에 그것을 심었는데 어부와 딸에게 감사하는 마음으로 이름을 어부의 딸의 이름인 '포공영(蒲公英)' 으로 지었다.

19 산약 밤스프

효능 건비화위(健脾和胃), 익기생진(益氣生津)

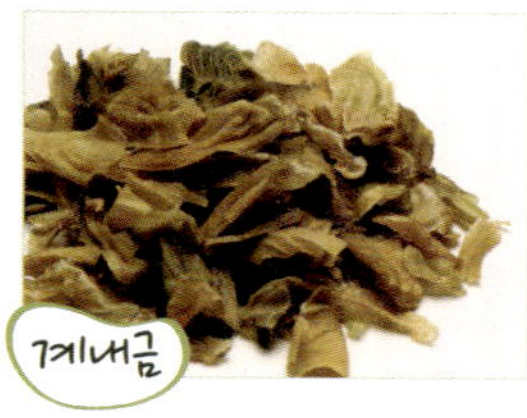

재료 및 분량

식물재료 : 밤 200g, 대추 40g
약물재료 : 의이인 50g, 산약가루 50g, 계내금 20g
기타 재료 : 설탕 20g, 대추 4개

조리과정

1. 밤은 속껍질을 벗기고 얇게 썰어 놓는다.
2. 산약가루에 물 200mL에 넣고 풀어 놓는다.
3. 의이인은 노릇하게 볶아서 믹서에 갈아 가루로 준비한다.
4. 계내금은 믹서에 갈아서 체에 쳐서 고운 가루로 준비한다.
5. 대추의 씨를 빼고 펼쳐서 얇게 눌러서 채를 썰어 준비한다.
6. 냄비에 물 1,000mL를 넣고 끓으면 계내금가루, 의이인가루, 밤, 대추채, 설탕을 넣고 끓인다.
7. 6에 2를 넣고 한쪽방향으로 저으면서 고르게 잘 섞고 반투명해지면 불을 끈다.

약선 특징

효능	습(濕)을 제거하여 비(脾)의 건강을 증진시킬 수 있는 약선으로 소화기의 기능이 저하된 사람들이 자주 섭취하면 비가 건강해질 수 있는 약선							
약선식료학적 특성	재료명	본초명	성(性)	미(味)	귀경(歸經)	효능	함유량	
							중량(g)	%
	밤	율자(栗子)	溫	甘	脾, 胃, 腎	養胃健脾, 補腎强筋	200	52.6
	대추	대조(大棗)	溫	甘	脾, 胃	健脾養胃, 益氣生津, 養血安神	40	10.6
	설탕	백당(白糖)	平	甘	脾	補中益氣, 和中緩急	20	5.3
	율무	의이인(薏苡仁)	凉	甘, 淡	脾, 肺, 腎	健脾止瀉, 利水滲濕	50	13.1
	마	산약(山藥)	平	甘	肺, 脾, 腎	益精固腎, 健脾, 補肺	50	13.1
	계내금	鷄內金	平	甘	脾, 胃	健脾消食, 澀精止遺	20	5.3
	총중량						380	100.0
배합원리	본 약선은 비(脾)를 보하는 효능을 지닌 음식으로 밤, 산약이 주재료이고 의이인, 대추, 계내금, 설탕이 부재료로 주재료의 효능을 증강시켜 주는 부재료이다.							

이 스프 형식의 약선은 현대인들이 아침식사용으로 활용하기 좋은 약선이다. 이 약선의 특징은 소화기를 편하게 해줄 수 있는 효능을 가지고 있다. 간밤에 술을 마셨거나 육류의 섭취가 많아 소화기가 불편한 사람들이 섭취하면 좋으며 일반적으로 남녀노소 모두 편히 사용해도 좋은 약선이다.

약물재료의 특성

- 의이인[주)]은 계절약선(두부 모과 양배추말이찜) 부분 참조
- 산약은 계절약선(두충 굴튀김) 부분 참조
- 계내금은 계절약선(두부 모과 양배추말이찜) 부분 참조

주) 의이인에 대한 오해

이수삼습하는 효능의 의이인을 먹으면 정력이 감퇴된다는 속설이 있지만 태음인의 경우에는 체내의 불필요한 습이 제거되고 대사가 촉진되어 오히려 정력이 좋아질 수 있다.

영양소 함유 가치

당질의 함유량이 높은 음식이다.

조리 tip

* 이의인과 계내금은 기름 없이 팬에 노릇하게 볶아서 사용해야 비(脾)를 보(補)하는 효능이 커지고 약간의 비린내도 제거된다.
* 계내금을 믹서에 갈아 체에 칠 때는 여러번 쳐야 고운 가루가 만들어진다.

알아두어야 할
약선 명저

맹선의 식료본초(食療本草)

중국 당나라 맹선(孟詵)이 편찬한 의서. 전 3권. 서목(書目)이 〈구당서 · 예문지(舊唐書 · 藝文志)〉에 실려 있다. 이 책은 음식으로 병을 고칠 수 있는 것들에 대해서 설명한 전문서이다.

〈가우본초(嘉祐本草)〉에서 이르기를 "장정(張鼎 : 당나라 개원 연간의 사람)은 또한 그 부족한 89종을 보충하여 모두 합쳐서 227조목으로 나누었으니, 모두 식약(食藥)이 치병(治病)하는 효과를 말한 것이다. 원서는 전하지 않고, 〈증류본초(證類本草)〉, 〈의심방(醫心方)〉 등의 책에 부분적으로 보인다.

1907년에 돈황(敦煌)에서 당인사본(唐人寫本)의 잔권(殘券)이 발견되었으며, 원권(原券)의 앞뒤가 모두 없어지고 내용이 석류에서 토란에 이르기까지 26미(味)의 약(藥)만 남았는데, 모두 식물약(食物藥)이다. 1925년 중국 동방학회(東方學會)에서 그 내용을 초록하여 출판하였다.

20

산약 두부볶음

효능 건비화위(健脾和胃), 보기양혈(補氣養血)

재료 및 분량

식물재료 : 두부 300g, 돼지고기 100g
약물재료 : 산약(생것) 100g
생강술 : 생강 20g, 청주 3TS
기타 재료 : 전분 1TS, 간장 1TS, 다진 총백 1T, 다진 마늘 1ts, 물녹말 2T, 소금 1ts, 식용유, 설탕 적당량

조리과정

1. 돼지고기는 1cm × 1cm 크기로 깍둑썰어 준비한다.
2. 두부는 1cm × 1cm 크기로 깍둑썰기하여 소금을 약간 뿌려 20분 후에 물기를 닦고 180℃에서 노릇노릇 튀겨 낸다.
3. 산약은 1cm × 1cm 크기로 깍둑썰어서 설탕물에 담가둔다.
4. 생강에 청주를 넣고 약불에서 한번 끓여 생강술을 만든다.
5. 전분을 풀어 물녹말을 만들어 넣는다.
6. 팬에 기름을 놓고 뜨거워지면 총백, 마늘을 넣고 향이 나게 볶은 후 1을 볶는다.
7. 고기가 80% 정도 익으면 생강술, 간장, 소금 넣고 볶은 후 튀긴 두부, 산약, 물녹말을 넣어 살짝 볶는다.

약선 특징

효능	습(濕)을 제거하여 비(脾)의 건강을 증진시킬 수 있으며 기(氣)와 혈(血)을 동시에 보할 수 있는 약선							
약선식료학적 특성	재료명	본초명	성(性)	미(味)	귀경(歸經)	효능	함유량 중량(g)	함유량 %
	두부	豆腐	凉	甘	脾, 胃, 大腸	生津潤燥, 和中益氣	300	60.0
	돼지고기	저육(猪肉)	平	甘, 鹹	脾, 胃, 腎	補腎滋陰, 益氣養血	100	20.0
	마	산약(山藥)	平	甘	肺, 脾, 腎	益精固腎, 健脾, 補肺	100	20.0
	총중량						500	100.0
배합원리	본 약선에서 건비(健脾) 효능을 발휘하는 산약이 주재료이고 돼지고기와 두부가 부재료로 구성되며 그 밖의 재료들은 음식의 맛을 조절하는 보조재료이다.							

산약과 두부 및 돼지고기가 어우러져 건비(健脾) 효능을 가지는 약선으로 맵지 않아서 소화가 잘 안되는 아이들에게 활용하면 효과적이다.

약물재료의 특성

- 산약[주1)]은 계절약선(두충굴튀김) 부분 참조

영양소 함유 가치

단백질과 당질의 함유량이 높은 음식이다.

주1) 산약(山藥)

- 독성이 전혀없고 아주 평순해서 남녀노소 막론하고 대량으로 섭취해도 별 무리가 없다. 예로부터 '이허지요약(理虛之要藥)'이라했다.
- 우리나라 고조리서에 죽(삼미죽방), 후식류(서여향병)로 만들었던 기록들이 있고 최근에는 기능성 소재로 각광을 받고있다.

조리 *tip*

* 생강을 술에 끓여서 생강술로 사용하면 향기도 부드럽고 생강의 효능이 몸 안에 잘 퍼진다.
* 두부는 우리들이 낯선 지방을 여행하거나 환경이 바뀌면 그 지방의 기후, 토질 및 수질에 적응하지 못하는 경우가 있는데 이럴 때에는 먼저 두부를 먹으면 그 후에 물과 토질에 적응을 잘 할 수 있게 된다. 교도소에서 출감하면 문 앞에서 두부를 먹이는 이유도 격리된 공간에서 새로운 환경으로 나오므로 잘 적응하라는 뜻이 숨어 있다. 그러나 두부를 지나치게 먹으면 복창(腹脹)[주2)], 오심(惡心)[주3)]이 나타나는데 이때는 무를 먹으면 해소된다. 따라서 두부를 주재료로 하는 음식에 무를 반찬으로 곁들이면 좋은 궁합이 된다.

주2) 복창
배가 몹시 불러오면서 속이 그득한 느낌이 나는 증상

주3) 오심
위완부에 식체, 담탁, 습 등으로 인해 구역질이 나면서도 토하지 못하고 맑은 침이나 신물이 올라오는 증상

재미있는
약초이야기

자양강장 효능이 있지만 절제해야 하는 대산

마늘을 약재 이름으로는 '대산(大蒜)' 이라고 한다.

옛날 어느 마을에 유명한 의원이 있었는데 그의 밑에는 제자로 삼고 있는 한 소년이 있었다. 그런데 의원의 옆집에 사는 농부는 너무 의술을 공부하고 싶어했다. 그래서 그는 의원에게 자신을 제자로 써줄 것을 부탁했으나 의원은 단 한명에게만 전수시키고 싶어 그의 부탁을 거절하였다. 그래서 농부는 몰래 의원의 방 창문에서 엿들으면서 공부해 보기로 결심하고 엿듣고 있었다.

그런데 그날 의원은 소년에게 의술을 가르치지 않고 치료비에 대하여 의논하고 있었다.

소년이 의원에게 묻기를,

"아직 오랫동안 못 받은 치료비가 있는데, 이자까지 해서 받을까요?"

그러자 의원은,

"이자는 받지 말고(算了, 利可以止) 치료비만 받아라!"

몰래 엿듣고 있던 농부는 소년의 말은 못듣고 의원의 말만 들어 의술을 가르치는 것으로 오인해서 '이자는 받지 말라(算了, 利可以止)' 는 말을 '마늘이 설사를 멎게 한다(蒜, 可以止下痢)' 로 듣게 되었다. 두 말은 발음이 거의 비슷해서였다.

그래서 그는 다음날부터 그것을 실험해 보기 위해 여러 설사 환자들을 치료했는데 신기하게도 다 낫는 것이었다. 그런 일이 있은 이후로 마늘은 설사를 멎게 하는 약으로 쓰이게 되었다.

21 산약구이와 백출 삼겹살찜

효능 보비(補脾), 보폐(補肺)

재료 및 분량

식물재료 : 삼겹살(대패삼겹살) 400g, 총백(굵은 것) 150g
약물재료 : 산약 100g, 산수유 30g, 백출 20g, 사인 10g
삼겹살 밑양념 : 소금 ½ts, 후추 ⅓ts, 양파 40g
곁들이 야채 : 양상추 30g
찜양념 : 백출액 2TS, 산수유액 2TS, 진간장 2TS, 참기름 1TS, 물엿 ½ts, 마늘 4쪽, 물 적당량
기타 재료 : 붉은고추, 올리브유, 설탕 적당량 / 조리용 실

조리과정

1. 사인은 가루내어 체에 쳐서 고운가루로 준비한다.
2. 백출에 300mL의 물을 넣고 중불에서 약 50mL가 되도록 끓인다.
3. 산수유에 300mL의 물을 넣고 약불에서 약 50mL가 되도록 끓인다.
4. 양파는 강판에 간다.
5. 삼겹살은 5cm 길이로 썰어 사인, 소금과 후추, 양파 간 것으로 밑양념한다.
6. 총백은 4등분하여 4~5cm 정도의 길이로 자른 후 끓는 물에 살짝 데쳐서 준비한다.
7. 양념한 삼겹살을 넓게 펴고 자른 대파를 3줄기씩 넣어 돌돌 말아 조리용 실로 묶는다.
8. 분량대로 찜양념을 만든다.
9. 찜양념 재료를 냄비에 담고 7을넣어 처음에는 센불에서 조리다가 불을 줄여 약한 불에서 은근히 조려 먹기 좋은 크기로 썬다.
10. 산약은 두께 1cm 정도로 저며 3% 설탕물에 20분 간 담가둔다.
11. 10을 건져서 올리브유를 약간 두르고 노릇하게 구워낸다.
12. 양상추를 깨끗이 씻어 물기를 제거한다.
13. 11, 12를 넓게 펴서 담고 그 위에 9를 얹는다.

약선 특징

효능	습(濕)을 제거하여 비(脾)의 건강을 증진시킬 수 있는 약선							
약선식료학적 특성	재료명	본초명	성(性)	미(味)	귀경(歸經)	효능	함유량	
							중량(g)	%
	돼지고기	저육(猪肉)	平	甘, 鹹	脾, 胃, 腎	補腎滋陰, 益氣養血	400	56.0
	파	총백(葱白)	溫	辛	肺, 胃	發表, 解毒, 殺蟲	150	21.0
	마	산약(山藥)	平	甘	肺, 脾, 腎	益精固腎, 健脾, 補肺	100	14.0
	산수유	山茱萸	微溫	酸	肝, 腎	補益肝腎, 收斂固澀	30	4.5
	백출	白朮	溫	苦, 甘	脾, 胃	補氣健脾, 燥濕利水	20	3.0
	사인	砂仁	溫	辛	脾, 胃(腎)	化濕行氣, 理氣安胎	10	1.5
	총중량						710	100.0
배합원리	본 약선에서는 백출이 주재료로 비의 습을 제거하여 보비(補脾)한다. 산약 돼지고기가 부재료로 백출의 효능을 증강시키고 산수유, 사인, 총백 및 그 밖의 재료들은 보조재료이다.							

삼겹살에 총백을 넣어 말이하여 찐 음식으로 비와 폐를 보하는 효능을 가진다.

약물재료의 특성

- 산약은 계절약선(두충굴튀김) 부분 참조
- 산수유는 산수유과 산수유나무 열매의 과육이다. 10~11월에 과실이 성숙했을 때 채취하여 끓는 물에 살짝 데쳐 말린 것이다. 일일 섭취량은 5~10g 정도이다. 산수유는 체내에 습열(濕熱)이 많은 경우에는 섭취하지 않는 것이 좋다.
- 백출은 계절약선(돼지고기부추백출조림) 부분 참조
- 사인은 생강과 식물 축인의 성숙한 열매이다. 일일 섭취량은 3~6g 정도이다. 오래 끓이면 효능이 약해진다. 고기를 부드럽게 하는 효능이 있어 고기 양념 시 사용하면 좋다.

영양소 함유 가치

단백질과 비타민, 무기질의 함유되어 있는 음식으로 반찬으로 활용하면 좋다.

조리 tip

* 산약을 따로 굽지 말고 돼지고기 안에 넣고 말아도 좋다. 또는 모든 재료를 적당한 크기로 썰어서 삼겹살 볶음으로 변형하면 먹기도 편하고 조리도 간편해서 좋다.

재미있는
약초이야기

습사(濕邪)를 제거해서 비장을 튼튼히 하는 백출

희고 청아한 아름다운 백학 한 마리가 남쪽 끝 선경(仙境)에서부터 약초 하나를 물고 날며 적당한 장소에 그것을 심으려고 했다. 백학은 사천 구백 리를 날아 예순 네 곳의 명산을 찾아다니다가 천목산(天目山) 남쪽 기슭에 내려 약초를 심었다. 백학은 약초를 밤낮으로 돌보고 지켰다.

세월이 흘러 약초를 돌보던 백학은 굳어 암석으로 변했고, 암석은 조그만 산이 되었다. 약초는 점점 자라 백출(白朮)이 되었다. 주위에도 작은 백출들이 자라고, 시간이 흐르면서 수많은 백출이 자랐다. 당시 사람들은 백출의 쓰임새를 알지 못했다. 오래된 백출은 조급해지기 시작했다.

"내가 사람을 위해 쓰이지 못하면 백학의 정성이 무용지물이지 않은가?"

음력 9월 9일, 백출은 국화 무늬와 빨간 주사(朱砂)점으로 수놓인 하얀 치마를 입은 예쁜 아가씨로 변신해 구름을 타고 항주(杭州)의 망선교(望仙橋) 개울 아래에 있는 한약방으로 내려갔다. 백출을 팔기 위해서였다.

"낭자는 어디 사는 누구요?"

"제 성은 백(白)이고 집은 어잠(於潛)의 학산(鶴山)에 있습니다."

시원스럽게 대답한 낭자는 백출을 팔았고, 그 용도와 복용법을 일러주고는 사라졌다. 의원이 백출을 환자들에게 처방해 보니 효과가 대단했다. 백출을 구입해 팔면 큰 돈을 벌겠다고 생각한 의원은 사람들을 데리고 어잠의 학산을 찾았다. 그러나 백씨 성을 가진 처녀를 아는 사람이 없었다. 하는 수 없이 그는 돌아와 이 사실을 부인에게 전하니, 부인은 웃으며 말했다.

"지난 9월 9일에 나타났으니, 내년 9월 9일에 그녀가 다시 와 백출을 팔 것입니다. 걱정 마시고 기다려보세요."

눈 깜짝할 사이 세월은 흘러 이듬해 9월 9일이 되었다. 백씨 낭자가 다시 나타나 백출을 팔았다. 백씨 낭자가 그 효능을 설명하고 있을 때, 의원 부인은 붉은 실을 꿴 바늘을 낭자의 치마에 몰래 꽂았다. 백출을 판 낭자가 떠나자, 의원은 사람을 데리고 뒤쫓아 어잠의 학산에 이르렀다.

의원은 그 일대를 샅샅이 뒤졌지만 낭자는 어디에도 보이지 않기에 붉은 실을 따라갔는데 실 끝이 한 약초에 매달려 있었다. 의원이 약초 주위의 흙을 파내자 맑고 향기로운 냄새가 코를 찌르며 천년 묵은 백출 뿌리가 보였다. 의원이 기뻐하며 괭이로 천년 묵은 백출을 캐내자 백출이 빛을 뿜어 의원의 눈이 멀었다. 그리고 백출은 흔적도 없이 사라졌다.

그 후 백씨 낭자를 본 사람이 아무도 없었다. 지금도 중국에 어잠(於潛)의 학산촌(鶴山村)이 있는데, 그 곳에서 나는 백출은 절강성의 명산품 어출(於朮)로 불리며, 또 선학출(仙鶴朮) 또는 학경출(鶴頸朮)로 불린다. 백출을 칼로 자르면 국화 무늬와 붉은 주사(朱砂)점을 볼 수 있다.

22

삼겹살 더덕말이구이

효능 자음윤폐(滋陰潤肺), 양음(養陰)

재료 및 분량

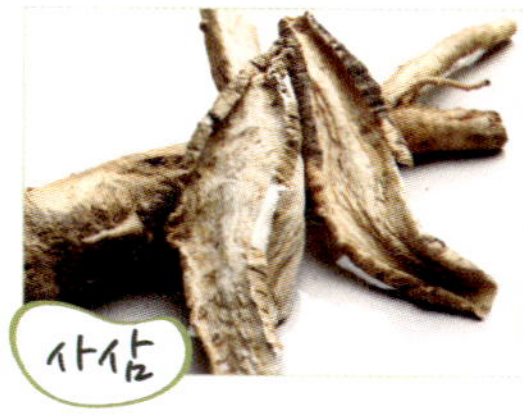

식물재료 : 돼지고기 삼겹살 250g, 배 200g
약물재료 : 더덕(생것) 200g, 황정 30g, 길경(생것) 30g
소스 : 된장 50g, 잣 20g, 땅콩 20g, 꿀 15g, 배 50g

조리과정

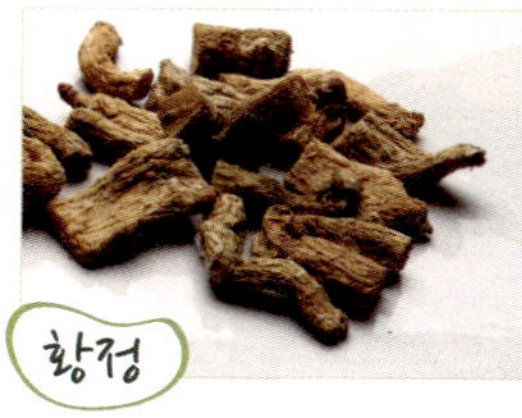

1. 껍질 깐 더덕을 방망이로 두드려 적당한 굵기로 찢어 놓는다.
2. 황정에 물을 넉넉하게 넣고 끓여서 황정이 부드러워지면 건져서 곱게 다진다.
3. 도라지는 아린맛을 빼고 방망이로 가볍게 두두려서 준비한다.
4. 배를 갈아서 더덕과 도라지를 재어 놓는다.
5. 삼겹살을 알맞게 굽는다.
6. 소스용 잣과 땅콩은 잘게 갈아 놓는다.
7. 잣, 땅콩, 황정을 된장, 꿀, 갈은 배와 섞어 소스를 만든다.
8. 더덕과 도라지를 구운 삼겹살로 말아 소스에 찍어 먹는다.

약선 특징

<table>
<tr><td>효능</td><td colspan="8">건조한 환경에서 폐(肺)의 기능에 문제가 발생하므로 자음윤조(滋陰潤燥)하여 폐를 촉촉하게 해주어 폐건강을 지켜주는 약선</td></tr>
<tr><td rowspan="11">약선식료학적 특성</td><td rowspan="2">재료명</td><td rowspan="2">본초명</td><td rowspan="2">성(性)</td><td rowspan="2">미(味)</td><td rowspan="2">귀경(歸經)</td><td rowspan="2">효능</td><td colspan="2">함유량</td></tr>
<tr><td>중량(g)</td><td>%</td></tr>
<tr><td>돼지고기</td><td>저육(猪肉)</td><td>平</td><td>甘, 鹹</td><td>脾, 胃, 腎</td><td>補腎滋陰, 益氣養血</td><td>250</td><td>32.7</td></tr>
<tr><td>배</td><td>리(梨)</td><td>凉</td><td>甘, 微酸</td><td>肺, 胃</td><td>潤肺止咳, 生津, 潤燥</td><td>200</td><td>26.2</td></tr>
<tr><td>잣</td><td>송자(松子)</td><td>溫</td><td>甘</td><td>肝, 肺, 大腸</td><td>活腸潤燥, 潤肺</td><td>20</td><td>2.6</td></tr>
<tr><td>땅콩</td><td>낙화생(落花生)</td><td>平</td><td>甘</td><td>脾, 肺</td><td>健脾養胃, 潤肺化痰</td><td>20</td><td>2.6</td></tr>
<tr><td>꿀</td><td>봉밀(蜂蜜)</td><td>平</td><td>甘</td><td>肺, 脾, 大腸</td><td>補中潤燥, 調補脾胃, 潤肺止咳</td><td>15</td><td>1.9</td></tr>
<tr><td>더덕</td><td>사삼(沙蔘)</td><td>微寒</td><td>甘</td><td>肺, 胃</td><td>養陰潤肺, 益胃生津</td><td>200</td><td>26.2</td></tr>
<tr><td>황정</td><td>黃精</td><td>平</td><td>甘</td><td>脾, 肺, 腎</td><td>潤肺滋陰, 補脾益氣</td><td>30</td><td>3.9</td></tr>
<tr><td>도라지</td><td>길경(桔梗)</td><td>凉</td><td>苦, 辛</td><td>肺</td><td>開宣肺氣, 祛痰, 排膿</td><td>30</td><td>3.9</td></tr>
<tr><td colspan="2">총중량</td><td colspan="4"></td><td>765</td><td>100.0</td></tr>
<tr><td>배합원리</td><td colspan="8">본 약선에서 더덕이 자음윤조(滋陰潤燥)하는 주재료이고 돼지고기, 배, 황정, 도라지, 잣 등은 부재료이며 땅콩, 꿀 및 그 밖의 재료들은 보조재료이다.</td></tr>
</table>

폐는 건조한 상황을 가장 힘들어하는데 이 약선은 건조한 폐를 윤폐(潤肺)하는 목적의 약선이다. 집안이 건조하면 목이 타고 코가 답답하여 가습기를 켜고 물수건을 걸어 놓듯이 이 음식은 폐에 습기(濕氣)를 주기 위한 음식이다. 또한 황사가 심한 계절에 섭취해도 좋다.

약물재료의 특성

- 더덕은 오장약선(황기더덕소스를 곁들인 가리비구이) 부분 참조.
- 황정은 계절약선(오이황정연근샐러드) 부분 참조
  크기가 큰 옥죽을 둥굴레라고도 하나 우리나라에서는 작은 크기의 황정을 흔히 둥굴레라 한다.
- 길경은 도라지과의 여러해살이풀 길경의 뿌리이다. 3.7~7.4g 정도가 일일 섭취량이다. 생강, 자소엽, 감초 등과 좋은 배합이다.

영양소 함유 가치

단백질, 지질, 당질을 함유한 음식이다.

조리 *tip*

* 황정은 단단하므로 물을 넉넉히 넣고 중불에서 오랫동안 끓여야 한다.
* 잣과 땅콩은 갈 때 기름성분 때문에 잘 갈리지 않으니 칼로 다지는 것도 좋다.
* 더덕은 껍질을 벗기고 깨끗하게 씻은 후 물에 2시간 정도 담가두어 아린맛을 빼내고 사용하도록 한다.

재미있는
약초이야기

보랏빛 꽃을 가진 도라지 뿌리
길경

千山萬川都有覓 천산만천도유멱 / 唯有商桔菊花心 유유상길국화심
[많은 산과 많은 계곡을 모두 찾아다녀도 오직 상성현(商城縣)의 길경에만 국화무늬가 있네]

이 시는 화타(華陀)가 약초를 캘 때 만든 시구(詩句)다. 도라지의 한약명은 길경(桔梗)이며, 다른 이름은 진경(津梗)이다. 길경은 가래를 없애주고, 기침을 멎게 하며, 폐를 튼튼하게 하는 효능을 가지고 있다. 중국 하남(河南)의 상성현(商城縣)에서 나는 길경은 씨알이 굵고, 크고, 빛깔이 하얗다. 줄기를 절단해 보면 국화모양의 속이 뚜렷하게 나타나기 때문에 '상길경(商桔梗)' 이라고 불린다.

대별산(大別山) 기슭 북쪽 상성현(商城縣)에 상(商)씨 성을 가진 사람들이 모여 사는 작은 성씨촌(姓氏村)이 있었다. 어느 날 갑자기 마을에 괴질이 돌기 시작하였다. 사람마다 가슴이 답답하고, 배가 부어오르고, 기침이 멈추지 않아 남자들은 밭에 나가 일을 할 수가 없었고, 부녀자들은 천을 짤 수가 없을 정도여서 마을은 근심으로 가득 찼다.

마을에는 상풍(商風)이라는 처녀가 있었다. 그녀는 마을 사람들을 질병에서 구하려는 마음으로 산에 올라 무릎을 꿇고 하늘에 빌었다.

"신령님! 저희 마을에 괴질(怪疾)이 돌아 온 마을 사람들이 일을 못하고 고생하고 있습니다. 치료할 수 있는 약초를 내려주옵소서." 7일 동안 밤낮으로 꼼짝 않고기도를 드렸다. 마침내 처녀의 기도가 신령을 감화시켰는지, '휙' 하고 홀연히 큰 바람이 일어 상풍을 휘감아 하늘로 올라가더니 사천(四川)의 아미산(峨嵋山)까지 데려갔다.

상풍이 강한 바람에 휩싸여 어리둥절하고 있는데, 어디선가 부르는 소리가 들렸다.

"상풍아!" 정신을 차려보니 동안(童顔)의 노선옹(老仙翁)이 손을 내민 채 그녀를 보며 웃고 있었다. 노선옹의 손에는 씨앗이 들려 있었다.

"이 씨앗을 가지고 가서 밭에 심거라. 그리고 그 뿌리를 캐어 마을 사람들에게 달여 먹여라. 그러면 병을 치유할 수 있을 것이다."

상풍은 머리를 조아려 노선옹에게 감사의 인사를 하는데, 순간적으로 맑은 바람이 불어와 그녀를 휘감아서는 마을까지 데려왔다. 상풍은 노선옹의 말대로 하였다. 그러자 온 마을 사람들이 예전처럼 건강을 회복하였다. 마을 사람들은 너무나 고마워 상풍에게 감사하였다.

마을 사람들은 약초 이름을 상풍이 뿌리를 받아왔다는 뜻으로 '상접근(商接根)' 이라 지었으며, 어느 때부터인지 '길경(桔梗)' 으로 불렸다.

23 옥죽 백합 오이무침

효능 윤폐자음(潤肺滋陰)

재료 및 분량

식물재료 : 오이 400g
약물재료 : 옥죽 50g, 백합 30g
양념장 : 고운고춧가루 1TS, 고추장 1TS, 식초 2TS, 설탕 ½TS, 물엿 1TS
깨소금 1TS, 다진 총백 1ts, 다진 마늘 ½TS
백합소스 : 참기름 2ts, 설탕 1ts
기타 재료 : 소금 적당량

조리과정

1. 옥죽에 물 1,000mL 이상을 넣고 중불에서 푹 끓여 액을 준비한다.
2. 오이는 둥글게 잘라서 소금을 뿌려 절였다가 꼭 짠다.
3. 백합에 1의 액을 넣고 중불에서 백합이 부드러워질 때까지 끓여 건진다.
4. 백합을 참기름과 설탕으로 무친다.
5. 분량의 양념으로 양념장을 만든다.
6. 오이와 백합을 함께 넣고 먹기 직전에 무쳐낸다.

약선 특징

효능	폐(肺)의 질병을 대개 건조한 상황에서 발생하므로 윤조(潤燥)작용을 가진 이 약선은 폐건강에 도움이 되는 약선							
약선식료학적 특성	재료명	본초명	성(性)	미(味)	귀경(歸經)	효능	함유량	
							중량(g)	%
	오이	황과(黃瓜)	凉	甘	脾, 胃, 大腸	清熱止渴, 利水解毒	400	83.0
	옥죽	玉竹	平	甘	肺, 胃	滋陰潤燥, 止渴除煩	50	11.0
	백합	百合	平	甘, 微苦	心, 肺	潤肺止咳, 清心安神	30	6.0
	총중량						480	100.0
배합원리	본 약선에서는 자음(滋陰)효능을 가진 옥죽이 주재료이고 윤폐(潤肺)하는 백합이 부재료이며 오이와 그 밖의 재료들은 보조재료이다.							

이 음식은 가을철이나 폐건강을 위해서 활용하면 좋은 약선이다. 우리들이 흔히 먹는 고춧가루로 버무리는 오이무침과 비슷하나 옥죽과 백합이 배합되어 폐를 촉촉하게 해줄 수 있는 약선이다. 돼지고기를 먹을 때 곁야채무침으로 먹으면 더욱 좋다.

약물재료의 특성

- 옥죽은 백합과 식물 옥죽의 뿌리줄기이며 위유라고도 한다. 일일 섭취량은 10~30g 정도이다. 옥죽은 사삼과 배합하면 양음윤조청폐(養陰潤燥淸肺) 효능이 증가되고 산약과의 배합에 의해 익기생진(益氣生津)하는 효능이 좋아진다.
- 백합은 계절약선(백합닭다리튀김) 부분 참조

영양소 함유 가치

비타민의 함유량이 높은 음식이다. 반찬류나 고기류의 곁음식으로 이용하면 영양 균형을 맞출 수 있다.

조리 *tip*

* 백합이 부드러워질 때까지 익히는 것이 이 음식의 포인트이다. 입맛에 따라 고추장의 양은 다소 줄여도 좋다.

알아두어야 할
약선 명저

세계 최초의 본초학 서적
신농본초경 (神農本草經)

현존하는 최초의 본초학(本草學) 전문서적.
〈본초경(本草經)〉, 〈본경(本經)〉, 〈신농본초(神農本草)〉라고도 한다. 대략 진한(秦漢)시대(일설로는 전국시대)에 쓰여졌다. 이 책은 진나라 이전 고대 본초학의 성과를 총정리한 것이다. 원서는 전하지 않고, 〈본초경집주(本草經集註)〉에 보존되어 있다.

그 내용은 약물 총론을 총괄한 서례(序例) 외에 약물 365종을 상, 중, 하 3품으로 나누어 실었다. 그 중 상품, 중품은 120종씩이고, 하품은 125종이다. 약물 이론면에 있어 약의 군신좌사(君臣佐使), 음양배합, 칠정화합(七情和合), 오미(五味), 사기(四氣) 등의 이론을 제시하였다.

또한 약물의 별명, 성미, 생장 환경과 주치(主治) 등을 소개하였다. 이 책은 꽤 높은 역사적 가치와 과학적 의의가 있지만, 그 내용에는 도가적 기술이 일부 섞여 있는데, 소위 '경신연년(經身延年)', '불로신선(不老神仙)' 이 그것이다.

24

호두 버섯샐러드

효능 생진윤조(生津潤燥)

재료 및 분량

맥문동

호두

식물재료 : 느타리버섯 200g, 양송이버섯 60g, 마른 표고버섯 30g,
마른 흑목이버섯 20g, 호두 60g

약물재료 : 맥문동 30g

소스 : 맥문동액 3TS, 올리브유 1TS, 참기름 2TS, 식초 1TS, 소금, 후추 적당량

기타 재료 : 빵가루 ½컵, 식용유 적당량

조리과정

1. 호두는 속껍질째 굵게 다진다.
2. 빵가루와 다진 호두를 섞어서 노릇하게 볶는다.
3. 표고버섯은 설탕을 조금 넣고 물에 불려서 기둥을 떼고 편으로 자른 후 볶는다.
4. 흑목이버섯은 불려서 가운데 단단한 부분을 잘라내고 손으로 찢어 볶는다.
5. 느타리버섯은 소금을 넣고 데쳐서 물기를 짜고 길이로 찢어서 볶는다.
6. 양송이는 껍질 벗겨 편으로 썰어 볶아 낸다.
7. 맥문동에 물 300mL를 넣고 중불에서 끓여 액 50mL로 만든다.
8. 소스 재료를 섞어 소스를 만들고 뜨겁게 볶아놓은 버섯들과 2를 넣어 고루 섞는다.

약선 특징

효능	자음윤조(滋陰潤燥)하여 건조한 계절에 폐를 건강하게 해줄 수 있는 약선							
약선식료학적 특성	재료명	본초명	성(性)	미(味)	귀경(歸經)	효능	함유량 중량(g)	함유량 %
	느타리버섯	측이(側耳)	溫	甘	胃	散寒, 舒筋活絡	200	50.0
	양송이버섯	마고(蘑菇)	平	甘	胃, 肺, 肝	健脾開胃, 平肝	60	15.0
	호두	호도인(胡桃仁)	溫	甘	腎, 肺	補腎固精 溫肺定喘	60	15.0
	표고버섯	향고(香蕈)	平	甘	胃	健脾開胃, 益胃氣	30	7.5
	흑목이버섯	흑목이(黑木耳)	平	甘	胃, 大腸	補氣養血, 潤肺止咳	20	5.0
	맥문동	麥門冬	微寒	甘, 微苦	肺, 胃, 心	養陰潤肺, 益胃生津	30	7.5
	총중량						400	100.0
배합원리	생진윤조(生津潤燥)의 효능이 있는 맥문동이 주재료이고 호두, 각종 버섯이 부재료이며 나머지 재료들은 보조재료이다.							

각종 버섯을 기름에 볶아서 호두와 맥문동액에 무치는 버섯무침이라 할 수 있는 약선이다. 대부분의 버섯은 건강에 좋은 식재료로 알려져 있는데 비위(脾胃)를 편하게 하고 윤폐(潤肺)하는 버섯을 생진(生津)하는 효능을 가진 맥문동 소스에 무쳐서 폐에 좋은 음식으로 구성하였다.

약물재료의 특성

- 맥문동은 계절약선(잣소스를 곁들인 맥문동대합구이) 부분 참조

영양소 함유 가치

당질과 각종 무기질과 비타민 D의 함유량이 높은 음식이다.

조리 tip

* 음식에 가장 많이 사용되는 느타리버섯은 대부분 날것을 옅은 소금물에 데쳐 찬물에 담갔다가 아린맛을 우려내고 사용한다.
* 표고버섯은 뿌리만 잘라내고 기둥이 있는 채로 물에 씻어 음식의 용도에 따라 썰어 사용한다.
* 서양요리에 많이 쓰이는 양송이버섯은 자른 부분이 산화되기 쉬우므로 조리 직전에 썰거나 썬 다음 곧 바로 레몬즙을 뿌려 놓으면 좋다.

알아두어야 할
약선 명저

우리나라 최초의 식이요법서
식료찬요(食療纂要)

어의(御醫) 전순의가 일상적으로 쓰이는 음식치료법으로 간편한 처방을 모아 45문(門)을 만들어 바치자 세조께서 직접 '식료찬요' 라 이름을 내리시고 전순의에게 서문을 쓰라고 명하신 것으로 세조 4년 11월에 완성된 책이다.

전순의는 서문에서 「식의식감」, 「식료본초」, 「대전본초」 등을 참고하여 저술하였다고 하였으나 실제적으로는 본인이 언급한 고서 뿐 아니라 당시에 이미 편찬된 「향약집성방」 과 「의방유취」 를 주로 참고하였을 가능성이 높다.

전순의는 서문에서 처방을 내리는 데 있어서 먼저 식품으로 치료하는 식료(食療)를 우선으로 하고 식품으로 치료가 되지 않으면 약으로 치료한다고 하였으며, 식품에서 얻는 힘이 약에서 얻는 힘에 비해 절반 이상이 된다고 하였다.

이 책은 식이요법의 중요성을 강조한 우리나라 최고의 식이요법서라 할 수 있어서 예방의학이 강조되는 현대사회에 더욱 주목받는 것이다. 또한 농업이 나아가야 할 방향을 제시한 책이기도 하다.

농촌진흥청 고농서국역위원회로부터 사상의학 연구자 김종덕님께 번역작업을 의뢰하여 우리들이 읽기 쉬운 식료찬요가 출판되었다.

25 새우 상기생 해삼선

효능 보신장양(補腎壯陽)

재료 및 분량

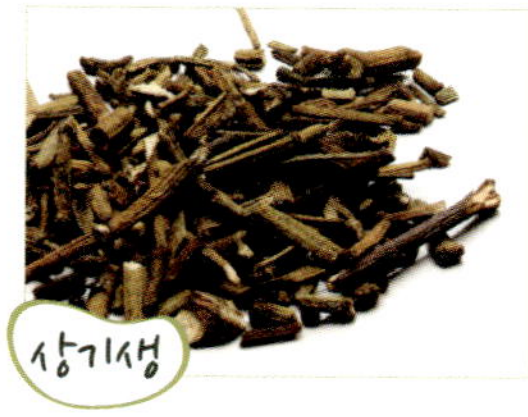

식물재료 : 불린 해삼 600g, 참새우살 200g
약물재료 : 상기생 50g
새우양념 : 설탕 2ts, 다진 마늘 2ts, 참기름 2ts, 소금, 흰후추, 생강즙 적당량
검은깨 겨자소스 : 상기생액 4TS, 볶아 갈은 검은깨 50g, 겨자 갠 것 2TS, 식초 1TS, 설탕 1TS, 참기름 1ts, 다진 마늘 1ts
기타 재료 : 녹말가루, 식용유 적당량/ 찜통

조리과정

1. 해삼은 배 쪽에 칼집을 넣어 창자를 제거하고 깨끗이 씻는다.
2. 새우는 머리, 꼬리의 껍질을 벗기고 내장을 제거한 다음 물기를 없애고 곱게 다져 새우양념으로 밑간한다.
3. 손질한 해삼 안쪽에 녹말가루를 얇게 바르고, 양념한 새우살을 도톰하게 얹는다.
4. 새우살을 넣은 해삼 표면을 매끈하게 다듬은 후 윗면에 녹말가루를 솔솔 뿌려 김이 오른 찜통에 젖은 보를 깔고 얹어 익힌다.
5. 상기생에 물 500mL를 넣고 강한 불에서 액이 100mL가 되도록 끓인다.
6. 분량대로 검은깨겨자소스를 만든다.
7. 4와 6을 곁들여 담는다.

약선 특징

효능	보신(補腎)의 효능이 있어 신(腎)의 양기(陽氣)를 보하여 무릎이나 허리가 시큰거리는 증상이 있는 경우에 활용하면 좋은 약선							
약선식료학적 특성	재료명	본초명	성(性)	미(味)	귀경(歸經)	효능	함유량 중량(g)	함유량 %
	해삼	海蔘	溫	鹹	肺, 腎	補腎益精, 養血潤燥	600	66.7
	참새우	대하(對蝦)	溫	鹹, 甘	肝, 腎	補腎壯陽, 益氣開胃	200	22.3
	검정깨	흑지마(黑芝麻)	平	甘	肝, 腎	滋養肝腎, 養血益精	50	5.5
	상기생	桑寄生	平	甘, 苦	肝, 腎	補養肝腎, 强筋骨	50	5.5
	총중량						900	100.0
배합원리	본 약선에서 새우가 보신장양(補腎壯陽)의 효능을 발휘하는 주재료이고 해삼과 상기생, 검정깨가 부재료이며 그 밖의 재료들은 음식의 효능과 맛을 조화시키는 보조 재료이다.							

신(腎)을 보하는데 새우와 해삼은 매우 좋은 배합이므로 생활에서 자주 사용하면 좋을 것이고 상기생은 간신(肝腎)을 보하는 좋은 재료이므로 겨울철 차로 마시는 것도 좋다. 새우는 성질이 따뜻하여 몸에 열이 많은 사람이나 과민성 체질인 사람은 많이 먹지 않도록 한다.

약물재료의 특성

- 상기생은 상기생과 식물 상기생의 가지와 잎이다. 10~20g이 일일섭취량이다.

영양소 함유 가치

단백질과 지질의 함유량이 높은 음식이다.

조리 tip

* 물에 소금을 넣고 새우를 살살 흔들어 씻는다. 손질한 새우살을 구매했어도 소금물에 살살 씻어서 사용한다. 머리를 비틀어서 떼어내고 등의 내장도 빼낸다.
* 껍질을 한마디씩 벗겨 나가면서 제거하고 꼬리를 가위로 잘라낸다.
* 해삼은 괴상한 모양과 달리 바다의 인삼이라고 할 정도로 보신(補腎)재료로 효과적이다. 해삼은 배를 갈라 내장을 제거한 후 돌기 부분을 잘라내고 씻어서 조리한다.
* 해삼은 보양(補陽)의 대표적인 재료로 해삼 외에 매화삼, 화해삼, 녹해삼 등도 같은 효능으로 사용된다.

재미있는
약초이야기

겨우살이로 불리우는 상기생

아주 먼 옛날, 한 부잣집에 하나뿐인 아들이 풍습병[風濕病 : 풍(風)과 습(濕)의 사기(邪氣)가 결합된 병사가 침입하여 관절이 아프고 당기는 듯하고, 펴고 굽히는 것이 어려우며, 만지면 통증이 심하다]을 앓아 오랫동안 병상에 누워 있었다. 그의 아버지는 귀한 아들을 하루라도 빨리 완치 시키고자 여러 명의를 찾아 왕진을 청했지만 효과를 보지 못했고 아들의 병은 조금도 낫는 기색을 보이지 않았다.

약심부름을 가는 하인이 약방이 있는 남산까지 가기가 싫어졌다. “약을 안 가지고 돌아가면 주인이 난리를 치겠지?”

그는 마을 밖 길가에 서 있는 한 그루의 뽕나무를 발견하였다. 그 뽕나무에는 구멍이 나 있고, 그곳에 많은 가지가 나와 있는 것을 보았다.

“옳지! 이것이 우리 도련님 약과 아주 비슷하구나. 이것을 먹는다고 해서 나쁠 건 없겠지. 오늘은 이걸 따 가지고 가자!”

하인은 가지를 꺾어서 근방에 사는 친구 집으로 가져가 잘게 잘라 종이에 쌌다. 그리고 친구 집에서 몸을 녹인 후 주인집으로 돌아왔다. 주인은 전과 마찬가지로 하인을 시켜 약을 달여 아들에게 먹이게 하였다. 주인이 전혀 눈치를 채지 못하자, 그 날 이후로 하인은 계속 남산의 농부에게 가지 않고 큰 뽕나무에 기생하는 나뭇가지를 따 가지고 친구 집에서 놀다가 오곤 하였다.

추운 겨울이 지나고 봄이 찾아오자 부잣집 아들의 병은 점점 좋아졌다. 남산의 농부는 그 소식을 듣고 이상하게 여겼다.

“겨울 들어서는 한 번도 약을 가져가지 않았는데, 도대체 무슨 약을 썼기에 좋아졌지?”

어느 날 농부가 부잣집을 방문하였다. 그가 부잣집 앞에 당도하여 마침 하인과 마주쳤다.

‘이거 큰일났다! 농부와 주인이 만나면 모든 일이 탄로날 텐데. 이제 꼼짝없이 죽었구나!’

이렇게 된 바에야 모든 일을 털어놓아야겠다고 생각한 하인은 주인과 농부에게 자초지종을 고했다. 주인과 농부는 그 동안의 행적에 대하여 이야기를 듣고 나서 직접 그 하인을 데리고 산으로 가서 나뭇가지를 확인해 보니, 농부도 생전 처음 보는 나뭇가지였다. 그래서 그 가지를 풍습병(風濕病)이 있는 다른 환자에게 활용해보니 효과가 정말 탁월했다.

농부는 뽕나무 위에 기생한다는 뜻으로 그 나무를 상기생(桑寄生)이라 명하였고, 그 후 임상에서 다양하게 사용되어 많은 백성들의 고충을 덜어 주는 좋은 약재로 쓰이게 되었다.

26 우슬 호두 꿀대추튀김

효능 익신전정(益腎塡精), 건비화중(健脾和中)

재료 및 분량

식물재료 : 대추 100g, 호두 100g, 달걀흰자 200g, 찹쌀가루 100g, 꿀 20g
약물재료 : 우슬 20g
기타 재료 : 설탕, 식용유, 밀가루 적당량/ 찜통

조리과정

1. 한쪽 방향에서 대추의 씨를 제거하고 끓는 물에 삶은 후, 꿀에 담가 중탕으로 찜통에 찐다.
2. 호두는 따뜻한 물에 불린 후, 껍질을 제거하고 160℃ 기름에 1분 간 튀겨낸다.
3. 우슬에 물 500mL를 넣고 중불에서 끓여 액을 100mL로 만든다.
4. 달걀흰자에 찹쌀가루와 3을 섞어 튀김옷을 만든다.
5. 꿀대추 속에 튀긴 호두를 넣고 밀가루를 약간 뿌려 준다.
6. 튀김옷을 입혀 160℃ 기름에 노릇노릇하게 튀긴다.

약선 특징

효능	신(腎)을 보하여 허리나 무릎의 뼈가 불편할 때 섭취하면 좋은 약선							
약선식료학적 특성	재료명	본초명	성(性)	미(味)	귀경(歸經)	효능	함유량	
							중량(g)	%
	난백	卵白	平	甘	肺, 脾, 腎	淸肺利咽, 淸熱解毒	200	37.0
	대추	대조(大棗)	溫	甘	脾, 胃	補脾和胃, 益氣生津, 養血安神	100	19.0
	호두	호도인(胡桃仁)	溫	甘	腎, 肺	補腎固精 溫肺定喘	100	19.0
	찹쌀	나미(糯米)	溫	甘	脾, 胃, 肺	補中益氣, 健脾止瀉	100	19.0
	꿀	봉밀(蜂蜜)	平	甘	肺, 脾, 大腸	補中潤燥, 調補脾胃, 潤肺止咳	20	3.0
	우슬	牛膝	平	苦, 酸	肝, 腎	活血祛瘀, 補肝腎, 强筋骨	20	3.0
	총중량						540	100.0
배합원리	본 약선에서 익신(益腎)하는 우슬과 호두가 주재료로 약선효능을 발휘하고 대추, 달걀이 부재료이며 찹쌀, 꿀 등은 보조재료로 구성되었다.							

호두강정과 대추튀김이 합쳐진 약선이다. 꿀에 절인 대추 안에 튀긴 호두를 넣고 튀김옷을 묻혀 튀기는 음식으로 후식으로 이용할 수 있는 약선이다.

대추는 비위(脾胃)를 보양할 수 있는 재료로 예전부터 '오과지일(五果之一)' 이라 했다. 그러나 대추는 너무 많이 먹으면 비(脾)에 장애를 일으킨다. 또한 대추는 약물의 성질을 온화하게 하고 부작용을 감소시키므로 한약을 다릴 때 꼭 넣는 것이다.

약물재료의 특성

- 우슬은 비름과 식물 우슬의 뿌리이다. 11.3~15g 정도가 일일 섭취량이다.

영양소 함유 가치

당질의 함량이 높고 튀김 음식으로 열량이 높다. 후식으로 자주 이용한다.

조리 tip

* 대추는 과육이 질긴 편이라 대추차를 끓이거나 대추를 끓여 고(膏)를 만들 때에는 칼로 잘라서 이용해야 대추의 맛이 우러나온다. 이 약선은 대추 전체를 사용하므로 칼집을 낼 필요는 없다.

재미있는
약초이야기

쇠무릎을 닮은 우슬

중국 하남성(河南省)에 사는 한 의원이 환자도 보고 약도 팔면서 안휘성(安徽省)의 어느 농가까지 왔다. 의원은 한 약초뿌리를 특별히 연구해 항상 그 약초로 근육과 뼈에 관한 질환과 간장병, 신장병 환자들을 치료해 왔다. 그는 이제 나이가 많아져 자신에게 닥쳐올 죽음에 대해서도 깊이 고민하였다.

"대대로 내려온 이 비방을 누구에게 전하지?"

의원은 밤낮으로 이런 고민에 빠졌다. 그의 제자가 여럿 있었지만 누구에게 비방을 전수해 주어야 좋을지를 몰랐다. 속담에 열 길 물속은 알아도 한 길 사람의 마음은 알 수 없다고 하였기에 시간을 두고 결정하기로 했다. 어느 날, 의원은 제자들을 모아 놓고 말했다.

"이제 너희들은 공부를 다 마쳤으니, 이제부터는 각자의 길을 찾아가거라."

스승의 말을 들은 한 제자는 이렇게 생각하였다. '스승이 그동안 수많은 환자들을 치료하고 많은 돈을 챙겼을 거야!' 스승의 돈에 눈이 먼 제자는 이렇게 말했다.

"스승님은 저에게 의술을 가르쳐 주셨습니다. 저는 그 은혜를 보답코자 스승님을 돌보겠습니다." 이렇게 해서 스승은 그 제자의 집에서 머물게 되었다.

어느 날, 제자는 스승이 다른 마을로 왕진을 나가자 스승의 보따리를 몰래 뒤졌다. 그러나 그 속에는 팔다 남은 약초뿐이었다. 제자는 크게 실망을 하고 의원에 대한 태도도 돌변했다. 의원은 제자의 마음을 알아차리고 다른 제자의 집으로 갔다.

두 번째로 찾아간 제자도 스승이 모아둔 돈이 없다는 것을 알고서 냉담하게 대했다. 그래서 의원은 세 번째로 다른 제자를 찾아갔으나, 역시 스승을 탐탁치 않게 여겼다. 낙심한 의원은 온종일 길가에 앉아 한숨만 쉬고 있었다. 그 때, 제자들 가운데 가장 나이 어린 제자가 스승을 찾아와 말했다.

"스승님, 저희 집으로 가시지요!"

"내가 가진 것이라고는 단돈 50전 뿐이고, 내게서 어떤 것도 얻을 수 없을 텐데 그래도 나를 돌봐줄 수 있겠니?"

"스승님 모시기를 부모님 모시듯 하겠습니다. 제자가 스승을 모시는 것은 당연한 일이지요!"

어린 제자는 의원의 손을 끌고 자기 집으로 모셨다. 의원은 어린 제자가 꾸밈없이 대하는 것을 보고 감동했다. 의원은 그렇게 제자와 살면서 행복한 나날을 보냈다.

그러던 어느 날, 의원은 갑자기 자리에 눕게 되었다. 제자는 대단히 걱정하며 마치 아버지가 병이 든 것처럼 간호를 하였다. 의원은 그의 진심에 감동받아 제자를 머리맡으로 불렀다. 그는 자기 몸에서 조그만 주머니를 꺼냈다.

"이것은 약초다. 이것으로 환약을 만들면 근골(筋骨)과 간, 신장의 병을 치료할 수 있다. 이것은 나의 비방이다. 이것을 너에게 전수하니 잘 운용하여 세상의 병든 사람들을 치료해 주거라."

스승은 얼마 후 세상을 떠났고, 제자는 스승의 말씀을 가슴에 새기며 비방을 환자 치료에 사용하였다. 약초의 뿌리는 마치 소의 무릎과 같이 생겼다 하여 '우슬(牛膝)' 이라고 하였다.

27

새우 진피 황기찜

효능 익기(益氣), 보신장양(補腎壯陽)

재료 및 분량

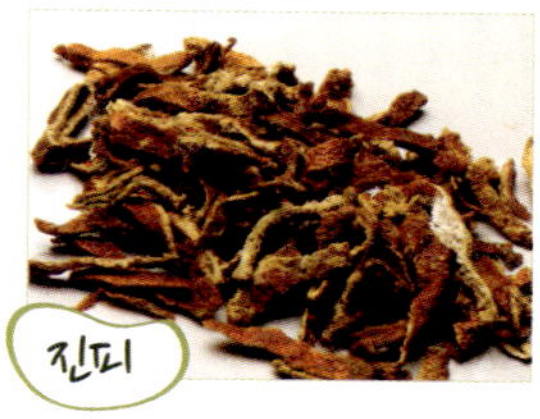

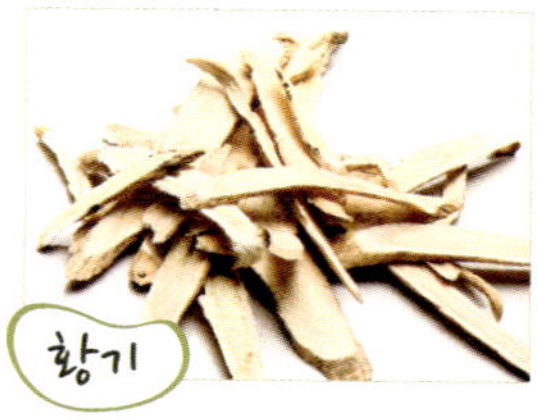

식물재료 : 참새우 320g
약물재료 : 진피 40g, 황기 30g
진피양념 : 레몬즙 1ts, 설탕 ½ts
기타 재료 : 청주 2TS, 다진 생강 1TS, 다진 총백 1TS, 소금 1ts / 찜통

조리과정

1. 황기에 물 600mL을 넣고 약불에서 20분 정도 끓여 액을 준비한다.
2. 새우는 내장과 껍질을 제거하고 1의 액에 30분간 담가둔다
3. 청주, 생강, 총백, 소금을 골고루 섞는다.
4. 3에 레몬즙과 설탕을 넣고 섞는다.
5. 진피는 불려서 잘게 다진다.
6. 4에 5를 넣고 골고루 무친다.
7. 찜통 안에 들어갈 그릇에 새우와 1을 담고 찜통에 넣어 중탕으로 10분 간 찐다.
8. 찐 새우위에 6을 얹어 먹는다.

약선 특징

효능	겨울철에 신(腎)의 양기(陽氣)가 부족해지기 쉬울 때 자주 섭취하면 양기가 북돋아질 수 있는 약선							
약선식료학적 특성	재료명	본초명	성(性)	미(味)	귀경(歸經)	효능	함유량 중량(g)	함유량 %
	참새우	대하(對蝦)	溫	鹹, 甘	肝, 腎	補腎壯陽, 益氣開胃	320	82.0
	진피	陳皮	溫	辛, 苦	脾, 肺	理氣健脾, 燥濕化痰	40	10.0
	황기	黃芪	微溫	甘	脾, 肺	補氣昇陽, 益衛固表	30	8.0
	총중량						390	100
배합원리	본 약선에서는 새우가 보신(補腎)효능을 나타내는 주재료이고 진피와 황기가 부재료이며 나머지 재료들은 음식의 효능과 맛을 조화시키는 보조재료이다.							

일반적으로 새우를 쪄서 먹을 때 위의 재료를 첨가해서 먹으면 보신(補腎)의 효능이 더욱 커진다. 이것이 바로 생활 속의 약선활용이다. 먹기가 불편하므로 새우를 황기액에서 건져 잘게 다진 후 나머지 재료와 달걀 하나를 섞어 전으로 부쳐 먹으면 효능도 변하지 않고 더욱 편하게 먹을 수 있다.

약물재료의 특성

- 진피는 계절약선(구기자진피쇠고기튀김) 부분 참조
- 황기는 계절약선(백합닭다리튀김) 부분 참조

영양소 함유 가치

단백질의 함유량이 높은 음식이다.

조리 tip

* 새우는 2% 정도의 소금물에 흔들어서 씻은 다음 등쪽의 내장을 빼낸다. 머리를 떼어내지 않는 경우에는 꼬치를 이용해서 내장을 제거한다.

유네스코에 등재된
한국의 문화유산

허준의 동의보감(東醫寶鑑)

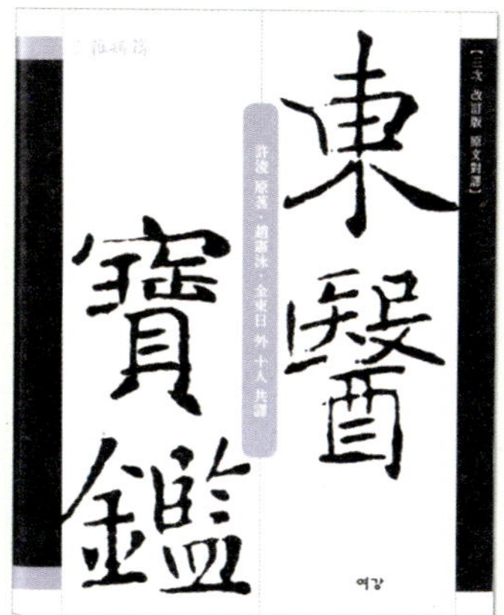

1619년 허준이 편찬한 한의학 책으로 25권 25책으로 이루어져 있다.

선조 29년에 허준, 정석, 양예수, 김응탁, 이명원, 정예남 등은 선조의 명에 따라 우리나라의 실정에 맞고 실제로 진료에도 쓸 수 있는 의서를 편찬하기 위해 궁중의 의약을 맡아 보던 내국에 편집국을 설치하였다. 그러나 이듬해 정유재란이 일어나는 바람에 서적편찬은 중단되고 말았다.

전쟁이 끝난 뒤 허준은 우리나라에서 편찬한 여러 의학서적뿐 아니라 우리나라에 들어왔던 중국의 의학서적까지 모두 활용하여 1610년 마침내 책을 마무리하였는데 그 책이 바로 종합의서인 동의보감이다.

초판본은 1613년 훈련도감에서 목활자로 만들었는데 지금은 남아있지 않고 그 뒤에 전주와 대구에서 만든 목판본만 완전하게 전해지고 있다.

이 책은 사람의 병증을 크게 다섯가지로 나누고 그에 따른 치료방법을 자세히 기록하였다. 병에 따라서는 민간에서 전해지는 오랜 민간요법은 물론 허준이 직접 효험을 봤던 처방까지 나와 있으며 사람들에게 흔한 병을 먼저 기술하여 활용하기 쉽게 구성되어 있다.

쉼터!!

우리들이 많이 먹는 두류의 약선식료학적 특징

재료명(본초명)	性 / 味 / 歸經	효능	약선식료학적 특징
검정콩 (흑대두/黑大豆)	平 / 甘/ 脾, 腎	利水, 解毒, 補腎 이수 해독 보신	감초와 함께 달여 먹으면 해독효과가 증진된다. 소화가 어려운 아이들은 많이 먹지 않는 것이 좋다.
쥐눈이콩 (서목태/鼠目太)	平 / 甘/ 脾, 腎	補肺 보폐	검정콩 중 알이 작고 표면이 윤이 나서 쥐눈같다고 붙여진 이름으로 약콩이라 한다.
메주콩 (황대두/黃大豆)	平 / 甘 / 脾, 大腸	健脾, 利水, 寬中, 건비 이수 관중 益氣 익기	과식하면 소화가 어렵고 기가 체해서 담(痰)이 생긴다.
콩나물 (대두황권/大豆黃卷)	平 / 甘 / 脾, 肝	利濕熱 이습열	술의 해독효능이 있다.
팥 (적소두/赤小豆)	平 / 甘, 酸 / 心, 小腸	利水除濕, 淸熱利水 이수제습 청열이수	음허(陰虛)인 사람은 주의해야 하며 오래 먹으면 진액(津液)이 손상된다.
녹두 (녹두/綠豆)	凉 / 甘 / 心, 胃	淸熱解毒, 淸暑利水 청열해독 청서이수	비위(脾胃)가 허(虛)한 사람은 신중히 해야 한다.
완두 (완두/豌豆)	平 / 甘 / 脾, 胃	和中, 下氣, 通乳 화중 하기 통유	반찬류로 널리 활용이 가능하다.
까치콩 (백편두/白扁豆)	平 / 甘, 淡 / 脾, 胃	健脾, 化濕 건비 화습	많이 먹으면 기(氣)가 상한다.
동부콩 (강두/豇豆)	平 / 甘 / 脾, 腎	健脾補腎 건비보신	기(氣)가 체했거나 변이 묽은 사람은 피한다.
작두콩 (도두/刀豆)	溫 / 甘 / 脾, 胃, 腎	溫中下氣, 益腎 온중하기 익신	퍽퍽해서 밥이나 조리해서 먹기는 그리 좋지 않다.
누에콩 (잠두/蠶豆)	平 / 甘, 微辛 / 脾, 胃	健脾利水, 解毒消腫 건비이수 해독소종	많이 먹으면 배가 빵빵해지므로 주의한다.

용어 해설

구기자 은이알탕

양간(養肝) : 간(肝)을 자양(滋養)하는 치법(治法)
자음(滋陰) : 음(陰)을 자양(滋養)하는 치법
보중익기(補中益氣) : 중초(中焦)의 기(氣)를 보익(補益)하는 치법
실근골(實筋骨) : 근육과 뼈를 튼튼하게 하는 치법
자음윤폐(滋陰潤肺) : 음(陰)을 자양하고 폐(肺)를 촉촉하고 윤택하게 하는 치법
생진(生津) : 열(熱)에 의하여 진액(津液)이 소모된 병증에 진액을 생기게 하는 치법
양위(養胃) : 위(胃)를 자양(滋養)하는 치법
양간명목(養肝明目) : 간혈(肝血)을 자양(滋養)시켜 시력을 좋게 하는 치법
보신익정(補腎益精) : 신정(腎精)을 보익(補益)하는 치법

하수오 산약간무침

보간(補肝) : 간(肝)을 보(補)하는 치법
양혈(養血) : 혈(血)을 자양(滋養)하는 치법
양간명목(養肝明目) : 간혈(肝血)을 자양(滋養)시켜 시력을 좋게 하는 치법
보기건비(補氣健脾) : 기(氣)를 보(補)해서 비(脾)의 운화(運化)를 건실하게 하는 치법
평간명목(平肝明目) : 간(肝)의 양기(陽氣)가 지나치게 항진된 것을 가라앉히고 눈을 밝게 해주는 치법
이습통림(利濕通淋) : 습(濕)을 없애서 소변이 나오게 하는 치법
보기양혈(補氣養血) : 기(氣)를 보(補)하고 혈(血)을 자양(滋養)하는 치법
윤폐지해(潤肺止咳) : 폐(肺)의 진액(津液)을 자양(滋養)하여 폐조(肺燥)로 인한 기침을 멎게 하는 치법
자음윤폐(滋陰潤肺) : 음(陰)을 자양하고 폐(肺)를 촉촉하고 윤택하게 하는 치법
생진(生津) : 열(熱)에 의하여 진액(津液)이 소모된 병증에 진액을 생기게 하는 치법
양위(養胃) : 위(胃)를 자양(滋養)하는 치법
익정고신(益精固腎) : 신기(腎氣)를 보(補)하여 신정(腎精)의 유실을 막는 치법
건비(健脾) : 비(脾)가 허(虛)한 것을 보(補)하거나 건실하게 하는 치법
보폐(補肺) : 폐(肺)를 보(補)하는 치법
보익정혈(補益精血) : 정혈(精血)을 보(補)하는 치법
간신보익(肝腎補益) : 간(肝)과 신(腎)을 보(補)하는 치법
이기건비(理氣健脾) : 기(氣)를 순환시켜 비(脾)를 건강하게 하는 치법
조습화담(燥濕化痰) : 습(濕)을 말리고 담(痰)을 삭히는 치법

황기 더덕소스와 가리비구이

승양(昇陽) : 양기(陽氣)를 끌어올리는 치법
보간(補肝) : 간(肝)을 보(補)하는 치법
보음(補陰) : 음(陰)을 자양(滋養)하는 치법
청열(淸熱) : 열(熱)을 식히는 치법
청열지갈(淸熱止渴) : 열(熱)을 식히고 갈증을 멎게 하는 치법
이수해독(利水解毒) : 소변을 잘 나오게 함으로써 독을 풀어주는 치법
건비통락(健脾通絡) : 비(脾)의 기능을 건실하게 하고 경락의 소통을 원활하게 하는 치법
익신보허(益腎補虛) : 신허(腎虛)를 보(補)하는 치법
자양간신(滋養肝腎) : 간(肝)과 신(腎)의 음정(陰精)을 보(補)하는 치법
양혈익정(養血益精) : 혈(血)을 자양(滋養)하고 정(精)을 돋구는 치법
양음윤폐(養陰潤肺) : 음(陰)을 자양(滋養)하여 폐(肺)를 촉촉하게 하는 치법
익위생진(益胃生津) : 위(胃)를 보(補)하고 진액(津液)을 생성하는 치법

보기승양(補氣昇陽) : 기(氣)를 보(補)하고 양기(陽氣)를 끌어올리는 치법
익위고표(益衛固表) : 위기(衛氣)를 보익(補益)하고 표피를 단단하게 하는(治法) 치법

용안육 국화닭찜

령심안신(寧心安神) : 심(心)을 편하게 하고 정신을 편안하게 하는 치법
양혈건비(養血健脾) : 혈(血)을 자양(滋養)하고 비(脾)를 건강히 하는 치법
활혈지통(活血止痛) : 혈(血)의 운행을 원활하게 하여 통증을 멈추게 하는 치법
통변(通便) : 변을 원활히 볼 수 있도록 하는 치법
보비화위(補脾和胃) : 비(脾)을 보(補)하고 위(胃)를 편안하게 하는 치법
익기생진(益氣生津) : 기(氣)를 보(補)하고 진액(津液)을 생성해 주는 치법
양혈안신(養血安神) : 혈(血)을 자양(滋養)하여 정신을 안정시키는 치법
이수퇴종(利水退腫) : 소변을 잘 보게 하여 부기를 없애주는 치법
소담연견(消痰軟堅) : 탁한 담(痰)이 응결되어 뭉친 것을 부드럽게 만들어주는 치법
기혈보양(氣血補養) : 기혈(氣血)을 보(補)하고 자양(滋養)하는 치법
보익심비(補益心脾) : 심(心)과 비(脾)를 보(補)하는 치법
보신익정(補腎益精) : 신정(腎精)을 보익(補益)하는 치법
자간명목(滋肝明目) : 간혈(肝血)을 자양(滋養)시켜 시력을 좋게 하는 치법
평간명목(平肝明目) : 간(肝)의 양기(陽氣)가 지나치게 항진된 것을 가라앉히고 눈을 밝게 해주는 치법
해독소종(解毒消腫) : 독을 풀어주고 부기를 내려주는 치법

용안육샐러드

보익심비(補益心脾) : 심(心)과 비(脾)를 보(補)하는 치법
생진지갈(生津止渴) : 진액(津液)을 생겨나게 하여 갈증을 멎게 하는 치법
개위(開胃) : 식욕을 돋구는 치법
개위이기(開胃理氣) : 위(胃)의 소화기능을 도와 식욕을 돋우고 기(氣)의 순환을 원활하게 하는 치법
지갈윤폐(止渴潤肺) : 갈증을 멎게 하고 폐(肺)의 진액(津液)을 자양하여 촉촉하게 하는 치법
기혈보양(氣血補養) : 기(氣)와 혈(血)을 보(補)하고 자양(滋養)하는 치법
보익심비(補益心脾) : 심(心)과 비(脾)를 보(補)하는 치법
익기보혈(益氣補血) : 기(氣)와 혈(血)을 보(補)하는 치법
제번지갈(除煩止渴) : 번갈(煩渴)을 제거하는 치법
건비소식(健脾消食) : 비(脾)의 운화(運化)를 건실히 하여 음식이 잘 소화되게 하는 치법
이기건비(理氣健脾) : 기(氣)를 순환시켜 비(脾)를 건강하게 하는 치법
조습화담(燥濕化痰) : 습(濕)을 말리고 담(痰)을 삭히는 치법

홍합포 공영곽향구이

보심보혈(補心補血) : 심(心)과 혈(血)을 보(補)하는 치법
보간신(補肝腎) : 간(肝)과 신(腎)을 보(補)하는 치법
익정혈(益精血) : 정혈(精血)을 보(補)하는 치법
강화(降火) : 몸속에 있는 화기(火氣)를 내리는 치법
해독(解毒) : 몸의 독이나 독의 작용을 없애는 치법
발표해서(發表解暑) : 땀을 내서 표피에 있는 사기(邪氣)를 없애서 열(熱)을 제거하는 치법
화중지구(和中止嘔) : 위(胃)을 조화롭게 하여 구토를 멈추게 하는 치법

산약 밤스프

건비화위(健脾和胃) : 비(脾)의 운화(運化)를 건실하게 하고 위(胃)를 편안하게 하는 치법
익기생진(益氣生津) : 기(氣)를 보(補)하고 진액(津液)을 생성해 주는 치법
양위건비(養胃健脾) : 위(胃)를 보양(補養)하고 비(脾)의 운화(運化)를 건실하게 하는 치법
보신강근(補腎强筋) : 신(腎)을 보(補)하고 근(힘줄)을 강건하게 하는 치법
건비지사(健脾止瀉) : 비(脾)의 운화(運化)를 건실하게 하여 설사를 멎게 하는 치법
이수삼습(利水滲濕) : 소변을 잘 보게 하여 습사(濕邪)를 제거하는 치법
건비양위(健脾養胃) : 비(脾)의 운화(運化)를 건실하게 하고 위(胃)를 자양(滋養)하는 치법
양혈안신(養血安神) : 혈(血)을 자양(滋養)하여 정신을 안정시키는 치법
익정고신(益精固腎) : 신기(腎氣)를 보(補)하여 신정(腎精)의 유실을 막는 치법
건비(健脾) : 비(脾)가 허(虛)한 것을 보(補)하거나 건실하게 하는 치법
보폐(補肺) : 폐(肺)를 보(補)하는 치법
보중익기(補中益氣) : 중초(中焦)의 기(氣)를 보익(補益)하는 치법
화중완급(和中緩急) : 중초(中焦)를 편안하게 하여 통증을 완화시키는 치법
건비소식(健脾消食) : 비(脾)의 운화(運化)를 건실히 하여 음식이 잘 소화되게 하는 치법
삽정지유(澁精止遺) : 정액이 저절로 나오는 것을 멎게 하는 치법

산약 두부볶음

건비화위(健脾和胃) : 비(脾)의 운화(運化)를 건실하게 하고 위(胃)를 편안하게 하는 치법
보기양혈(補氣養血) : 기(氣)를 보(補)하고 혈(血)을 자양(滋養)하는 치법
생진윤조(生津潤燥) : 열(熱)에 의한 진액(津液)부족으로 건조해진 상태를 촉촉하게 해주는 치법
화중익기(和中益氣) : 중초(中焦) 즉 비위(脾胃)를 편안히 하고 기(氣)를 보익(補益)하는 치법
보신자음(補腎滋陰) : 신(腎)을 보(補)하고 음(陰)을 자양(滋養)하는 치법
익기양혈(益氣養血) : 기력(氣力)을 강하게 하고 혈(血)을 자양(滋養)하는 치법
익정고신(益精固腎) : 신기(腎氣)를 보(補)하여 신정(腎精)의 유실을 막는 치법
보비(補脾) : 비(脾)가 허(虛)한 것을 보(補)하는 치법
보폐(補肺) : 폐(肺)를 보(補)하는 치법

산약구이와 백출 삼겹살찜

보비(補脾) : 비(脾)가 허(虛)한 것을 보(補)하는 치법
보폐(補肺) : 폐(肺)를 보(補)하는 치법
보신자음(補腎滋陰) : 신(腎)을 보(補)하고 음(陰)을 자양(滋養)하는 치법
익기양혈(益氣養血) : 기력(氣力)을 강하게 하고 혈(血)을 자양(滋養)하는 치법
발표(發表) : 표피에 머무는 사기(邪氣)를 발산시키는 치법
해독(解毒) : 몸의 독이나 독의 작용을 없애는 치법
살충(殺蟲) : 해충을 없애는 치법
익정고신(益精固腎) : 신기(腎氣)를 보(補)하여 신정(腎精)의 유실을 막는 치법
건비(健脾) : 비(脾)가 허(虛)한 것을 보(補)하거나 건실하게 하는 치법
보익간신(補益肝腎) : 간(肝)과 신(腎)을 보익(補益)하는 치법
수렴고삽(收斂固澁) : 기허(氣虛)로 인해 기(氣)가 흩어지거나 진액(津液) 등이 체외로 유실되는 것을 막는 치법
보기건비(補氣健脾) : 기(氣)를 보(補)해서 비(脾)의 운화(運化)를 건실하게 하는 치법
조습이수(燥濕利水) : 습(濕)을 말려서 제거하고 수액의 운행을 원활히 하여 소변을 잘 나오게 하는 치법

화습행기(化濕行氣) : 습(濕)을 말리고 기(氣)의 운행을 좋게 하는 치법
이기안태(理氣安胎) : 기(氣)를 이롭게 하여 태아를 편안하게 하는 치법

삼겹살 더덕말이구이

자음윤폐(滋陰潤肺) : 음(陰)을 자양하고 폐(肺)를 윤택하게 하는 치법
양음(養陰) : 음(陰)을 자양(滋養)하는 치법
보신자음(補腎滋陰) : 신(腎)을 보(補)하고 음(陰)을 자양(滋養)하는 치법
익기양혈(益氣養血) : 기력(氣力)을 강하게 하고 혈(血)을 자양(滋養)하는 치법
양음윤폐(養陰潤肺) : 음(陰)을 자양(滋養)하여 폐(肺)를 촉촉하게 하는 치법
익위생진(益胃生津) : 위(胃)를 보(補)하고 진액(津液)을 생성해 주는 치법
윤폐지해(潤肺止咳) : 폐(肺)의 진액(津液)을 자양(滋養)하여 폐조(肺燥)로 인한 기침을 멎게 하는 치법
생진(生津) : 열(熱)에 의하여 진액(津液)이 소모된 경우에 진액을 생기게 하는 치법
윤조(潤燥) : 혈(血), 정(精), 진액(津液) 등의 부족으로 건조해진 것을 촉촉하게 하는 치법
개선폐기(開宣肺氣) : 폐기(肺氣)를 열어 퍼뜨리는 치법
거담(祛痰) : 담(痰)을 제거하는 치법
배농(排膿) : 고름을 밖으로 내보내는 치법
활장윤조(活腸潤燥) : 건조한 것을 부드럽게 하여 통변을 원활하게 하는 치법
윤폐(潤肺) : 폐(肺)를 촉촉하게 하는 치법
건비양위(健脾養胃) : 비(脾)의 운화(運化)를 건실하게 하고 위(胃)를 자양(滋養)하는 치법
윤폐화담(潤肺化痰) : 폐(肺)를 촉촉하게 하고 담(痰)을 삭이는 치법
보중윤조(補中潤燥) : 중초(中焦)를 보익(補益)하여 건조해진 것을 촉촉하게 하는 치법
조보비위(調補脾胃) : 비위(脾胃)를 조절하고 보(補)하는 치법
윤폐지해(潤肺止咳) : 폐(肺)의 진액(津液)을 자양(滋養)하여 폐조(肺燥)로 인한 기침을 멎게 하는 치법
윤폐자음(潤肺滋陰) : 폐(肺)의 진액(津液)을 자양(滋養)하는 치법
보비익기(補脾益氣) : 비(脾)를 보(補)하고 기(氣)을 보익(補益)하는 치법

옥죽 백합 오이무침

윤폐자음(潤肺滋陰) : 폐(肺)의 진액(津液)을 자양(滋養)하는 치법
청열지갈(清熱止渴) : 열(熱)을 식히고 갈증을 멎게 하는 치법
이수해독(利水解毒) : 소변을 잘 나오게 함으로써 독을 풀어주는 치법
자음윤조(滋陰潤燥) : 진액(津液)을 자양(滋養)하여 건조한 것을 촉촉하게 하는 치법
지갈제번(止渴除煩) : 갈증을 멈추게 하고 답답함을 없애는 치법
윤폐지해(潤肺止咳) : 폐(肺)의 진액(津液)을 자양(滋養)하여 폐조(肺燥)로 인한 기침을 멎게 하는 치법
청심안신(淸心安神) : 심(心)의 열(熱)을 식혀 정신을 안정시키는 치법

호두 버섯샐러드

생진윤조(生津潤燥) : 열(熱)에 의한 진액(津液)부족으로 건조해진 상태를 촉촉하게 해주는 치법
산한(散寒) : 한사(寒邪)를 없애는 치법
서근활락(舒筋活絡) : 근육을 이완시키고 경락을 소통시키는 치법
건비개위(健脾開胃) : 비(脾)의 운화(運化)를 건실하게 하여 식욕을 돋게 하는 치법
익위기(益胃氣) : 약해진 위(胃)와 기(氣)의 기능을 강화하는 치법
보기양혈(補氣養血) : 기(氣)를 보(補)하고 혈(血)을 자양(滋養)하는 치법
윤폐지해(潤肺止咳) : 폐(肺)의 진액(津液)을 자양(滋養)하여 폐조(肺燥)로 인한 기침을 멎게 하는 치법
건비개위(健脾開胃) : 비(脾)의 운화(運化)를 건실하게 하여 식욕을 돋게 하는 치법

평간(平肝) : 지나치게 항성된 간기(肝氣)를 평안하게 가라앉히는 치법
보신고정(補腎固精) : 신정(腎精)의 유실을 막는 치법
온폐정천(溫肺定喘) : 폐(肺)를 따뜻하게 하여 숨찬 증상을 멎게 하는 치법
양음윤폐(養陰潤肺) : 음(陰)을 자양(滋養)하고 폐(肺)를 촉촉하게 하는 치법
익위생진(益胃生津) : 위(胃)를 보(補)하고 진액(津液)을 생성하는 치법

새우 상기생 해삼선

보신장양(補腎壯陽) : 신(腎)의 양기(陽氣)를 보익(補益)하는 치법
보신익정(補腎益精) : 신정(腎精)을 보익(補益)하는 치법
양혈윤조(養血潤燥) : 혈(血)을 자양(滋養)하여 건조한 것을 촉촉하게 해주는 치법
익기개위(益氣開胃) : 비(脾)의 운화(運化)를 건실하게 하여 식욕을 돋게 하는 치법
자양간신(滋養肝腎) : 간(肝)과 신(腎)의 음정(陰精)을 보(補)하는 치법
양혈익정(養血益精) : 혈(血)을 자양(滋養)하고 정(精)을 돋구는 치법
보양간신(補養肝腎) : 간(肝)과 신(腎)을 보(補)하는 치법
강근골(强筋骨) : 근육과 뼈를 강하고 튼튼하게 하는 치법

우슬 호두 꿀 대추튀김

익신전정(益腎塡精) : 신(腎)에 정(精)을 채워 신(腎)을 건강히 하는 치법
건비화중(健脾和中) : 비(脾)를 튼튼하게 하고 중초(中焦)를 조화롭게 하는 치법
보비화위(補脾和胃) : 비(脾)을 보(補)하고 위(胃)를 편안하게 하는 치법
익기생진(益氣生津) : 기(氣)를 보(補)하고 진액(津液)을 생성해 주는 치법
양혈안신(養血安神) : 혈(血)을 자양(滋養)하여 정신을 안정시키는 치법
청폐이인(淸肺利咽) : 폐(肺)의 열(熱)을 식혀 목의 통증을 경감시키고 부드럽게 하는 치법
청열해독(淸熱解毒) : 열(熱)을 제거하고 독을 없애주는 치법
보신고정(補腎固精) : 신정(腎精)의 유실을 막는 치법
온폐정천(溫肺定喘) : 폐(肺)를 따뜻하게 하여 숨찬 증상을 멎게 하는 치법
보중익기(補中益氣) : 중초(中焦)의 기(氣)를 보익(補益)하는 치법
건비지사(健脾止瀉) : 비(脾)의 운화(運化)를 건실하게 하여 설사를 멎게 하는 치법
보중윤조(補中潤燥) : 중초(中焦)를 보익(補益)하여 건조해진 것을 촉촉하게 하는 치법
조보비위(調補脾胃) : 비위(脾胃)를 조절하고 보(補)하는 치법
윤폐지해(潤肺止咳) : 폐(肺)의 진액(津液)을 자양(滋養)하여 폐조(肺燥)로 인한 기침을 멎게 하는 치법
활혈거어(活血祛瘀) : 혈(血)의 운행을 원활하게 하고 어혈(瘀血)을 없애주는 치법
보간신(補肝腎) : 간(肝)과 신(腎)을 보(補)하는 치법
강근골(强筋骨) : 근육과 뼈를 강하고 튼튼하게 하는 치법

새우 진피 황기찜

익기(益氣) : 기(氣)를 보익(補益)하는 치법
보신장양(補腎壯陽) : 신(腎)의 양기(陽氣)를 보익(補益)하는 치법
익기개위(益氣開胃) : 비(脾)의 운화(運化)를 건실하게 하여 식욕을 돋게 하는 치법
이기건비(理氣健脾) : 기(氣)를 순환시켜 비(脾)를 건강하게 하는 치법
조습화담(燥濕化痰) : 습(濕)을 말리고 담(痰)을 삭히는 치법
보기승양(補氣乘陽) : 기(氣)를 보(補)하고 양기(陽氣)를 끌어올리는 치법
익위고표(益衛固表) : 위기(衛氣)를 보익(補益)하고 표피를 단단하게 하는 치법

Chapter 3

보양약선 補養藥膳

Health Food Based on Oriental Medicinal Theory

28 당귀 홍화 오징어지짐이

효능 양혈(養血), 활혈(活血)

재료 및 분량

식물재료 : 물오징어 300g, 시금치 70g, 양파 50g, 게살 50g, 달걀 1개
약물재료 : 홍화 30g, 계피 30g, 당귀 20g, 진피 20g
기타 재료 : 식용유, 소금, 부침가루 적당량

조리과정

1. 물오징어는 통째로 다리를 뽑아 내장을 꺼내 깨끗하게 씻는다.
2. 끓는 물에 당귀, 계피를 넣고 오징어를 데쳐서 몸통은 두께 약 1cm 정도의 링 모양으로 썰어 놓고 다리는 다진다.
3. 시금치는 깨끗하게 씻은 다음 끓는물에 뚜껑을 열고 데쳐 송송 썬다.
4. 양파는 잘게 다지고 게를 삶아서 살 부분을 다듬어 놓는다.
5. 홍화는 흐르는 물에 씻어서 팬에 살짝 볶고 진피는 물에 불려 잘게 다진다.
6. 다진 오징어 다리와 3, 4, 5에 부침가루, 소금, 달걀을 넣어 걸쭉하게 반죽한다.
7. 잘 달구어진 팬에 기름을 두르고 오징어링을 올린 다음 그 안에 반죽을 채워 앞뒤로 노릇노릇하게 지져 완성한다.

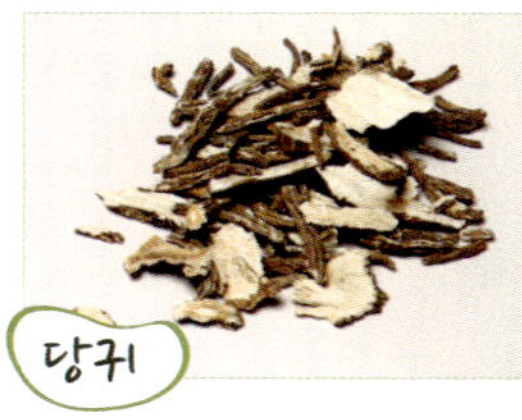

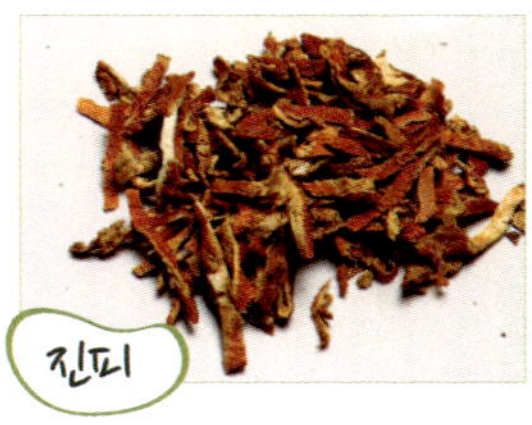

약선 특징

효능	혈(血)의 생성 및 운행을 도와 빈혈, 혈액순환장애로 인한 증상, 생리통 및 일시적인 생리중지 등 혈허(血虛)증상이 있을 때 섭취하면 좋은 보혈(補血)약선							
약선식료학적 특성	재료명	본초명	성(性)	미(味)	귀경(歸經)	효능	함유량 중량(g)	함유량 %
	오징어	오적어(烏賊魚)	平	鹹	肝, 腎	養血滋陰, 通經	300	49.1
	시금치	파채(菠菜)	凉	甘	腸, 胃	養血, 平肝, 淸熱除煩	70	11.5
	양파	양총(洋葱)	溫	腎	肺	健胃理氣, 解毒殺蟲	50	8.2
	게	해(蟹)	寒	鹹	肝, 胃	益陰補髓	50	8.2
	달걀	계단(鷄蛋)	平	甘	脾, 胃	滋陰潤燥, 養心安神	40	6.6
	홍화	紅花	溫	辛	心, 肝	活血通經, 祛瘀止痛	30	4.9
	계피	桂皮	溫	辛, 苦	脾, 胃, 肝, 腎	溫脾胃, 暖肝腎	30	4.9
	당귀	當歸	溫	甘, 辛	肝, 心, 脾	補血, 活血, 止痛	20	3.3
	진피	陳皮	溫	辛, 甘	脾, 肺	理氣健脾, 燥濕化痰	20	3.3
	총중량						610	100.0
배합원리	본 레시피에서 당귀가 양혈(養血), 활혈(活血) 작용을 하는 주재료이고 홍화, 오징어, 시금치, 진피, 달걀은 부재료이며 게살, 양파와 나머지 재료는 보조재료이다.							

일반 지짐이에 비해 재료만 조절한다면 약선 효능이 크게 나타나서 혈을 보하는 데 아주 유용한 약선이 된다. 몸이 차고 생리통이 있는 여학생들이 자주 섭취하면 좋은 음식이다.

또한, 혈허로 인한 두통이나 빈혈이 있는 사람들, 혈액순환 장애로 손발이 저리는 경우에도 섭취하면 효과적인 약선이다. 그러나 임산부나 월경량이 많은 사람은 섭취하지 않는 것이 좋다.

약물재료의 특성

- 홍화는 국화과 한해살이풀 홍화의 꽃이다. 일일 섭취량은 3~10g이다. 활혈통경(活血通經)의 효능이 있으므로 임신부나 월경과다의 경우에는 섭취하지 말아야 한다.
- 계피는 녹나무과 식물 생달나무의 껍질이다. 가지를 말린 것은 계지라고 한다. 일일 섭취량은 3.7~7.4g이다. 몸을 따뜻하게 하고 복부의 냉기를 없애준다.
- 당귀는 미나리과 여러해살이풀 당귀의 뿌리이다. 일일 섭취량은 5.6~11.1g이다. 혈의 생성과 순환에 효과가 큰 재료로 여성들에게 활용하기 좋은 재료이다.
- 진피는 계절약선(구기자진피쇠고기튀김) 부분 참조

영양소 함유 가치

지질과 단백질의 함유량이 높은 편이지만 5대 영양소가 골고루 함유되어 있어 반찬으로 만들어 상차림을 하면 영양소의 균형을 맞출 수 있을 것이다.

조리 tip

* 게살을 준비하기 어려우면 게맛살을 사용해도 좋다.
* 오징어의 감칠맛을 살리기 위해서는 껍질을 벗기지 않은채 사용하는 것이 좋다. 껍질이 있어도 모양이 나쁘지 않고 오히려 하얀 오징어보다 시각적으로도 좋다.
* 시금치의 수산을 휘발시켜야 초록색으로 예쁘게 데쳐지므로 뚜껑을 열고 끓는물에 살짝 데쳐야 한다.
* 부침가루의 양이 계량되어 있지 않은 이유는 오징어 등의 재료의 수분 함량 상태에 따라 그 양이 달라지기 때문이다. 반죽을 할 때 오징어, 시금치의 물기의 정도가 다르므로 달걀을 먼저 넣고 주무른 후에 부침가루를 넣어 엉킬 정도로 반죽해야 한다.
  반죽의 농도가 적당해야 오징어가 삐져나오지 않고 잘 붙어있게 된다.
  이 반죽과 오징어를 다져서 두텁게 패티를 만들어서 샌드위치나 햄버거로 만들어 먹어도 좋다.

재미있는
약초이야기

날아갈 듯 가볍고 발그스레한 잇꽃 홍화

옛날 어느 두메산골에 늙은 홀어머니를 모시고 사는 총각이 있었다. 이 총각은 효성이 지극하여 늘 어머니를 지성으로 모셨다. 그런데 어느 날 어머니가 밭에서 일을 마치고 돌아오다가 넘어져 다리뼈가 부러졌다. 아들은 사방을 수소문하여 좋다는 약을 지어다가 어머니께 드렸으나 부러진 다리는 좀처럼 낫지 않았다. 어떻게 하면 어머니의 상처와 부러진 뼈를 빨리 낫게 할 수 있을까 고민하던 총각은 자신의 정성이 부족하여 어머니의 병이 낫지 않는 것이라 생각하고 자기의 엉덩이살 한 점을 뚝 잘라내어 몰래 죽을 끓여 어머니께 드렸다. 그러나 어머니의 상처는 낫기는 커녕 더욱 악화될 뿐이었다.

"아, 이 일을 어쩌면 좋을까!"

아들이 너무 상심하여 눈물을 흘리고 있을 때 갑자기 한줄기 바람이 일더니 검은 구름이 몰려와 소낙비를 퍼부었다. 한동안 비가 내리던 하늘이 다시 맑게 개자 하늘 한쪽에 일곱 빛깔 찬란한 무지개가 걸렸다.

"오늘은 무지개가 정말 아름답구나!"

아들이 무지개의 아름다움에 감탄하고 있는데 그 무지개를 타고 아리따운 선녀가 훨훨 날아 내려왔다. 아들은 마치 꿈을 꾸는 것 같았다.

선녀는 총각의 집으로 들어오더니 하얀 꽃씨 한줌을 총각에게 주며 말했다.

"이 씨앗을 받으세요."

"이 씨앗이 무슨 씨입니까?"

"이것을 달여서 어머님께 드리세요. 그러면 어머니의 부러진 뼈가 나을 것입니다. 그리고 이 꽃씨를 조금 남겨 두었다가 봄이 되면 뜰에 심도록 하십시오. 가을이 되면 빨갛게 예쁜 꽃들이 피고 씨앗이 익을 것인데 누가 뼈를 다치면 그 꽃씨를 찧어서 붙이고 또 그 꽃잎을 달여 먹이세요. 그러면 부러진 뼈가 곧 이어지고 상처도 빨리 아물 것입니다."

"정말 고맙습니다. 그런데 이 꽃의 이름은 무엇입니까?"

"옥황상제께서 총각님의 효성에 감동해서 보내 주신 꽃인데 이름은 잇꽃이라 한답니다."

총각은 즉시 그 씨앗을 찧어 어머니께 달여 드리고 또 상처에 붙여 드렸다. 그랬더니 어머니의 상처는 며칠 지나지 않아 아물고 부러진 뼈도 전처럼 회복되었다. 총각은 남은 씨앗을 이듬해 봄에 마을 사람들에게 골고루 나누어 주었고 그 뒤로 그 꽃씨는 뼈가 부러진 데 치료약으로 쓰였다.

29 돼지족발 땅콩조림

효능 익기양혈(益氣養血), 통유즙(通乳汁)

재료 및 분량

식물재료 : 돼지족 1개(약 1,200g), 땅콩 200g, 대추 30g
약물재료 : 두충 40g
조림액 : 간장 8TS, 물엿 8TS, 황설탕 4TS, 조미술 1TS, 소금 1ts, 물 적당량
기타 재료 : 생강편 50g, 고량주 3TS, 소금 적당량

조리과정

1. 돼지족은 깨끗이 씻은 후 2등분하여 끓는 물에 고량주를 넣고 데쳐 낸다.
2. 두충은 3% 소금물에 10분 간 담가 놓았다가 건져서 준비한다.
3. 땅콩은 껍질을 벗겨 준비한다.
4. 대추는 씨를 빼고 가늘게 채썰어 준비한다.
5. 분량대로 조림액을 만들어 준비한다.
6. 데친 돼지족발과 두충, 땅콩, 생강편을 넣고 잠길 정도로 물을 넣고 끓인다.
7. 돼지족이 익으면 조림액과 대추를 넣고 약불에서 윤기나게 졸여 낸다.

약선 특징

<table>
<tr><td>효능</td><td colspan="8">기혈(氣血)이 부족할 때 보기혈(補氣血)할 수 있어 혈허(血虛)증상인 빈혈이나 생리불순이 있을 때, 산모가 젖이 부족할 때 섭취하면 좋은 보혈(補血)약선</td></tr>
<tr><td rowspan="7">약선식료학적 특성</td><td rowspan="2">재료명</td><td rowspan="2">본초명</td><td rowspan="2">성
(性)</td><td rowspan="2">미
(味)</td><td rowspan="2">귀경
(歸經)</td><td rowspan="2">효능</td><td colspan="2">함유량</td></tr>
<tr><td>중량(g)</td><td>%</td></tr>
<tr><td>돼지족발</td><td>저제(猪蹄)</td><td>平</td><td>甘, 鹹</td><td>胃</td><td>補氣血,
通乳汁</td><td>1,200</td><td>81.6</td></tr>
<tr><td>땅콩</td><td>낙화생
(落花生)</td><td>平</td><td>甘</td><td>脾, 肺</td><td>健脾養胃,
潤肺化痰</td><td>200</td><td>13.6</td></tr>
<tr><td>대추</td><td>대조(大棗)</td><td>溫</td><td>甘</td><td>脾, 胃</td><td>補脾和胃,
益氣生津,
養血安神</td><td>30</td><td>2.1</td></tr>
<tr><td>두충</td><td>두충(杜仲)</td><td>溫</td><td>甘</td><td>肝, 腎</td><td>補肝腎,
强筋骨</td><td>40</td><td>2.7</td></tr>
<tr><td colspan="2">총중량</td><td colspan="4"></td><td>1,470</td><td>100.0</td></tr>
<tr><td>배합원리</td><td colspan="8">본 약선은 혈과 기를 동시에 보할 수 있는 음식으로 돼지족발이 익기양혈(益氣養血)의 효능을 내는 주재료이고 땅콩, 두충 및 대추는 주재료의 효능을 높이는 부재료이며, 나머지는 음식의 맛을 조화시키는 보조재료이다.</td></tr>
</table>

돼지족발을 된장에 찍어 먹는 것보다 위의 재료들을 배합하여 족발조림을 만들면 고유의 보혈효능이 나타나는 음식이 된다. 이 음식은 혈허상태에서 섭취하면 좋고 또한 혈이 부족해서 젖이 잘 안나오는 산모에게도 유익하며 피부미용에도 도움이 되는 약선이다.

약물재료의 특성

- 두충은 계절약선(두충굴튀김) 부분 참조
- 대추는 갈매나무과의 식물 조(棗)의 익은 열매이다. 비위(脾胃)를 보하는 상용식품으로 모든 재료들을 조화시켜 주고 약재의 성질을 온화하게 하고 부작용을 감소시키므로 한약을 다릴 때나 음식의 고명으로 자주 사용하는 것이다.

영양소 함유 가치

단백질의 함유량이 높은 음식이다. 콜라겐의 함유량이 높아 피부미용에도 도움이 되는 음식이다.

조리 tip

* 조림을 할 때는 조림국물로 간을 맞추어야 하고 국물을 잘박하게 잡아야 한다. 흔히 건더기를 먹어봐야 맛을 알 수 있다고 생각하기 쉬운데 조림의 맛을 볼 때는 조림국물을 봐야 한다. 아직 간이 배지 않은 건더기로 간을 판단하면 너무 짜게 될 가능성이 높다. 또한 국물을 너무 많이 잡으면 조리는 데 시간이 걸려 모양이 망가지기 쉽다.

특히 채소는 조리는 사이에 계속 수분이 나오므로 처음에는 잠기지 않을 정도의 양이라도 된다. 국물을 끼얹으면서 건더기라 들썩거리지 않을 정도의 약불에서 조린다. 건더기가 부드러워질 때쯤에 다 조려진 것으로 본다.

재미있는 약초이야기

백약(百藥)의 조화를 이루는 대추

왕질(王質)이라는 사람이 산중으로 나무를 하러 들어갔다. 그런데 돌멩이 떨어지는 소리가 나서 다가가 보니 천년 묵은 나무 아래 동자 둘이 바둑을 두고 있었다. 왕질은 동자들 곁으로 다가가 바둑 두는 것을 구경했다. 두 동자는 나무꾼을 거들떠보지도 않고 바둑판에만 정신을 쏟았다. 그러다 동자 하나가 궁지에 몰려 골몰히 생각을 하는데 다른 동자가 여유있는 태도로 바둑판을 내려 보다가 주머니에 손을 넣고 뭔가를 꺼내 먹었다. 그제서야 동자는 나무꾼을 보고 주머니에서 그것을 한 알을 꺼내 왕질에게도 주었다. 왕질이 받아 보니 마른 대추였다. 대추를 받아서 먹으니 시장기도 가시고, 목도 마르지 않았다. 왕질은 그 참에 나무를 할 생각은 접고 계속 바둑을 보았다. 얼마 후에 흑을 쥔 동자가 고개를 들어 나무꾼을 보며 말했다.

"아직도 안 갔군!" 그러자 백을 쥔 동자도 왕질을 쳐다보았다.

"이 사람 언제부터 와 있었지? 바둑이 끝나려면 아직도 한참 남았는데……."

그때서야 왕질은 지는 해를 보고 정신을 차렸다. 옆에 세워둔 도끼를 들고 일어나려는데 도끼 자루가 썩어 떨어졌다.

"어! 아침에 새로 갈아 가져온 도끼날이 녹슬어 있네!"

어찌된 영문인지 궁금해하며 산을 내려와 보니 마을의 모든 것이 변해 있었다. 왕질은 의아해하며 옆을 지나던 사람에게 물어보려는데, 생소한 얼굴이었다.

'마을 사람은 다 아는데, 이상하군?' 이라고 생각하며 자신의 집을 보며 물었다.

"이 집이 왜 이렇게 됐죠?"

"여기는 사람이 살지 않지요. 듣기로는 2백 년 전쯤에 이 집 주인이 산으로 나무를 하러 간 뒤 돌아오지 않아 그 아들이 집을 옮겼다고 하더군요."

"산에서 돌아오지 않은 사람은 누구라고 합디까?"

"이름은 잘 생각나지 않는데, 아마도 7대조였다고 하더군요."

"혹시 왕질이라고 않던가요?"

"맞아요! 헌데 어디서 오시는 분이기에 그분의 존함을 아시오?"

"바로 제가 왕질입니다. 지금 산에서 내려오는 길이구요."

이 말을 들은 마을 사람은 어이가 없어 하며, 눈을 휘둥그레 뜨고는 왕질을 바라보기만 하였다.

"이 도끼를 보시오." 왕질은 자루가 썩은 도끼를 보여 주었다.

"신선놀음에 도끼 자루 썩는 줄 모른다." 라는 속담은 이때부터 나왔다. 대추는 "위기(胃氣)를 편하게 하며, 위장을 튼튼히 해 자주 먹는 것이 좋으며 "12경맥을 도와 경락을 보하고, 얼굴을 곱게 하며, 모든 약과 배합되고, 소화기능을 도와 원기를 돋운다." 라고 한다. 때문에 대추가 소화기를 도와 왕질은 배고픈 것도 잊은 것이다.

30 천궁 애엽 달걀조림

효능 활혈(活血), 행기(行氣)

재료 및 분량

식물재료 : 달걀 8개, 생강 10g
약물재료 : 애엽 15g, 천궁 6g
조림장 : 간장 8TS, 물엿 2TS, 흑설탕 2ts

조리과정

1. 천궁, 애엽, 생강과 물 500mL를 넣고 중불에서 끓여 200mL로 만든다.
2. 조림장을 만든다.
3. 1과 2를 잘 섞는다.
4. 달걀을 삶아 껍질을 벗기고 양념장을 넣어 조린다.
   이때 조림액이 부족하면 1에 물을 넣고 더 끓여서 사용한다.
5. 달걀을 원하는 모양으로 썰고 조림국물을 얹어 먹는다.

약선 특징

효능	몸을 따뜻하게 하여 혈액순환이 잘되게 하므로 몸이 차서 혈액순환이 잘 안될 때, 손발이 차가울 때 섭취하면 좋고, 생리통이 심한 여학생들이 자주 섭취하면 좋은 보혈(補血)약선							
약선식료학적 특성	재료명	본초명	성(性)	미(味)	귀경(歸經)	효능	함유량	
							중량(g)	%
	달걀	계단(鷄蛋)	平	甘	脾, 胃	滋陰潤燥, 養心安神	320	91.2
	생강	生薑	溫	辛	脾, 胃, 肺	發表散寒, 健脾止嘔	10	2.8
	애엽	艾葉	溫	辛, 苦	肝, 脾, 腎	溫經止血, 散寒止痛	15	4.3
	천궁	川芎	溫	辛	肝, 膽, 心	活血行氣, 祛風止痛	6	1.7
	총중량						351	100.0
배합원리	본 약선에서는 활혈행기(活血行氣)의 효능을 가진 천궁이 주재료이고 달걀, 생강, 애엽이 부재료이며 나머지 재료들은 보조재료이다.							

가정에서 흔히 조리하는 달걀장조림과 같은 음식인데 간장과 설탕 외에 천궁과 몸을 따뜻하게 해주는 생강과 애엽을 배합하여 조리하면 보혈 달걀조림이 되는 것이다. 빈혈이 있거나 혈허로 머리가 자주 아픈 청소년들이 반찬으로 자주 먹으면 정신집중에도 도움이 된다.

약물재료의 특성

- 애엽은 국화과 식물 애(艾)의 건조한 잎이다. 몸을 따뜻하게 하여 냉증에서 오는 복부 질환을 낫게 한다. 3.8~11.3g이 일일 섭취량이다.
- 천궁은 미나리과 여러해살이풀인 천궁의 뿌리줄기이다. 3.8~7.5g이 일일 섭취량이다. 통증을 가라앉히는 작용을 하여 부인과 증상이나 두통, 관절통 등의 통증에 사용한다.

영양소 함유 가치

단백질 함량이 높은 음식이다. 흔히 달걀 대신 메추리알을 사용하기도 하는데 단백질 섭취 측면에서는 다르지 않지만 약선효능은 다름을 알아야 한다.

〈십전대보탕〉

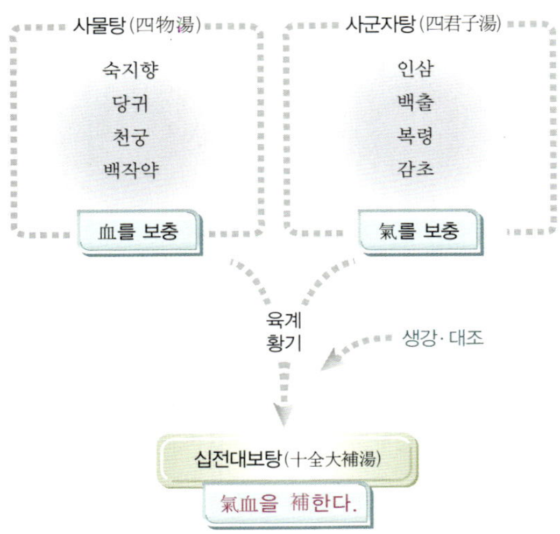

조리 tip

* 달걀이 조림액에 잘박하게 잠길 수 있도록 오목한 용기를 사용해서 중불에서 천천히 윤이 나게 조려야 한다. 조림액이 거의 없어질 때까지 숟가락으로 조림액을 끼얹어가면서 윤이나게 조린다.
* 천궁은 약재 냄새가 강한 편이어서 예민한 사람은 다소 거부감을 가질 수도 있으나 자주 접하면 익숙해진다.

재미있는
약초이야기

뻥 뚫리게 머리를 다스리는 천궁

천궁은 여성을 위한 주요 처방인 사물탕 재료 중 한가지로 방향성이 강한 미나리과 식물이다.
한국의 토천궁, 중국의 중국천궁, 일본의 일천궁이 있으며 우리나라에서는 토천궁보다 상대적으로 재배하기 쉽고 생산량이 많은 일천궁이 많이 재배되고 있다.
토천궁 또한 수요가 있어 많은 양은 아니지만 꾸준히 생산되고 있다.
천궁은 과거에 울릉도에서 많이 재배되었으나 현재는 영양군이 주산지로 영양천궁이 주류를 이룬다.

천궁은 '궁궁이(芎藭이)' 라고 불렸으며, 궁(藭, 궁궁이 궁)은 사람의 머리와 그 뜻이 통한다고(藭=窮=頭)한다. 한편 천궁의 기운이 머리에 작용하기 때문에 궁이라 하며 중국에서는 사천(四川)지역에서 생산되는 것이 그 품질이 좋아 천궁(川芎)이라 했다는 호사가들의 이야기가 있다.

천궁은 특유의 향기가 강한 방향성 식물로 향낭의 재료로 많이 사용되기도 한다.
뱀은 새삼이나 뚝갈나무나 사매(蛇)의 열매를 좋아한다. 한편, 뱀이 무서워하는 것이 있는데 바로 이 천궁이라는 약재이다. 뱀이 천궁의 냄새를 싫어한다 하여 '뱀이 피하는 풀' 이라는 뜻으로 천궁을 '사피초(蛇避草)' 라고도 부른다. 그래서 예전부터 뱀을 쫓기 위해 장독대에 천궁을 심기도 했다. 곤충이 싫어하는 봉선화를 울타리 아래나 장독대 주변에 심었던 것과 같다.

특유의 강한 향기 때문에 낚시꾼들은 천궁가루를 깻묵에 섞어 미끼로 쓰는 경우가 많다. 향기 때문에 물고기들이 입질을 잘 한다는 것이다.
그런데 방향성 휘발 성분이 강하므로 약으로 쓸 때는 끓는물에 담가 기름 성분을 없앤 뒤 사용하는 것이 좋다. 그렇지 않으면 사람에 따라 머리가 아프고 메스꺼워지며 심한 경우 구토가 생기기도 한다.

31 보혈밥

효능 양혈(養血), 안신(安神), 보비위(補脾胃)

재료 및 분량

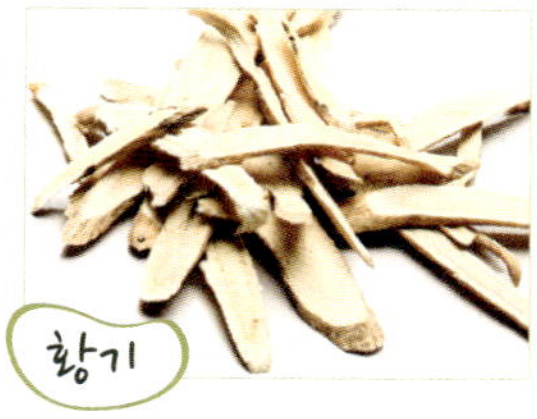

식물재료 : 멥쌀 500g, 대추 100g, 백편두 60g
약물재료 : 황기 50g, 용안육 50g, 당귀 10g

조리과정

1. 황기와 당귀에 물 500mL를 넣고 중불에서 끓여 100mL의 진한 액을 만든다.
2. 대추는 씨를 제거하여 2~3등분하여 칼등이나 방망이로 눌러서 준비한다.
3. 용안육은 3~4등분으로 적당히 썰어서 준비한다.
4. 백편두는 물에 불려놓는다.
5. 밥솥에 멥쌀, 대추, 용안육, 백편두와 1의 액과 물을 적당히 넣어 밥을 짓는다.

약선 특징

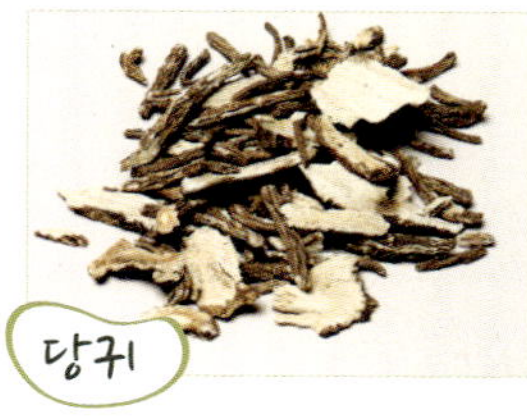

구분	재료명	본초명	성(性)	미(味)	귀경(歸經)	효능	함유량 중량(g)	함유량 %
효능	마음을 편안하게 하고 소화기를 편하게 하므로 전반적인 혈허(血虛)증상이 나타날때 섭취하면 좋고, 수험생들에게도 좋은 보혈(補血)약선							
약선식료학적 특성	멥쌀	갱미(粳米)	平	甘	脾, 胃	補中益氣, 健脾和胃	500	64.9
	대추	대조(大棗)	溫	甘	脾, 胃	補脾和胃, 益氣生津, 養血安神	100	13.0
	백편두	白扁豆	平	甘, 淡	脾, 胃	健脾和中, 化濕	60	7.8
	황기	黃芪	微溫	甘	脾, 肺	補氣昇陽, 益衛固表	50	6.5
	용안육	龍眼肉	溫	甘	心, 脾	健脾止瀉, 補益心脾	50	6.5
	당귀	當歸	溫	甘, 辛	肝, 心, 脾	補血, 活血, 止痛	10	1.3
	총중량						770	100.0
배합원리	본 약선에서는 양혈(養血)하는 당귀와 안신(安神)하는 대추가 효능을 나타내는 주재료이고 백편두, 황기 및 용안육은 효능을 증진시키는 부재료이며, 멥쌀은 음식을 구성하고 조화시키는 보조재료이다.							

빈혈증상이나 생리통이 있는 사람은 물론 마음을 편안하게 안정시켜 주는 효능이 있으므로 특히 혈허에 의해 집중력이 저하되고 심장이 두근거리는 증상이 있을 때, 잠이 오지 않거나, 집중력을 가지고 싶을 때 섭취하면 효과적이다.

약물재료의 특성

- 황기는 계절약선(백합닭다리튀김) 부분 참조
- 용안육은 계절약선(백합닭다리튀김) 부분 참조
- 당귀는 보양약선(당귀홍화오징어지짐이) 부분 참조
- 백편두는 계절약선(새우밤편두찜) 부분 참조

영양소 함유 가치

당질의 함유량이 높은 음식으로 반찬류와 함께 먹으면 영양균형도 맞다.

조리 tip

* 용안육이 들어가서 단맛이 나므로 매일 주식으로 먹기는 적당하지 않지만 필요할 때 특별식 단품으로 먹으면 보혈효능도 얻고 맛도 있는 음식이다.
* 이 레시피에서 멥쌀을 찹쌀로 바꾸고 약간의 간장을 넣고 찌면 보혈약식이 되므로 어르신들에게 드리고, 주먹밥으로 만들어서 성장기 어린이들의 간식으로 활용해도 좋다.
* 밥을 푸고 난 후 누룽지를 만들어 물을 부어 끓이면 숭늉이 구수해서 아주 좋다.

재미있는
약초이야기

지아비를 생각하는 여성 건강의 대모
당귀

아주 옛날에 왕복(往復)이라는 정직하고 심성이 아주 착한 청년이 있었는데, 그가 어렸을 때 부친은 돌아가시고 모친과 서로 의지하며 살았다. 그의 집안은 조상 대대로 약재를 캐며 연명해 왔고, 왕복의 대에 와서는 부근 각 산의 약재들이 점점 적어져 부득이 200리 밖의 노군산(老君山)이라는 깊은 산속으로 약초를 캐러 가야만 했다.

노군산은 맹수들이 많고 낮에도 구름이 잔뜩 끼어 있어 접근하기 힘든 첩첩산중이라 귀중한 약재들이 많이 있었다. 그래서 왕복은 입산할 것을 결심하고 나서 모친과 상의를 했지만 모친은 왕복이 결혼 후에 입산할 것을 조건으로 허락해 주었다.

왕복의 나이 20세가 되자 이웃마을 이씨의 딸과 결혼을 했다. 결혼 3개월 후에 왕복은 아내에게 "나는 약초를 캐러 노군산에 입산하니 만약 삼년이 지난 후에도 돌아오지 않으면 죽은 줄 알고 개가를 하시오" 라고 말을 남긴 뒤 입산을 했다.

입산 후에 아내는 매일매일 기도하며 오매불망 남편을 기다렸고 어느덧 3년이 지났지만 남편의 소식은 전혀 없었다. 3년이 지나도 소식이 없자 아내는 남편의 죽음을 의심할 여지가 없었다. 그래서 가슴이 아프지만 개가를 해야만 했다. 아내가 개가를 한 지 한 달이 지나서야 왕복은 집으로 돌아왔고 비로소 아내의 개가 사실을 알게 되어 슬픔을 감출 수가 없었다. 며칠이 지나서야 두 사람은 상봉을 하게 되었지만 서로의 감정을 말로 표현할 수가 없었다. 한참을 말없이 울고 나서야 왕복이 말문을 열었다.

"당신은 개가를 했지만 난 당신을 원망할 자격이 없소. 이 약을 당신에게 선물하리다." 라는 말을 남기고 그는 고향을 떠나 아주 먼 곳으로 가버렸다.

아내는 왕복이 떠난 후 밤낮으로 그리워했고 끝내는 병에 걸렸다. 생리가 불규칙하며, 얼굴이 병자처럼 누렇고, 몸이 야위고, 머리가 어지럽고 현기증이 나며, 사지가 힘이 없었다. 매번 왕복이 선물한 약재 꾸러미를 볼 때마다 왕복을 보고 싶은 생각은 더욱 간절했다. 그가 생각이 날 때마다 그리워하는 마음을 가누지 못해 약재 뿌리를 씹기도 하고, 약재를 달여 복용하기도 했는데 점점 그의 얼굴에는 핏기가 돌고, 생리도 정상적으로 돌아왔으며 나머지 증상도 회복되었다.

이후로 사람들은 이씨의 약 복용경험에 근거하여 많은 여인들에게 처방해 여러 부인병을 치료했다. 그리하여 부인과의 전용약이 되었다.

당나라 시 가운데 "정당귀시우불귀(正當歸時又不歸)" 라는 구절이 있는데, 그것은 '곧 돌아올 때가 되었는데, 아직 돌아오지 않는다.' 라는 뜻으로, 이것을 인용해 '남편이 당연히 돌아온다.' 라는 뜻인 당귀를 사용하여 약초의 이름으로 쓰게 되었다.

32 보기삼계탕

효능 익기(益氣), 양혈활혈(養血活血), 보비위(補脾胃)

재료 및 분량

식물재료 : 암탉 1,200g(약 1마리)
약물재료 : 산약 50g, 당삼 30g, 당귀 6g
조림국물 : 총백 40g, 생강 40g, 간장, 소금, 청주, 물 적당량
기타 재료 : 설탕 적당량/ 대나무 꼬치

조리과정

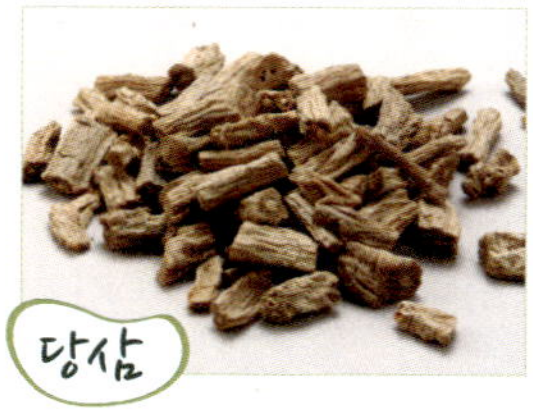

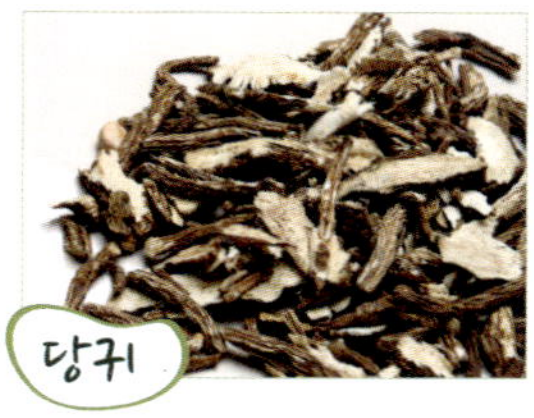

1. 닭은 내장을 제거하고 날개의 뾰족한 부분, 기름 등을 제거하여 통째로 준비한다.
2. 당귀, 당삼은 물에 살짝 씻어 준비한다.
3. 산약은 한입크기로 썰어 2% 설탕물에 담가둔다.
4. 닭의 배 안에 2, 3을 넣고 나무꼬치로 입구를 막는다.
5. 분량대로 닭이 잠길 정도 양의 조림국물을 만든다.
6. 뚝배기에 닭을 넣고 5를 붓고 센불에서 끓이다가 끓으면 중불에서 뭉근히 익힌다.
7. 닭 뱃속에 든 당귀, 당삼을 제거한다.
8. 닭고기, 산약을 국물과 함께 먹는다.

약선 특징

<table>
<tr><td>섭취효능</td><td colspan="8">기(氣)와 혈(血) 이 부족해서 기운이 없어 집중력이 떨어지고 머리가 아프거나 소화가 잘 안될 때 섭취하면 좋은 보기(補氣) 약선</td></tr>
<tr><td rowspan="7">약선식료학적 특성</td><td rowspan="2">재료명</td><td rowspan="2">본초명</td><td rowspan="2">성(性)</td><td rowspan="2">미(味)</td><td rowspan="2">귀경(歸經)</td><td rowspan="2">효능</td><td colspan="2">함유량</td></tr>
<tr><td>중량(g)</td><td>%</td></tr>
<tr><td>닭고기</td><td>계육(鷄肉)</td><td>溫</td><td>甘</td><td>脾, 胃</td><td>溫中益氣, 補精添髓</td><td>1,200</td><td>93.3</td></tr>
<tr><td>마</td><td>산약(山藥)</td><td>平</td><td>甘</td><td>肺, 脾, 腎</td><td>益精固腎, 健脾, 補肺</td><td>50</td><td>3.9</td></tr>
<tr><td>당삼</td><td>黨蔘</td><td>平</td><td>甘</td><td>脾, 肺</td><td>補中益氣, 養血生津</td><td>30</td><td>2.3</td></tr>
<tr><td>당귀</td><td>當歸</td><td>溫</td><td>甘, 辛</td><td>肝, 心, 脾</td><td>補血, 活血, 止痛, 潤腸</td><td>6</td><td>0.5</td></tr>
<tr><td colspan="2">총중량</td><td colspan="4"></td><td>1,286</td><td>100.0</td></tr>
<tr><td>배합원리</td><td colspan="8">닭고기와 당삼이 보기효능을 나타내는 주재료이고 당귀 및 산약이 효능을 증진시키는 부재료이며 나머지는 음식의 맛과 약선효능을 조절하는 보조재료이다.</td></tr>
</table>

기와 혈은 부인과 남편 관계인데 이 약선은 기와 혈을 동시에 보할 수 있으므로 몸이 전체적으로 허약한 상태의 사람이 몸을 보하기 위해서 섭취하면 좋은 보기, 보혈약선이다. 일반 삼계탕에 비해 담백하고 정확한 보기효능을 얻을 수 있다.

약물재료의 특성

- 산약은 계절약선(두충굴튀김) 부분 참조
- 당삼은 초롱꽃과 여러해살이풀 만삼의 뿌리로 끓는물에 담가서 끓인 뒤에 설탕물에 담갔다가 꺼내 바짝 말린 것을 당삼이라 한다. 인삼을 대체하는 약재이다.
- 당귀는 보양약선(당귀홍화오징어지짐이) 부분 참조

영양소 함유 가치

단백질의 함유량이 높다.

조리 tip

* 일반 삼계탕과 달리 마늘이 들어가지 않는 것이 특징이다. 닭고기를 조리할 때 대개 마늘을 많이 사용하는데 앞으로는 마늘의 사용을 지양하고 총백만으로 고기냄새를 제거하도록 하자.
* 닭이 어느 정도 익으면 뭉근하게 끓여서 국물의 맛이 잘 우러나도록 해야 한다.
* 산약은 mucin이라는 점질물이 있어 껍질을 벗길 때 손이 가려울 수 있으나 건강상 문제는 없으니 걱정하지 않아도 된다. 얇은 장갑을 껴도 좋고 손질 후 흐르는 물에 깨끗하게 바로 씻는다.

알아두어야 할
약선 명저

최고의 본초학서
본초강목(本草綱目)

중국 명나라 이시진(李時珍)의 편찬으로 1590년에 간행된 본초학서. 전 52권. 이 책은 작자가 계승하고 총결한 명나라 이전의 본초학 성과의 기초 위에 광범위하게 약초 재배인, 민간 의사, 수렵인, 어민 등을 찾아 학습하고 누적된 대량의 본초학 지식을 취재하며, 각 류(類)의 저작 800여종을 참고하고, 장기간 힘들여 실천하고 연구하여 수십 년에 걸쳐 편성한 1질(帙)의 본초학 거작이다.

제 1, 2권은 각 학자의 본초학 서례(序例)를 집록하고, 제 3, 4권은 증후를 위주로 소용(所用)되는 약물을 분술하였으며, 제 5권 이후는 약물을 천수류(天水類), 지수류(地水類), 화류(火類), 토류(土類) 등 62류로 나누어, 약물 1,892종을 수록하였는데, 그중 새로 첨가한 것이 374종이다. 방제 1만여 방, 삽화도 1천여 폭을 수록하였다.

각 종마다 약물을 석명(釋名), 집해(集解), 정오(正誤), 수치(修治), 기미(氣味), 주치(主治), 발명(發明), 부방(附方) 등으로 나누어 설명하였다. 과거의 본초학의 착오를 바로 잡았을 뿐만 아니라, 대량의 자료를 종합하고, 체계적인 약물 분류방법을 제시하였으며, 풍부한 임상실험을 논술함에 있어서 매우 사실적인 입장을 취하였다.

이 책은 한약학 저서일 뿐만 아니라, 논급한 내용이 매우 광범위하여 널리 생물, 화학, 천문, 지리, 지질, 광물학과 역사 등에 이르기까지 많이 다뤄져 있다. 그러므로 이 책은 세계적으로 영향을 미친 박물학적 저작이라 할 수 있다.

이 책은 전세계와 과학계가 중요시하고 있는데, 진화론을 정립한 다윈(Darwin)은 '중국 고대의 백과전서' 가 〈본초강목(本草綱目)〉 내에 포함되었다고 언급한 바 있다. 과학사상 매우 높은 가치가 있으며, 부분적 또는 전부가 각국 언어로 번역·출판되었다. 현재 영인본과 교정 인쇄본이 나와 있다.

33 닭고기 감초 산사말이

효능 보기(補氣), 보혈(補血)

재료 및 분량

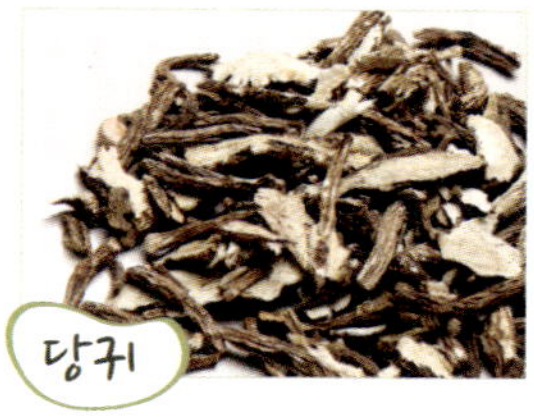

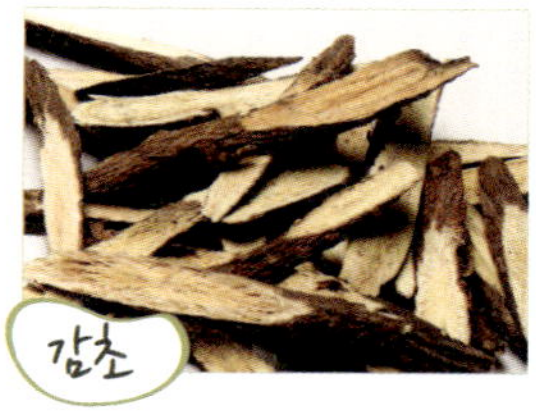

식물재료 : 닭가슴살 500g, 오이 200g, 당근 80g, 마른 표고버섯 80g, 달걀 2개
약물재료 : 산사 20g, 당귀 10g, 감초 3g
닭고기 양념 : 생강즙 2TS, 소금, 흰후추가루 적당량
양파드레싱 : 양파 250g, 올리브유 ½TS, 갈은 산약 1TS
기타 재료 : 녹말가루, 식용유, 소금 적당량 / 김발, 베보자기, 랩, 찜통

조리과정

1. 닭가슴살을 칼날로 두드려 넓게 편 다음 생강즙, 소금, 흰후추를 뿌려 둔다.
2. 오이는 길이 4~5cm 정도로 토막내 원통 모양으로 돌려깎아 곱게 채 썬 다음 소금물에 살짝 절여 물기를 꼭 짠 후 새파랗게 볶아 차게 식힌다.
3. 당근도 오이와 같은 길이로 채썰어 끓는 소금물에 살짝 데쳐 볶아 차게 식힌다.
4. 표고버섯은 불려서 기둥을 떼어내고 곱게 채썰어 소금만 넣어 볶아 식힌다.
5. 달걀은 황백으로 나누어 지단을 부쳐 4~5cm 길이로 채썬다.
6. 닭가슴살에 녹말가루를 듬뿍 묻혀 탁탁 털어낸 다음 김발 위에 올리고 2, 3, 4. 5를 색깔을 맞추어 넉넉하게 얹고 김밥 말듯 만다.
7. 돌돌 만 닭가슴살을 깨끗한 보자기에 다시 한 번 말고, 풀어지지 않게 랩으로 감아 찐다.
8. 찜통에 김이 오르기 시작하면 닭고기말이를 30분 간 쪄서 차게 식힌 후 랩, 보자기, 김발을 풀어 한입 크기로 썰어 접시에 담는다.
9. 당귀, 산사, 감초에 물 500mL를 넣고 중불에서 끓여서 액을 약 100mL로 만든다.
10. 양파는 곱게 채썰어 넓은 프라이팬에 올리브유를 두르고 갈은 산약을 넣어 함께 중불에서 볶다가 색이 나면 약불로 짙은 갈색이 날 때까지 볶아서 양파 드레싱을 만든다.
11. 닭고기말이와 10을 곁들인다.

약선 특징

효능	전반적인 기허(氣虛), 혈허(血虛) 증상에 사용한다. 기운이 없을 때, 특히 여름철에 입맛을 돋우고자 할 때 섭취하면 기운이 나고 속이 편안해지는 보기(補氣)약선							
약선식료학적 특성	재료명	본초명	성(性)	미(味)	귀경(歸經)	효능	함유량	
							중량(g)	%
	닭고기	계육(鷄肉)	溫	甘	脾, 胃	溫中益氣, 補精添髓	500	51.5
	오이	황과(黃瓜)	凉	甘	脾, 胃, 大腸	淸熱止渴, 利水解毒	200	20.6
	당근	호라복(胡蘿蔔)	平	甘	肺, 胃	健脾化滯, 潤燥明目	80	8.2
	표고버섯	향고(香蕈)	平	甘	胃	健脾開胃, 益胃氣	80	8.2
	달걀	계단(鷄蛋)	平	甘	脾, 胃	滋陰潤燥, 養心安神	80	8.2
	산사	山楂	微溫	酸, 甘	脾, 胃, 肝	活血止痛, 健胃, 止瀉	20	2.0
	당귀	當歸	溫	甘, 腎	肝, 心, 脾	補血, 活血, 止痛	10	1.0
	감초	甘草	平	甘	心, 肺, 脾, 胃	補脾益氣, 潤肺止咳	3	0.3
	총중량						973	100.0
배합원리	닭고기와 감초가 보기(補氣)하는 주재료이고 표고버섯, 달걀, 당귀가 부재료이며 오이, 산사와 그 밖의 재료들은 음식의 맛과 조화를 위해 사용한 보조재료이다.							

서양상차림에서 닭가슴살을 이용한 테린이 많이 활용되는데 이 레시피를 이용하여 테린을 만들면 보기, 보혈을 위한 약선테린이 될 수 있다. 산사는 육류의 소화를 도와주므로 육류를 조리할 때 이용하면 좋다. 고기집에서 후식으로 주는 누룽지, 박하사탕 대신에 산사로 젤리를 만들어 활용하면 역시 생활 속의 약선이 되는 것이다.

약물재료의 특성

- 산사는 장미과 식물 산사나무의 열매이다. 말려서 사용하기도 하고 꿀에 조려 정과를 만들기도 한다. 과식했거나 고기나 기름진 것을 먹고 체했을 때 효과적이다. 3.8~15.0g이 일일 섭취량이다.
- 당귀는 보양약선(당귀홍화오징어지짐이) 부분 참조
- 감초는 콩과 다년생초본식물 감초의 뿌리와 줄기로 생으로 쓰거나 꿀과 함께 볶아서 사용하기도 한다. 대개 일일 3~10g 섭취한다. 장기간 다량 섭취하면 부작용이 나타날 수 있음을 명심해야 한다.
- 산약은 계절약선(백합황정닭다리튀김)부분 참조

영양소 함유 가치

단백질의 함유량이 높은 음식이다.

재미있는
약초이야기

조화의 대명사 감초

보통 약방의 감초라고 해서 낄 데 안 낄 데 못 가리는 인사 또는 어디서든지 꼭 필요한 존재가 치로 우리에게 인식되는 감초에 대한 옛날이야기가 있다.

옛날 인적이 드문 산골에 진맥과 치료를 잘 하는 의사가 있었다. 하루는 왕진을 나간 사이에 많은 환자들이 집으로 몰려와 그를 간절하게 기다렸다. 시간은 계속 흘러도 남편이 돌아오지 않자 의원의 아내는 혼자서 생각했다. '내가 나서서라도 환자들에게 약을 지어줄 수 있으면 좋을 텐데.' 부인은 한숨을 쉬며 부엌으로 갔다. 부엌에는 땔감으로 해다 놓은 건초더미가 쌓여 있었다.

'이것들이 전부 약초라면…….' 이렇게 생각하며 무심코 건초 가지 하나를 집어 잘근잘근 씹어보니 맛이 달았다.

'옳다! 이걸 썰어 약봉지에 담아주자. 이 건초를 달여 먹더라도 별 해는 없을 거야. 환자는 약을 복용했다는 안정감이 심리적으로 작용하여 병이 회복될지도 몰라.'

의원의 부인은 건초를 썰어 약봉지에 담아 찾아온 환자들에게 주었다.

"이것은 의원님이 왕진 나갈 때 남겨둔 약입니다. 웬만한 병은 다 치료됩니다. 이것을 가져가서 달여 드세요." 조급하게 기다리던 환자들이 이 말을 듣자 기뻐서 어쩔 줄 몰라하며 고맙다는 말을 여러번 하고 약을 받아 돌아갔다. 며칠이 지나 약을 받아 간 사람들이 온갖 선물들을 가지고 와 고마움을 표시했다.

"선생님의 약을 먹고 병이 이렇게 완쾌되었어요. "

의원은 영문을 몰라 의아해졌다. 옆에 있던 아내가 귓속말로 그 동안 일어난 일을 일러 주어서야 알았다. 의원은 아내가 도대체 무슨 약을 조제했기에 이렇게 좋은 효과를 보았는지 궁금해아내에게 물었다. " 여보, 무슨 약을 주었어요?" 아내는 부엌으로 들어가 건초(乾草)를 가지고 왔다.

평소 사용하지 않던 약이라 의원도 놀랄 수밖에 없었다. 그래서 이튿날, 의원은 그 마른 풀을 복용한 사람들을 한 사람씩 불러 그들이 앓았던 병의 증세를 물었다. 비위(脾胃)가 허약한 환자, 기침과 담이 많은 환자, 인후에 통증이 있는 환자, 약물 중독으로 몸이 부었던 환자 등 이 모든 병들이 건초(乾草)를 복용한 후 완쾌된 것이다.

그 후 의원은 각종 질병을 치료하는 데 이 건초(乾草)를 약으로 쓰기 시작했으며, 건초더미의 약초가 비장과 위장을 보(補)할 뿐 아니라 혈압을 내리고, 독을 제거하며, 다른 약재와 같이 끓이면 약초의 효능을 더욱 높이는 것을 알게 되었다. 그리하여 이때부터 명명(命名)하기로 맛이 단 풀, 즉 감초(甘草)라 했으며 한방에서 여러 가지 처방에 쓰이고 다른 약초와 섞어 쓸 때 조화시키는 효능이 있어 지금까지 몇 천 년 동안 약방의 감초로 군림해오고 있다.

34 인삼 황기 해삼찜

효능 보기양혈(補氣養血), 보신익정(補腎益精)

재료 및 분량

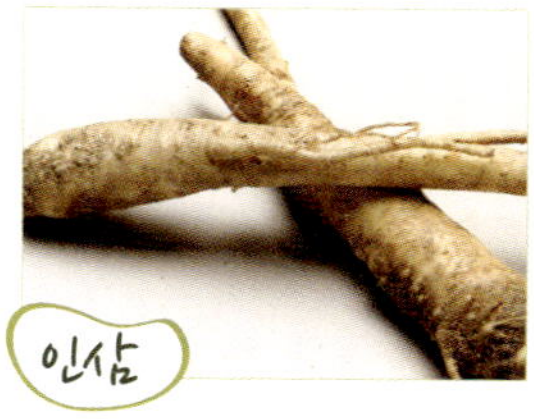

식물재료 : 불린 해삼 500g, 대추 50g, 부추 30g
약물재료 : 인삼(또는 수삼) 50g, 황기 10g
복분자 소스 : 황기액 50mL, 복분자액 30mL, 육수 200mL, 청주 1TS, 청장 1ts
기타재료 : 후추, 밀가루, 물녹말 적당량 / 대나무꼬치

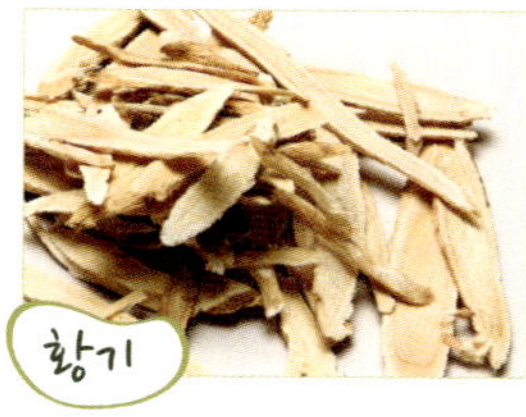

조리과정

1. 해삼은 깨끗하게 씻어서 끓는물에 청주를 넣어 데쳐 낸다.
2. 인삼은 다듬어 해삼과 같은 길이로 잘라 준비한다.
3. 해삼의 배 안에 밀가루를 뿌리고 인삼을 넣어 빠지지 않게 꼬치로 꽂는다.
4. 3을 찜통에 20분 정도 쪄서 차게 식힌다.
5. 4를 2cm 두께로 썰어 두고 대추는 씨를 빼고 가늘게 채썰어 준비한다.
6. 황기에 물 200mL를 넣고 중불에서 끓여 약 100mL정도로 만든다.
7. 분량대로 소스재료를 잘 섞어 만든다.
8. 8에 물녹말을 넣어 걸죽하게 한다
9. 부추는 끓는 물에 살짝 데쳐 3cm 길이로 썬다.
10. 부추와 대추채를 깔고 그 위에 해삼찜을 올리고 복분자소스를 뿌린다.
11. 먹을 때 부추, 대추와 함께 싸서 먹는다.

약선 특징

효능	겨울철 양기(陽氣)부족으로 순환이 안되고 추위를 탈 때 섭취하면 좋은 보기(補氣) 약선						
약선식료학적 특성	재료명	본초명	성(性)	미(味)	귀경(歸經)	효능	함유량	
							중량(g)	%
	해삼	海蔘	溫	鹹	肺, 腎	補腎益情, 養血潤燥	500	74.5
	대추	대조(大棗)	溫	甘	脾, 胃	補脾和胃, 益氣生津, 養血安神	50	7.5
	부추	구채(韭菜)	溫	辛	肝, 胃, 腎	補腎, 溫中, 行氣, 散瘀	30	4.5
	복분자	覆盆子	微溫	甘, 酸	肝, 腎	谷腎固精 明目	30	4.5
	인삼	人蔘	溫	甘, 微苦	脾, 肺	大補元氣, 安神益智	50	7.5
	황기	黃芪	微溫	甘	脾, 肺	補氣昇陽, 益衛固表	10	1.5
	총중량						670	100.0
배합원리	보기(補氣)의 효능을 가진 인삼과 황기가 약선효능을 발휘하는 주재료이고 해삼, 부추, 복분자가 효능을 증진시키는 부재료이며 대추 및 나머지는 모두 음식의 맛과 효능을 조절해 주는 보조재료이다.							

보기(補氣)효능 외에도 해삼과 부추가 보신(補腎)의 효능을 나타내므로 보기 뿐 아니라 보신, 보혈의 효능도 함께 가지고 있는 약선으로 스태미너 음식으로 활용하기에 적당하다.

약물재료의 특성

- 인삼은 두릅나무과 다년생 초본식물인 인삼의 뿌리이다. 일반적으로 5~6년 간 재배한 뒤 가을철에 줄기와 잎사귀가 시들려고 할 때 채취하여 노두와 작은 털, 잔가지 등을 제거하고 깨끗이 씻어서 바짝 말린 것을 생삼이라 한다. 일일 섭취량은 5~10g 정도이다.
- 황기는 계절약선(백합닭다리튀김) 부분 참조
- 복분자는 계절약선(백작약돼지고기편육) 부분 참조

蔘의 종류

- **수삼**(水蔘) : 원삼을 캐서 건조하기 전 상태
- **미삼**(尾蔘) : 수삼의 뿌리부분
- **백삼**(白蔘) : 수삼의 껍질을 벗겨 건조한 것
- **홍삼**(紅蔘) : 수삼을 2~3번 쪄서 말린 것
- **흑삼**(黑蔘) : 수삼을 9번 쪄서 9번 말린 것
- **장뇌삼, 산양산삼** : 산삼의 종자를 산에 뿌려 기른 것. 잔뿌리가 많고 노두가 가늘면서 길다.
- **산삼**(山蔘) : 뿌리가 길고 탄력이 있으며 잔뿌리가 적다.

영양소 함유 가치

단백질, 칼슘 및 철분의 함유량이 높은 음식이다.

조리 *tip*

* 마른 해삼을 불려서 사용하려면 시간이 많이 소요되므로 생해삼을 구입하도록 하자. 싱싱한 해삼은 살에 매우 작은 뼛조각이 있어 혀에 닿으면 딱딱한 감촉이 있다.
* 신선한 것은 썰어 놓으면 딱딱한데 상한 것은 늘어지고 물이 생기며 냄새가 나서 식중독을 일으킬 수 있으니 잘 고르도록 한다.
* 복분자액은 시판되는 발효액이나 가정에서 만든 액을 사용하면 된다.
* 본 레시피에서는 해삼을 찜으로 했으나 해삼과 각종 재료를 섞어 볶음으로 조리하면 먹기에 편리하고 좋다.
* 육수를 준비하기 어려우면 인삼이나 황기에 물을 넣고 끓여서 사용해도 된다.

재미있는
약초이야기

대보원기(大補元氣) 인삼

옛날 어느 마을에 사냥을 하면서 살던 형제가 있었다. 그날도 두 형제는 사냥을 하기 위해 산을 올라갔다. 그런데 올라가다가 한 노인을 만났는데 노인은 두 형제를 보고 다음과 같은 말을 하는 것이었다.

"오늘 산의 날씨가 안 좋고 눈이 많이 와서 위험하니 오늘은 그냥 내려가는 것이 좋을 것이다."

하지만 두 형제는 노인의 말을 무시하고 산으로 올라가 사냥을 했다. 그런데 노인이 말한대로 산의 날씨가 나빠지더니 엄청난 눈이 쏟아지는 것이었다. 두 형제는 눈이 너무 쌓여 내려가지 못하고 동굴 속으로 몸을 피해서 사냥했던 동물과 나무뿌리로 연명을 했다.

그렇게 나날을 보내던 중 사냥한 동물과 나무뿌리가 바닥이 나서 다시 식량으로 할만한 것을 찾아 나설 수밖에 없었다.

밖으로 나와 식량을 찾다가 우연히 사람과 모양이 매우 비슷한 뿌리를 캐냈는데 맛도 달아 먹기 편하고 근처에 매우 많아서 그것을 먹고 지내게 되었다.

그런데 이상하게도 그 뿌리를 먹고 나면 힘이 생기고 몸이 피곤하지가 않았다. 물론 당연히 몸에 매우 좋은 것으로 생각하고 많이 먹기 시작했는데 너무 많이 먹으면 코피를 쏟곤 하여 나중에는 조금씩만 먹게 되었다.

시간이 흘러 봄이 와서 겨울을 그곳에서 보낸 두 형제는 다시 내려왔다. 당연히 마을 사람들은 죽은 줄 알았던 그 형제가 내려오자 매우 놀라서 그렇게 눈이 쌓인 추운 산에서 어떻게 지냈는가를 물어보자 두 형제는 약초에 대한 이야기를 했다.

인삼은 누가 보더라도 사람의 몸과 너무 비슷하여 '사람' 의 뜻인 '人' 으로 해서 인삼이라고 불리게 된 것이다.

35 밤 연자 닭날개볶음

효능 보신장양(補腎壯陽), 보간신(補肝腎)

재료 및 분량

식물재료 : 닭날개(닭봉 부위도 가능) 500g, 밤 250g
약물재료 : 연자 25g, 구기자 15g
닭고기 양념 : 복분자 10TS, 간장 2TS, 설탕 2TS, 청주 2TS
기타 재료 : 전분, 식물성 기름, 총백, 생강, 소금, 후추, 참기름 적당량

조리과정

1. 닭날개는 깨끗하게 씻어 뾰족한 끝부분을 잘라내고 준비한다.
2. 분량대로 닭고기 양념을 만들어 1과 섞어 재워둔다.
3. 밤은 껍질을 벗기고 기름에 살짝 튀긴다.
4. 심(배아)을 제거한 연자는 물에 불려 한번 찐 후 살짝 튀겨 놓는다.
5. 구기자는 깨끗이 씻어서 뜨거운 물에 불린다.
6. 2와 전분과 물을 넣고 잘 섞어 튀김농도로 맞추고, 180℃ 기름에 노릇노릇하게 튀겨 낸다.
7. 팬에 기름, 총백, 생강을 넣어 향이 나게 볶은 후 연자, 구기자, 밤을 넣고 볶는다.
8. 7에 물녹말을 넣고 끓기 시작하면 튀긴 닭날개, 소금, 후추, 참기름을 넣어 살짝 볶아낸다.

약선 특징

<table>
<tr><td>효능</td><td colspan="8">양허(陽虛)로 몸이 춥다거나 정력이 약해지거나 체력이 저하될 때, 특히 겨울철 신(腎)의 양기(陽氣)보충을 위해 사용하면 좋은 보양(補陽)약선</td></tr>
<tr><td rowspan="7">약선식료학적 특성</td><td rowspan="2">재료명</td><td rowspan="2">본초명</td><td rowspan="2">성(性)</td><td rowspan="2">미(味)</td><td rowspan="2">귀경(歸經)</td><td rowspan="2">효능</td><td colspan="2">함유량</td></tr>
<tr><td>중량(g)</td><td>%</td></tr>
<tr><td>닭고기</td><td>계육(鷄肉)</td><td>溫</td><td>甘</td><td>脾, 胃</td><td>溫中益氣,
補精添髓</td><td>500</td><td>63.2</td></tr>
<tr><td>밤</td><td>율자(栗子)</td><td>溫</td><td>甘</td><td>脾, 胃, 腎</td><td>養胃健脾,
補腎强筋</td><td>250</td><td>31.6</td></tr>
<tr><td>연자</td><td>연자육
(蓮子肉)</td><td>平</td><td>甘, 澀</td><td>心, 脾, 腎</td><td>益腎固精,
補脾止瀉</td><td>25</td><td>3.2</td></tr>
<tr><td>구기자</td><td>枸杞子</td><td>平</td><td>甘</td><td>肝, 腎</td><td>補腎益精,
滋肝明目</td><td>15</td><td>2.0</td></tr>
<tr><td colspan="2">총중량</td><td colspan="4"></td><td>790</td><td>100.0</td></tr>
<tr><td>배합원리</td><td colspan="8">보신장양(補腎壯陽)의 효능이 있는 밤과 구기자가 효능을 나타내는 주재료이고 닭고기, 연자가 부재료이며 나머지 재료들은 맛을 조화롭게 하는 보조재료이다.</td></tr>
</table>

신(腎)의 양기를 보하는 데 아주 효과적인 약선이므로 이 음식은 신양허(腎陽虛) 증상으로 항상 추워하는 사람, 정력이 감소되어 가는 사람이나 겨울철 양기보충에 적합한 약선이다.

약물재료의 특성

- 연자는 수련과 다년생 수생초본식물 연(連)의 성숙한 종인으로 8~9월에 성숙한 연방을 채취하여 과실을 취해 과피를 제거하고 심을 제거하여 말린 것이다.
  일일 섭취량은 6~15g정도이다. 연자는 인삼, 백출, 복령, 산약 등과 좋은 배합으로 익기건비(益氣健脾)하는 효능이 증강된다. 연자는 대변이 건조하고 단단한 상태에서는 섭취하지 말아야 한다.
- 구기자는 계절약선(구기자진피쇠고기튀김) 부분 참조

영양소 함유 가치

단백질의 함유량이 높은 음식이다.

조리 *tip*

* 닭날개는 가는 뼈를 중심으로 살이 조금씩밖에 붙어있지 않아 그대로 조리하면 먹을 것이 별로 없다. 손질할 때는 닭날개의 뼈를 그대로 두고 살을 한군데로 둥글게 모아주면 발라 먹기 편하고 모양도 예쁘다. 우선 굵은 쪽 날개의 한쪽 부분에 길게 칼집을 넣고 뼈 주위를 빙 돌아가면서 훑어서 가는 뼈가 있는 쪽으로 살을 동그랗게 모아준다. 관절을 중심으로 꺾이는 부분의 가는 뼈는 잘라서 뽑아낸다.
* 닭날개는 날갯죽지에서부터 관절을 거쳐서 꺾이는 부분까지를 말하는데, 손질할 때는 날개의 끝부분을 조금 잘라버려야 깔끔하다.
* 처음에는 조금 낮은 온도에서 고기 속까지 익히고 두 번째는 센불에서 바삭하게 튀기는 것이 맛이 좋다.

재미있는
약초이야기

요강도 뒤엎는 힘의 상징 복분자

어느 마을에 결혼을 한 지 얼마 되지 않은 신혼부부가 살고 있었다. 하루는 남편이 이웃마을로 일을 보러가게 되었다.

"여보, 빨리 다녀오세요."

"이번에는 산허리를 넘어서 지름길로 가야겠어!"

"괜히 그러다 길이라도 잃지 말고 아는 길로 다녀오세요."

"알았어."

이웃마을에서 볼 일을 다 보고 돌아오는 길에 남편은 빨리 돌아올 욕심으로 산허리를 넘기 시작하였다. 그러다가 산 속에서 길을 잃고 말았다. 길을 찾아 이리저리 헤매다 자꾸만 깊은 산 속으로 들어가게 되었다.

"길도 잃어버려 헤매느라 배가 고프군. 어디 먹을 것이 없을까?"

산 속에서 이리저리 먹을 것을 찾아보았으나 눈에 띄지 않았다.

"큰일 났네! 어디가 어딘지 모르겠고, 배도 고프니!"

그는 점점 깊은 산으로 들어가고 있었다. 그러다가 산딸기를 발견하고는 그쪽으로 달려갔다.

"야! 산딸기가 많구나. 맛이 신데! 아직 덜 익었군."

아직 맛이 시고 떫어 덜 익은 것 같았지만, 허기에 찬 나머지 맛을 음미한 겨를도 없이 허겁지겁 산딸기를 실컷 따먹었다.

"이제야 배가 부르군. 집으로 가는 길을 찾아야 할 텐데…."

오던 길을 찾기 시작하였지만 지치기도 하고, 식곤증으로 잠이 밀려와 풀밭에 누웠다가 그만 잠이 들어버렸다. 한참을 자다가 깨어나 집으로 가는 길을 다시 찾기 시작하였다.

"여기가 어디지? 점점 깊은 산 속으로 들어가지나 않는지 모르겠군. 맞아! 이 길이야."

남편은 겨우 길을 찾아 집으로 돌아왔다. 그리고 부인에게 길을 잃은 이야기를 해주고, 지쳐서 금방 잠이 들었다.

이튿날 아침에 소변을 보려고 뒷간으로 갔다. 뒷간에 있는 오줌 항아리에 소변을 보기 시작하는데, '쏴아쏴아' 하고 평소보다 소변 줄기가 힘차게 나갔다.

어제 먹은 산딸기로 밤새 정(精)이 튼튼하고 양기(陽氣)가 세졌던 것이다. 오줌 항아리가 오줌 줄기의 힘 때문에 뒤집어졌다. 그 후로 그는 부인에게 사랑받는 남편이 되었다.

이렇게 산딸기를 먹어서 오줌 항아리를 뒤집어 엎었다고 해서 뒤집어질 복(覆)에 항아리 분(盆)을 써서 '복분자(覆盆子)' 로 불리게 되었다.

36 돼지갈비 호두볶음

효능 보신장양(補腎壯陽)

재료 및 분량

식물재료 : 돼지갈비 800g, 호두 100g, 고구마 100g, 양파 150g, 홍색, 청색 피망 각 50g

약물재료 : 산약(생것) 200g, 산사 20g

돼지고기 양념 : 청주 10TS, 생강즙 1TS, 소금 적당량

양념조림장 : 산사액 400mL, 간장 7TS, 다진 마늘 3TS, 생강즙 4TS, 물엿 2TS, 다진 총백 2TS, 설탕 2TS

소스재료 : 산사액 300mL, 설탕 4TS, 다진 마늘 1TS, 다진 총백 1TS, 식초 3TS, 소금, 물녹말 적당량

기타 재료 : 생강 50g, 전분 적당량

조리과정

1. 돼지갈비는 5cm 두께로 토막 내어 핏물을 빼고 건져내서 물기를 닦는다.
2. 질긴 힘줄이나 기름덩어리를 떼어내고 2cm 간격으로 칼집을 넣는다.
3. 돼지고기 양념으로 재어 둔다.
4. 끓는 물 1L에 생강 50g을 넣고 돼지갈비를 넣고 익혀서 건져낸다.
5. 고구마, 산약 및 양파는 적당한 크기로 자른다.
6. 호두는 겉껍질만 제거하여 적당한 크기로 잘라 준비한다.
7. 산사를 씻어서 물 2L를 넣고 약불에서 끓여서 800mL로 졸인다.
8. 산사 우린 물 400mL에 양념조림장 재료를 넣고 섞어 조림장을 만든다.
9. 돼지갈비에 전분옷을 입혀 200℃에서 튀긴다.
10. 산약, 고구마도 전분을 입혀 튀긴다.
11. 냄비에 만들어 놓은 양념장, 돼지갈비, 양파를 넣고 섞은 후 뚜껑을 닫고 익힌다.
12. 다른 냄비에 산사 우린 물 300mL에 나머지 소스 재료를 넣고 걸죽하게 소스를 만든다.
13. 적당한 크기로 썰은 피망과 호두를 11에 넣고 살짝 뒤적인 후 불을 끈다.
14. 13과 소스를 잘 섞어서 그릇에 담는다.

약선 특징

섭취효능	신(腎)의 양기를 보하므로 특히 신양허(腎陽虛) 증상으로 손발이 차고 몸이 추울 때 섭취하면 좋은 보양(補陽)약선							
약선식료학적 특성	재료명	본초명	성(性)	미(味)	귀경(歸經)	효능	함유량	
							중량(g)	%
	돼지고기	저육(豬肉)	平	甘, 鹹	脾, 胃, 腎	補腎滋陰, 益氣養血	800	54.4
	고구마	감서(甘薯)	平	甘	脾, 腎	健脾益氣, 補中和血	100	6.8
	호두	호도인(胡桃仁)	溫	甘	腎, 肺	補腎固精, 溫肺定喘	100	6.8
	양파	양총(洋葱)	溫	腎	肺	健胃理氣, 解毒殺蟲	150	10.2
	피망	청초(青椒)	熱	辛	心, 脾	温中散寒, 開胃消食	100	6.8
	마	산약(山藥)	平	甘	肺, 脾, 腎	益精固腎, 健脾, 補肺	200	13.6
	산사	山楂	微溫	酸, 甘	脾, 胃, 肝	活血止痛, 健胃, 止瀉	20	1.4
	총중량						1,470	100.0
배합원리	보신장양(補腎壯陽) 효능을 지닌 돼지고기가 본 약선의 주재료이고 호두, 산약, 고구마가 부재료이며 산사, 양파, 피망 및 양념재료들은 모두 보조재료이다.							

일반 돼지갈비에 비해 산사가 고기의 소화를 돕는 효능이 있고 호두가 배합되어 보신장양(補腎壯陽) 효능이 있는 돼지갈비찜이 된다.

약물재료의 특성

- 산약은 계절약선(백합닭다리튀김) 부분 참조
- 산사는 보양약선(닭고기감초산사구이) 부분 참조

영양소 함유가치

단백질, 지질, 당질의 함량이 높은 고열량 음식이다.

조리 tip

* 돼지갈비를 손질 할 때 되도록이면 작은크기로 자르는 것이 좋다. 튀겨놓으면 부피가 커져서 모양이 그리 좋지 않으니 튀긴 후의 크기를 생각하고 자르는 것이 좋다.

* 음식의 색을 돋우기 위해 소스재료에 부추즙을 섞으면 더 맛깔나게 보인다.

재미있는
약초이야기

고기와 최고의 궁합 산사

한 마을에 부부와 두 아들이 살고 있었다. 이 집 주인은 밭에 나가 일을 하기도 하고, 행상을 하러 다니기도 했다. 두 아들 중 큰아들은 전처에게서 났고, 둘째 아들은 현 부인의 아이였다.

부인은 자기가 낳은 아들은 끔찍이 사랑하였고, 밭과 집을 상속받게 하려고 하였다. 그래서 큰아이를 미워하였다.

어느 날, 남편은 장사를 위하여 집을 나설 채비를 했다.

아버지는 큰아이에게 말했다. "너, 어머니 말씀 잘 들어야 한다."

아버지는 큰아이에게 다짐시키듯이 말하고는 집을 떠났다. 부인은 남편이 밖으로 나서자마자 큰아이에게 일을 시켰다.

"아버지가 집에 없을 때는 그만큼 집안일이 많아지니 네가 도와야 한다. 너는 아직 어리지만 네 할 일은 해야 돼. 나가서 밭을 지켜라!"

밭작물이 산짐승들로부터 피해를 입지 않도록 큰아이는 비가 오나 바람이 부나 밭을 지켰다. 계모는 매일 큰아이에게 설익은 밥으로 참을 만들어 주었다. 소화기가 약한 어린 아이가 매일 설익은 밥을 먹으니 제대로 소화시키지 못하여 점차 말라갔다.

"어머니! 밥이 너무 딱딱해서 그런지 먹고 나면 배가 아파요."

"나쁜 자식! 도와주진 못할망정 애미가 만든 도시락을 먹기가 거북하다니. 먹든지 말든지 맘대로 해라!"

어머니에게 꾸지람을 들은 큰아이는 대꾸도 못하고 산에 올라가 울었다. 산에는 야생 산사(山楂)가 자라고 있었다. 열매는 붉은빛을 띠고 있었다. 밥을 먹고 배가 아플 때면 큰아이는 이곳으로 올라와 산사 열매를 따 먹었다. 산사를 먹고 나니 배도 아프지 않고, 목도 마르지 않았다. 이후로 큰아이는 산사를 먹으며 밭을 지켰다. 산사를 먹으면 거북했던 뱃속이 편해지고, 또 아프지도 않고 소화가 잘됐다. 나쁜 마음을 먹고 있는 계모는 매우 놀랐다.

"어찌 된 일이지? 날이 갈수록 말라야 되는데 그렇지 않고 살이 찌지? 이 아이를 천지신명이 보호하나?"

새엄마는 큰아이를 학대한 일을 두려워하지 않을 수 없었다. 며칠이 지난 뒤에 남편이 집으로 돌아왔다. 큰아이는 아버지한테 그동안 있었던 일을 자세히 이야기했다. 장사꾼인 아버지는 머리가 빨리 돌아갔다. 산사를 먹고 나면 위통이 없어진다는 사실을 아들에게서 들은 아버지는 즉시 산으로 올라가 산사를 따다가 위장병을 치료하는 환약으로 만들었고, 그것을 장에 가져다 팔았다. 훗날 사람들은 산사(山楂)가 소화기능을 촉진하고, 소화력을 돕는 효력이 있다는 것을 알게 되었다.

37

오리 금은화 레몬즙볶음

효능 보음생진(補陰生津), 개위제번(開胃除煩)

재료 및 분량

식물재료 : 오리가슴살 400g, 파인애플 150g, 달걀 1개
약물재료 : 금은화 20g
소스 : 금은화액 30mL, 레몬즙 1TS, 파인애플 시럽 100mL, 참기름 ½TS
기타 재료 : 소금, 청주, 전분, 식용유 적당량

조리과정

1. 오리가슴살을 적당한 크기(약 3cm × 2cm)로 썰어 소금, 청주, 달걀을 넣고 잘 섞은 후 30분 간 재운 후 전분을 넣어 잘 섞는다.
2. 금은화에 물 300mL를 넣고 중불에서 약 100mL가 되도록 끓인다.
3. 170℃ 기름에서 2를 튀긴다.
4. 또 다른 팬에 금은화액, 레몬즙과 파인애플 시럽을 넣어 살짝 끓으면 튀긴 고기와 참기름을 넣고 섞어 불을 끈다.
5. 4에 파인애플을 적당한 크기로 잘라서 넣고 한번 섞는다.
6. 접시에 파인애플과 함께 예쁘게 담는다.

약선 특징

효능	체내에 음(陰)의 부족으로 나타나는 변비, 피부건조, 정신불안 등의 증상이 있을 때 섭취하면 좋은 보음(補陰)약선							
약선식료학적 특성	재료명	본초명	성(性)	미(味)	귀경(歸經)	효능	함유량 중량(g)	함유량 %
	오리고기	압육(鴨肉)	平	甘, 鹹	脾, 胃, 肺, 腎	滋陰養胃, 健脾補虛	400	65.5
	파인애플	파라(菠蘿)	平	甘, 微酸	胃, 腎	生津止渴, 益氣健脾	150	24.6
	달걀	계단(鷄蛋)	平	甘	脾, 胃	滋陰潤燥, 養心安神	40	6.6
	금은화	金銀化	寒	甘	肺, 胃	降火, 解毒	20	3.3
	총중량						610	100.0
배합원리	보음(補陰)하는 오리고기가 주재료이고 파인애플, 금은화, 달걀이 부재료이며 나머지 재료들은 보조재료이다.							

오리고기 탕수육이라 볼 수 있는데 오리고기는 자음(滋陰)효과가 있고 금은화가 우리몸에서 진액(津液)을 만들며 열을 제거해서 보음(補陰)하는 효능이 있으므로 돼지고기 탕수육과는 효능이 다르다.

약물재료의 특성

- 금은화는 인동과 상록덩굴성 식물 인동의 꽃봉오리이다. 흰꽃과 노란꽃이 함께 섞여 피어서 붙여진 이름이다. 11.1~18.5g이 일일 섭취량이다.

영양소 함유가치

당질, 지질, 담백질 함량이 높은 고열량 음식이다.

조리 tip

* 튀김옷을 입혀 튀기므로 오리가슴살의 크기가 너무 크지 않도록 손질해야 한다.
* 소스와 섞으면 바삭바삭한 느낌이 줄어드니, 바삭함을 원할 경우에는 찍어먹도록 차려도 좋다.

재미있는 약초이야기

열을 식혀 개운하게 해주는 금은화

옛날 어느 부부가 쌍둥이를 낳았는데 두 딸이 너무 예뻐서 언니는 금화(金花), 동생은 은화(銀花)라고 이름을 지었다.

금화와 은화는 우애있고 착하게 잘 자라 어느덧 시집 갈 나이가 되었지만 서로 떨어지지 않으려고 고집을 피웠다. 그래서 부부가 몹시 걱정을 하고 있던 어느 날 갑자기 언니의 금화가 열이 심하게 나면서 얼굴과 몸이 온통 붉게 되었다. 의원을 급히 불렀지만 의원은 "이것은 열병으로 약이 없습니다." 라는 말만 할 뿐 치료를 포기하였다.

결국 언니 금화는 동생 은화의 정성스런 간호한 것에도 불구하고 세상을 떠났다. 며칠 뒤 동생 은화도 역시 언니와 같은 병을 앓다가 거의 죽게 되었다.

은화는 자신의 앞에서 눈물을 흘리고 있는 부모에게 "저희들은 비록 죽지만 죽어서라도 열병을 치료할 수 있는 약초가 되겠습니다." 라는 말을 남기고 세상을 떠났다. 1년 후 두 자매가 죽은 무덤에서 이름모를 싹이 자라고 있었는데 3년 후 여름에 노란색 꽃과 흰 꽃이 피었다. 처음 필 때는 흰색이었다가 점점 노란색으로 변했다.

얼마 후 바로 그 마을에 두 자매에게 걸렸던 열병이 돌았는데 마을 사람들은 그 꽃을 달여 먹고 낫게 되었다. 그래서 마을 사람들은 그 꽃을 언니 '금화(金花)' 와 동생 '은화(銀花)' 의 이름을 합해서 '금은화(金銀花)' 라고 이름지었다.

38 오징어 황정 부추전

효능 보혈자음(補血滋陰)

재료 및 분량

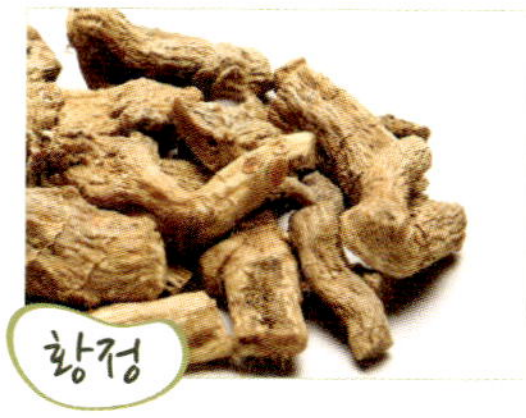

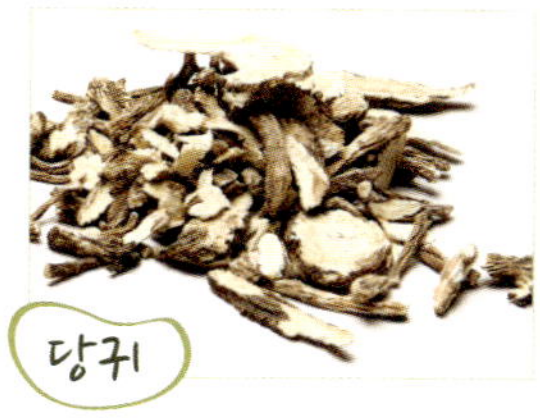

식물재료 : 오징어살 250g, 부추 100g, 홍고추 30g, 달걀 2개
약물재료 : 황정 30g, 당귀 10g
부침반죽 : 감자 400g, 밀가루, 소금 적당량
기타 재료 : 밀가루, 식용유 적당량

조리과정

1. 오징어는 손질하여 씻어 준비한다.
2. 물에 당귀를 넣고 끓으면 손질한 오징어를 살짝 데쳐 굵게 채썬다.
3. 부추는 깨끗이 손질해 씻은 다음 소쿠리에 건져 물기를 없앤다.
4. 홍고추는 반으로 잘라 굵게 채썬다.
5. 황정은 물을 넉넉히 넣고 끓여서 부드러워지면 건져서 잘게 다진다.
6. 껍질 벗긴 감자는 강판에 곱게 간다.
7. 6에 달걀, 밀가루를 섞고 소금으로 간을 맞춰 부침반죽을 만든다.
8. 잘 달구어진 팬에 식용유를 두르고 7을 국자로 떠서 놓는다.
9. 8 위에 오징어, 부추, 홍고추, 황정을 얹고 다시 7을 약간 얹어 노릇하게 지진다.

약선 특징

<table>
<tr><td>효능</td><td colspan="8">혈(血)을 자양(滋養) 하므로 생리불순이나 일시적인 경폐(經閉)증상이 있는 여성이 섭취하기에 적당하며 몸을 촉촉하게 해주므로 변비나 피부가 건조한 사람에게 좋은 보음(補陰)약선</td></tr>
<tr><td rowspan="10">약선식료학적 특성</td><td rowspan="2">재료명</td><td rowspan="2">본초명</td><td rowspan="2">성
(性)</td><td rowspan="2">미
(味)</td><td rowspan="2">귀경
(歸經)</td><td rowspan="2">효능</td><td colspan="2">함유량</td></tr>
<tr><td>중량(g)</td><td>%</td></tr>
<tr><td>감자</td><td>마령서
(馬鈴薯)</td><td>平</td><td>甘</td><td>胃, 大腸</td><td>益氣健脾,
調中和胃</td><td>400</td><td>44.5</td></tr>
<tr><td>오징어</td><td>오적어
(烏賊魚)</td><td>平</td><td>鹹</td><td>肝, 腎</td><td>養血滋陰, 通經</td><td>250</td><td>27.8</td></tr>
<tr><td>부추</td><td>구채(韭菜)</td><td>溫</td><td>辛</td><td>肝, 胃, 腎</td><td>補腎, 溫中,
行氣, 散瘀</td><td>100</td><td>11.1</td></tr>
<tr><td>달걀</td><td>계단(鷄蛋)</td><td>平</td><td>甘</td><td>脾, 胃</td><td>滋陰潤燥,
養心安神</td><td>80</td><td>8.9</td></tr>
<tr><td>고추</td><td>랄초(辣椒)</td><td>熱</td><td>辛</td><td>心, 脾</td><td>溫中散寒,
開胃除濕</td><td>30</td><td>3.3</td></tr>
<tr><td>황정</td><td>黃精</td><td>平</td><td>甘</td><td>脾, 肺, 腎</td><td>潤肺滋陰,
補脾益氣</td><td>30</td><td>3.3</td></tr>
<tr><td>당귀</td><td>當歸</td><td>溫</td><td>甘, 腎</td><td>肝, 心, 脾</td><td>補血, 活血,
止痛, 潤腸</td><td>10</td><td>1.1</td></tr>
<tr><td colspan="2">총중량</td><td colspan="4"></td><td>900</td><td>100.0</td></tr>
<tr><td>배합원리</td><td colspan="8">혈을 자양하는 오징어가 주재료이고 보음하는 달걀, 황정, 당귀가 부재료이며 감자, 홍고추와 나머지 재료는 보조재료이다.</td></tr>
</table>

일반적인 오징어부침개에 황정과 당귀가 첨가되어 약선효능을 지닌 부침개로 변화되었다. 밀가루 대신 감자를 사용하여 소화기를 편안하게 해주므로 먹고 난 후에도 속이 편안하다.

약물재료의 특성

- 황정은 계절약선(오이황정연근샐러드) 부분 참조.
- 당귀는 보양약선(홍화오징어지짐이) 부분 참조.

영양소 함유가치

단백질과 지질의 함량이 높다. 일반 부침개와 같은 수준의 영양가치가 있으면서 보혈의 효능이 있으니 여성들이 자주 섭취하면 좋다.

빙당(氷糖)

사탕수수의 줄기와 입을 추출정제하여 나온 얼음조각 모양의 결정으로 성질이 비교적 평화하며 흑설탕 같이 온열(溫熱)한 단점이 없고 상대적으로 담(痰)을 생성하거나 열은 조정하지 않아 자보(磁補)하는 효능이 있다.

조리 tip

* 부침이 쫀득쫀득 맛있으려면 반죽이 잘 되어야 한다. 우선 반죽은 다소 묽게 만드는 것이 좋다. 너무 되면 꾸덕해서 맛이 없고 반대로 너무 묽으면 모양이 흐트러지기 때문이다. 또한 얇게 부치는 것이 쫄깃하므로 달구어진 팬에 한 국자씩 떠넣고 오징어 등을 올리고 빙글빙글 돌려가며 최대한 얄팍하게 부친다.

재미있는
약초이야기

여성이 즐기면 좋은 오적어

옛날 어느 마을에 어부가 살고 있었다. 어느날 그는 우연히 묘한 장면을 목격하게 되었다. 까마귀가 하늘을 날다가 수면에 있던 오징어를 목격하고 잽싸게 오징어를 향해 달려 드는 것이었다.
까마귀가 오징어를 낚아채려는 순간 오징어는 긴 다리로 까마귀를 감싸고 물로 들어가 오히려 까마귀가 오징어의 밥이 되었다.

그때 어부는 오징어가 까마귀를 잡아먹는다는 사실을 알게 되었다.
그래서 오징어는 처음에는 '오징어가 까마귀를 잡아먹는다.' 라는 의미에서 '도둑질한다' 는 뜻의 '적(賊)' 을 써서 '오적어(烏賊魚)' 라고 불리게 되었으며 오징어의 뼈를 약으로 쓰는데 그 이름은 '오적골(烏賊骨)' 로 불리게 되었다.

39 숙지황 닭다리찜

효능 보혈자음(補血滋陰)

재료 및 분량

식물재료 : 닭다리 1,500g(닭봉도 가능)
약물재료 : 숙지황 50g
닭다리 밑간 : 소금 ½ts, 후추 ⅛ts, 청주 1TS
찜양념장 : 숙지황물 10TS, 간장 1½TS, 청주 1TS, 물엿 1TS, 생강즙 1ts, 통깨½TS, 참기름 1ts, 물 2컵

조리과정

1. 숙지황은 물에 깨끗이 씻어 물을 붓고 10분 정도 불린 다음 숙지황은 건지고 물을 고운 면보에 거른다.
2. 닭다리에 칼집을 내고 밑간을 하여 20분 간 재운다.
3. 찜양념장을 분량대로 만든다.
4. 냄비에 양념장을 붓고 닭다리를 넣고 센불에서 10분 정도 끓이다가 중불로 낮추어 15분 간 끓인다.
5. 4에 불린 숙지황을 넣고 센불에서 뚜껑을 열고 숙지황이 녹아서 없어질 때까지 졸인다.
6. 국물이 자작해지면 불을 끄고 참기름을 넣고 섞는다.

약선 특징

<table>
<tr><td>효능</td><td colspan="8">음(陰)을 보하는 효능이 매우 크므로 전반적으로 체내를 윤택하게 해주고 혈(血)을 자양해주는 보음(補陰)약선</td></tr>
<tr><td rowspan="5">약선식료학적 특성</td><td rowspan="2">재료명</td><td rowspan="2">본초명</td><td rowspan="2">성
(性)</td><td rowspan="2">미
(味)</td><td rowspan="2">귀경
(歸經)</td><td rowspan="2">효능</td><td colspan="2">함유량</td></tr>
<tr><td>중량(g)</td><td>%</td></tr>
<tr><td>닭고기</td><td>계육(鷄肉)</td><td>溫</td><td>甘</td><td>脾, 胃</td><td>溫中益氣,
補精添髓</td><td>1,500</td><td>96.8</td></tr>
<tr><td>숙지황</td><td>熟地黃</td><td>微溫</td><td>甘</td><td>肝, 腎</td><td>補血滋陰,
補精益髓</td><td>50</td><td>3.2</td></tr>
<tr><td colspan="2">총중량</td><td colspan="4"></td><td>1,550</td><td>100.0</td></tr>
<tr><td>배합원리</td><td colspan="8">숙지황이 보혈자음(補血滋陰) 효능을 가진 본 약선의 주재료이며 닭고기는 주재료의 효능을 증진시키고 음식의 가치를 높이는 부재료이며, 나머지는 모두 보조재료이다.</td></tr>
</table>

간장과 각종 야채를 넣고 조리하는 일반 닭찜에 비해 야채가 배합되지 않은 점이 특이하다. 보음(補陰)의 효능이 너무 커서 소화가 잘 안될 수 있는 단점이 있으니 보음을 필요로 하는 사람이라도 소화가 안되는 사람은 이 음식을 많이 섭취하지 않도록 한다.

약물재료의 특성

- 숙지황은 현삼과 다년생 초본식물 지황의 뿌리를 가공하여 만든 것이다. 보통 술과 사인, 진피를 넣고 찌고 말리기를 반복하면 안팎으로 검어지면서 부드럽고 쫀득쫀득한 숙지황이 된다. 일일 섭취량은 10~30g 정도이다.
  숙지황은 산수유, 산약들과 배합하면 자보간신(滋補肝腎)하는 효과가 증가된다.

영양소 함유 가치

단백질과 당질의 함량이 높은 음식이다.

조리 tip

* 숙지황은 보음(補陰)효과가 크므로 5의 과정은 생략해도 괜찮다.
* 맛이 느끼하므로 다른 조미료를 사용하여 맛을 편하게 하고자 하는 생각이 들어도 음식의 특성상 식초, 고춧가루 등이 들어가면 안되니 삼간다.

재미있는
약초이야기

두 얼굴을 가진 지황

예부터 숙지황의 제법으로는 구중구포(찌고 말리기를 아홉 번 반복함)라는 것이 일반화되어 있는데, 구중구포에 대한 수치방법은 동의보감과 본초강목에 수록되어 있다.

동의보감의 제법을 보면 "생지황을 캐서 물에 가라앉는 것을 지황(地黃)이라 하고, 절반 정도 가라앉는 것을 인황(人黃)이라 하며, 물 위에 뜨는 것을 천황(天黃)이라고 한다. 인황(人黃)과 천황(天黃) 및 가는 뿌리를 짓찧어 낸 즙에 지황(地黃)을 담갔다가 시루에 지황(地黃)을 넣고 푹 쪄서 햇볕에 말리고, 또 그 즙에 하룻밤 담갔다가 또 쪄서 햇볕에 말리기를 9번 한다.
찔 때는 매번 찹쌀로 만든 청주에 뿌려서 찌는데 쇳빛처럼 검게 되면 다 만들어진 것이다." 라고 하였다.

한약재 중 숙지황뿐만 아니라 하수오, 황정, 희렴 등 주로 보음약(補陰藥)에서는 구중구포를 하는데 구(九)는 양(陽)의 극대수를 의미한다. 그러므로 음(陰)이라는 차가운 성질을 건지황을 양(陽)이라는 따뜻한 성질의 숙지황으로 만들기 위해서는 양(陽)의 극대수인 구(九)를 사용하라는 것이다.
이는 옛날 명절이 양(陽)이 겹치는 1월 1일, 3월 3일, 5월 5일, 7월 7일, 9월 9일인 것과 마찬가지 의미이다.

쉼터!!

우리들이 많이 먹는 버섯류의 약선식료학적 특징

재료명(본초명)	性 / 味 / 歸經	효능	이럴 때 좋다	조리특성
표고버섯 (향심/香蕈)	平 / 甘 / 胃	益胃氣, 止血, 抗癌	허약체질, 식욕부진, 빈혈, 고지혈증 등	닭고기, 붕어, 돼지족 발과 함께 섭취하면 좋다.
흑목이버섯 (흑목이/黑木耳)	平 / 甘, 胃, 大腸	活血, 補氣, 養血, 抗癌	코피, 고혈압, 기허(氣虛) 등	두부, 표고, 죽순, 닭고기 등과 함께 섭취하면 좋다.
흰목이버섯 (흰목이/白木耳)	平 / 甘/ 淡 / 肺, 胃, 腎	滋陰潤肺, 益 氣生津, 補腎	변비, 입마름, 폐결핵, 불면증 등	모양과 색이 아름답고 죽, 탕으로 조리하면 좋고 달걀, 새우, 두부 와 잘 어울린다.
양송이버섯 (마고/蘑菰)	平 / 甘/ 胃, 肺, 肝	健脾開胃, 平肝	고혈압, 식욕부진, 정신피로, 유즙 부족, 잠이 안 올 때 등	서양음식에도 널리 사 용되며 소화가 잘 되 는 버섯이다.
노루궁뎅이버섯 (후두균/猴豆菌)	平 / 甘 / 脾, 胃	安神, 健脾	체력저하, 소화불량, 잠을 못 잘 때, 소화성 궤양 등	원숭이 머리같이 생겨 서 후두균이라 한다. 닭고기, 황기와 함께 조리하면 기혈을 보해 서 좋고 암환자에게도 적당하다.
송이버섯 (송심/松蕈)	平 / 甘 / 脾, 胃, 膀胱	利尿	소변이 탁할 때, 요실금이 있을 때	귀한 버섯으로 어떤 재료와도 잘 어울리며 새우와 좋은 궁합이다.
느타리버섯 (측이/側耳)	溫 / 甘 / 腎	散寒, 活絡	수족마비, 허리통증, 풍한(風寒)으로 저릴 때 등	끓이는 음식에 사용하 면 식감이 좋고 국물 이 맛도 좋아진다.
팽이버섯 (동고/冬菇)	溫 / 甘 / 胃	利肝, 抗癌, 養腸胃	소화불량, 속이 답답 할때 등	새콤달콤하게 무쳐 먹 으면 그 효능도 좋아 지고 맛도 좋다.
석이버섯 (석이/石耳)	凉 / 甘 / 肺	養陰, 潤肺, 養血, 美容	폐가 허할 때, 피를 토할 때 등	많은 양념을 넣지 않 고 담백하게 조리하는 것이 좋다.

용어 해설

당귀 홍화 오징어지짐이

양혈(養血) : 혈(血)을 자양하는 치법(治法)
활혈(活血) : 혈(血)의 운행을 원활하게 해주는 치법
양혈자음(養血滋陰) : 음혈(陰血)을 자양(滋養)하는 치법
통경(通經) : 월경의 시기가 지나도 나오지 않는 것을 순조롭게 통하도록 하는 치법
평간(平肝) : 지나치게 항성된 간기(肝氣)를 평안하게 가라앉히는 치법
청열제번(淸熱除煩) : 열(熱)을 식혀 번갈(煩渴)를 제거하는 치법
건위이기(健胃理氣) : 기(氣)를 순환시켜 위(胃)를 건강하게 하는 치법
해독살충(解毒殺蟲) : 독을 풀어주고 해충을 없애는 치법
익음보수(益陰補髓) : 골수(骨髓)를 보(補)하여 음(陰)을 기르는 치법
자음윤조(滋陰潤燥) : 진액(津液)을 자양(滋養)하여 건조한 것을 촉촉하게 하는 치법
양심안신(養心安神) : 심(心)을 보(補)해서 정신을 안정시키는 치법
활혈통경(活血通經) : 혈액의 운행을 원활하게 하여 월경이 잘 나오지 않는 병증을 치료하는 치법
거어지통(祛瘀止痛) : 어혈(瘀血)을 제거하여 통증을 멎게 하는 치법
온비위(溫脾胃) : 비위(脾胃)를 따뜻하게 하는 치법
난간신(暖肝腎) : 간(肝)과 신(腎)을 따뜻하게 하는 치법
보혈(補血) : 혈(血)을 보(補)하는 치법
지통(止痛) : 통증을 멈추는 치법
이기건비(理氣健脾) : 기(氣)를 순환시켜 비(脾)를 건강하게 하는 치법
조습화담(燥濕化痰) : 습(濕)을 말리고 담(痰)을 삭히는 치법

돼지족발 땅콩조림

익기양혈(益氣養血) : 기(氣)를 돋구고 혈(血)을 자양(滋養)하는 치법
보기혈(補氣血) : 기(氣)와 혈(血)을 보(補)하는 치법
통유즙(通乳汁) : 유즙을 소통시켜 잘 나오게 하는 치법
건비양위(健脾養胃) : 비(脾)의 운화(運化)를 건실하게 하고 위(胃)를 보(補)하는 치법
윤폐화담(潤肺化痰) : 폐(肺)를 촉촉하게 하고 담(痰)을 삭이는 치법
보비화위(補脾和胃) : 비(脾)을 보(補)하고 위(胃)를 편안하게 하는 치법
익기생진(益氣生津) : 기(氣)를 보(補)하고 진액(津液)을 생성해 주는 치법
양혈안신(養血安神) : 혈(血)을 자양(滋養)하여 정신을 안정시키는 치법
보간신(補肝腎) : 간(肝)과 신(腎)을 보(補)하는 치법
강근골(强筋骨) : 근육과 뼈를 강하고 튼튼하게 하는 치법

천궁 애엽 달걀조림

활혈(活血) : 혈(血)의 운행을 원활하게 해주는 치법
행기(行氣) : 기(氣)를 잘 돌게 하는 치법
자음윤조(滋陰潤燥) : 진액(津液)을 자양(滋養)하여 건조한 것을 촉촉하게 하는 치법
양심안신(養心安神) : 심(心)을 보(補)해서 정신을 안정시키는 치법
발표산한(發表散寒) : 땀을 내서 표피에 있는 외부에서 들어온 한사(寒邪)를 없애는 치법
건비지구(健脾止嘔) : 비(脾)의 운화(運化)를 건실히 하여 구토를 멎게 하는 치법
온경지혈(溫經止血) : 경맥을 따뜻하게 하여 출혈을 멈추게 하는 치법
산한지통(散寒止痛) : 한사(寒邪)를 없애고 통증을 멈추게 하는 치법
활혈행기(活血行氣) : 혈(血)과 기(氣)의 운행을 원활하게 하는 치법
거풍지통(祛風止痛) : 풍(風)을 제거하고 통증을 멈추는 치법

보혈밥

양혈(養血) : 혈(血)을 자양(滋養)하는 치법
안신(安神) : 정신을 안정시키는 치법
보비위(補脾胃) : 비위(脾胃)를 보(補)하는 치법
보중익기(補中益氣) : 중초(中焦)의 기(氣)를 보익(補益)하는 치법
건비화위(健脾和胃) : 비(脾)의 운화(運化)를 건실하게 하고 위(胃)를 편안하게 하는 치법
보비화위(補脾和胃) : 비(脾)을 보(補)하고 위(胃)를 편안하게 하는 치법
익기생진(益氣生津) : 기(氣)를 보(補)하고 진액(津液)을 생성해 주는 치법
양혈안신(養血安神) : 혈(血)을 자양(滋養)하여 정신을 안정시키는 치법
건비화중(健脾和中) : 비(脾)를 튼튼하게 하고 중초(中焦)를 조화롭게 하는 치법
화습(化濕) : 상초(上焦)에 있는 습사(濕邪)를 없애는 치법
보기승양(補氣昇陽) : 기(氣)를 보(補)하고 양기(陽氣)를 끌어올리는 치법
익위고표(益衛固表) : 위기(衛氣)를 보익(補益)하고 표피를 단단하게 하는 치법
건비지사(健脾止瀉) : 비(脾)의 운화(運化)를 건실하게 하여 설사를 멎게 하는 치법
보익심비(補益心脾) : 심(心)과 비(脾)를 보(補)하는 치법
보혈(補血) : 혈(血)을 보(補)하는 치법
활혈(活血) : 혈(血)의 운행을 원활하게 해주는 치법
지통(止痛) : 통증을 멈추는 치법

보기삼계탕

익기(益氣) : 기(氣)를 보익(補益)하는 치법
양혈활혈(養血活血) : 혈(血)을 자양(滋養)하고 혈의 운행을 원활하게 해주는 치법
보비위(補脾胃) : 비위(脾胃)를 보(補)하는 치법
온중익기(溫中益氣) : 중초(中焦)를 따뜻하게 하고 기(氣)를 보(補)하는 치법
보정첨수(補精添髓) : 정혈(精血)과 골수(骨髓)를 보(補)하는 치법
익정고신(益精固腎) : 신기(腎氣)를 보(補)하여 신정(腎精)의 유실을 막는 치법
건비(健脾) : 비(脾)가 허(虛)한 것을 보(補)하거나 건실하게 하는 치법
보폐(補肺) : 폐(肺)를 보(補)하는 치법
보중익기(補中益氣) : 중초(中焦)의 기(氣)를 보익(補益)하는 치법
양혈생진(養血生津) : 혈(血)을 자양(滋養)하고 진액(津液)을 생성해주는 치법
보혈(補血) : 혈(血)을 보(補)하는 치법
활혈(活血) : 혈(血)의 운행을 원활하게 해주는 치법
지통(止痛) : 통증을 멈추는 치법
윤장(潤腸) : 진액(津液)을 보(補)하는 방법으로 대변을 잘 보게 하는 치법

닭고기 감초 산사구이

보기(補氣) : 기(氣)를 보(補) 하는 치법
보혈(補血) : 혈(血)을 보(補)하는 치법
온중익기(溫中益氣) : 중초(中焦)를 따뜻하게 하고 기(氣)를 보(補)하는 치법
보정첨수(補精添髓) : 정혈(精血)과 골수(骨髓)를 보(補)하는 치법
청열지갈(淸熱止渴) : 열(熱)을 식히고 갈증을 멎게 하는 치법
이수해독(利水解毒) : 소변을 잘 나오게 함으로써 독을 풀어주는 치법
건비화체(健脾化滯) : 비(脾)의 운화(運化)를 건실하게 하여 적체를 풀어주는 치법
윤조명목(潤燥明目) : 진액(津液)의 부족으로 건조해진 것을 촉촉하게 하여 눈을 밝게 하는 치법

건비개위(健脾開胃) : 비(脾)의 운화(運化)를 건실하게 하여 식욕을 돋게 하는 치법
익위기(益胃氣) : 약해진 위(胃)와 기(氣)의 기능을 강화하는 치법
자음윤조(滋陰潤燥) : 진액(津液)을 자양(滋養)하여 건조한 것을 촉촉하게 하는 치법
양심안신(養心安神) : 심(心)을 보(補)해서 정신을 안정시키는 치법
활혈지통(活血止痛) : 혈(血)의 운행을 원활하게 하여 통증을 멎게 하는 치법
건비(健脾) : 비(脾)가 허(虛)한 것을 보(補)하거나 건실하게 하는 치법
지사(止瀉) : 설사를 멈추는 치법
보혈(補血) : 혈(血)을 보(補)하는 치법
활혈(活血) : 혈(血)의 운행을 원활하게 해주는 치법
지통(止痛) : 통증을 멈추는 치법
보비익기(補脾益氣) : 비(脾)를 보(補)하고 기(氣)를 보익(補益)하는 치법
윤폐지해(潤肺止咳) : 폐(肺)의 진액(津液)을 자양(滋養)하여 폐조(肺燥)로 인한 기침을 멎게 하는 치법

인삼 황기 해삼찜

보기양혈(補氣養血) : 기(氣)를 보(補)하고 혈(血)을 자양(滋養)하는 치법
보신익정(補腎益情) : 신정(腎精)을 보익(補益)하는 치법
양혈윤조(養血潤燥) : 혈(血)을 자양(滋養)하여 건조한 것을 촉촉하게 해주는 치법
보비화위(補脾和胃) : 비(脾)을 보(補)하고 위(胃)를 편안하게 하는 치법
익기생진(益氣生津) : 기(氣)를 보(補)하고 진액(津液)을 생성해 주는 치법
양혈안신(養血安神) : 혈(血)을 자양(滋養)하여 정신을 안정시키는 치법
보신(補腎) : 신(腎)이 허(虛)한 것을 보(補)하는 치법
온중(溫中) : 중초(中焦) 즉, 비위(脾胃)를 따뜻하게 하는 치법
행기(行氣) : 기(氣)를 잘 돌게 하는 치법
산어(散瘀) : 어혈(瘀血)을 흩어서 없애는 치법
익신고정(益腎固精) : 신기(腎氣)를 보(補)하여 신정(腎精)의 유실을 막는 치법
명목(明目) : 눈을 밝게 하는 치법
대보원기(大補元氣) : 몸의 근원이 되는 원기(元氣)를 크게 보(補)하는 치법
안신익지(安神益智) : 정신을 안정시키고 지력을 좋게 하는 치법
보기승양(補氣昇陽) : 기(氣)를 보(補)하고 양기(陽氣)를 끌어올리는 치법
익위고표(益衛固表) : 위기(衛氣)를 보익(補益)하고 표피를 단단하게 하는 치법

밤 연자 닭날개볶음

보신장양(補腎壯陽) : 신(腎)의 양기(陽氣)를 보익(補益)하는 치법
보간신(補肝腎) : 간(肝)과 신(腎)을 보(補)하는 치법
온중익기(溫中益氣) : 중초(中焦)를 따뜻하게 하고 기(氣)를 보(補)하는 치법
보정첨수(補精添髓) : 정혈(精血)과 골수(骨髓)를 보(補)하는 치법
양위건비(養胃健脾) : 위(胃)를 보양(補養)하고 비(脾)의 운화(運化)를 건실하게 하는 치법
보신강근(補腎强筋) : 신(腎)을 보(補)하고 근(힘줄)을 강건하게 하는 치법
익신고정(益腎固精) : 신기(腎氣)를 보(補)하여 신정(腎精)의 유실을 막는 치법
보비지사(補脾止瀉) : 비(脾)를 보익(補益)하여 비허(脾虛)로 인한 설사를 멎게 하는 치법
보신익정(補腎益精) : 신정(腎精)을 보익(補益)하는 치법
자간명목(滋肝明目) : 간혈(肝血)을 자양(滋養)시켜 시력을 좋게 하는 치법

돼지갈비 호두볶음

보신장양(補腎壯陽) : 신(腎)의 양기(陽氣)를 보익(補益)하는 치법
보신자음(補腎滋陰) : 신(腎)을 보(補)하고 음(陰)을 자양(滋養)하는 치법
익기양혈(益氣養血) : 기력(氣力)을 강하게 하고 혈(血)을 자양(滋養)하는 치법
건비익기(健脾益氣) : 비(脾)의 운화(運化)를 건실하게 하고 기(氣)를 북돋우는 치법
보중화혈(補中和血) : 중초(中焦)를 보(補)하고 혈(血)의 운행을 조화롭게 하는 치법
보신고정(補腎固精) : 신정(腎精)의 유실을 막는 치법
온폐정천(溫肺定喘) : 폐(肺)를 따뜻하게 하여 숨찬 증상을 멎게 하는 치법
건위이기(健胃理氣) : 위(胃)의 기능을 건실하게 하고 기(氣)의 운행을 순조롭게 하는 치법
해독살충(解毒殺蟲) : 독을 풀어주고 해충을 없애는 치법
온중산한(溫中散寒) : 중초(中焦)를 따뜻하게 하고 한사(寒邪)를 없애는 치법
개위소식(開胃消食) : 식욕을 촉진하고 소화를 원활하게 하는 치법
익정고신(益精固腎) : 신기(腎氣)를 보(補)하여 신정(腎精)의 유실을 막는 치법
건비(健脾) : 비(脾)가 허(虛)한 것을 보(補)하거나 건실하게 하는 치법
보폐(補肺) : 폐(肺)를 보(補)하는 치법
활혈지통(活血止痛) : 혈(血)의 운행을 원활하게 하여 통증을 멎게 하는 치법
건위(健胃) : 위(胃)의 기능을 건실하게 하는 치법
지사(止瀉) : 설사를 멈추게 하는 치법

오리 금은화 레몬즙볶음

보음생진(補陰生津) : 진액(津液)을 생성하여 음(陰)을 자양(滋養)하는 치법
개위제번(開胃除煩) : 식욕을 촉진하고 번갈(煩渴)을 치료하는 치법
자음양위(滋陰養胃) : 위(胃)의 음(陰)을 보(補)하는 치법
건비보허(健脾補虛) : 비(脾)의 운화(運化)를 건실하게 하여 허(虛)한 것을 보(補)하는 치법
생진지갈(生津止渴) : 진액(津液)부족으로 건조해진 상태를 촉촉하게하여 갈증을 제거하는 치법
익기건비(益氣健脾) : 기(氣)를 보(補)하고 비(脾)의 운화(運化)를 건실하게 하는 치법
자음윤조(滋陰潤燥) : 진액(津液)을 자양(滋養)하여 건조한 것을 촉촉하게 하는 치법
양심안신(養心安神) : 심(心)을 보(補)해서 정신을 안정시키는 치법
강화(降火) : 몸속에 있는 화기(火氣)를 내리는 치법
해독(解毒) : 몸의 독이나 독의 작용을 없애는 치법

오징어 황정 부추전

보혈자음(補血滋陰) : 혈(血)을 보(補)하고 음(陰)을 자양하는 치법
익기건비(益氣健脾) : 기(氣)를 보(補)하고 비(脾)의 운화(運化)를 건실하게 하는 치법
조중화위(調中和胃) : 중초(中焦)의 생리기능을 조절하여 위(胃)를 편안하게 하는 치법
양혈자음(養血滋陰) : 음혈(陰血)을 자양(滋養)하는 치법
통경(通經) : 월경의 시기가 지나도 나오지 않는 것을 순조롭게 통하도록 하는 치법
보신(補腎) : 신(腎)이 허(虛)한 것을 보(補)하는 치법
온중(溫中) : 중초(中焦) 즉, 비위(脾胃)를 따뜻하게 하는 치법
행기(行氣) : 기(氣)를 잘 돌게 하는 치법
산어(散瘀) : 어혈(瘀血)을 흩어서 없애는 치법
온중산한(溫中散寒) : 중초(中焦)를 따뜻하게 하고 한사(寒邪)를 없애는 치법
개위제습(開胃除濕) : 식욕을 돋게 하고 불필요한 습(濕)을 제거하는 치법
자음윤조(滋陰潤燥) : 진액(津液)을 자양(滋養)하여 건조한 것을 촉촉하게 하는 치법

양심안신(養心安神) : 심(心)을 보(補)해서 정신을 안정시키는 치법
윤폐자음(潤肺滋陰) : 폐(肺)의 진액(津液)을 자양(滋養)하는 치법
보비익기(補脾益氣) : 비(脾)를 보(補)하고 기(氣)를 보익(補益)하는 치법
보혈(補血) : 혈(血)을 보(補)하는 치법
활혈(活血) : 혈(血)의 운행을 원활하게 해주는 치법
지통(止痛) : 통증을 멈추는 치법
윤장(潤腸) : 진액(津液)을 보(補)하는 방법으로 대변을 잘 보게 하는 치법

숙지황 닭다리찜

보혈자음(補血滋陰) : 혈(血)을 보(補)하고 음(陰)을 자양하는 치법
온중익기(溫中益氣) : 중초(中焦)를 따뜻하게 하고 기(氣)를 보(補)하는 치법
보정첨수(補精添髓) : 정혈(精血)과 골수(骨髓)를 보(補)하는 치법
보혈자음(補血滋陰) : 혈(血)을 보(補)하고 음(陰)을 자양하는 치법
보정익수(補精益髓) : 정혈(精血)과 골수(骨髓)를 북돋우는 치법

Chapter 4

약선(藥膳)빵

Health Food

Based on Oriental Medicinal Theory

01

복령 율무 유자앙금파이

효능 건비지사(健脾止瀉)

재료 및 분량

파이반죽 : 강력분 90g, 복령가루 10g, 버터 10g, 소금 1g, 율무 50g,
달걀 15g, 충전용 버터 90g
유자앙금 : 흰앙금 350g, 유자청 80g

조리과정

1. 강력분과 복령가루는 섞어서 체를 친다.
2. 율무에 물을 500mL 넣고 약 100mL가 될 때까지 푹 끓여 여과하여 식혀둔다.
3. 체친 가루와 버터, 소금, 달걀, 율무액을 넣고 탄력이 생길 때까지 반죽한다.
4. 반죽을 비닐에 싼 후 냉장고에서 30분 간 휴지시킨다,
5. 휴지시킨 반죽을 꺼내 반죽 위에 충전용 버터를 넣은 후 터지지 않게 잘 감싸준다.
6. 버터가 반죽에 고루 퍼지도록 밀어준 후 넓게 밀어 3겹접기를 한다.
7. 3겹접기 후 밀어펴기를 두 번 반복하고 냉장고에 20분 휴지시킨다. 이 과정을 두번 반복한다.
8. 흰앙금을 치대준 후 유자청을 잘게 다져 섞어서 유자앙금을 만든다.
9. 7의 반죽에 유자앙금을 넣고 190℃로 예열된 오븐에서 15~20분간 굽는다.

약선 특징

<table>
<tr><td>효능</td><td colspan="8">비(脾)가 가장 힘들어하는 과도한 습을 제거해서 소화기를 건강히 해줄 수 있는 약선빵. 빵류는 습(濕)을 생성하기 쉬운 음식인데, 다른 빵류보다는 이 약선빵을 섭취하면 비의 건강에 효과적이다</td></tr>
<tr><td rowspan="8">약선식료학적 특성</td><td rowspan="2">재료명</td><td rowspan="2">본초명</td><td rowspan="2">성(性)</td><td rowspan="2">미(味)</td><td rowspan="2">귀경(歸經)</td><td rowspan="2">효능</td><td colspan="2">함유량</td></tr>
<tr><td>중량(g)</td><td>%</td></tr>
<tr><td>밀</td><td>소맥(小麥)</td><td>涼</td><td>甘</td><td>心, 脾, 腎</td><td>養心, 益腎</td><td>90</td><td>37.0</td></tr>
<tr><td>복령</td><td>茯苓</td><td>平</td><td>甘, 淡</td><td>心, 脾, 肺</td><td>健脾和胃,
寧心安神</td><td>10</td><td>4.0</td></tr>
<tr><td>율무</td><td>의이인
(薏苡仁)</td><td>涼</td><td>甘, 淡</td><td>脾, 肺, 腎</td><td>健脾止瀉,
利水滲濕</td><td>50</td><td>20.0</td></tr>
<tr><td>유자</td><td>등자(橙子)</td><td>平(涼)</td><td>酸</td><td>肺</td><td>淸熱生津,
和中開胃</td><td>80</td><td>33.0</td></tr>
<tr><td>달걀</td><td>계단(鷄蛋)</td><td>平</td><td>甘</td><td>脾, 胃</td><td>滋陰潤燥,
養心安神</td><td>15</td><td>6.0</td></tr>
<tr><td colspan="2">총중량</td><td colspan="4"></td><td>245</td><td>100.0</td></tr>
<tr><td>배합원리</td><td colspan="8">· 복령과 율무가 건비지사(健脾止瀉) 효능을 발휘하는 주재료이고 밀가루가 부재료이며 유자, 달걀 등은 음식의 맛과 효능을 조절해주는 보조재료이다.
· 밀과 복령, 율무가 비(脾)로 귀경하고, 유자가 폐(肺)로 귀경하므로 이 약선은 보비(補脾), 보폐(補肺) 해줄 수 있다. 또한 율무와 복령이 이수삼습(利水滲濕) 하기 때문에 설탕과 버터로 인해 생성되는 불필요한 습을 줄여줄 수 있다.</td></tr>
</table>

02

두부 완두머핀

효능 보중익기(補中益氣)

재료 및 분량

두부반죽 : 박력분 100g, 베이킹파우더 2g, 오일 85g, 설탕 80g, 소금 1g, 달걀 70g, 두부 50g

완두반죽 : 박력분 100g, 베이킹파우더 2g, 오일 85g, 설탕 80g, 소금 1g, 달걀 70g, 완두콩 60g, 다진 완두 20g

기타 재료 : 완두 갈은 액 30g, 설탕 10g

조리과정

〈두부반죽〉

1. 박력분과 베이킹파우더는 섞어서 체에 쳐서 준비한다.
2. 믹서에 오일과 두부를 넣고 갈고 설탕, 소금을 넣어 섞은 후 달걀을 넣어 섞는다.
3. 2에 1을 천천히 섞어서 반죽한다.

〈완두반죽〉

1. 박력분과 베이킹파우더는 섞어서 미리 체에 쳐서 준비한다.
2. 물을 넣지 않고 완두콩은 믹서에 갈고 오일을 넣고 섞는다.
3. 2의 반죽에 설탕, 소금을 넣어 섞은 후 달걀을 넣어 섞는다.
4. 체를 쳐 둔 가루를 가볍게 섞어준 후 다진 완두를 넣어 섞는다.

〈완성하기〉

1. 머핀틀에 완성된 두부반죽과 완두반죽을 번갈아 가며 부은 후 꼬치로 섞어 마블을 만들어준다.
2. 머핀틀을 가볍게 바닥에 친 후 180℃로 예열된 오븐에 넣고 25~30분 정도 굽는다.
3. 머핀이 완성되기 1분 전에 완두 갈은 액과 설탕을 섞은 액을 빵에 발라준 후 오븐에 넣었다가 머핀틀에서 꺼낸 후 식힌다.

약선특징

효능	비위(脾胃)가 허약하여 소화가 잘 되지 않아 영기(營氣)가 허약한 사람들이 섭취하면 좋은 약선빵							
약선식료학적 특성	재료명	본초명	성(性)	미(味)	귀경(歸經)	효능	함유량	
							중량(g)	%
	밀	소맥(小麥)	凉	甘	心, 脾, 腎	養心, 益腎	200	56
	두부	豆腐	凉	甘	脾, 胃, 大腸	生津潤燥, 和中益氣	50	14
	완두	豌豆	平	甘	脾, 胃	補中益氣, 和中下氣	110	30
	총중량						360	100
배합원리	· 보중익기(補中益氣)하는 두부와 완두가 주재료이고 밀가루는 부재료이며 나머지 재료들은 보조재료이다. · 완두와 두부가 모두 비, 위로 귀경하기 때문에 비위를 보할 수 있다. 또한 완두와 두부가 모두 기를 유익하게 하기 때문에 기가 허약한 사람이 섭취하면 효과적이다.							

03

산약 고구마타르트

효능 건비(健脾), 보폐(補肺)

재료 및 분량

타르트 반죽 : 박력분 135g, 산약가루 15g, 버터 80g, 달걀 반개, 설탕 40g, 소금 1g
필링 : 산약 350g, 고구마 650g, 우유 30g, 설탕 30g

조리과정

〈타르트지 만들기〉
1. 박력분과 산약가루는 섞어 체에 쳐둔다.
2. 버터는 부드럽게 풀어준다.
3. 부드럽게 푼 버터에 설탕과 소금을 넣어 섞어준다.
4. 3에 달걀을 넣고 섞은 후 체친 가루를 주걱으로 자르듯이 섞어준다.
5. 냉장고에 30분 정도 휴지시킨다.

〈필링 만들기〉
1. 고구마와 마는 껍질을 벗긴 후 물을 넣고 삶아준다.
2. 삶은 고구마와 마를 잘 으깬 후 설탕과 우유를 넣고 섞어서 식힌다.

〈완성하기〉
1. 반죽을 꺼내 밀대로 민 후 파이틀에 맞춰서 자른다.
2. 반죽에 포크로 구멍을 뚫어준 후 필링을 짜서 넣어준다.
3. 180℃로 예열된 오븐에서 25~30분 정도 구워준다.
4. 색이 노릇하게 나면 꺼낸 후 식혀준다.

약선 특징

<table>
<tr><td>효능</td><td colspan="8">비폐(脾肺)를 보할 수 있는 효능이 있고 밀가루의 섭취량을 줄일 수 있는 약선빵</td></tr>
<tr><td rowspan="6">약선식료학적 특성</td><td rowspan="2">재료명</td><td rowspan="2">본초명</td><td rowspan="2">성(性)</td><td rowspan="2">미(味)</td><td rowspan="2">귀경(歸經)</td><td rowspan="2">효능</td><td colspan="2">함유량</td></tr>
<tr><td>중량(g)</td><td>%</td></tr>
<tr><td>밀</td><td>소맥(小麥)</td><td>凉</td><td>甘</td><td>心, 脾, 腎</td><td>養心, 益腎</td><td>135</td><td>12</td></tr>
<tr><td>고구마</td><td>감서(甘薯)</td><td>平</td><td>甘</td><td>脾, 腎</td><td>健脾益氣,
補中和血</td><td>650</td><td>57</td></tr>
<tr><td>마</td><td>산약(山藥)</td><td>平</td><td>甘</td><td>肺, 脾, 腎</td><td>益精固腎,
健脾, 補肺</td><td>350</td><td>31</td></tr>
<tr><td colspan="2">총중량</td><td colspan="4"></td><td>1,135</td><td>100</td></tr>
<tr><td>배합원리</td><td colspan="8">· 산약이 건비(健脾), 보폐(補肺)의 효능을 가지는 주재료이고 고구마, 밀가루는 부재료이고 기타 재료들은 보조재료이다.
· 고구마와 산약이 비와 신으로 귀경하므로 건비(健脾), 보신(補腎)할 수 있고 또한 산약와 우유가 폐로 귀경하므로 폐의 기능도 증진시킬 수 있다.</td></tr>
</table>

재미있는
약초이야기

과도한 濕을 제거하는 복령

어느 고을에 한 관리가 살았는데, 그에게는 소령(小玲)이라는 딸이 있었다. 관리의 집에는 남자 하인이 있었는데, 이름이 소복(小伏)이었다. 처녀로 자란 소령은 하인 소복이 성품도 좋을 뿐 아니라 총명하였고, 또 근면하여 마음에 두어 오다가 마침내 그를 사랑하게 되었다. 이 사실을 눈치 챈 관리는 이렇게 생각하였다.

'어찌 하인을 사위로 맞아들인단 말인가!'

그래서 중매쟁이를 놓아 딸 소령을 부잣집 아들과 혼인을 시키려고 하였다. 이것을 안 소령은 소복을 불러 의논하였다.

"어떡하지? 아버지가 다른 사람과 혼인 시키려 하는데……."

"우리가 결혼할 수 있는 무슨 방법이 없을까?"

"달아나 버리자!"

그들은 아무도 모르는 곳으로 가서 살기 위하여 한밤중에 집을 떠났다. 그리고 한참을 걸어 작은 마을에 도착했다.

배고픔과 추위에 소령은 풍습병(風濕病)에 걸려 자리에서 일어나지 못했다. 풍습병의 원인은 사기(邪氣)인 풍(風)과 습(濕)이다. 이것이 몸으로 침입하여 뼈마디가 아픈 병이 풍습병이다.

소복은 주야로 그녀를 간호하였다.

하루는 소복이 소령을 위하여 약초와 먹을 것을 구하러 활을 메고 산으로 갔다. 갑자기 눈앞에서 한 마리의 산토끼가 뛰어가는 것을 보고 그는 활시위를 당겼다. 화살은 토끼의 뒷다리에 박혔다. 토끼는 다리를 끌며 계속 달아났다. 소복은 그런 토끼를 놓칠 새라 쫓아갔다. 한 그루의 소나무가 보이는데, 갑자기 토끼는 온데간데없이 사라지고 소나무 밑에서 화살만 발견되었다.

"토끼는 안 보이고 화살만 남아 있다니, 이상하군!"

소복이 다가가 화살을 집으니 그 자리에 둥그런 구멍이 생겼다. 그 곳을 보니 흰 감자와 비슷하게 생긴 것이 있었다. 소복은 놀랍고 기이하게 생각되어 그것을 파 집으로 가져왔다. 그것을 끓여 두 사람이 함께 먹었더니 다음날, 소령의 몸이 훨씬 가뿐해졌다.

"몸이 좀 나은 것 같아요!"

소령의 말에 소복은 어제 그곳으로 다시 갔다. 거기서 그것들을 더 캐어 와 소령에게 먹이니 소령의 병이 점점 나아졌고, 마침내 완쾌되었다.

이 약초를 소복(小伏)과 소령(小玲)이 처음 발견하였다고 하여 사람들이 '복령(茯苓)' 이라고 불렀다.

쉼터!!

약선식료학적 식생활

• 냉면은 겨울음식이고 삼계탕은 여름음식이다?

그렇다. 요즘은 계절과 상관없이 언제든지 먹을 수 있지만 이런 식생활이 우리들의 건강에 그리 도움이 되지 않는다. 실내에서 난방을 강하게 해놓고 반팔옷을 입고 수박을 먹는 것이 삶의 질이 높은 생활이라 착각하는 사람들이 있다. 그러나 이런 생활은 자연과 인간의 관계를 이해하지 못한 아주 어리석은 생각이다. 계절음식이야말로 진정한 약선이다.

여름철에는 더위로 인해 찬 음식을 자주 찾게 되고 따라서 오장육부는 잠시 차갑게 기울어져서 그 기능이 저하된다. 따라서 기울어진 오장육부를 다시 정상수준으로 조절해야하는데 이때 따뜻한 성질의 닭고기나 인삼 등으로 조리한 삼계탕이 적당한 것이다. 그러나 여름에 계속해서 많은 삼계탕을 먹다보면 오히려 균형이 또 깨지게 된다. 그래서 우리조상은 초복, 중복, 말복 등에 삼계탕을 여름 보양식으로 먹어온 것이다.

한편, 겨울철에는 느끼하고 따뜻한 음식을 많이 먹어 우리들의 장부는 평균보다 뜨거워져서 불편하게 된다. 따라서 성질이 차가운 메밀로 만든 냉면을 먹어 장부의 균형을 맞추는 것이다. 보리밥이나 꽁보리밥을 각종 쌈들과 함께 사계절 건강식으로 많이 먹지만 보리밥은 성질이 차고 야채 또한 대개 성질이 차므로 식이섬유소가 많다고 겨울에도 즐겨먹는 것은 바람직하지 못하다.

• 겨울철에 먹는 수정과를 차갑게 해서 먹는 이유?

생강, 계피 등은 성질이 따뜻해서 차가워진 우리몸을 따뜻하게 하는 데 도움이 되나 따뜻한 성질의 음식을 더 뜨겁게 해서 먹으면 과도한 열이 쌓일 수 있으니 차갑게 해서 먹는 것이 효과적이다. 또한 차가운 성질의 녹차는 차갑게 해서 먹는 것보다는 따끈하게 만들어 먹는 것이 좋다. 여름철에 찬 성질의 음식을 더욱 차게 먹어서 몸을 식히는 효과를 바랄 수도 있지만 반면 발생할 수 있는 부작용이 있기 때문이다.

• 모든 식품과 음식을 골고루 먹는 것이 바람직한 식습관이다?

건강한 상태에서는 차가운 성질을 가진 식품과 따뜻한 성질을 가진 식품, 즉 음, 양의 식품을 골고루 먹는 것이 바람직하다. 왜냐하면 음양의 균형을 맞추기 위함이다. 그러나 체질의 차이에 따라, 또는 질병의 원인과 상태에 따라 분명히 나에게 맞는 편식이 필요하다. 모든 존재하는 먹을거리는 나쁜 것이 없다.

모든 식품이 모든 사람에게 다 좋은 것은 아니다. 물론 5대 영양소의 균형잡힌 식생활이 필요하지만 그 균형을 맞춤에 있어서도 음, 양에 따른 식품의 선별이 필요하다. 나에게 맞는, 질병의 상태에 맞는 올바른 식품이나 음식을 선택할 수 있는 지식이 있어야 약선조리가 가능한 것이다.

용어 해설

복령 율무 유자앙금파이

건비지사(健脾止瀉) : 비(脾)의 운화(運化)를 건실하게 하여 설사를 멎게 하는 치법(治法)
양심(養心) : 심(心)이 허(虛)한 것을 자양(滋養)하는 치법
익신(益腎) : 신(腎)을 보익(補益)하는 치법
건비화위(健脾和胃) : 비(脾)의 운화(運化)를 건실하게 하고 위(胃)를 편안하게 하는 치법
령심안신(寧心安神) : 심(心)을 편하게 하고 정신을 편안하게 하는 치법
이수삼습(利水滲濕) : 소변을 잘 보게 하여 불필요한 습(濕)을 제거하는 치법
청열생진(淸熱生津) : 열(熱)을 식히고 진액(津液)을 생겨나게 하는 치법
화중개위(和中開胃) : 위(胃)를 편안하게 하고 식욕을 돋게하는 치법
자음윤조(滋陰潤燥) : 진액(津液)을 자양(滋養)하여 건조한 것을 촉촉하게 하는 치법
양심안신(養心安神) : 심(心)을 자양(滋養)해서 정신을 안정시키는 치법

두부 완두머핀

보중익기(補中益氣) : 중초(中焦)의 기(氣)를 보익(補益)하는 치법
양심(養心) : 심음(心陰)이 허(虛)한 것을 자양(滋養)하는 치법
익신(益腎) : 신(腎)을 보익(補益)하는 치법
생진윤조(生津潤燥) : 열(熱)에 의한 진액(津液)부족으로 건조해진 상태를 촉촉하게 해주는 치법
화중익기(和中益氣) : 중초(中焦) 즉, 비위(脾胃)를 편안히 하고 기(氣)를 보익(補益)하는 치법
보중익기(補中益氣) : 중초(中焦)와 기(氣)를 보익(補益)하는 치법
화중하기(和中下氣) : 중초(中焦), 즉 비위(脾胃)를 편안히 하고 정체되어있는 기(氣)를 아래로 내보내는 치법

산약 고구마타르트

건비(健脾) : 비(脾)가 허(虛)한 것을 보(補)하거나 건실하게 하는 치법
보폐(補肺) : 폐(肺)를 보(補)하는 치법
양심(養心) : 심(心)이 허(虛)한 것을 자양(滋養)하는 치법
익신(益腎) : 신(腎)을 보익(補益)하는 치법
건비익기(健脾益氣) : 비(脾)의 운화(運化)를 건실하게 하고 기(氣)를 북돋우는 치법
보중화혈(補中和血) : 중초(中焦)를 보(補)하고 혈(血)의 운행을 조화롭게 하는 치법
익정고신(益精固腎) : 신기(腎氣)를 보(補)하여 신정(腎精)의 유실을 막는 치법

Chapter 5

사계절 약藥선膳차茶

Health Food

Based on Oriental Medicinal Theory

봄철에 마시면 좋은 약선차

구기자차

재료 : 구기자 60g, 홍차 30g, 레몬즙 약간

만들기

1) 구기자는 약간의 레몬즙과 함께 살짝 볶아서 준비한다.
2) 구기자와 홍차를 위의 비율로 잘 혼합하여 놓는다.
3) 매번 10g씩 찻 주전자에 넣어 끓는 물을 부어 2~3분 동안 우려내어 마신다.

효능 : 양간보혈(養肝補血), 청열명목(淸熱明目), 연완쇠노(延緩衰老)

배합 해설

본 약선차는 간음(肝陰)과 간혈(肝血)부족으로 인해 어지럽고 눈앞이 어른거리며 시력이 저하되고, 눈이 건조하고 충혈되는 사람과 고혈압, 고지혈증, 당뇨병, 동맥경화 및 노화 예방 등에 좋다. 구기자는 간을 이롭게 하여 눈을 밝게 해주고, 노화를 방지하는 훌륭한 재료이다.

국화백지차

재료 : 국화 10g, 백지 10g, 꿀 약간

만들기

1) 마른 백지를 굵은 가루로 만든다.
2) 찻주전자에 백지가루와 국화를 넣고 끓는 물을 부어 맛을 우려낸다.
   이때 우리는 다시백이나 차주머니를 이용하면 편리한다.

효능 : 소풍지통(疏風止通)

배합 해설

국화는 두통과 어지럼증에 좋고 풍사(風邪)를 흩어지게 하며 열을 내리고 눈을 밝게 하는 효능을 가지고 있다. 백지는 부기를 내리고 통증을 없애 주는 효능이 있다. 두 재료 모두 두통과 현기증에 좋은 재료로서 뜨겁게, 또는 차게 마셔도 모두 맛이 좋다.

하수오차

재료 : 하수오 15g, 황설탕 혹은 흑설탕 약간

만들기

1) 하수오를 곱게 갈아서 200mL의 따끈한 물에 탄다.
2) 황설탕을 약간 첨가한다.

효능 : 익정혈(益精血), 보간신(補肝腎)

배합 해설

본 약선차는 머리를 검게 해주고 근골을 강건하게 해준다. 하수오는 혈중 콜레스테롤을 낮춰주어 동맥경화를 예방하고 세포활성을 높여주므로 노인이나 빈혈 환자들에게 좋다.

여름철에 마시면 좋은 약선차

박하차

재료 : 박하 15g, 녹차 3g, 빙당 또는 설탕 약간

만들기

1) 주전자에 물 200mL를 넣고 가열하여 끓으면 불을 끈다.
2) 박하와 녹차를 넣고 1~2분 경과 후에 걸러낸다.
3) 차에 빙당이나 설탕을 넣어 녹인 후 차게 식힌다.

효능 : 청량강화(淸凉降火), 중서예방(中暑豫防)

배합 해설

본 약선차는 여름철 감기에 좋다. 성질이 맑고 가벼운 박하는 여름철 화기(火氣)를 없애주고 속이 답답한 것을 풀어준다. 여름철 감기와 함께 여름더위를 예방할 수 있다.

죽엽등심차

재료 : 담죽엽 10g, 등심초 3g, 통초 3g

만들기

1) 주전자에 각 재료와 물 500mL를 넣고 끓인다.
2) 끓으면 불을 끄고 뚜껑을 덮고 나서 3분 후에 걸러서 마신다.

효능 : 강화기(降火氣), 중서예방(中暑豫防)

배합 해설

본 약선차는 여름철 가슴이 답답하고 짜증이 나며 소변색이 붉고 양이 적을 때 열을 내려주고 이뇨효과를 낼 수 있는 약선차다. 작열하는 태양 아래서도 더위를 먹지 않는다고 할 정도로 더위에 좋은 약선차다.

금은화차

재료 : 금은화 50g, 국화 50g, 산사 50g, 꿀 20g

만들기

1) 금은화와 산사, 국화를 깨끗이 씻은 후 물, 3000mL를 넣고 20분 정도 끓여서 거즈에 걸러 준비한다.
2) 액에 꿀을 넣고 잘 혼합한 다음 식혀서 냉장고에 보관하면서 마신다.

효능 : 청열해독(淸熱解毒), 생진윤조(生津潤燥)

배합 해설

본 약선차는 더위로 인하여 갈증이 나고 가슴이 답답하며 두근거리고 어지러우며 식욕이 떨어지는 사람에게 좋다. 금은화는 열을 내리고 해독작용을 지니고 있으며, 국화는 열을 내려주며 풍을 없애주고 간을 편안히 해 주어 눈을 밝게 한다. 산사는 진액을 생성하고 소화를 도와준다.

가을철에 마시면 좋은 약선차

도라지차

재료 : 길경 20g, 감초 5g

만들기

1) 5cm 크기로 잘라 잘 말린 도라지(길경이)와 감초를 깨끗이 씻어 물기를 제거한 후물 400mL를 부어 끓인다.
2) 물이 끓기 시작하면 불을 줄인 후 10분 정도 더 끓인다.
3) 건더기를 걸러낸다.

효능 : 거담(祛痰), 배농(排膿)

배합 해설

본 약선차는 감기에 걸려 기침을 할 때 좋고 소염, 진통, 진정효과가 있다. 담배를 많이 피우는 사람은 도라지차를 자주 마시면 목이나 폐가 편안해진다.

호두차

재료 : 흑임자가루 12g, 호두가루 12g, 꿀 5g

만들기

1) 흑임자는 깨끗이 씻은 후 볶아서 곱게 간다.
2) 호두는 따뜻한 물에 10분 간 담갔다가 속껍질을 벗긴다.
3) 170℃ 오븐에서 10분 간 구워서 곱게 다진다(오븐이 없으면 프라이팬에 볶아서 사용해도 됨).
4) 매일 아침식사 전에 뜨거운 물에 타서 마신다.

효능 : 자양피부(滋養皮膚), 통변(通便)

배합 해설

본 약선차는 기와 혈을 북돋아 주고 피부를 매끄럽게 하며 폐를 따뜻하게 하고 변을 부드럽게 해준다. 흑임자는 오장을 두루 강건하게 해준다. 호두와 흑임자는 모두 변비에 효능이 있는 재료다.

결명화차

재료 : 결명자 10g, 국화 10g, 금은화 10g

만들기

1) 용기에 모든 재료를 넣고 찬물을 1,500mL를 부어 끓인다.
2) 물 대신 자주 마신다.

효능 : 소풍지통(疏風止通), 명목(明目)

배합 해설

결명자, 국화, 금은화 모두 약간 차가운 성질을 가진 재료로서 풍열(風熱)로 인한 감기에 두통이 동반되거나 눈에 열이 오르고 충혈되는 사람이 마시면 좋은 약선차이다. 또한 장과 위의 연동을 증가시켜 변비에도 도움이 된다.

겨울철에 마시면 좋은 약선차

두충차

재료 : 두충 20g, 꿀 약간

만들기

1) 두충을 깨끗이 씻고 물 500mL를 넣고 약불에서 50분이상 끓인다. 두충은 3% 정도의 소금물에 20분 간 담갔다가 사용하면 좋다.
2) 건더기를 건져낸 후 꿀을 타서 마시면 된다. 냉장고에 보관하여 음료수처럼 마셔도 좋다.

효능 : 보간신(補肝腎), 장양(壯陽)

배합 설명

본 약선차는 간기능을 개선하고 신장을 보한다. 두충은 강장효과가 있으며, 등과 허리, 다리의 통증, 생식기능을 개선하는 데 좋다.

산수유차

재료 : 산수유 30g, 꿀 15g

만들기

1) 잘익은 산수유를 깨끗이 씻어 일주일 정도 햇볕에 말린다.
2) 산수유 씨를 제거한 다음 다시 햇볕에 완전히 말려 보관한다.
3) 산수유에 물을 6컵 정도 넣어 중불로 달여 하루에 2~3잔 마신다.

효능 : 익신(益腎)

배합 설명

본 약선차는 자양강장 및 피로회복의 효능이 있는 차로서 여름철에도 좋은 차다. 꿀을 조금 타서 먹으면 떫은맛을 줄일 수 있다.

지마양혈차

재료 : 흑임자 6g, 녹차 3g

만들기

1) 흑임자는 깨끗이 씻어 볶은 후 곱게 빻아 놓는다.
2) 찻주전자에 흑임자가루와 녹차를 넣고 끓는물을 부어 1~2분 동안 우려서 마신다.
3) 마실 때는 스푼으로 젓는다.

효능 : 자양간신(滋養肝腎), 양혈윤장(養血潤腸)

배합 해설

본 약선차는 간신음허(肝腎陰虛)로 인해 어지럽고 눈앞이 어른거리며 머리가 빨리 희어지고 허리와 다리가 시큰거리는 증상과 고혈압, 동맥경화, 고지혈증 등에 좋다.

봄철

구기자차

국화백지차

하수오차

여름철

박하차

죽엽등심차

금은화차

가을철

도라지차

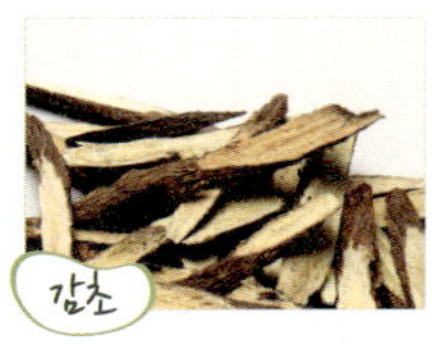

호두차

결명화차

겨울철

두충차

산수유차

지마양혈차

재미있는
약초이야기

막힌 코를 뚫어주는 백지

옛날 어느 마을에 머리가 머리가 뛰어난 수재(秀才)가 있었는데 어느날 갑자기 머리가 몹시 아프고 다리가 힘이 빠지게 되었다. 식구들도 처음에는 이것을 흔한 두통 정도로만 생각하고 무심히 넘겼으나 시간이 갈수록 더욱 상태가 심각해져 나중에는 식은땀까지 비오듯이 흘리는 것이 아닌가?

그제서야 여러 유명한 의원들을 불러 치료해 보게 했으나 별로 효과가 없었다. 그러던 중 어느 한 친구로부터 치료를 잘하는 의원이 있다는 소식을 듣게 되었다.

그 의원이 있다는 곳은 상당히 위치가 멀었지만 병을 치료하겠다는 일념으로 며칠동안 달려서 겨우 도달할 수 있었다. 하지만 수재는 이미 머리가 깨지는 듯이 아프고 얼굴색은 검게 변해 있었다.

수재를 본 의원은 진찰을 시작하면서 다음과 같은 규칙을 일러주었다.

"이 병은 약으로 치료해야 되는데 너의 치료가 다 끝날 때까지 절대로 이 약에 대해서 물어보면 안된다."

그때부터 그 수재는 의원의 집에 머물면서 치료를 받게 되었는데 그 의원은 둥근 잎을 주면서 그것을 형개(荊芥) 달인 물과 함께 먹으면서 어떤 환약을 같이 복용하게 하였다.

수재는 오랫동안 그 환약을 먹고 나서 몸이 점차적으로 회복이 되었다. 병이 회복 되자 그 수재는 그 약에 대해 궁금해지기 시작했다. 그러던 어느 날 의원이 약초를 캐기 위해 밖을 나섰는데 그 수재는 뜰로 나가 굵고 가는 흰 뿌리를 보게 되었다.

어느 날 밤에 책을 읽고 있는데 약을 빻는 소리가 들려와 몰래 다가가서 그 의원의 방을 훔쳐보니 정말로 그 약초로 환약을 만들고 있던 것이었다.

결국 그 의원은 수재가 그 약에 대해 알고 있었음을 알고 나서 그 약의 이름을 지어주기를 부탁했다.

"이 약초는 머리 아픈데 쓰는 좋은 약인데 아직도 이름이 없으니 공부를 많이 한 수재인 당신이 이름을 하나 지어 주시오."

그 말을 듣자 수재는,

"이 약초는 향(香)이 많이 나고 또한 뿌리의 색이 희며(白) 머리의 통증을 멈추게(止) 하는 효과가 있으므로 '향백지(香白止)' 라고 하는 것이 좋겠습니다."

'향백지(香白止)' 는 나중에는 '지(止)에 풀 초(艸)를 붙여 향백지(香白芷)라고 했다가 후에는 '백지(白芷)' 라고 불리게 되었다.

재미있는
약초이야기

간열(肝熱)을 제거해서 시력에 도움을 주는 결명자

먹으면 눈이 밝아진다는 결명자(決明子). 북미가 원산지인 결명초의 씨를 말린 것이 결명자다. 「명(明)을 연다(決)」라는 이름에서 보듯 눈 치료에 탁월하다.

결명자는 차(茶)로 널리 보급돼 있다. 최근 건강에 좋은 약용차가 널리 보급된 가운데 결명자차는 다른 차에 비해 값이 싸며 가정에서도 즐겨 마시는 편이다.
성질이 약간 찬 결명자는 평소 눈이 자주 충혈되고 눈동자가 바늘로 찌르는 듯 아프며 눈자위를 위에서 잡아당기는 듯하고 눈물이 마를 때 차로 마시면 효과가 크다.

특히, 간기능 저하로 물체가 또렷하게 보이지 않거나 눈에 충혈이 생기는 사람이 결명자를 차로 달여 오래도록 마시면 간의 효소와 지질에 변화가 생겨 증상이 호전되고 눈이 밝아진다. 체내의 수분을 대변으로 배설시키는 작용도 있어 신장의 부담을 덜어주어 쇠약한 신장 기능을 보하는데 도움이 된다. 또 술을 많이 마신 다음에 결명자차를 진하게 달여 마시면 숙취를 줄일 수 있다. 몸에 열이 많아 소변색이 붉고 소변 볼 때 불쾌감을 느끼는 사람에게도 좋아 결명자차를 꾸준히 마시면 소변배설이 잘되고 장운동도 활발해져 변비도 해결된다. 그러나 변이 무르고 설사를 자주 하는 사람은 많이 먹으면 안된다.

「본초서(本草書)」에는 결명자가 눈이 충혈되고 아프며 눈물이 나는 것을 다스린다고 적혀 있다. 또 결명자를 베개에 넣어 늘 베고 자면 역시 눈이 맑아지며 잎사귀는 눈을 밝게 하고 오장을 이롭게 하니 나물이나 국을 끓여 먹으면 아주 좋다고 했다.

재미있는
약초이야기

남자에게 더 좋은 산수유

삼국유사 제 2권 기이(紀異)에 실려 있는 신라 48대 경문왕에 대한 설화를 보면 당나귀 귀를 가진 임금 이야기가 있는데, 여기서 산수유나무가 등장한다. '임금님 귀는 당나귀 귀' 로 알려진 이 설화는 경문왕이 바람이 불 때마다 '임금님 귀는 당나귀 귀' 라는 소리가 나는 도림사의 대나무숲을 베어 버리고 산수유를 심었더니 그 뒤에는 다만 '임금님 귀는 길다.' 는 소리만이 났다는 재미있는 이야기다.

이 설화는 산수유 열매가 줄줄이 땅을 향하여 매달려 있는 모양이 별나게 귓밥이 긴 사람을 생각나게 한 것에서 비롯된 것으로 보이지만 이때부터 산수유나무를 약재로 쓰기 위해 심었다는 것을 알 수 있게 하는 대목이다.

산수유와 관련해서 슬픈 노래가 전해지고 있는데 1960년대 대중가요로도 불렸던 '산동애가(山洞哀歌)' 이다. 여순사건 때 산동마을에 백순례(애칭 부전)라는 처녀가 가문을 이어야 하는 오빠를 대신해 잡혀가면서 불렀다는 노래가 지금도 구례군 산동면 좌사리 상관마을에 전해오고 있다.

잘 있거라 산동아 너를 두고 나는 간다
열아홉 꽃봉오리 피워보지 못한 채
까마귀 우는 골을 멍든 다리 절며 절며
다리머리 들어오는 원한의 넋이 되어
노고단 골짝에서 이름 없이 스러졌네

잘 있거라 산동아 산을 안고 나는 간다
산수유 꽃잎마다 설운 정을 맺어놓고
회오리 찬바람에 부모 효성 다 못하고
갈 길마다 눈물지며 꽃처럼 떨어져서
노고단 골짜기에 이름 없이 스러졌네

살기 좋은 산동마을 인심도 좋아
열아홉 꽃봉오리 피워보지도 못하고
까마귀 우는 곳에 나는 간다
노고단 종소리야 너만은 영원토록 울어다오

용어 해설

구기자차

양간보혈(養肝補血) : 간(肝)에 음혈(陰血)을 자양(滋養)하는 치법(治法)
청열명목(淸熱明目) : 열기를 식히고 열기가 위로 치솟아서 생긴 눈의 병을 다스리는 치법
연완쇠노(延緩衰老) : 늙고 쇠약해지는 것을 지연시키는 치법, 즉 노화방지

국화백지차

소풍지통(疏風止通) : 몸속의 풍(風)을 제거하고 통증을 멈추게 하는 치법

하수오차

익정혈(益精血) : 정(精)과 혈(血)을 보(補)하는 치법
보간신(補肝腎) : 간(肝)과 신(腎)을 보(補)하는 치법

박하차

청량강화(淸凉降火) : 화기(火氣)를 내려서 시원하게 하는 치법
중서예방(中暑豫防) : 여름철 무더울 때 더위로 인해 생긴 증상을 예방하는 치법

죽엽등심차

강화기(降火氣) : 화기(火氣)를 아래로 내리는 치법
중서예방(中暑豫防) : 여름철 무더울 때 더위로 인해 생긴 증상을 예방하는 치법

금은화차

청열해독(淸熱解毒) : 열(熱)을 제거하고 독을 없애주는 치법
생진윤조(生津潤燥) : 열(熱)에 의한 진액(津液)부족으로 건조해진 상태를 촉촉하게 해주는 치법

도라지차

거담(祛痰) : 가래를 없애는 치법
배농(排膿) : 고름을 밖으로 내보내는 치법

호두차

자양피부(滋養皮膚) : 피부를 자양(滋養)하는 치법
통변(通便) : 변이 막혀 나오지 않는 것을 소통시키는 치법

결명화차

소풍지통(疏風止通) : 몸속의 풍(風)을 제거하고 통증을 멈추게 하는 치법
명목(明目) : 눈을 밝게 하는 치법

두충차

보간신(補肝腎) : 간(肝)과 신(腎)을 보(補)하는 치법
장양(壯陽) : 양기(陽氣)를 강장시키는 치법

산수유차

익신(益腎) : 신(腎)을 보익(補益)하는 치법

지마양혈차

자양간신(滋養肝腎) : 간(肝)과 신(腎)의 음정(陰精)을 보(補)하는 치법
양혈윤장(養血潤腸) : 혈(血)을 자양(滋養)하고 장을 촉촉하게 하는 치법

:: 참고문헌

- 김창민. 신민교. 안덕균. 이경순 외, "중약대사전", 도서출판 정담, 2003.
- 김규열. 박성혜. 양미옥. 최윤희, "식료본초학", 도서출판 의성당, 2010.
- 동의학사전 편찬위원회, "신 동의학사전", 여강, 2005.
- 전통의학연구소, "한의학사전", 창조문화사, 2001.
- 김태정, "21세기 본초강목", 책만드는 식물추장, 2000.
- 변부형. 문갑순. 송영선. 박은주 역, "중국의 건강 기능성 식품", 도서출판 신일상사, 2005.
- 신미경. 조정순, "한방음식의 이해", 학술정보, 2004.
- 조후종, "세시풍속과 우리 음식", 한림출판사, 2002.
- 정통침뜸교육원 교재위원회, "병인병기학", 정통침뜸연구소., 2006.
- 신재용, "체질음식동의보감", 웰빙플러스, 2008.
- 최경숙, "최경숙의 매일반찬", 동아일보사, 2010.
- 윤석희. 김형준 외, "동의보감", 동의보감 출판사, 2005.
- 박성혜 외, "건강과 치료를 위한 약선영양", 도서출판 정담, 2007.
- 홍원식, "약초의 성분과 이용", 과학백과사전 출판사, 1999.
- Choi Seung-Hoon 역, "Longevity and Life Preservation in Eastern Medicine.", 경희대학교 출판문화원, 2009.
- 박종철, "한방건강기능식품학", 도서출판 효일, 2007.
- 안문생, "安文生 藥膳記", 한국약선교육개발원, 2003.
- 정원조, "사상의학 새 연구", 푸른사상, 2010.
- WHO, "International Standard Terminologies On Traditional Medicine In The Western Pacific Region", 2007.
- Loukie Werle. Jill Cox. Konemann, "Ingredienzen", 1997.
- 송호준, 권동렬 공편역, "한의학의 과학원리", 도서출판 의성당, 2008.
- 전국한의과대학 본초학교수, "本草學", 영림사, 1994.
- 조혜분, "약선요리", 행림출판, 2004.
- 한국약학대학협의회 위생약학분과회, "건강기능식품", 대한약사회, 2004.
- 손정우. 송태희. 신승미. 오세인. 우인애, "조리과학", 교문사, 2007.
- 식품의약품안전청, "식품공전", 2010.
- 국민건강보험공단, 건강보험, 씨디피앤드, 2011.
- 농협약용작물전국협의회, "국산 약물 작물 50선", 과학원예사, 2010.

저/자/약/력

박성혜	광주여자대학교 식품영양학과
최미애	대구한의대학교 한방식품조리영양학부
김미림	대구한의대학교 한방식품조리영양학부
박성진	한림성심대학 관광외식조리과
전정원	혜전대학 호텔외식조리계열
김나영	송호대학 호텔외식조리과
강명수	대구미래대학 호텔조리과
김성옥	동원대학 호텔조리과
고대희	서강정보대학 호텔외식조리학부
최성웅	메이필드호텔전문학교 호텔외식조리학부
김태순	서울호서전문학교 호텔조리학과

건강 약선조리

2011년 4월 20일 초판 발행
2016년 2월 20일 재판 발행

저 자 박성혜 / 최미애 / 김미림 / 박성진
전정원 / 김나영 / 강명수 / 김성옥
고대희 / 최성웅 / 김태순

발행인 주 병 오

발행처 지구문화사 JIGU PUBLISHING Co.

경기도 파주시 회동길 209
파주출판문화정보산업단지
영업팀 (031)955-7566 · 7577
편집팀 (031)955-7731
F A X (031)955-7730
홈페이지 www.ji-gu.co.kr
전자우편 jigupub@hanmail.net
등록번호 1979년 7월 13일 제 9-57호

ISBN 978-89-7006-551-9 값 28.000원